安藤英明先生の
「考えるソフトテニス」

はじめに

「上手になりたい！」という選手たちの熱い思いに真摯に向きあい、時には指導法に悩みながらも熱心に日々奮闘を続けていらっしゃる全国の多くの指導者の方々に出会ってきました。

そんな指導者の方々のお手伝いに活かすことができないだろうかと考え、これまでの指導者として活動してきた経験と実践をもとにまとめたのがこの本です。

この一冊がテニスを好きになる選手を育て、指導者の方々のお役に立つのならばこんな嬉しいことはありません。

安藤 英明

目次

第3章　技術編

第4章　試合編

第5章　年間計画編

目次

第6章　初心者指導編

第1章　理論編

テニスを知る（質問編）　1

最初に「そもそも何から練習すべきか」を考えましょう。時間は限られています。試合に使う技術を効率的に習得できるよう、まずはテニスについて知ることが大事です。

Q1 テニスコートを書いてみよう

縦と横の長さの比率は
どれくらいか考える。

Q2 大会における試合結果で、最も多いゲームカウントは？

（A）4：0　（B）4：1
（C）4：2　（D）4：3

Q3 試合でサービス側とレシーブ側がそのゲームをとる割合は？

サービス側がとる：レシーブ側がとる
＝?：?

Q4 中学生の全国大会で、ファーストサービスが入る確率はどれくらいか？

（A）約8割　（B）約7割
（C）約6割　（D）約5割

Q5 1試合で、前衛がセカンドレシーブをする平均本数は、何本か？

テニスは確率のスポーツ

せっかく夢を持ってソフトテニスを始めてくれた選手たち全員に（たとえ初心者でも）、卒業までに1枚の賞状をとってもらいたい。私の指導はそこからスタートしています。選手にテニスの楽しさを知ってもらい、その上で、毎年勝てるチームを作るためには、テニスがどんなスポーツであるかを知る必要があります。テニスは、あらゆる競技の中でも番狂わせが少ないスポーツだといわれています。それは、裏を返せば「計算が立つスポーツ」だということです。

このページでは、みなさんにいくつかの問題を考えてもらいます。P10·P11には、多くのデータに基づいた分析を示したので、照らし合わせてみてください。長年テニスをやってきた人でも、意外と考えたことがない問題もあるかもしれません。それでは、やってみましょう。

「考えるテニス」をしよう

試合で
ファーストサービスが
入る確率は
どれくらいだと思う？

練習に問答形式をとり入れ、選手たちが自分で考えるようにする。

テニスとの出合い

小学生時代、私はあの時代の多くの男子の夢であった「プロ野球選手」を目指していました。

中学校に入学すると、迷わず野球部に入部。しかし1年生の秋に顧問の先生から「ユニフォームを購入するので、そのお金を持ってくるように」と言われたことをきっかけに退部しました。金額は忘れたのですが、子ども心に大金のような気がして親に切り出せず、お金を用意できない恥ずかしさもあり、違う理由をつけてやめたのです。

1カ月後、私はテニス部に入部しました。学校が道具を用意してくれるので、お金がかからなかったからです。これが私とテニスとの出合いです。

親にはこのことは内緒にしていたのですが数カ月後、父親がラケットを与えてくれました。その夜は嬉しくて、ラケットを抱いて寝たことを思い出します。テニスに出合っ

Q6 試合の得点は何でとれているか？

（A）相手のストローク・レシーブミス
（B）相手のボレー・スマッシュミス
（C）自チームのストローク・レシーブエース
（D）自チームのボレー・スマッシュ

Q7 以下のうち、前衛の得点（ジュニアの場合）で多いものは？

（A）ボレー
（B）スマッシュ
（C）7：3ボレー（払うボレー）

Q8 後衛ストロークで最も多いミスは？

（A）ネット
（B）バックアウト
（C）サイドアウト

Q9 後衛がセカンドレシーブで前衛アタックしたときに、止められる確率は？

（A）約2割　（B）約3割
（C）約4割　（D）約5割

Q10 風上と風下でゲームをとれる順は？

（A）風上サービス
（B）風上レシーブ
（C）風下サービス
（D）風下レシーブ

Q11 選手は、自分のペア、相手選手についてどう考えているか？

（A）後衛は、自分の前衛にどんなことを望んでいるか？
（B）前衛は、自分の後衛にどんなことを望んでいるか？
（C）後衛は、どんな相手前衛が嫌か？
（D）前衛は、どんな相手後衛が嫌か？

て50年。今では当時の我が家の経済状況が大変だったことに、心から感謝しています。

指導者になって間もなく、中学生のFさんがスマッシュの練習中に誤ってラケットを地面に叩きつけてしまったことがありました。

彼女は柄の部分からヒビが入ったラケットを何とか指でつなごうとし、元どおりにならないラケットを見つめたあと、保健室へ走りました。戻ってきた彼女の手には、テープがぐるぐると巻かれたラケットが。うずくまり、声も出さずに泣いている彼女の姿に、昔の自分が重なりました。彼女にとって新しいラケットの購入を親に頼むのは何よりも辛いことだったのでしょう。

帰り際、私は彼女に自分の古いラケットをそっと手渡しました。結果的に彼女は最後の全国大会までそのラケットを使ってくれました。

「人生は出会いの宝探し」。間違いなく私とFさんのふたりにとって、ラケットは「宝」だったのです。

テニスを知る（回答編） 2

ポイントやミスの傾向などを知っておくと、今の練習を見直すきっかけになります。

テニスについて知ろう

このページでは、データやアンケートに基づいた回答を紹介します。意外な答えもあるのではないでしょうか。これらのデータをもとに、実際の試合で使う技術や、試合で有効な技術は何かを整理して、今までの練習を見直します。

テニスは確率のスポーツだと言いました。「たまたまうまくいった」や、「たまたま失敗した」ときのことは気にしません。データに基づいて「8割方こうなる」テニスを積み重ねることで、負けにくいテニスを追求します。

A1 テニスコートは、想像以上に細長い

テニスコートの縦の長さは横の長さのほぼ2.2倍。

➡ 練習の見直し

シュートで角度をつける練習だけではなく、ロブを有効に使う練習を増やすべき？

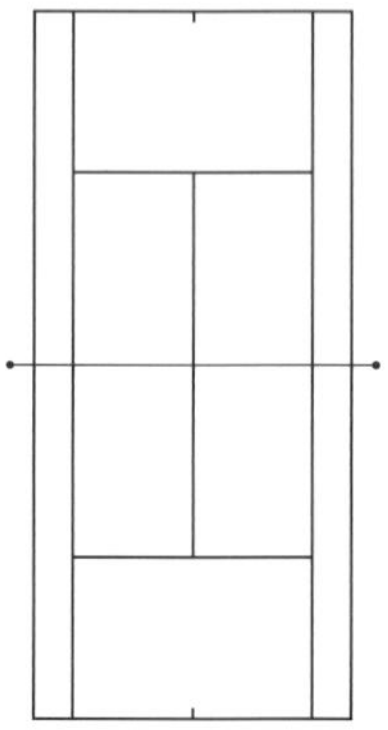

A2 (B) → (A) → (C) → (D) の順（4：1→4：0→4：2→4：3の順）

1、2回戦は力の差がある対戦が多いので、4:0か4:1が多い。しかし、それ以降は4:3と4：2が多くなる。入賞するためには、競った試合に勝たなくてはならない。

➡ 練習の見直し

競ったときにカギを握るのは……?

A3 サービス側がとる：レシーブ側がとる＝2：8

1、2回戦は力の差があるので力のあるチームがサービスゲームもとるが、それ以降はレシーブ側がゲームをとることが圧倒的に多い。したがって、サービスゲームをとると勝ちにつながる。

➡ 練習の見直し

サービスゲームをとれるようにするためには……?

A4 (C) 約6割

➡ 練習の見直し

ファーストサービスの確率をもっとあげるためには……?

負けにくいテニス

テニスの指導者になって初優勝したとき、舞い上がっている私に2年生の部員が「来年は私たちにも優勝させてください！」と言いました。

次の日、来年の部員をあらためて見たときのショック（次の年を考えるのが恐ろしいほどのレベル）が、今の私の指導法を作らせるきっかけになりました。

当時、私は小学校の教員で、日曜日の午後はクラスの子どもたちと遊ぶと決めていたので、練習は午前中しかできない状態にありました。つまり、2時間で試合に勝てる効果的な練習をするしかない。目下の課題は次の3つでした。

①練習したことを積み木のようにどんどん積み重ねることはできないだろうか？

②あとからもう一度やり直しをしなくてもよい方法はないだろうか？

③子どもが一番楽しく、わかりやすい練習法は何か？

試行錯誤し、生まれた練習

A5

レシーブゲームが2回の場合は2〜3本、3回の場合は3〜4本

- 1試合のゲーム数が6ゲーム（そのうちレシーブゲームは3回）
- 1ゲームのポイントが6ポイント（1ゲームのレシーブは最大で3回）
- 相手のファーストサービスの確率を6割

と考えると

3ゲーム×3回×0.4＝3.6本

➡ 練習の見直し

1試合につき最大3〜4本程度ならば、得意コースをしぼって練習するのが効果的？

A6

（A）相手のストローク・レシーブミスが圧倒的に多い 。これは自チームのミスに関しても同様

➡ 練習の見直し

ストロークのミスを減らす練習は……？

A7

（C）7：3ボレー（払うボレー）

➡ 練習の見直し

シュートボールのボレーだけではなく、あがったボールを確実に決める練習が必要では……？

A8

（C）サイドアウト。特に女子は前衛オーバーのサイドアウトが多い

➡ 練習の見直し

前衛オーバーの狙う場所を変えるべきでは……？

A9

（A）約2割

➡ 練習の見直し

もっとアタックの練習をすべき……？

A10

（D）→（C）→（B）→（A）
（風下レシーブ→風下サービス→風上レシーブ→風上サービスの順）

➡ 練習の見直し

風上レシーブのミスを減らすには……？

A11

（A）レシーブミスが少ない。リターンミスが少ない

（B）自分を生かしてくれるボールを打ってくれる

（C）ポジションがよく、常にボレーにくる雰囲気がある

（D）シュートとロブが打つギリギリまでわからない

……など

➡ 練習の見直し

練習の優先順位は……？

法が次の4つです。

①あとになって（2、3年生）欠点をなおすのではなく、種目ごとに欠点を防ぐ練習を1年生の最初からしてはどうだろうか…後戻りをしない練習法（修正には時間がかかる）

②授業と同じように、練習、試合の進め方を子どもの意見を聞きながら決めたほうが全員のものになるのではないだろうか…自分たちがかかわって覚える練習法（ひとつのことを全員で吸収できる）

③技術の上達を待つよりは、テニスをわかることのほうが先ではないだろうか…72分の1理論を基にした練習法（攻めと守りの徹底）

④試合で使う技術を発見したときに、その技術練習（基礎練習）をする…総習法から分習法（使う技術がわかっての失敗は、選手にとって練習意欲を起こさせる）

こうして2時間という短い時間でできる「負けにくいテニス」の練習法が生まれたのです。

試合のデータをとる（サービス・レシーブ編）　3

練習方法を考えるためには、データをとって現状を把握することが重要です。特に試合の勝敗を左右するサービスとレシーブは常にデータをとりましょう。

現状を把握する

まず、ミスはどこで起きているのか。ポイントはどこでとれているのかを、データをとって確認します。

選手に「試合中の自分のファーストサービスの確率は何割くらいだと思う？」と聞くと、多くの選手は「8割くらい」と答えます。しかしデータをとってみると、実際には6割だったというケースもよくあります。

サービスが8割入る選手と6割しか入らない選手では、勝率が大きく変わることも、データをとればわかります。まずは、

①試合でポイントに直結する技術が何かを把握し、
②それを重点的に練習する

という順番で考えることが重要です。

データを集めるとわかること

①サービスゲームとレシーブゲームではレシーブゲームのほうがとりやすい
②セカンドレシーブでの得点率は非常に高い
③サービスゲームをとるためには、高いファーストサービスの確率が必要である
④失点のうち、レシーブミスの割合は比較的高い（レシーブミスを無くすことが勝敗に直結する）

対策と考えられる練習

①セカンドレシーブで攻められないためにもファーストサービスの確率を高める
②安定したファーストレシーブの習得
③攻めるセカンドレシーブの習得

4月病と9月病

教員・指導者という仕事には、「別れ」がつきものです。月日が経つと、必ずや子どもたちは自分から離れていきます。どんなに情熱を注いでも、別れという現実は同じです。

3月。クラスで開くお別れ会では「来年も先生とこの仲間と一緒に過ごしたいなあ」と、実に辛そうな顔で訴える子もおり、涙、涙の儀式は教師冥利に尽きます。

4月。新クラスが始まりますが、なぜか以前のように順調にはいきません。月日が浅いから調子よくいかないのは当然なのですが、私のほうは大いに落ち込むことになります。これが「4月病」です。

しかし、休み時間にグラウンドで以前のクラスの子どもたちが新しい担任の先生の腕にぶら下がり、とびきりの笑顔で楽しそうに遊んでいる姿を目撃したときに、「4月病」は終わります。私からすると「あのお別れ会の涙はいったい何だったのか？」と少し

1 選手が試合で記入する表

練習試合や大会の中で、ファーストサービスの確率とレシーブミスの数やコースを記録する。

												スコア
学校名：												
プレーヤー						1S確率		1Rm		2Rm		
後衛：												
前衛：												
S	R											
Rミス												
S	R											
Rミス												

学校名：											
プレーヤー						1S確率		1Rm		2Rm	
後衛：											
前衛：											
S	R										
Rミス											
S	R										
Rミス											

2 選手が実際に記入した表

表に

①自チーム後衛・前衛のファーストサービスの確率　②相手のチームの後衛・前衛のファーストサービスの確率

③自チームの後衛・前衛のレシーブミスの数とミスの種類　④相手のチームの後衛・前衛のレシーブミスの数とミスの種類

を記入する。

													スコア
	学校名：自校												
	プレーヤー						1S確率		1Rm		2Rm		
	後衛：水野						2/4		1		0		
	前衛：山本						1/2		0		0		
	S	Ⓡ	○	○	×	○	○						④：1
❶					1Rm								
	Rミス				オS								
	Ⓢ	R	×	○	×	×	○	×					2：④
			2	1	2	1	1	2					
	Rミス												
	S	R											
	Rミス							❷					

学校名：秋田B中学											
プレーヤー						1S確率		1Rm		2Rm	
後衛：工藤						0/3		1		0	
前衛：田中						2/2		1		0	
Ⓢ	R	×	×	○	×	×					
		2	2	1	1	2					
Rミス											
S	Ⓡ	○	×	○	○	×	○				
			1Rm			1Rm					
Rミス			セN			クN					
S	R										
Rミス											

※ 1S=ファーストサービス／1Rm=ファーストレシーブミス／2Rm=セカンドレシーブミス／Rミス=レシーブミスの種類

※ ク=クロス／セ=センター割り／ア=アタック／オ=前衛オーバー／ツ=ツイスト／N=ネット／B=バックアウト／S=サイドアウト

表の見方　❶自チームの後衛が相手後衛のファーストサービスを前衛オーバーで返球したがサイドアウトした

❷自チームの後衛はセカンドサービスになり、このポイントを失った

ばかり子どもを疑いながらも、新しい子どもたちとの出発がこの日から始まるのです。

9月。3年生の大会がすべて終わり、新チームとの出発。レベルダウンを目の前で見せつけられ、つい3年生と比較している自分に気づきます。深いため息をつきながらも、指導者として情熱が湧き出てくるのをじっと待つ。これが「9月病」です。

ジュニア指導者にとって最も楽しみなことは、高校の部活動で選手が精神的にも技術的にも満開の花を咲かせてくれることです。

高校のテニス指導者の先生方！　ぜひ、選手に高校テニスの素晴らしさを体験させてください。できることなら、レギュラーになれなかった選手には、レギュラー選手以上の深い愛情でかかわっていただきたいのです。

さらには、選手の頑張りを一報いただければ、ジュニア指導者の「9月病」は勢いよく飛んでいってしまうのですが……。

試合のデータをとる（ボレー・スマッシュ編） 4

ボレーとスマッシュに関しても、データをとります。試合での使用頻度が高い技術は何かを理解してから、練習することが重要です。

データを集めるとわかること

①スマッシュよりも7：3ボレー（払うボレー）を使う頻度が高い
②攻めボレーはあまり多くない
③スマッシュはミスが多くなる
④ラリー中のアタックは意外と少ない

対策と考えられる練習

①7：3ボレーが使える場面を知る
（※7：3ボレーとはボレー要素が7割、スマッシュ要素が3割の技術。詳しくはP94、P165参照）
②7：3ボレーを正確に決められるようにする
③攻めボレーはコースをしぼって練習する

どの技術習得に時間をかけるべきか

ジュニアの練習で、スマッシュに長い時間を割いている場面をよく見ます。データをとるとわかるのですが、ジュニアの試合では、スマッシュの使用シーンはほとんどありません。ジュニアの場合、走らされたボールをきっちり大ロブで返せる技術を持った選手が少ないので、半ロブのような浅いボールがあがってくるケースが多いのです。スマッシュのポジションに入ったとしても、前や左右に浅くあがってきたボールを決める7：3ボレー（払うボレー）の出番が多くなります。

こういうことも、データをとってみなければ気づかないことです。このようなデータがとれれば、時間をかけて練習する技術も変わるはずです。

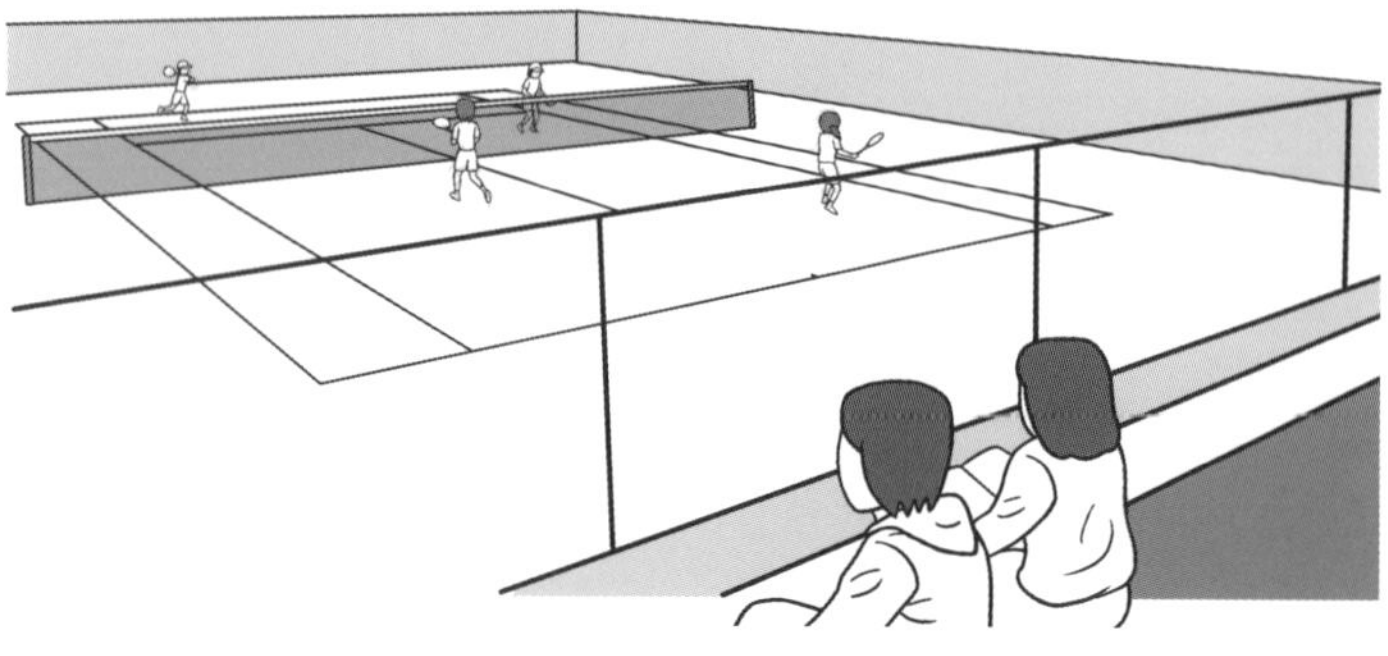

今やらずして、いつやる

自分の指導が選手にとって意欲をかきたてられるものではないにもかかわらず、つい「もう少し気合を入れて練習して！」と大声を出した経験は、どんな指導者にもあるものだと思います。

「どうしてこんなに苦しい練習を毎日しなくてはいけないのだろうか？」という疑問を持つ選手。「この苦しさを乗り越えることが、試合での助けになり、ひいては将来の力になるはず」と信じている指導者――。実は、指導をしていく上で、このすれ違いが一番難しいように思います。

あるとき、知り合いの中学校のサッカー部のS監督から、次のような話を聞きました。

3年生にとって最後の大会になる、全国中学校体育大会の審判をしていたときのこと。ある中学校の3年生の選手が、0対1で迎えた後半の残り10分、プレーをしながらさかんにひとりでぶつぶつつぶやいているのが耳に入ってきたそ

1　選手が試合で記入する表

練習試合や大会の中で、ボレーやスマッシュをした回数と種類を記録する。

学校名：											スコア
項目	攻めボレー		守りボレー		スマッシュ		7：3ボレー		合計		
前衛名	○	×	○	×	○	×	○	×	○	×	
学校名：											対
項目	攻めボレー		守りボレー		スマッシュ		7：3ボレー		合計		
前衛名	○	×	○	×	○	×	○	×	○	×	

2　選手が実際に記入した表

表に
①両チーム前衛のボレー・7：3ボレー・スマッシュの成功
②両チーム前衛のボレー・7：3ボレー・スマッシュの失敗
を記入する。

学校名：自校											スコア
項目	攻めボレー		守りボレー		スマッシュ		7：3ボレー		合計		
前衛名	○	×	○	×	○	×	○	×	○	×	
大川		1	1		1	2	3	0	5	3	④
		一	一		一	丅	下				
学校名：秋田B中学											対
項目	攻めボレー		守りボレー		スマッシュ		7：3ボレー		合計		
前衛名	○	×	○	×	○	×	○	×	○	×	
下田	1	1	1	1	0	2	2	2	4	6	2
	一	一	一	一		丅	丅	丅			

うです。そばにきたとき、そのつぶやきがはっきりと聞こえました。

「今、頑張るんだ！　今、頑張らないでいつ頑張るんだ！　今が頑張るときだ！」

選手には「今しかできないこと、今だからできること」に挑戦させたいものです。そう、「今やらずして、いつやる？」の気概です。

もし、練習に対する迷いが生じている様子の選手がいたなら、「練習をしなくてはいけないのではなく、今は練習ができるときなのだ」と、発想を変えて考えることを促してみてはいかがでしょうか。いつか、やりたくてもできなくなる日が来るのですから。

実際のところ、卒業して10年も経つ選手から、「先生、あのとき、もう少し真剣にテニスをやっておけばよかった！」という嘆きの声をたくさん聞きます。長い人生の中で、私たちはもっともっと、「そのとき、その年代にしかできないこと」を真剣にできたらいいですよね。

5 負けにくいテニスとは？（「72分の1理論」が生まれた理由）

技術が上達してから試合にのぞむのではなく、試合に必要な要素を分析してから技術練習するのが、「72分の1理論」を使った練習法です。

1 72分の1理論が生まれる前

限られた時間を有効に使うために「試合に使えるボールにしぼって練習すればいいのではないか?」と考えた。

練習することが
多すぎて、
時間が足りない!

練習では
打てるボールでも、
試合では緊張して
ミスしてしまう

試合で緊張することを防ぐためには「打つボールを決める（迷わせない）」のがいいのではないか？ と考えた。

2 72分の1理論が生まれてから

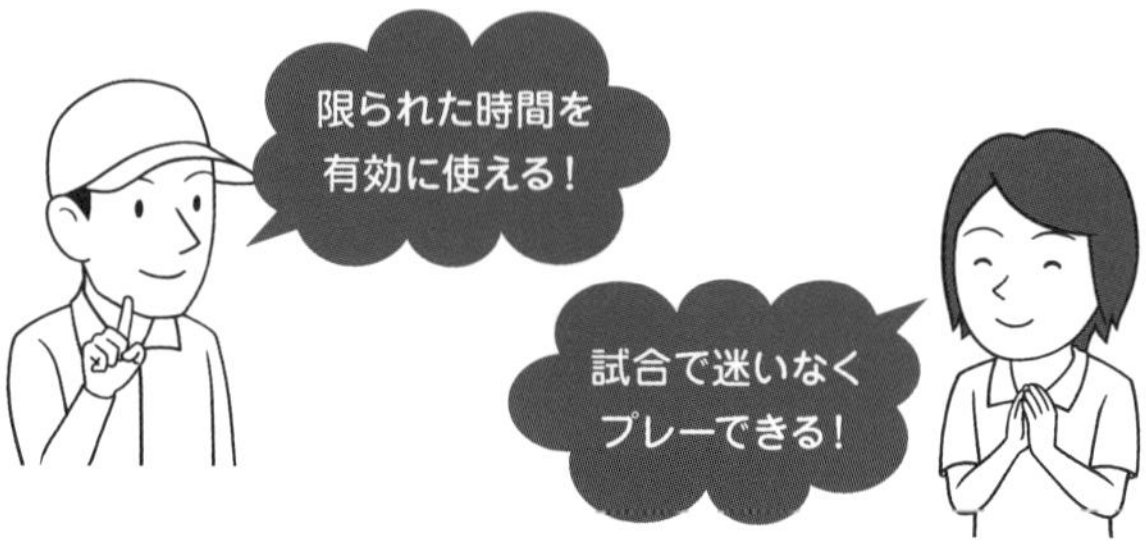
限られた時間を
有効に使える！
試合で迷いなく
プレーできる！

⬇

「負けにくいテニス」につながる！

「練習→試合」ではなく「確率分析→練習」

私のテニス指導の基本である「72分の１理論」（P18から詳しく解説します）の特徴は、技術の上達を待ってから試合にのぞむのではなく、試合に必要な要素を分析してから技術練習をする点です。

- 選手にとってのメリットは……
  - ①どんなシーンで使うボールなのかを分析する→自分で考える→練習の意図を理解して取り組める
  - ②返球するコースと球種を決めている→迷わない→試合で力を出し切れる
  - ③後衛が「攻め」のときは前衛も「攻め」→「２人で協力して1本！」のテニスを実現しやすい

- 指導者にとってのメリットは……
  - ①試合で使う頻度が高いボールを優先的に練習する→限られた時間を有効に使える
  - ②理論の指導を先にするので1年生（初心者）も練習に参加できる→３年生の引退後もゼロからのスタートにならない
  - ③自チームの選手が打球するコースと球種が予測できる→試合中に戦略を立てやすい

裏を見る！

クラスや部を受け持つと、必ず教師を大いに困らせる子どもがいます。つい「この子がいなければ、このクラス（部）はもっと落ち着くのに……」と思った経験は、ないでしょうか？

しかしながら、先生を心配させる子は、自分を認めてもらいたいがために「困らせる」という手段で自分の存在を訴えることも多いのです。ですから深い愛情をかけて接すると、他の子どもよりも強い信頼関係が生まれます。

これは私の経験上の話ですが、十数年後のクラス（部）会の発起人は、ほとんどがこのような子どもです。だから私は教師を困らせる子どもに出会ったとき、「この子は十数年後のクラス会の発起人代表をしてくれる子どもだ！」と思うようにしています。そうすると、なぜか突然、可愛く見えるから不思議です。

都会の大学から1年だけ僻

3 相手打球が自コートに落ちたときに「攻め」か「守り」かを決めている

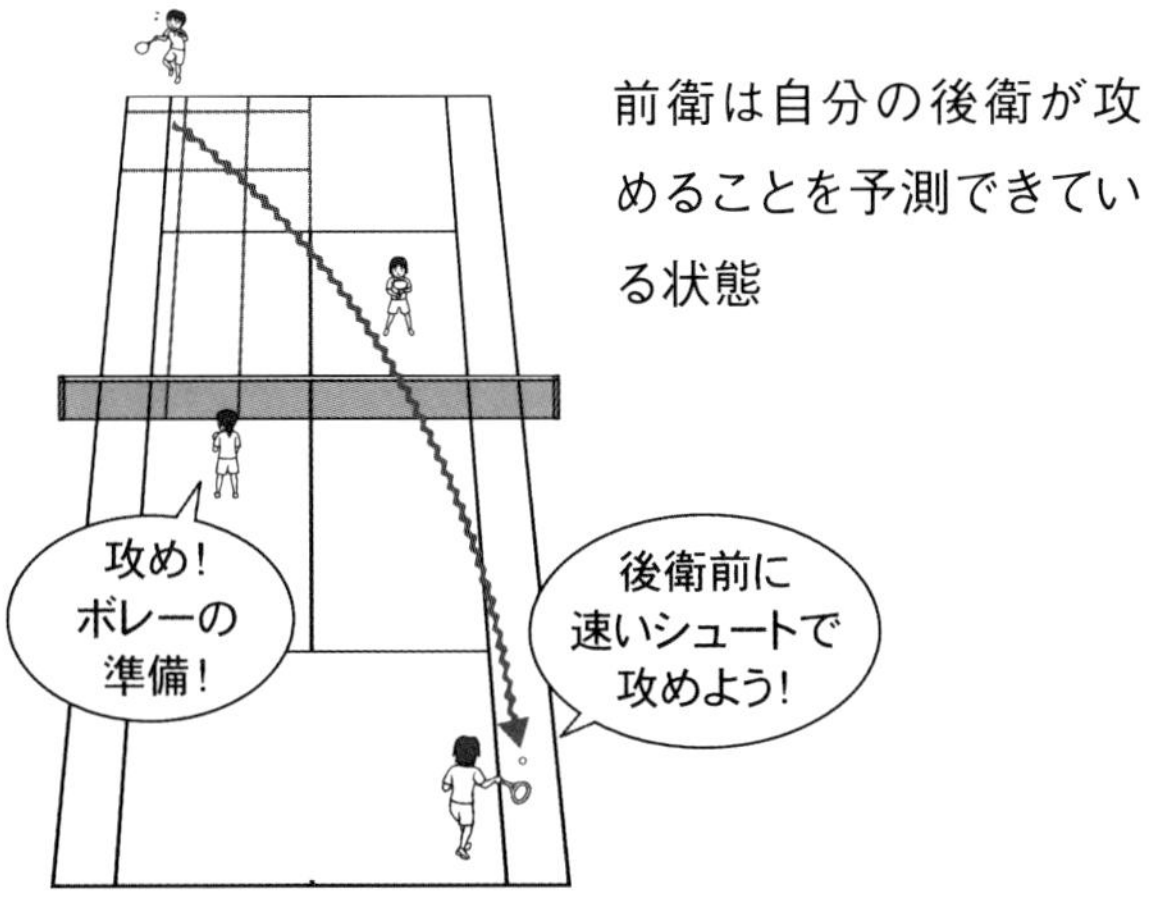

前衛は自分の後衛が攻めることを予測できている状態
後衛前に速いシュートで攻めよう！

4 後衛が「攻め」たら前衛も「攻め」る

後衛が攻めてくれたからボレーに出よう！

予定通り後衛が攻めのボールを打ったら、それを予測していた前衛も攻める準備ができている。

⬇

「2人で協力して1本とる」というテニス

72分の1理論は、打つ前に「攻め」か「守り」を決める

72分の1理論では、相手の打球を見極めることからスタートします。P18から説明しますが、相手からのコースと球種を見極めたら、そのボールを「攻める」べきか、「守る」べきかを決めます。

72分の1理論は、後衛が「攻め」たら前衛も「攻め」

相手の打球によって「攻める」べきか「守る」べきかを決めておけば、打球する前に、2人とも「攻める」か「守る」かの心づもりができます。

相手からの打球が「攻める」べきボールだった場合は、後衛が「攻め」ボールを打ち、前衛も「攻め」ます。反対に相手からの打球が「守る」べきボールだった場合は、後衛が「守り」のボールを打ち、前衛も「守り」ます。

後衛と前衛が、「攻め」か「守り」かの気持ちを一致させることで、2人で協力して1本とるというテニスにつながりやすくなります。

地医療に派遣され、気がつけば40年もの間、地域医療に従事していたというある医師の弁に、「自分がプロの医師になれるのは、患者それぞれが持っているカルテの裏にある生い立ち、経済状況、生活環境などを十分に理解したときだ」とありました。

これは指導者にも通じる話だと感じます。選手にとって指導者がドクターであるとしたら、選手全員の『裏カルテ』をも意識しながら指導をしたいものです。

棋士を志して13歳で実家を飛び出し、名人まで上り詰めた升田幸三氏には、こんな言葉があります。

「教室を見ていると、飛車、角、金、銀だけで授業をやっている先生がいる。これは『ヘボ将棋』だ。歩が生きていないとダメだよ。能力が一番低い歩であっても、それが働く場と機会によっては『と金』ともなったりして、素晴らしい力を発揮するのだよ」

子の成長を願う指導者として、心しておきたい言葉です。

72分の１理論（相手の打球を判断する）　6

ここからが、72分の１理論の詳しい解説と習得法です。まずは、相手からの打球のコースを見極め、次にコースと球種を判断しましょう。

1　相手打球の落下位置を９マスに分ける

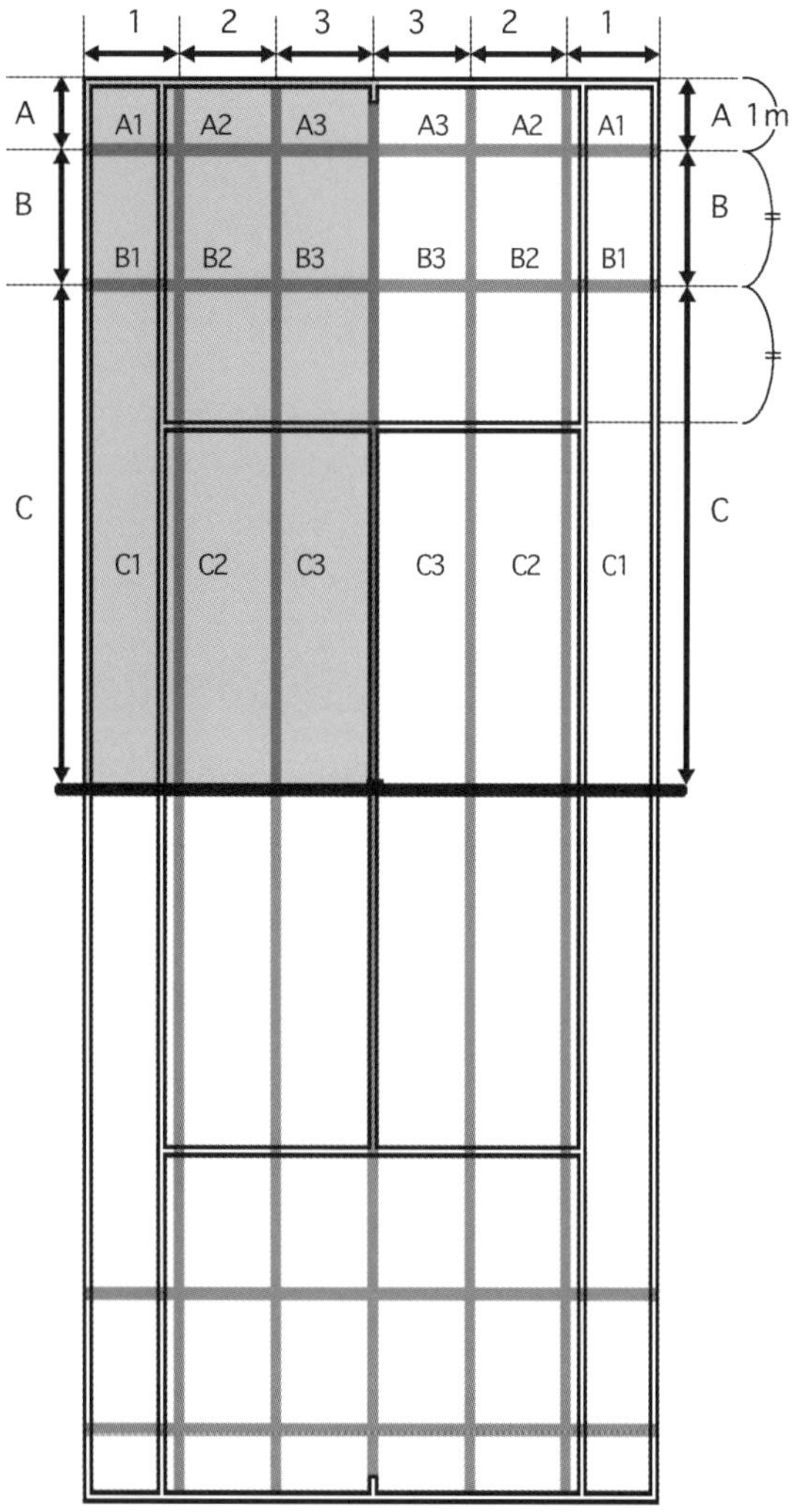

深さを……

A点→ベースラインから1m

B点→サービスラインからA点までの半分

C点→B点からネットまで

コースを……

1〜3→サイドラインからセンターラインまでを3等分して
サイド側から1・2・3

A1〜C3まで９分割する。

相手打球の落下位置を9マスに！

まずコートを４分割し、さらにそれぞれを９マスに分けて（イラスト1）、相手からの打球がどこに落ちたかを見極めます。最初は後衛の位置に立って、実際に飛んできた打球を見て答えます。それに慣れてきたら前衛の位置で後ろを振り向かなくても、落下位置を予測できるようにします（イラスト2）。打球が自分の頭の上を通過したくらいのタイミングで、「Ａ１」「Ｂ２」などと言えるようになればOKです。

慣れてきたらイラスト2の練習は、ロブでラリーを続けながら練習してみましょう。

相手打球の球種は4つに分類

私の場合は、相手の打球を、速いシュート・遅いシュート・半ロブ・大ロブの４つに分類します（図表3）。先ほどと同じように、まずは後衛の位置に立って相手打球を自分の目で見てコース（９マス）と球種（４種類）を判断しましょう。次に前衛の位置に立って後ろを向かずコースと球種の予測をする練習をします（イラスト4）。審判役の選手と判断が一致したら合格です。これができるようになったら、相手の36通りの打球に対して、「攻める」か、「守る」か、一覧表を作ってみましょう（図表5）。

2 相手の打球コースを判断する

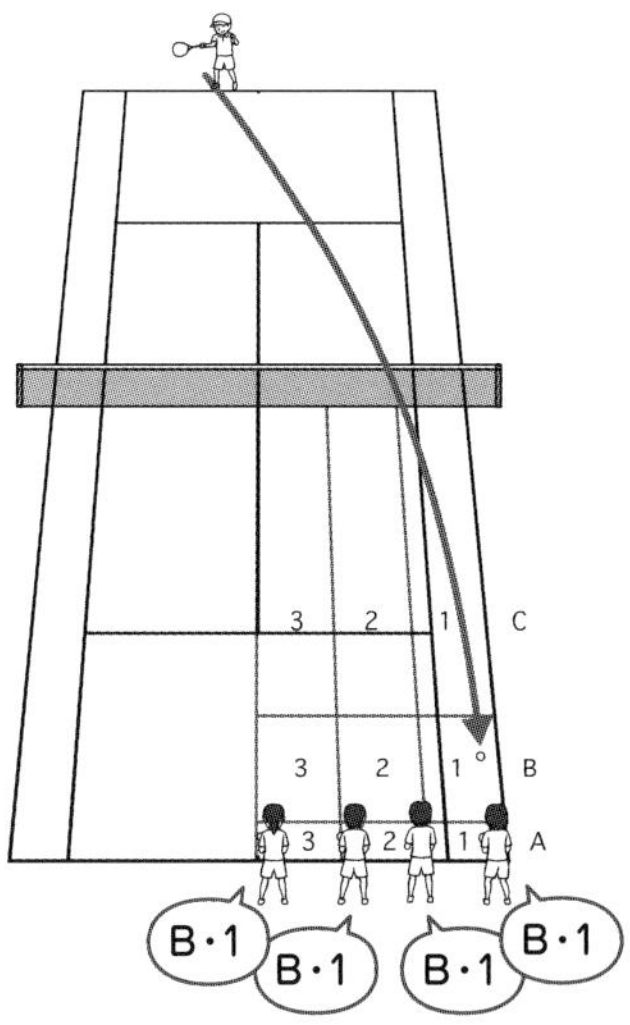

補助者が相手コートから打球し、その落下地点は9マスのどの場所だったかを大きな声で言う。

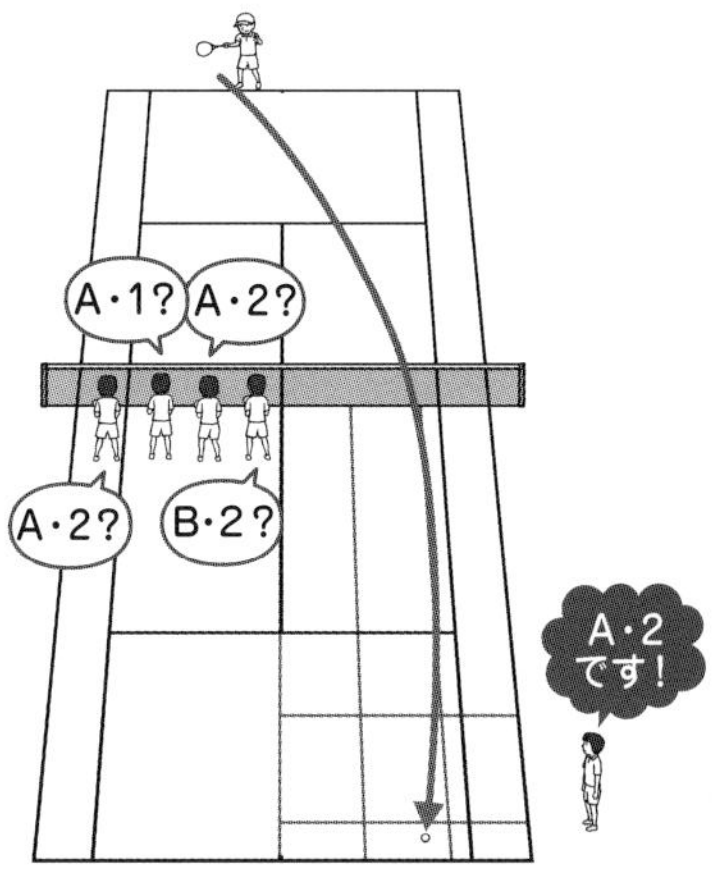

補助者が相手コートから打球し、前衛の位置に立って後ろを見ずに、その落下地点は9マスのどの場所になるかを予測して大きな声で言う。

3 相手の打球球種を4つに分ける

速いシュート	**遅いシュート**
半ロブ	**大ロブ**

相手からの打球はコースと球種により36パターンになる。

(A・B・C)×(1・2・3)×
(速いシュート・遅いシュート・半ロブ・大ロブ)

3×3×4=36通り

4 相手の打球コースと球種を判断する

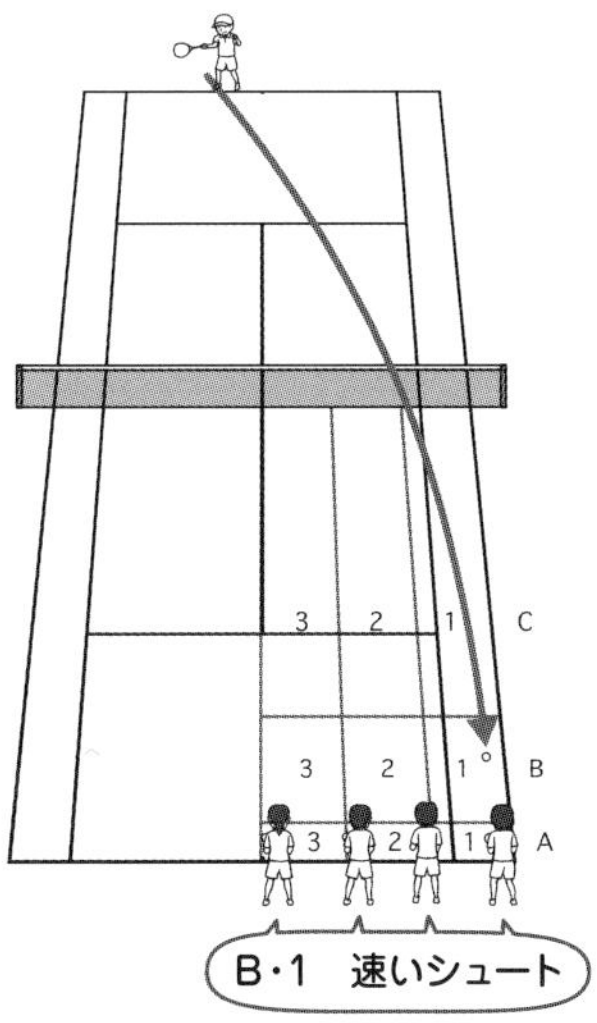

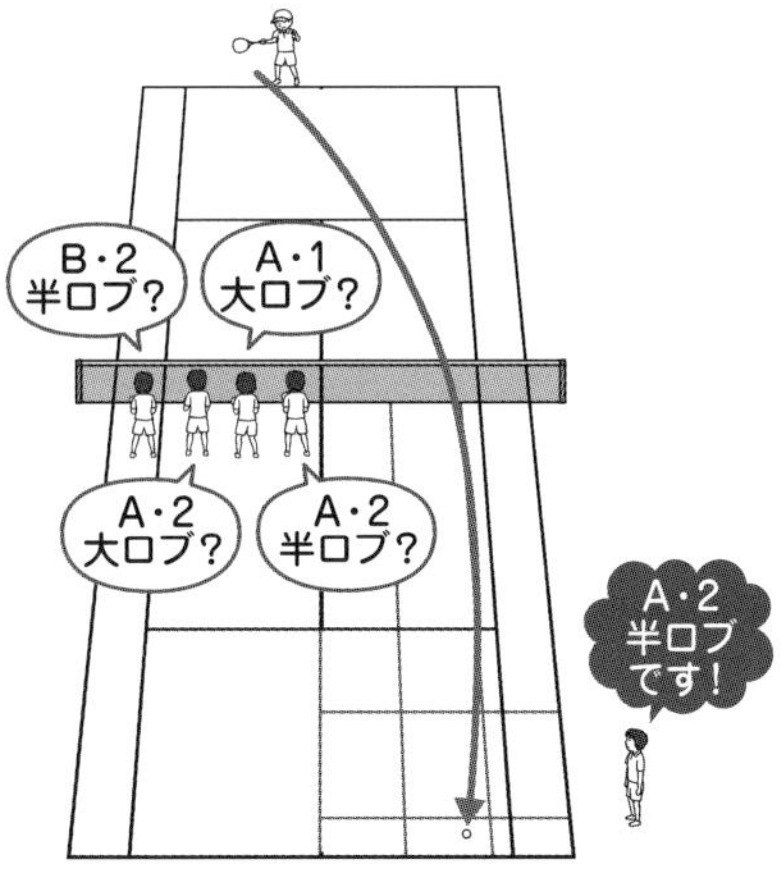

イラスト**2**と同様に、最初は目で見て、次に前衛の位置に立って後ろを見ずに、相手の打球コースと球種を予測して大きな声で言う。

5 相手打球を「攻める」か「守る」かを決める《例》

	速いシュート	遅いシュート	半ロブ	大ロブ
A1	守	守	守	守
A2	守	守	守	守
A3	守	守	守	守
B1	守	攻	攻	攻
B2	守	攻	攻	攻
B3	守	攻	攻	攻
C1	攻	攻	攻	攻
C2	攻	攻	攻	攻
C3	攻	攻	攻	攻

相手の打球コースと球種によって、「攻める」べきか「守る」べきかを考える。表は、ジュニアの場合の例。選手の能力によって、表は変わる。

72分の1理論（自分の打球を選ぶ「表番組」） 7

相手打球の落下点が「攻め」なのか「守り」なのかを判断して、後衛がそれぞれに得意なボールを2種類選択することを「表番組」と名づけます。

1 6種類から2種類選ぶ

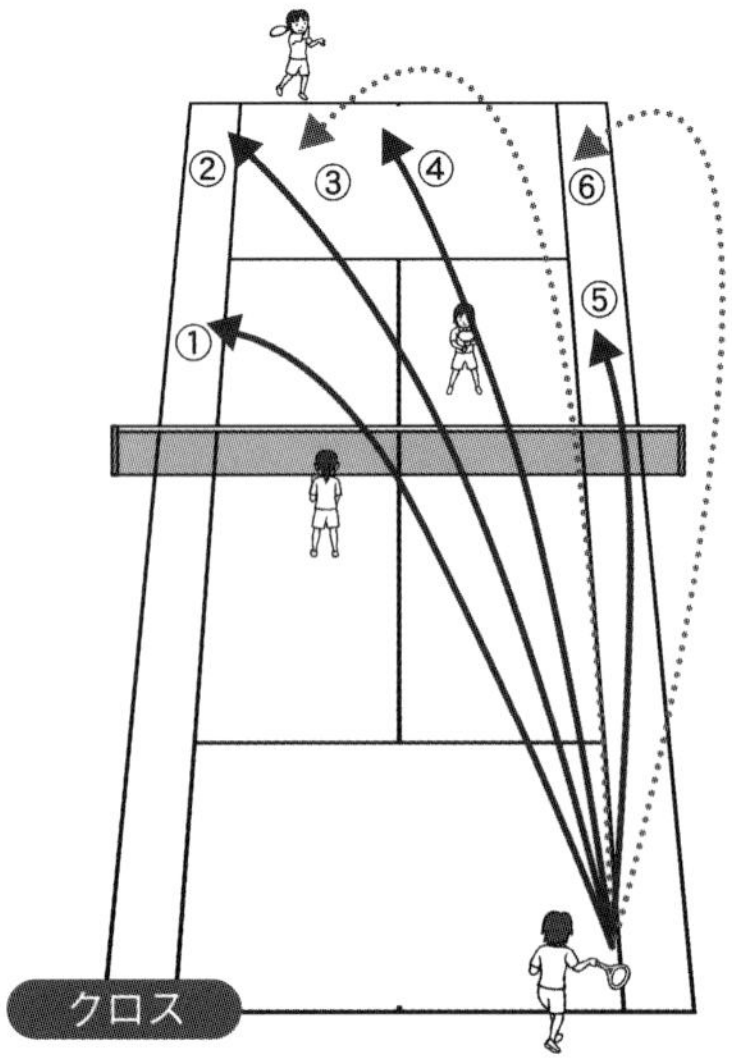

①後衛前にショートシュート　④センター割り
②後衛前にシュート　⑤サイド抜き
③後衛前にロブ　⑥前衛オーバー

6種類のうち、自分の得意なボールを2つ選ぶ（ここではジュニアから高校生くらいまでをイメージしている。レベルが上がると選ぶボールが増える)。クロス展開だけで表番組表が4枚、4コースで16枚できることになる。(次ページ参照)

（A・B・C）×（1・2・3）×
（速いシュート・遅いシュート・半ロブ・大ロブ）
×2種類
3×3×4×2=72通り

選んだ2種類のボールのうち1種を選んで打つのが「72分の1理論」です。

自分の打球を6種類のうちから2つ選ぶ

36通りの相手打球に対して、自分がどんな返球をするか決めます。 相手の打球は「A１・速いシュート」から「C３・大ロブ」まで36通りあり、それぞれのボールに対して、「攻める」か「守る」かを前のページで決めました。

自分が打つことができるボールは、クロスでも、逆クロスでも、右・左ストレート展開でも、いずれも6種類になります。(イラスト1)

72分の1理論の表番組

相手の打球36通りに対して、自分が得意なボールを6種類のうちから２種類選ぶと、コース（３）×深さ（３）×球種（４）×自分の打球（２）=72となります。「72分の１」の「72」は、ここから生まれました。

ここでは、クロス展開を例にしていますが、他の3つのコースの展開も同様です（イラスト2)。

相手打球36通りに対して、自分の得意な２種類を表に書き出すと「72分の１理論」の表番組表ができます（表3)。ちなみにファイナルゲームでは、選手の迷いを減らすために、得意なボール２種→１種にしぼり込むように指導しています。

選手をそれぞれの紅葉に

数年前のある秋のこと。学校の職員室から見える山々の景色にうっとりしていたところ、背後から「どうして紅葉はこんなにも綺麗なんだろうね？」と校長の声がしました。

答えに詰まった私に、校長は「紅葉が綺麗なのは、きっとこの時期にだけ真っ赤な色をつけるからなんだろうね」と、遠くを眺めながらとても穏やかな口調で話を続けました。そして、「周りを取り囲む木の葉の色も、黄色だったり緑だったりそれぞれ違うから、紅葉がさらに引き立って、美しく見えるのだろうね」と付け加えたのです……。

この言葉を聞き、私は金子みすゞさんの「みんなちがって、みんないい」という詩の一節を思い出しました。指導者は選手一人ひとりの持ち味を存分に発揮させることが大きな仕事であるということを、あらためて感じた瞬間です。

2　他のコースも同様に6種類から2種類選ぶ

逆クロス、右ストレート、左ストレート展開でも同様。

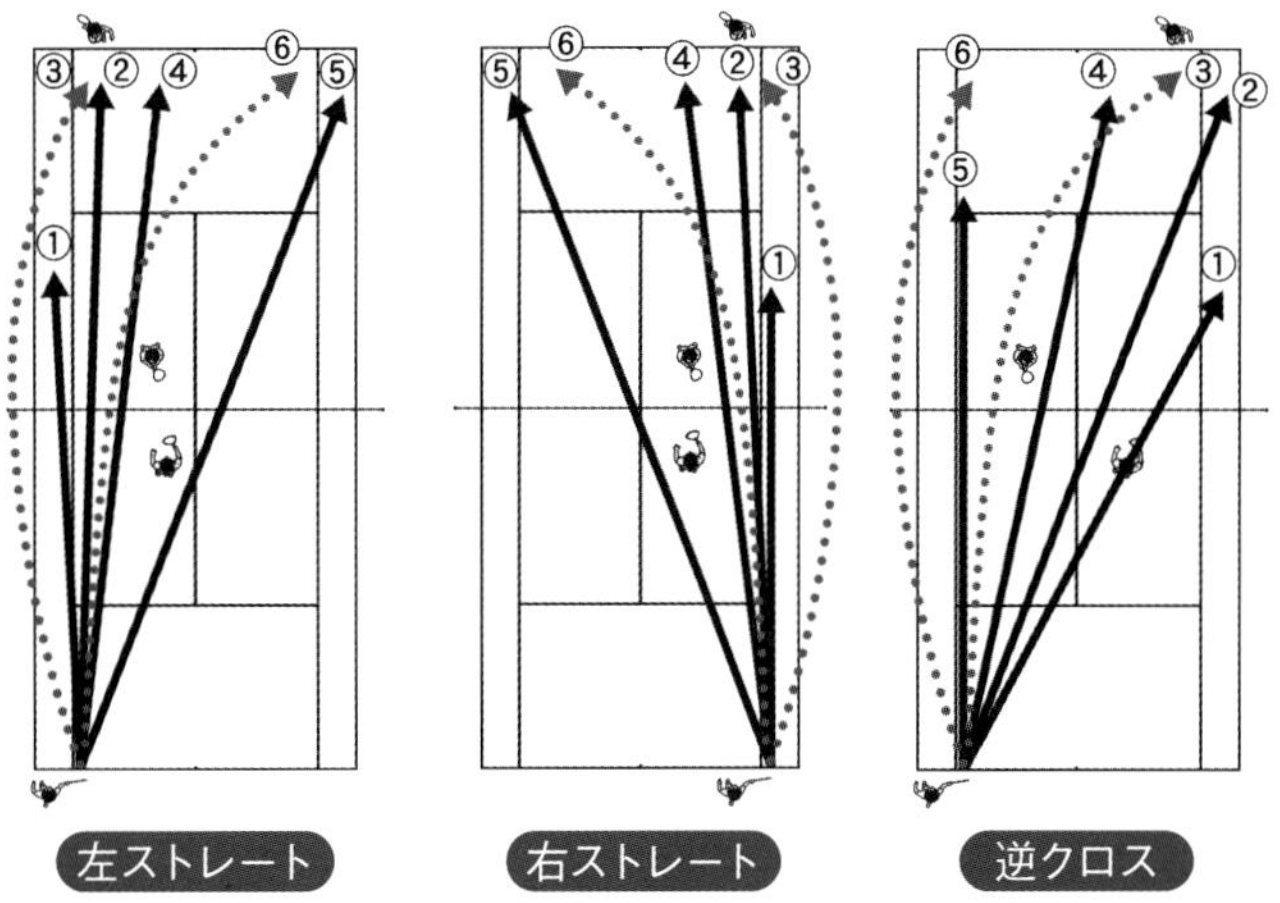

3　選手が作った「72分の1理論」の表番組表《クロス展開の例》

相手後衛の「速いシュート」「遅いシュート」「半ロブ」「大ロブ」の9カ所の落下点について、自分がどんなボールを打つかを決めて4枚の表を作る。６種類から、自分が得意なボールを２つ選ぶ（相手打球によっては、最初から選択肢が２つしかない場合もある）。

半ロブの場合

	半ロブ	選んだボール
A1	守	③か⑥
A2	守	③か⑥
A3	守	②か③
B1	攻	⑤か⑥
B2	攻	②か⑥
B3	攻	②か⑥
C1	攻	①か⑤
C2	攻	④か⑥
C3	攻	②か⑥

速いシュートボールの場合

	速いシュート	選んだボール
A1	守	②か③
A2	守	②か③
A3	守	②か③
B1	守	②か③
B2	守	②か③
B3	守	②か③
C1	攻	①か⑤
C2	攻	②か④
C3	攻	②か④

大ロブの場合

	大ロブ	選んだボール
A1	守	③か⑥
A2	守	③か⑥
A3	守	②か③
B1	攻	②か⑤
B2	攻	②か⑥
B3	攻	②か④
C1	攻	①か⑤
C2	攻	②か④
C3	攻	②か④

遅いシュートボールの場合

	遅いシュート	選んだボール
A1	守	②か③
A2	守	②か③
A3	守	②か③
B1	攻	②か⑤
B2	攻	②か⑥
B3	攻	②か⑥
C1	攻	①か⑤
C2	攻	④か⑥
C3	攻	②か⑥

校長は最後に「子どもたちも1年間のどこかで紅葉になれたら嬉しいだろうね」と結びました。

選手と指導者が一体となって、1年間の中で本物のドラマを作ろうとするときには、部員の一人ひとりがそれぞれの役割を演じなくてはいけません。

そのためにも、一人ひとりの確かな存在を互いに確認しあい、あるときは紅葉となった選手を引き立て、あるときは自分自身が紅葉になれる。そんな集団を作りたいものです。

願わくば、選手全員が必ず、1年間のどこかで紅葉になれる、輝くことができる瞬間がある。そんな集団でありたいものです。

72分の1理論（相手の打球を予測する「裏番組」） 8

自分の後衛の打球のコースと種類によって前衛が相手打球を予測することを「裏番組」と名づけます。

1 後衛がセカンドレシーブで攻撃する場合《例》

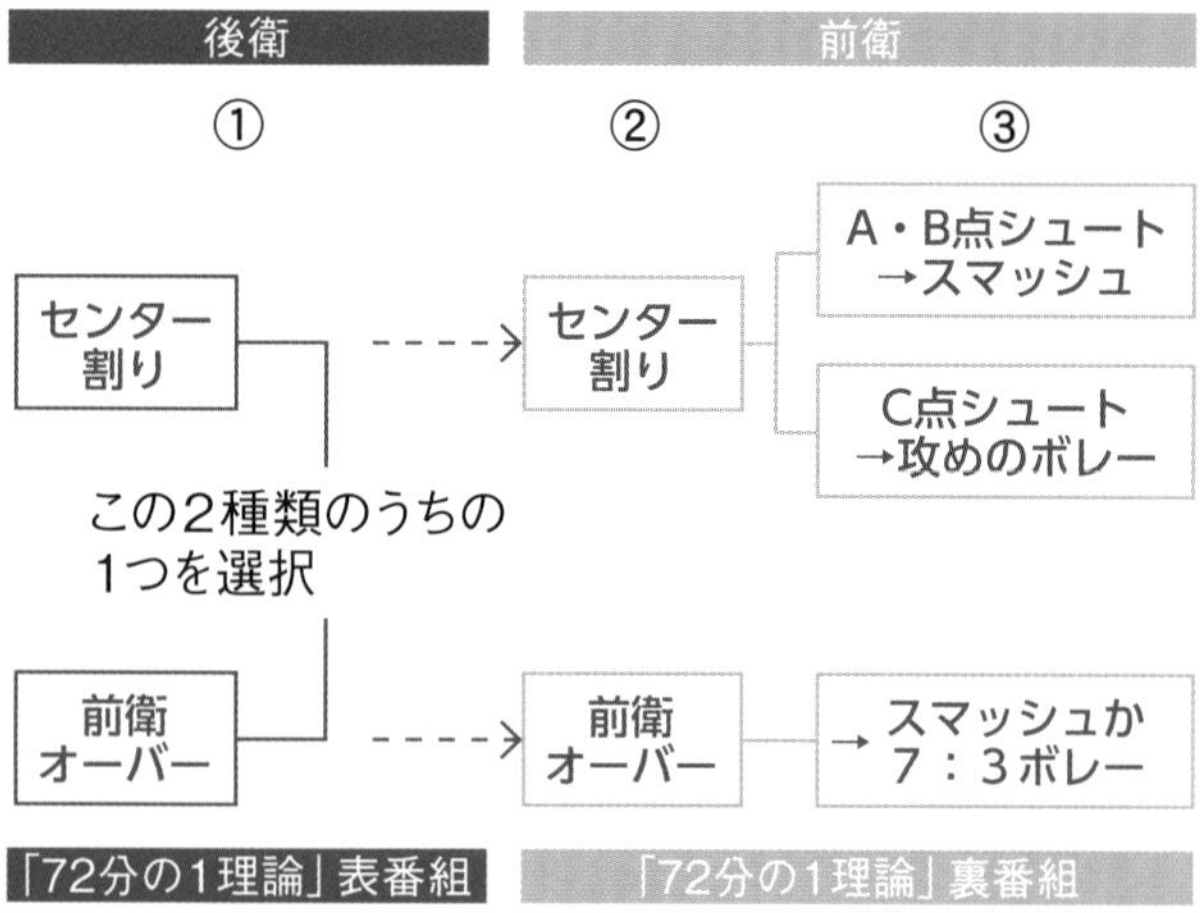

①後衛はセンター割りか前衛オーバーの2種類のどちらかで攻める（表番組）
②前衛は、後衛がこの2種類のどちらかを打つと予測して、攻めの準備をする（裏番組）
③後衛がセンター割りを打ち、A・B点に落ちたらスマッシュのポジション、C点に落ちたらボレーのポジション。後衛が前衛オーバーをすればスマッシュのポジションに入る

「表番組」と「裏番組」を組み合わせる

「表番組」とは？

相手の打球のコースと球種によって、後衛が自分の打球を２種類選択すること（P20参照）。

「裏番組」とは？

自分の後衛の打球のコースと種類によって、前衛が相手の打つボールを予測すること。

この「表番組」と「裏番組」の２つを組み合わせると、後衛は自分が打つボールを迷わなくなり、前衛は相手が打つボールを予測してポジションをとれるようになります。

また、どんなシーンでどのような技術が必要になるのかを意識しながらボレーやスマッシュの練習ができるので、より実戦に近づいた練習ができます。

前衛の「裏番組」を生かすためには、後衛が「攻め」「守り」のボールを予定通り打つことが重要です。

他のリーダーに学ぶ

子どもというのはいつの日か学校を離れ、親元を離れ、自立するときが来ます。学校・家庭はその日までに何をすればよいのか？　ヤクルトの元監督・野村克也さんの講演を思い出し、要約してみました。

ヤクルトの若い選手に接したとき、「優勝」という言葉を口にしても選手の顔が輝かないし、どうみても「優勝」のために練習しているとは思えない。私生活はなおのことでした。どうしてかをずいぶん考えたところ、やっとその理由がわかったのです。

もし「優勝」という山が3000メートル級だとしたら、2000メートルの山に登ったときに初めて、3000メートルの山があることに気づくのです。2000メートルの山に登っていない者には、3000メートルという「優勝」の山は見えないのです。

監督はまず2000メート

自チームが「攻め」なら、相手は「守り」

「裏番組」を考えるときに重要なのは、自分たちが「攻め」のときは、相手は「守り」になるということです。相手の立場に立ち、どんなボールが返球されやすいかを予測します。これが「裏番組」です。相手が打てるボールも6種類です。そのうち、どのボールがくる確率が高いかを考えてポジションをとります。

実際のポジションどり（裏番組）

　ここではクロスのショートシュートで攻めた場合と、前衛オーバーで攻めた場合を例にとって、前衛のポジションのとり方（裏番組）について説明します。

2　コート図の見方 ①

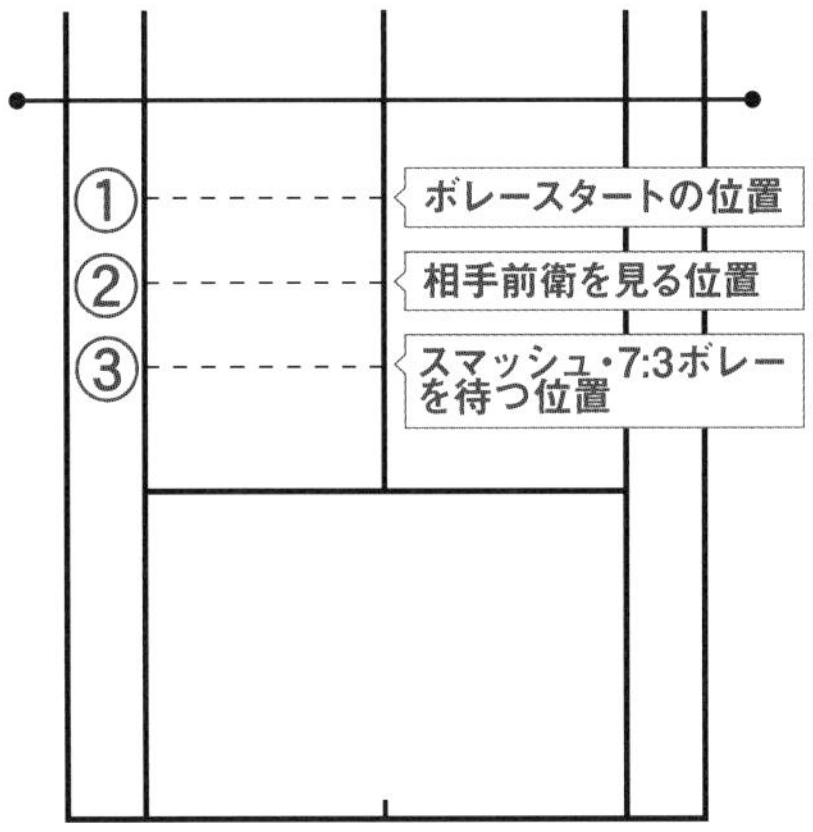

前衛はまず、②の位置にポジションをとる。

- 相手打球がシュートボールだと判断したら、①にポジションをとり、攻めのボレーに出る。
- 相手打球がロブだと判断したら、③にポジションをとり、スマッシュか7：3ボレーを待つ。

3　コート図の見方 ②（実際のポジションどり）

①自チーム
○＝後衛　△＝前衛
②相手チーム
●＝後衛
③打球
——→ ＝シュート
- - - - - -> ＝ロブ
④選手移動
——→

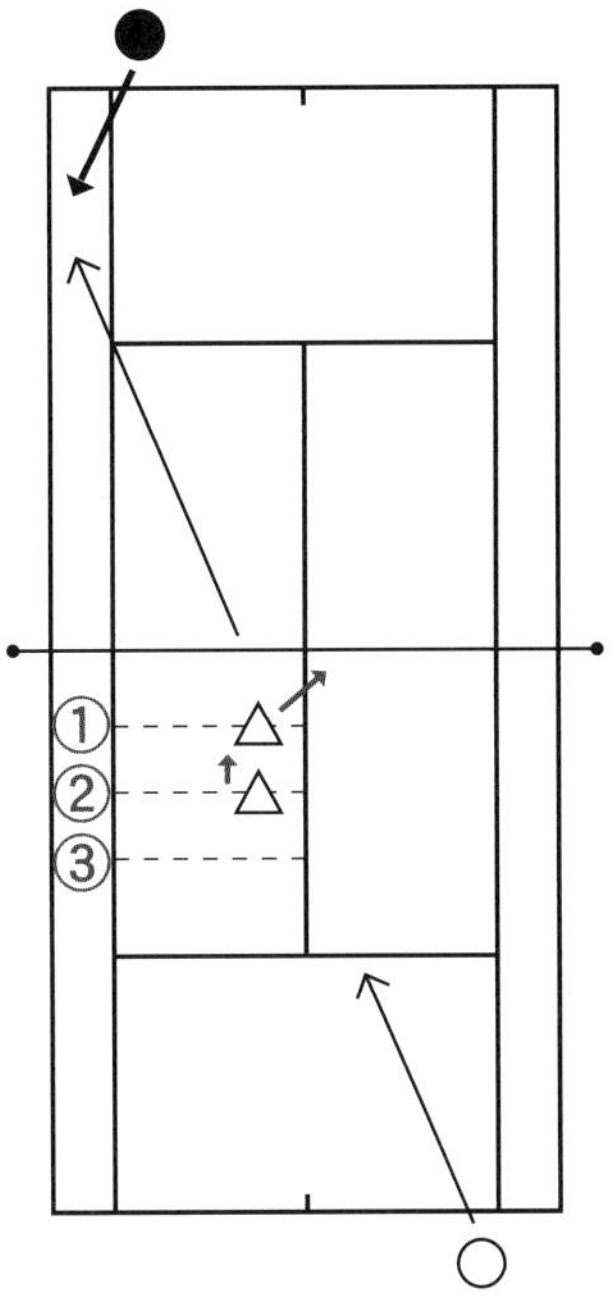

自分の後衛がショートシュートで攻めたら、②のポジションから①に入り、右斜め前に攻めのボレー（ポーチに出る）。

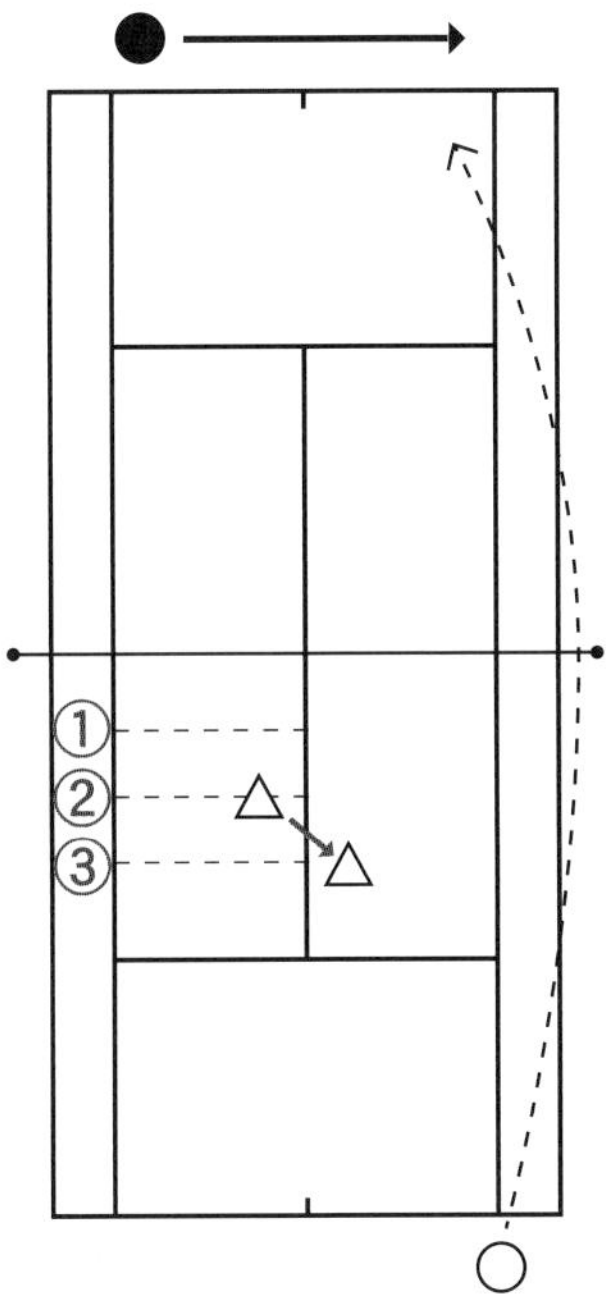

自分の後衛が前衛オーバーで攻めたら、②のポジションから右斜め後ろ③に入り、スマッシュか7：3ボレー（ボールがあがってくるのを待つ）。

ルの山に登らせねばなりません。そして、選手に3000メートルの美しい山を意識させるのです。

　ここで大切なことは、2000メートルからは各自が自分に合ったいろいろな道を見つけ、自分の足で自分らしく登らなければならないということです。ですから監督は選手に（2000メートルの山に登るための）基礎・基本をしっかり身につけさせ、選手の特性を大切にした心身を（3000メートルの山に登るために）育てなければなりません。これが一番の仕事です。

　体操競技で『規定演技』と『自由演技』があります。前者が「基礎・基本」で、後者が「応用」と言えるのではないでしょうか。

　人生という広いマットの中で、子どもたちにはのびのびと自由演技をしてもらいたい。人に感動を与える自由演技は、どうやら確かな基礎・基本の上に成り立っているようです。

4 クロス展開における攻めの裏番組（ポジションどり）

前衛オーバー

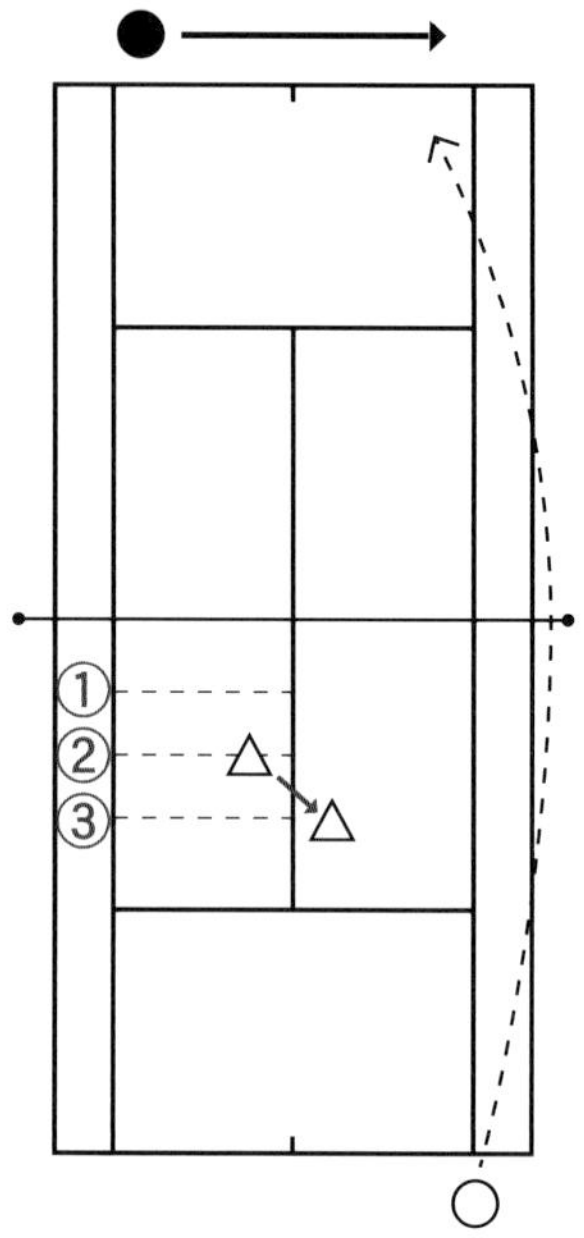

相手を走らせているので
②→③右斜め後ろ→スマッシュ or 7：3ボレー

センター割り

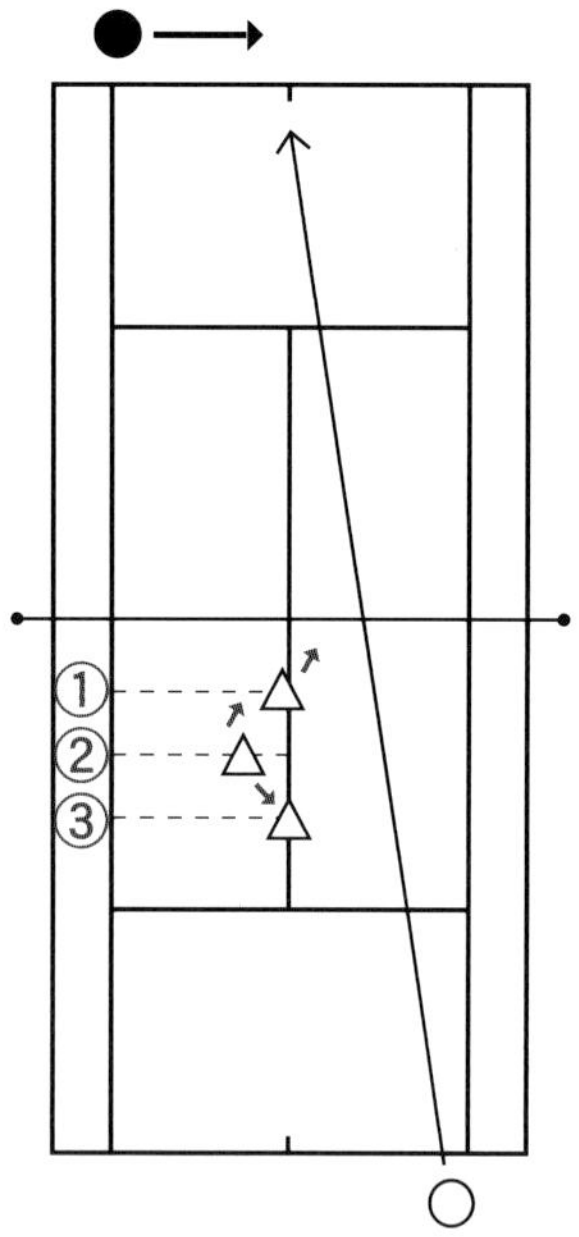

［相手後衛が回り込んだ場合］
②→①右斜め前→右斜め前にボレー
［相手後衛がバックの場合］
②→③右斜め後ろ→7：3ボレー

後衛前シュート

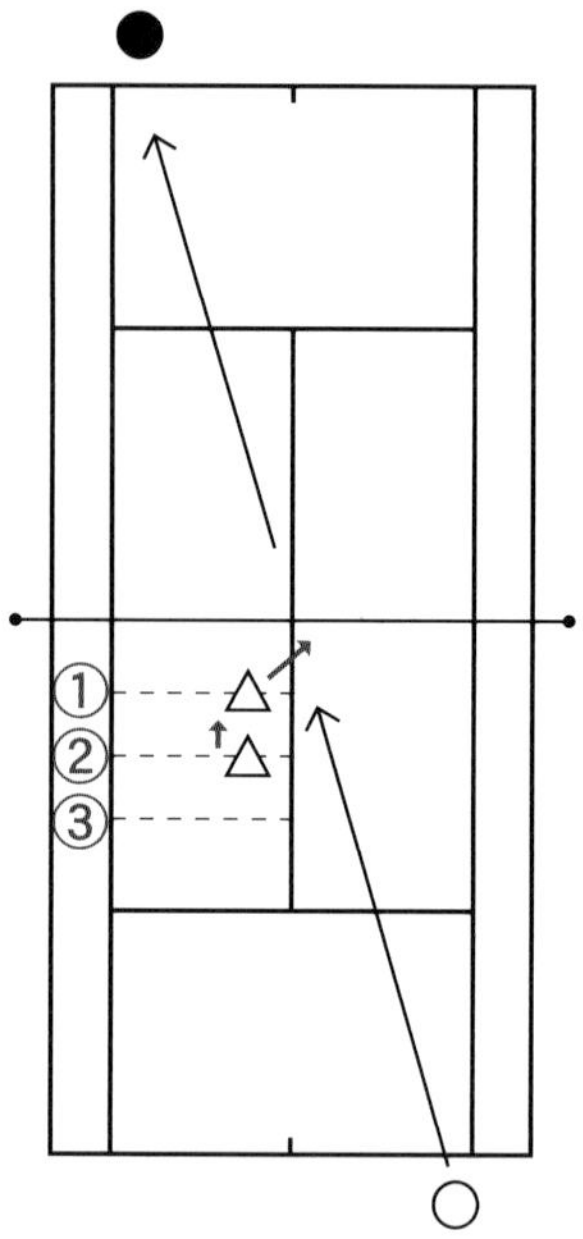

A点以外は迷わず攻めボレーに
②→①→右斜め前にボレー

ショートシュート

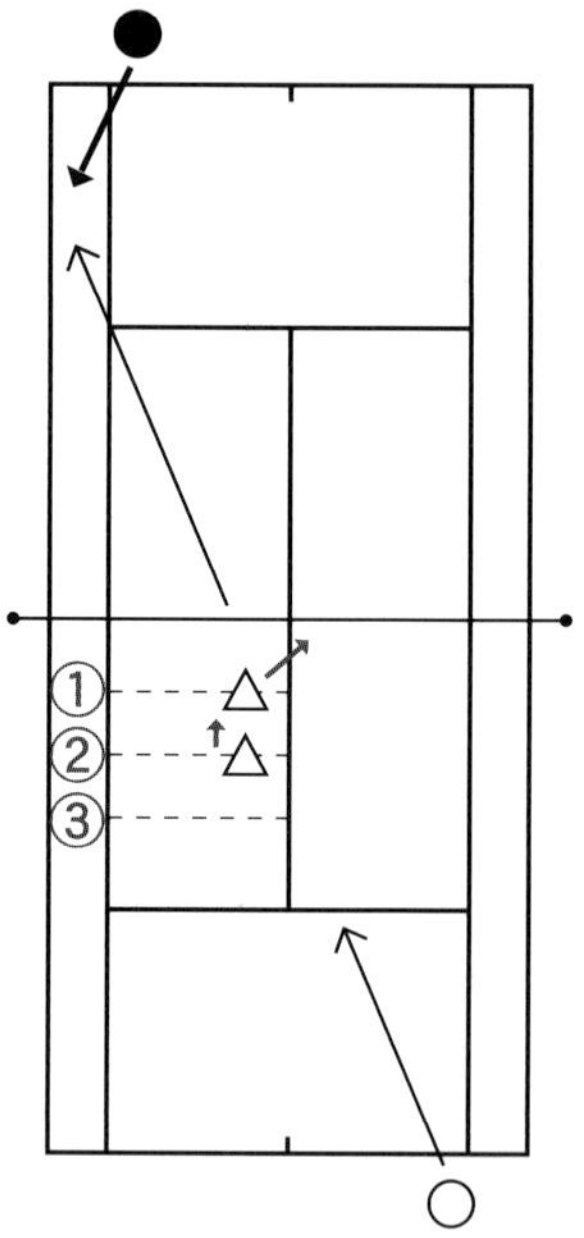

「攻め」なのでボレーに
②→①→右斜め前にボレー

〈 クロス展開　裏番組基本編 〉

コース	前衛オーバー	センター割り		後衛前シュート	ショートシュート
打球種	中ロブ・大ロブ	速いシュート		速いシュート	速いシュート
相手返球予測	ロブ	［回り込んだ場合］ シュート	［バックの場合］ 半ロブ	シュート	シュート
使用技術	スマッシュ or 7：3ボレー	攻めフォアボレー	7：3ボレー	攻めフォアボレー	攻めフォアボレー

高校生くらいまでをイメージした裏番組表。レベルに応じて相手返球予測や使用技術は変わる。

恩は返すものではなく

私が大変お世話になった先生に、高知県の増山正弘先生がいます。

２０１３年12月にお亡くなりになり、ひと言お礼が言いたくてお葬式に参列しましたが、あらためてたくさんの方々に慕われていたのだと感じました。

増山先生とは、高知県での全国中学校体育大会の前日、小津高校のコートを貸していただいたときに初めてお会いしました。

練習中に強い雨が降ってコートが水浸しになり、その日の練習はあきらめかけたのですが、少し小降りになったとき、増山先生のひと言で小津高校の選手全員が新聞紙で一斉にコートの水を吸い出してくれました。見ず知らずの中学生の練習のために高校生が膝をついて水を拭き取ってくれた姿を、今でも忘れられません。

告別式で会場正面の遺影に向かって手を合わせ何かつぶ

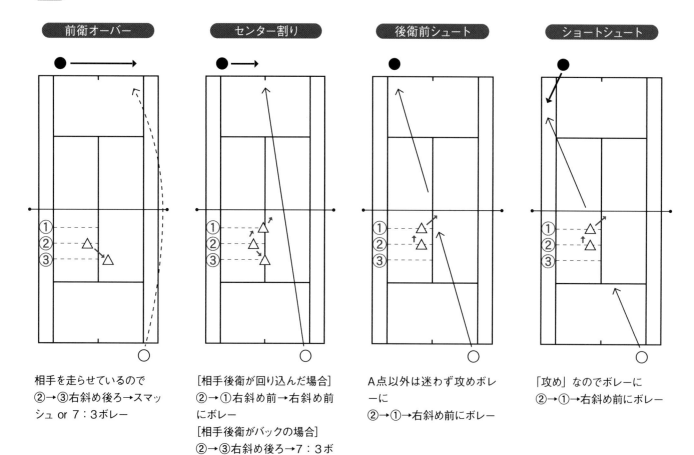

5 逆クロス展開における攻めの裏番組（ポジションどり）

前衛オーバー　　センター割り　　後衛前シュート　　ショートシュート

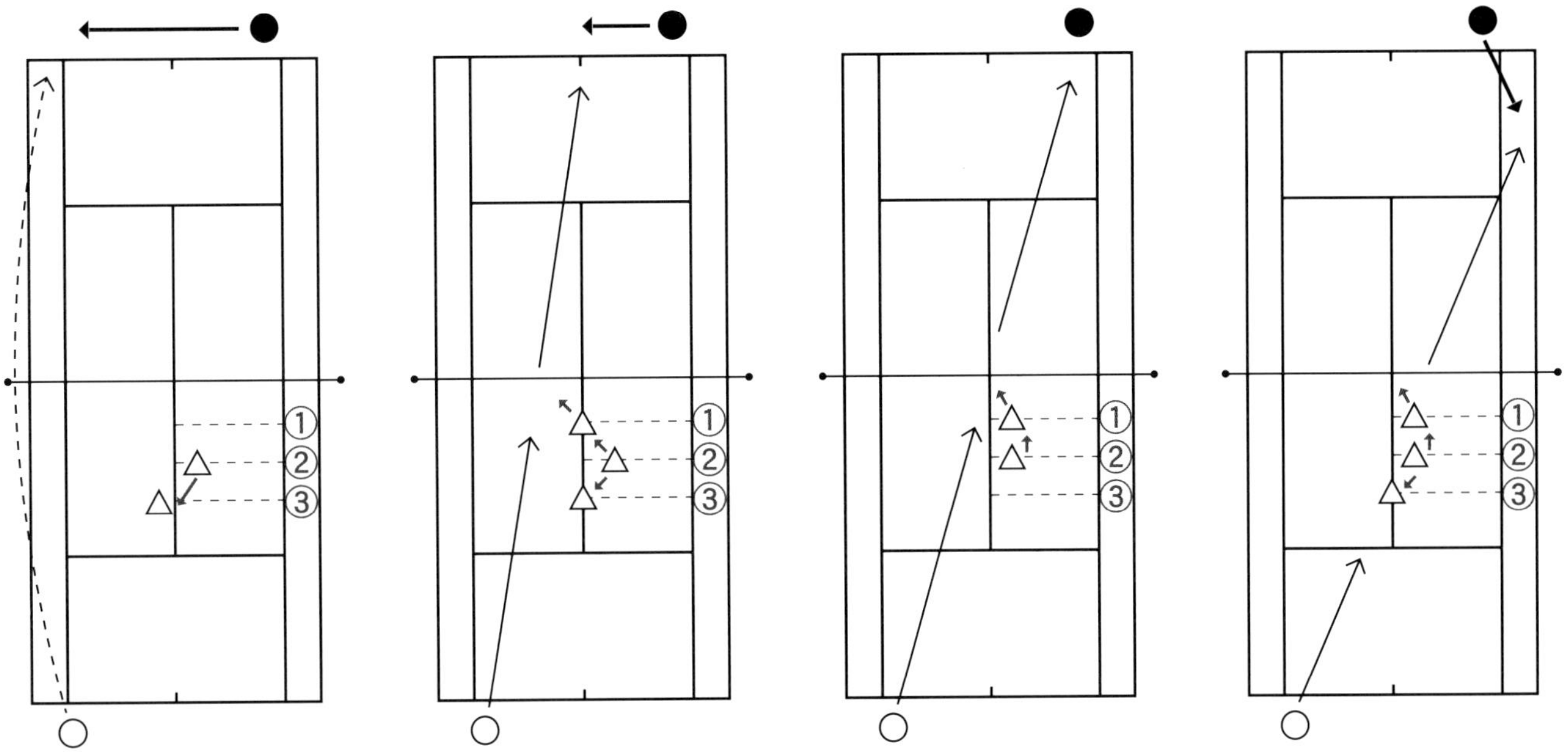

前衛オーバー

C点以外はスマッシュor7：3ボレー
②→③左斜め後ろ→スマッシュor7：3ボレー

センター割り

［相手後衛に余裕がある場合］
②→①→左斜め前にバックボレー
［やっとの場合］
②→③左後ろ→7：3ボレー

後衛前シュート

A点以外は迷わず攻めボレーに
②→①→左斜め前にバックボレー

ショートシュート

「攻め」なのでスタート遅めでボレー
［相手後衛が回り込んだ場合］
②→①→左斜め前ボレー
［相手後衛がバックの場合］
②→③→7：3ボレー

〈逆クロス展開　裏番組基本編〉

コース	前衛オーバー	センター割り	後衛前シュート	ショートシュート	
打球種	中ロブ・大ロブ	速いシュート	速いシュート	速いシュート	
相手返球予測	ロブ	シュート or 半ロブ	シュート	［回り込んだ場合］シュート	［バックの場合］半ロブ
使用技術	スマッシュ or 7：3ボレー	攻めバックボレー or 7：3ボレー	攻めバックボレー	攻めバックボレー	7：3ボレー

高校生くらいまでをイメージした裏番組表。レベルに応じて相手返球予測や使用技術は変わる。

やいている若い女性がいました。増山先生の教え子です。

講習会で何度か見かけた顔だったので、「何をお話ししていたの？」と尋ねると、「先生からいただいたご恩は決して忘れませんとお伝えしました」と目頭をおさえながら答えてくれました。増山先生に「恩は返すものではなく、忘れないもの」と教わったのだそうです。

お世話になった人は、今までにたくさんいます。父母を含め恩を返せないままに逝ってしまった人も大勢います。自分がここまで生きてこられたのも、多くの人の支えがあってこそ。恩を返したいと思う人があまりにも多く困っていたところ、増山先生の教え子から心安まる言葉をもらいました。

「恩は返すものではなく、忘れないもの」

増山先生のこの言葉を胸に、多くの人からいただいた恩を忘れず、今度は後輩のために何かできることを探していきたいと思っています。

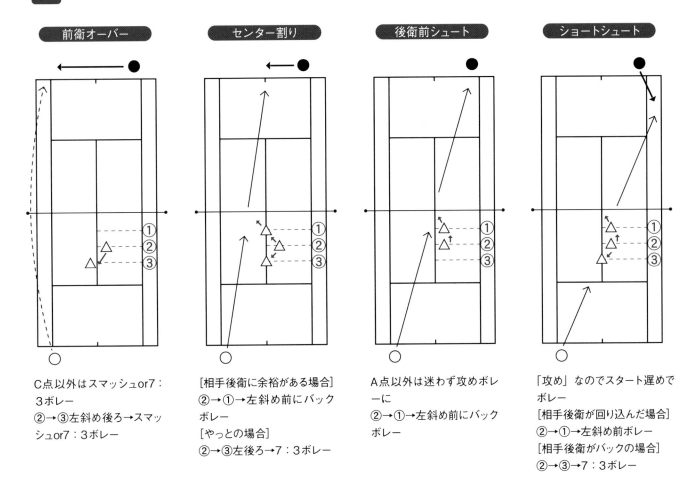

6 右ストレート展開における攻めの裏番組（ポジションどり）

前衛オーバー

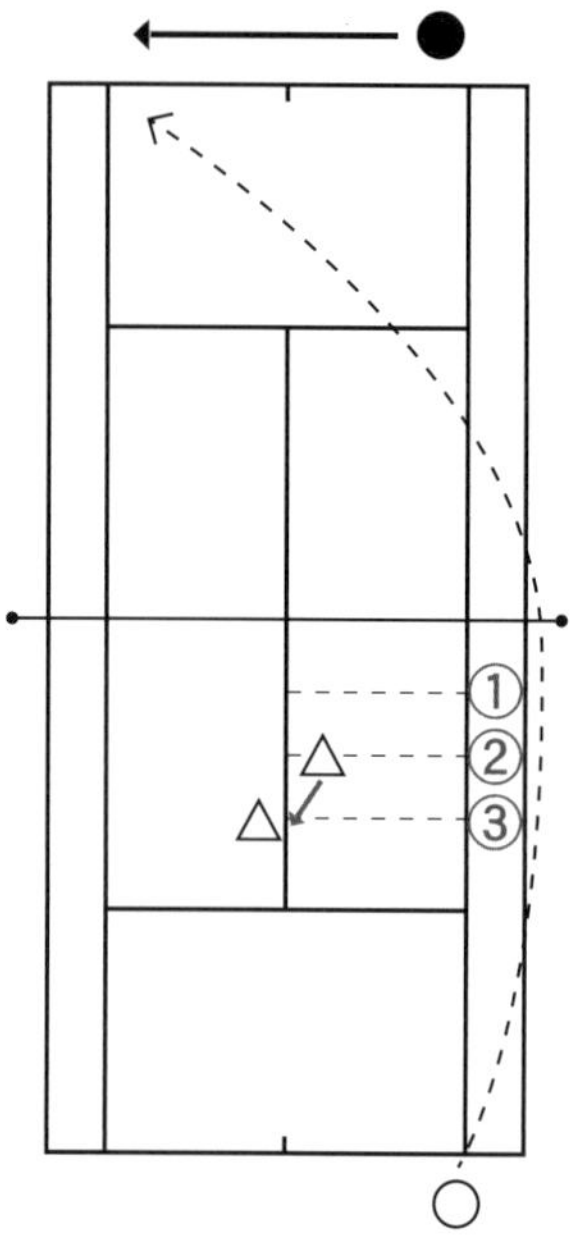

相手を走らせているので
②→③左斜め後ろ→スマッシュ or 7：3ボレー

センター割り

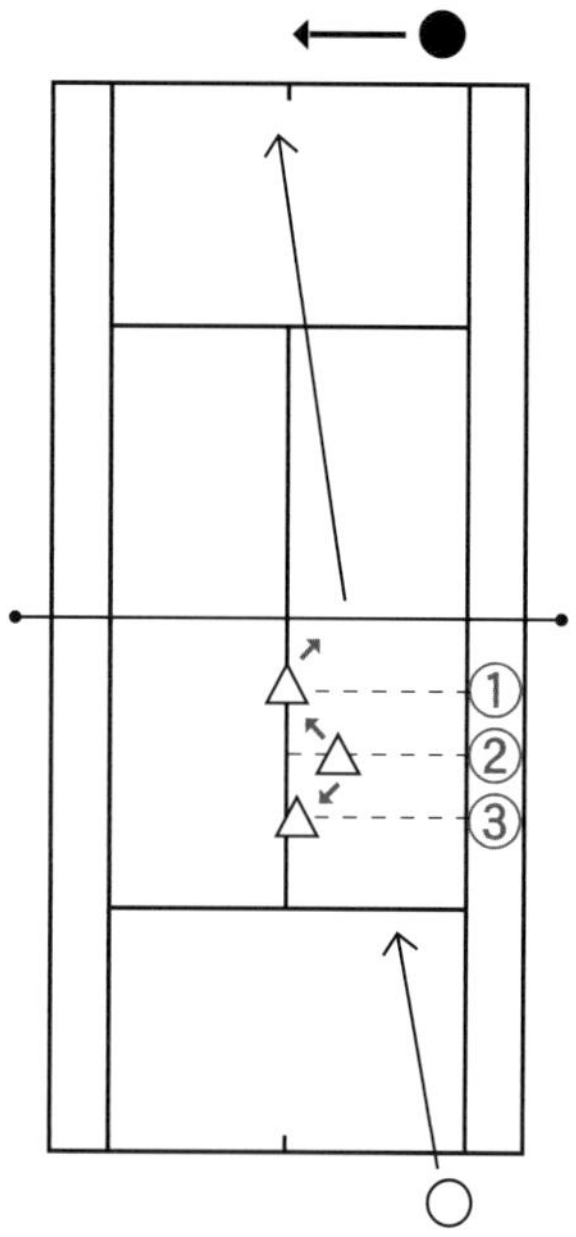

A点以外は攻めボレー
［相手後衛に余裕がある場合］
②→①→右斜め前にボレー
［やっとの場合］
②→③左斜め後ろ→7：3ボレー

後衛前シュート

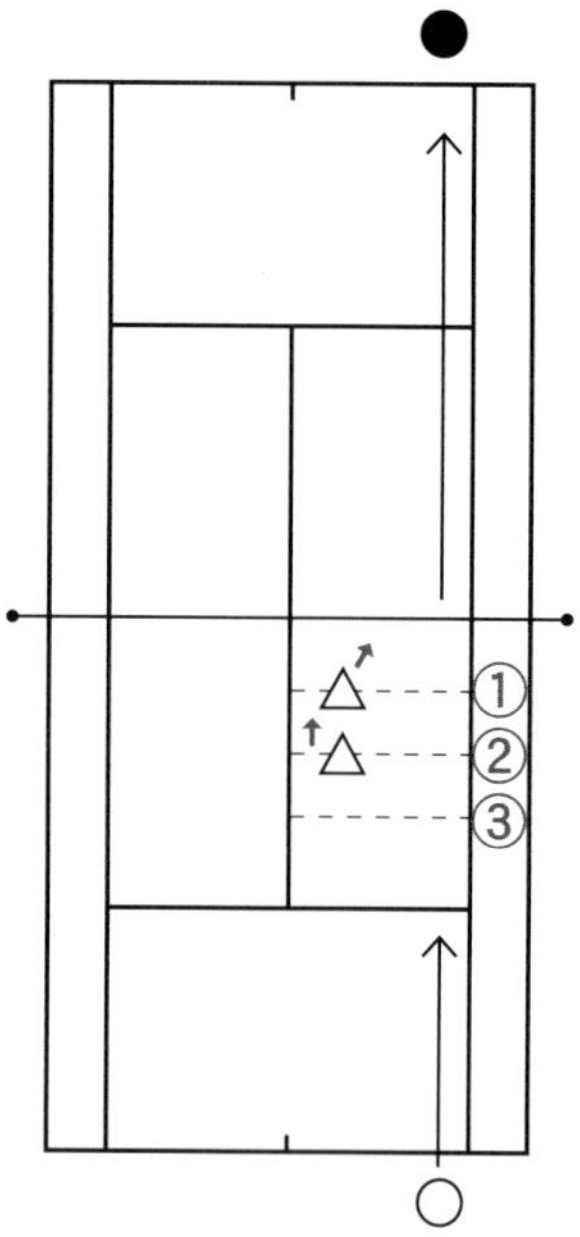

A点以外は迷わず攻めボレーに
②→①→右斜め前にボレー

ショートシュート

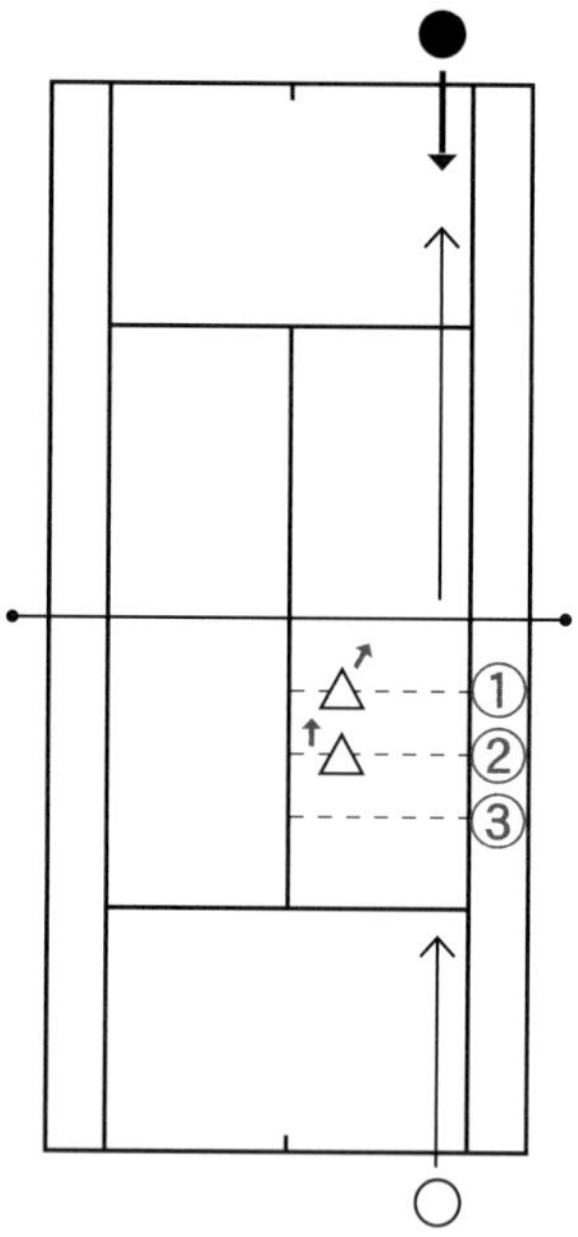

「攻め」なのでボレーに
②→①→右斜め前ボレー

〈 右ストレート展開　裏番組基本編 〉

コース	前衛オーバー	センター割り	後衛前シュート	ショートシュート
打球種	中ロブ・大ロブ	速いシュート	速いシュート	速いシュート
相手返球予測	ロブ	シュート or 半ロブ	シュート	シュート
使用技術	スマッシュ or 7：3ボレー	攻めフォアボレー or 7：3ボレー	攻めフォアボレー	攻めフォアボレー

高校生くらいまでをイメージした裏番組表。レベルに応じて相手返球予測や使用技術は変わる。

キャプテンの苦悩①

勝負の大変さを何回も経験してきた私にとっては、大会前、胃の痛くなる毎日が続きます。

「選手は勝ちたいと思いながら頑張っている。指導者も何とか勝たせたいと思いながら指導している……」

どの指導者も同じことを考えている。実はこのことが勝負を難しくしているのです。多くの部員がいる中でレギュラーは補欠も含めて8名。団体戦に出られない選手のほうが、圧倒的に多いのです。

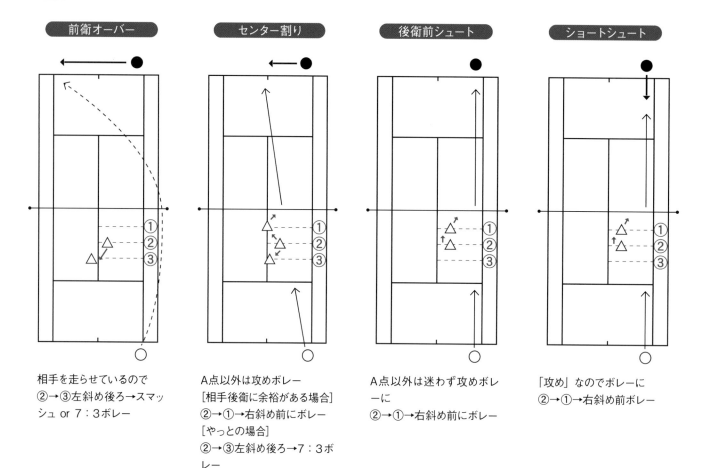

指導者にとってレギュラーの選手選考は最も辛く重い仕事です。レギュラーになることを信じ、これ以上できないというほどの努力を続けてきた3年生をレギュラーから外すという決断は、いつのときも厳しいものでした。

その年は3年生のSさんがキャプテンでしたが、レギュラーには選べませんでした。30名近くの部員から悩んだ末、レギュラーに選んだのは3年

7　左ストレート展開における攻めの裏番組（ポジションどり）

前衛オーバー

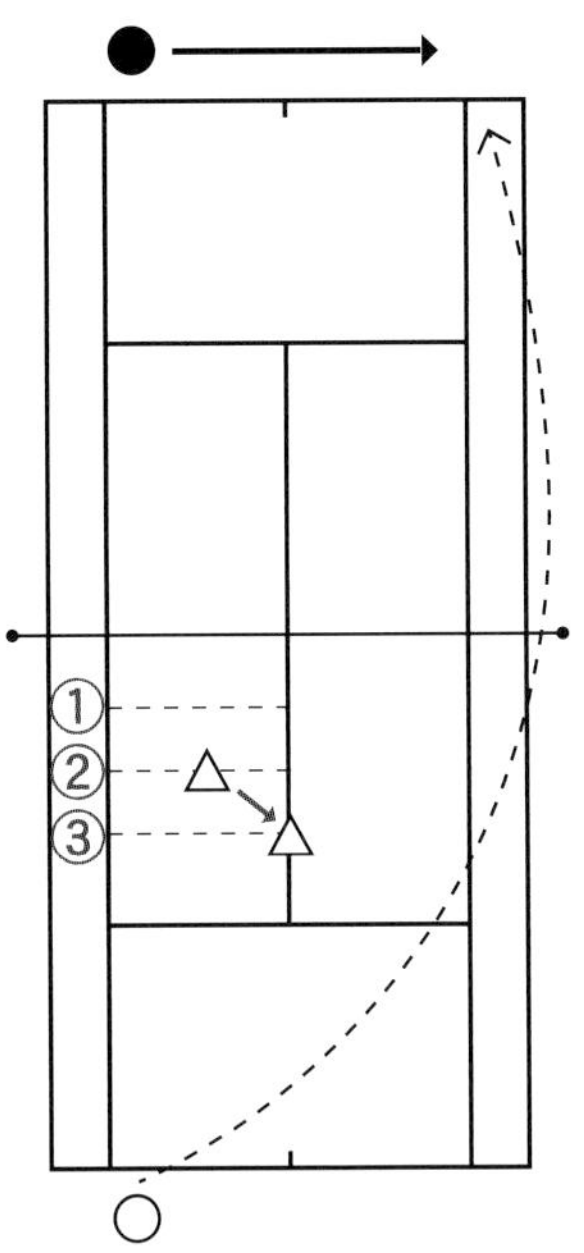

相手を走らせているので
②→③右斜め後ろ→スマッシュ or ７：３ボレー

センター割り

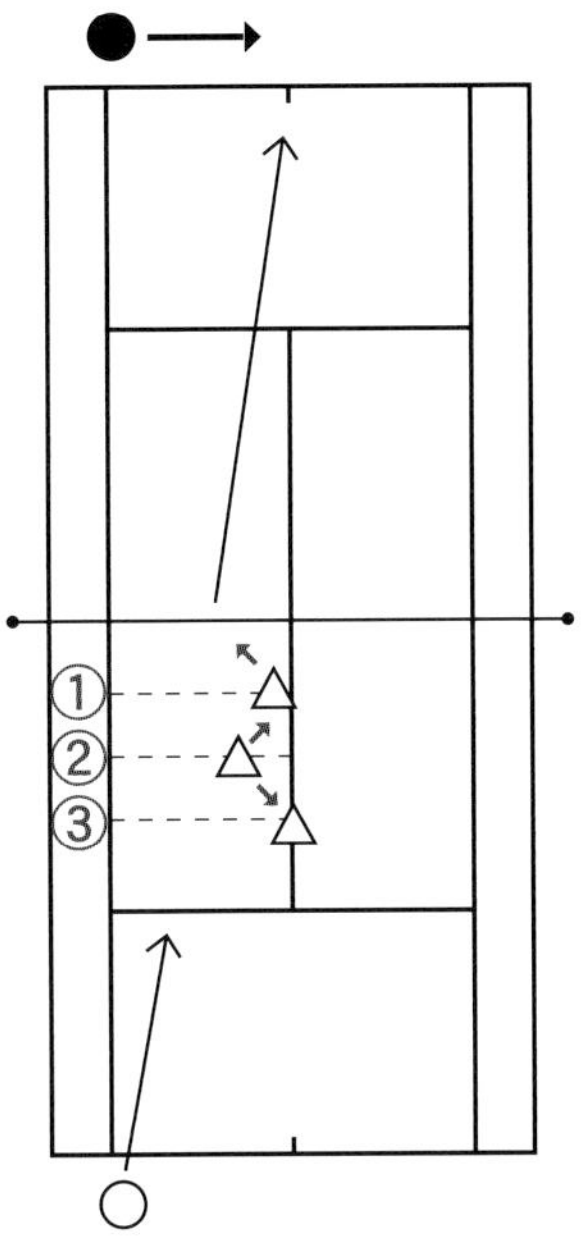

[相手後衛が回り込んだ場合]
②→①→左斜め前バックボレー
[相手後衛がバックの場合]
②→③右斜め後ろ→７：３ボレー

後衛前シュート

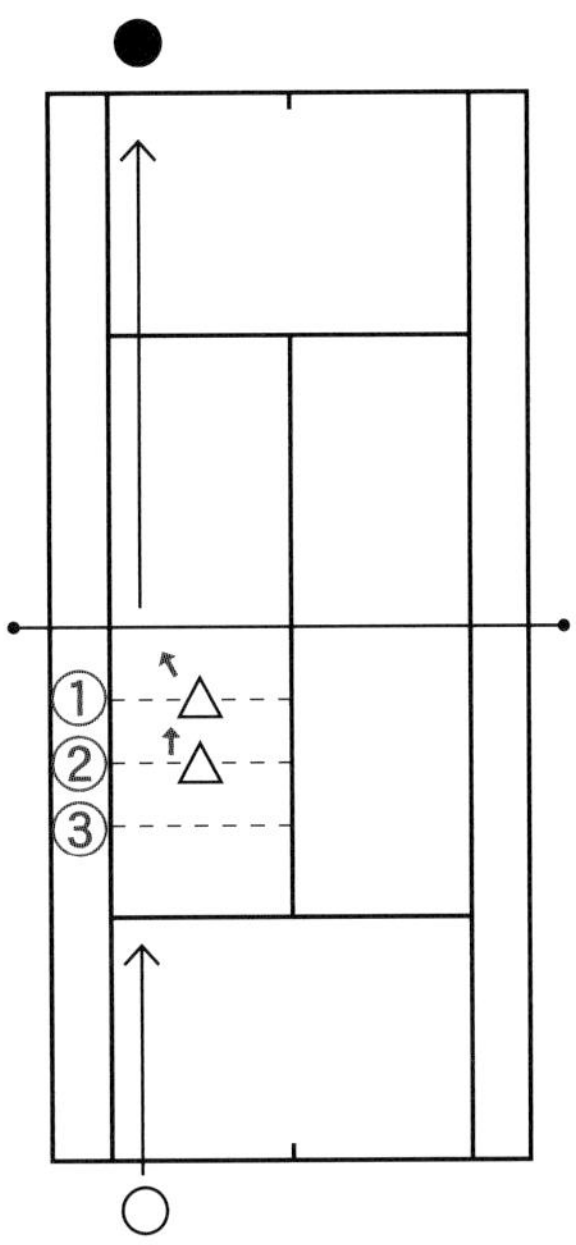

A点以外は迷わず攻めボレーに
②→①→左斜め前バックボレー

ショートシュート

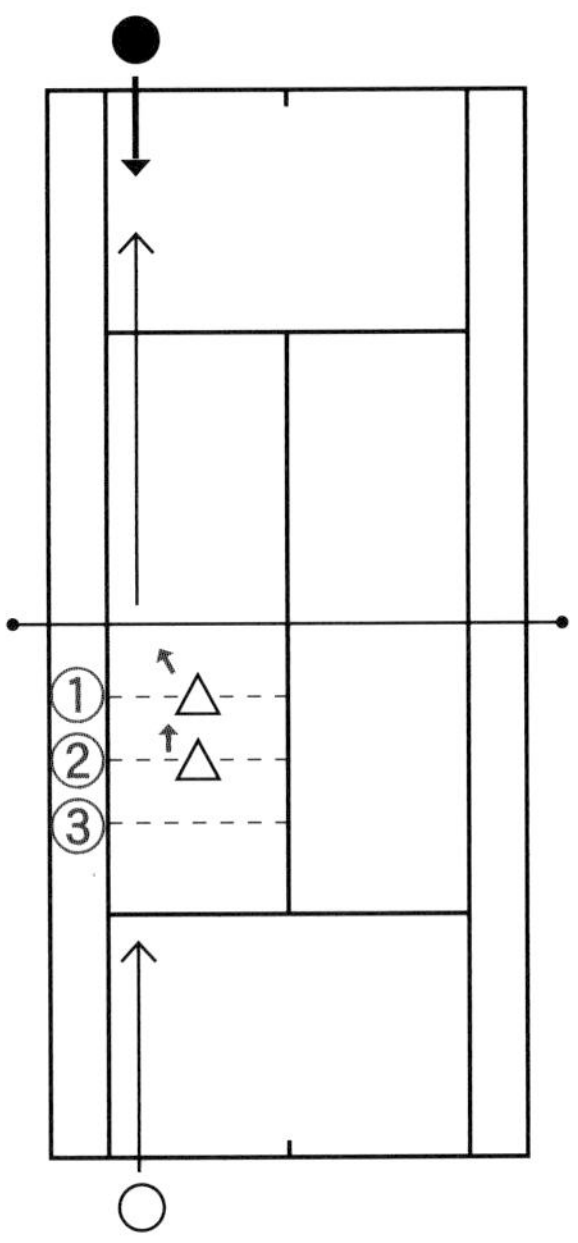

「攻め」なのでスタート遅めで攻めボレー
②→①→左斜め前バックボレー

〈 左ストレート展開　裏番組基本編 〉

コース	前衛オーバー	センター割り		後衛前シュート	ショートシュート
打球種	中ロブ・大ロブ	速いシュート		速いシュート	速いシュート
相手返球予測	ロブ	[回り込んだ場合] シュート	[バックの場合] 半ロブ	シュート	シュート
使用技術	スマッシュ or ７：３ボレー	攻めバックボレー	７：３ボレー	攻めバックボレー	攻めバックボレー

高校生くらいまでをイメージした裏番組表。レベルに応じて相手返球予測や使用技術は変わる。

生１人、２年生２人、１年生３人。１年生は小学校５年生から少年団で指導をしていた選手であり、実力的にも１年生のほうが上の選手構成でした。

全国中学校体育大会（以下、中体連）に出場するレギュラー発表の10日前。私はSさんにお願いしました。

「今日まで全員同じ練習をしてきたけれど、みんなが目指す北海道初優勝実現のためにはどうしても３年生を１人しか選べない。残り５人は下級生で戦う。Sさん、どうか３年生部員をはじめ、全体の部員をまとめてほしい。目標が実現したら、全員で全国大会へ行ってもらうから」と（優勝後、レギュラー以外は千葉県白子国際ジュニア大会に声をかけてもらい、団体、個人で頑張ってもらいました）。

（続く）

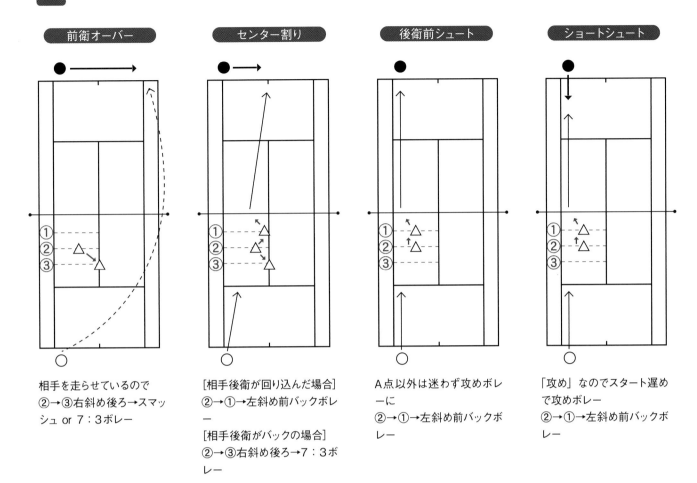

72分の1理論（全体図） 9

これまで伝えてきた「72分の1理論」を使うと、実際にはこのような思考順で試合を進めることになります。

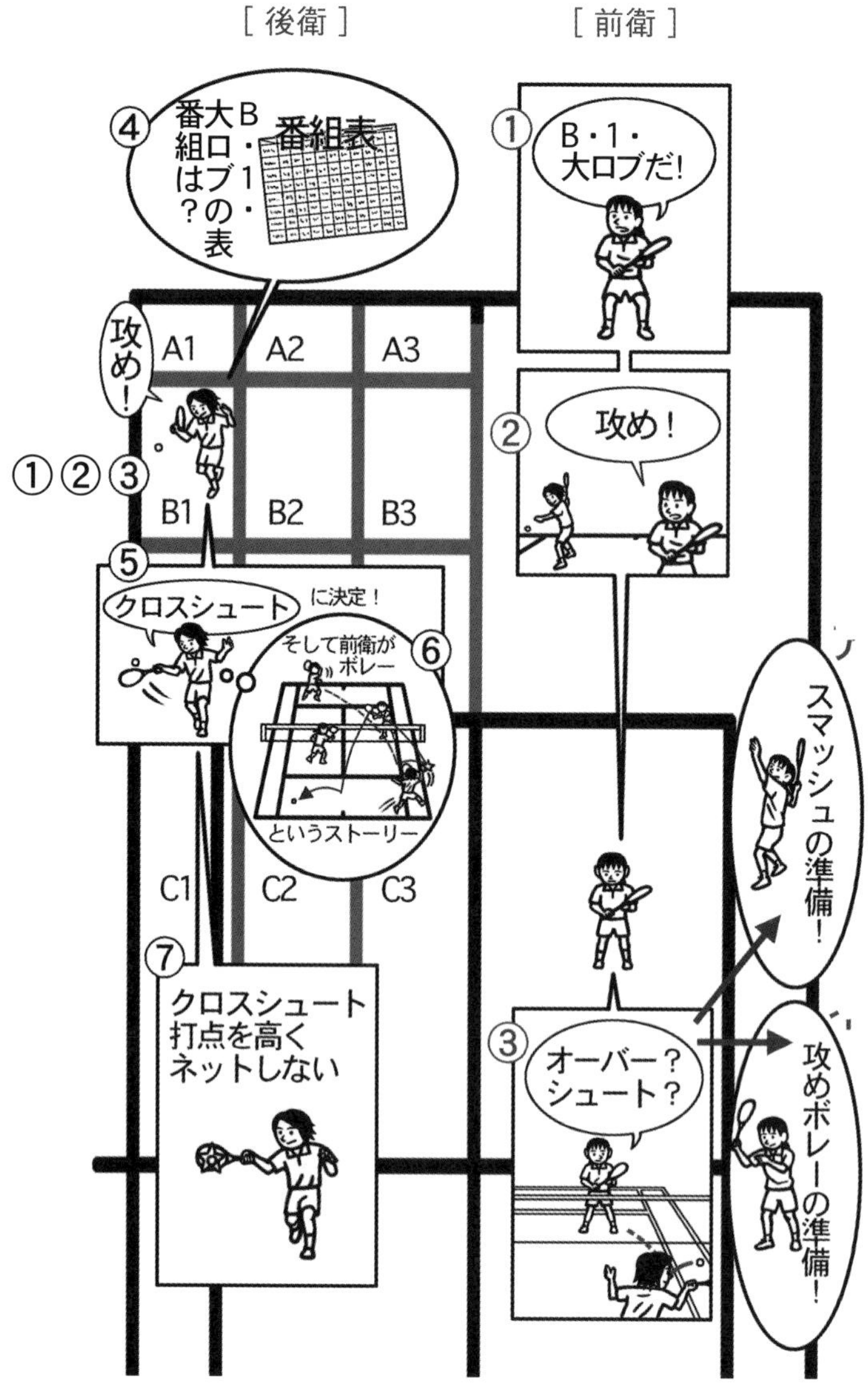

1 「攻め」の場合《例》

［後衛］

①落下点の判断→B1

②球種→大ロブ

③攻め・守りの判断→攻め

④B1・大ロブのときの攻めのボールの選択→前衛オーバーかクロスシュート（表番組）

⑤今回の選択はクロスシュート

⑥狙いは→相手返球を前衛がボレーして得点

⑦クロスシュートを打つときの注意点→高い打点・ネットをしない

［前衛］

①落下点と球種の判断

②自分の後衛は攻めるか守るかの判断

③攻めのボールに対する準備（裏番組）

- 前衛オーバー→相手前衛を見てフォローの準備→オーバー後のポジションどりとスマッシュor 7:3ボレーの判断
- クロスシュート→打球落下点を見て攻めの準備→ボレー、スマッシュの判断

キャプテンの苦悩②

レギュラーはもちろんのこと、ベンチに入ることすら許されないキャプテンのSさんに、私はただひたすらそうお願いしました。Sさんは涙を流しながらも、大きく頷いてくれました。

その後、ご両親への説明のためにご自宅に伺ったとき、お母さんが「先生、うちの子が『この団体で戦えるのだから、北海道一のキャプテンになることが大事』と言っていました。子どもに勉強させられました」と、笑顔で了承していただきました。

このような経過をたどり、キャプテンの見事な統率と、選手、応援団の頑張りで、北海道中体連団体初優勝が当麻中に飛び込んできたのです。

その後Sさんは旭川の公立高校に進学し、テニスを続けましたが、ある夜に私を訪ねてきてこう言いました。

「先生、私、当麻中でのテニス魂で1年間頑張ってきまし

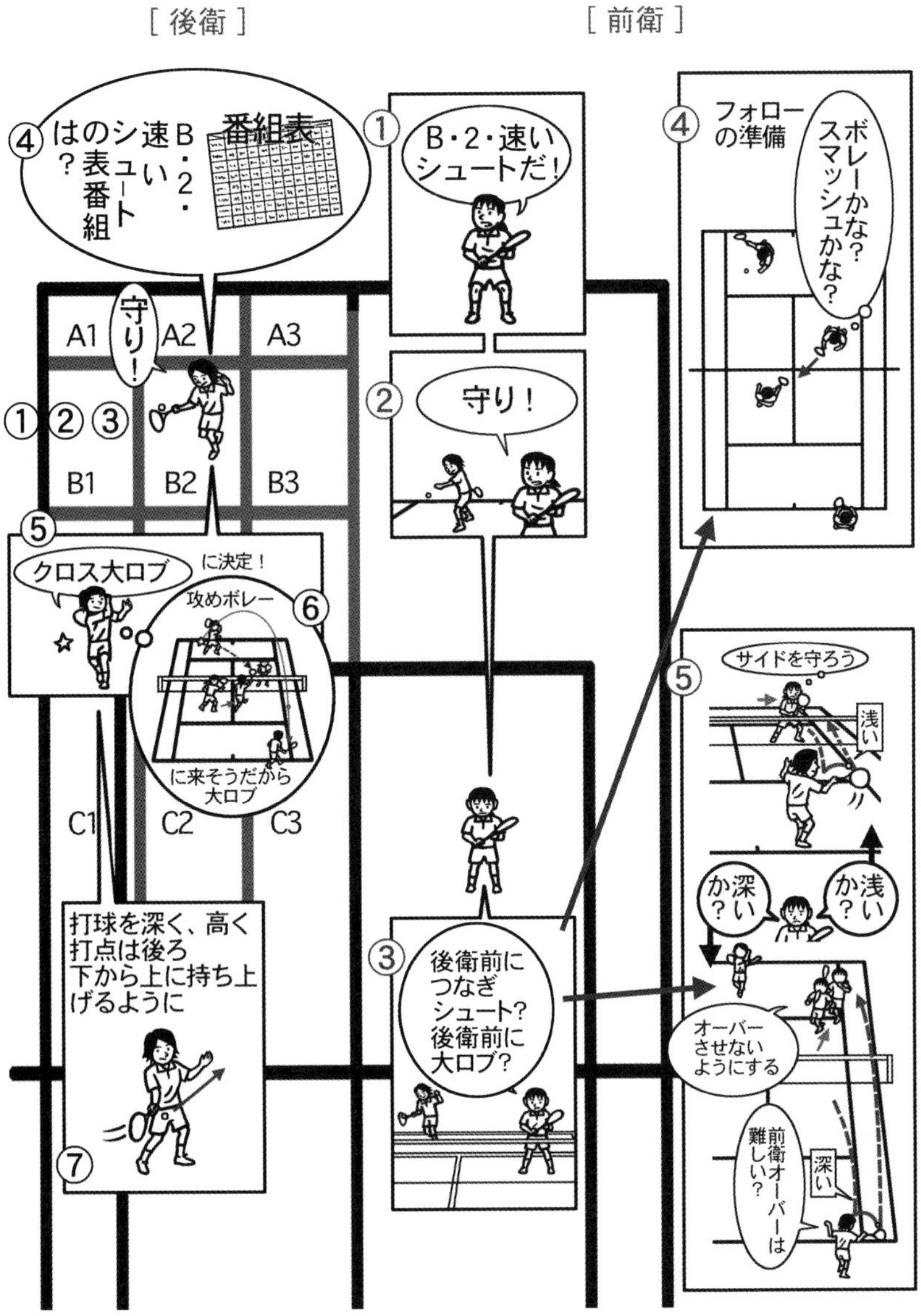

2 「守り」の場合《例》

［後衛］

①落下点の判断→B2

②球種→速いシュート

③攻め・守りの判断→守り

④B2・速いシュートのときの守りのボールの選択→後衛前に大ロブかつなぎのシュート（表番組）

⑤今回の選択は後衛前に大ロブ

⑥狙いは→相手前衛にボレーされないように後衛前クロスに大ロブを打球してしっかり守りに入る

⑦大ロブを打つときの注意点→高く・深く・打点は後ろで持ち上げるようにA点に打つ

［前衛］

①落下点と球種の判断

②自分の後衛は攻めるか守るかの判断

③④守りのボールに対する準備（裏番組）

- 後衛前に大ロブ→相手前衛を見てスマッシュに対するフォローの準備
- 後衛前につなぎのシュート→相手前衛を見てボレーに対するフォローの準備

⑤後衛返球に対する準備

- 返球が浅い場合→アタックを止める準備
- 返球が深い場合→相手後衛に前衛オーバーをさせないポジションをとる

た。今の部活は当麻中でみんなが大事に取り組んでいたこととかけ離れていて、当麻中テニスの素晴らしさを私の心から消さないためにも、これ以上はやっていけないと決めました。今日はその報告に来ました」

そして笑顔でこう続けました。

「もうひとつ、高校でテニスをやってわかったことがあるんです。私、高校に入学してすぐレギュラーになったんです。団体で勝つことは大変でした。そのとき、中体連で私たち先輩を超え、勝たなければならないという使命を持って戦った後輩の1年生の大変さに気がつきました。そして、1年生をレギュラーに選ばざるを得なかった先生の苦しい気持ちも……」

Sさんの報告を聞きながら、胸にこみ上げてくるものがありました。教師冥利、指導者冥利に尽きる、最高のひとときでした。

Q1

「72分の1理論」は、打てるコースを2つ選べるようにしていますが、どうして2つなのでしょうか。1つにしぼったほうが、迷いがなくなるのでは？

A1

実は、私も最初はそう考えていたので「72分の1理論」ではなく、「9マス×4球種×1パターン=36分の1理論」でスタートしました。しかし、当時ヨネックスにいた木口利充選手に見てもらったところ、「打つコースが1つに決められているのは、マシンのようで選手の自主性が生まれないのでは？」と言われ、それからは選手が自分で好きなボールを2種類選べるように変更をしました。ただし、ファイナルゲームは緊張感が増すので、迷いによるミスをなくすために、返球を最も得意なボールにしぼる「36分の1理論」を採用しています。

Q2

「72分の1理論」の72という数字の大きさに、導入に対して腰がひけてしまっています。本当に中学生に理解できるのでしょうか？

A2

確かに、72種類の返球コースと言うと、一見難しく感じるかもしれません。しかし、実際には、「72分の1」という文言を使っていなくても、普段、「攻め」と「守り」は意識して練習していると思いますので、小学生でも十分に理解できます。

講習会などで選手たちに説明しても、数日で理解できるようになります。実際に「番組表」を作ってぜひ、試してみてください。

Q3

「72分の1理論」を選手に「難しい」と思わせないコツはありますか？

A3

クイズ形式にして取り組ませるのがいいと思います。P19、P50のような練習などを通して、ゲーム感覚で考える習慣をつけるといいでしょう。

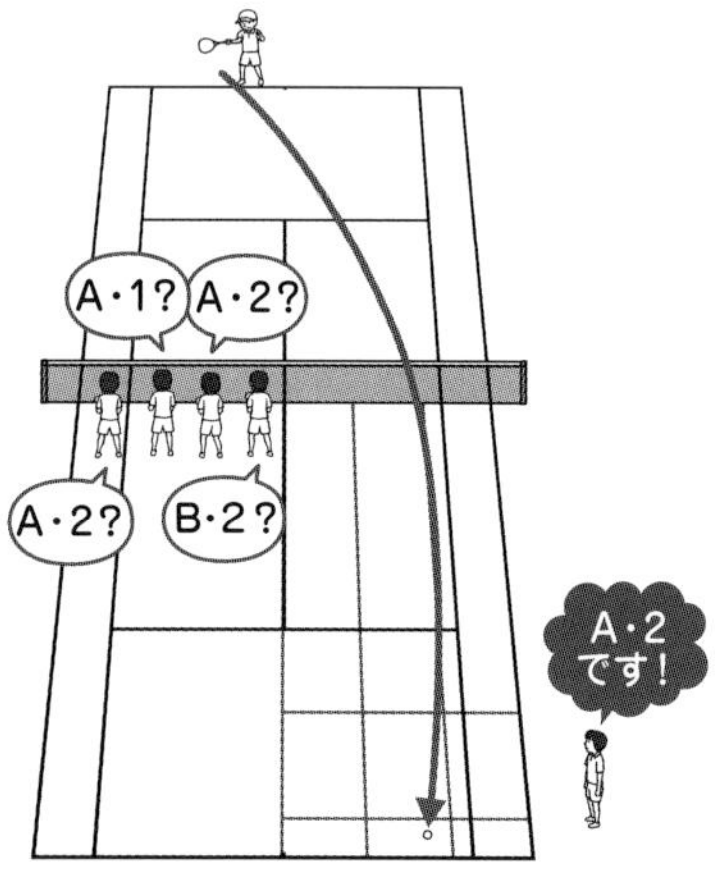

Q4

最初から「72分の1」では難しい気がするのですが、段階を踏んでもいいものでしょうか?

A4

はい、いいと思います。私の知っている限りでも「9マス×2球種（シュート、ロブ）×2パターン=36分の1」「9マス×3球種（速いシュート、遅いシュート、ロブ）×2パターン=54分の1」などで指導している学校もあります。

逆に、一般・大学・高校などのトップレベルの選手は全コースどの場所にも返球できる力がありますので「9マス×4球種×6パターン=216分の1」になり得ます。

Q5

実際の試合では、「72分の1理論」では対応できないケースも多いのではないでしょうか（相手が守りのはずなのに、逆襲して攻めてくるなど）？

A5

はい、ありえます。「72分の1理論」は、自分の打球ミスの確率を減らし、相手が打つ確率が高いボールを予測する理論ですから、相手からの逆襲でポイントをとられるといった例外は当然ありえます。大事なのは、逆襲されてポイントをとられたときでも、自校の選手が正しいポジションで、正しく攻めていれば「たまたまだよ」と伝え、間違ってもそこで叱ったりしないことです。実際に逆襲が何回も続けて成功することはほとんどありません。

Q6

「72分の1理論」を定着させるのに、何かいい工夫はありますか?

A6

以前に講習会で伺った学校では、バックネットにテニスコート図がはってありました。ホワイトボードや黒板をコートの脇においておくのはいい方法だと思います。ボールの動きや選手の動きを、コート図の上で説明することで、よりわかりやすくなっていました。

Q7

男子ならA点でもシュートで攻めることができる選手もいるのでは？

A7

A点からでもシュートで攻めることができるとのことですが、それは相手前衛がボレーに出てくることを全く考えていないからではないでしょうか。

高校、大学の男子でも、力のある選手はA点で「攻め」のシュートボールを打つことはほぼありませんし、打ったとしても実際の試合ではミスにつながりやすくなります。A点からの「攻め」は基本的にはないと思っています。

Q8

「72分の1理論」は男女に関係なく有効ですか？　それぞれ指導で注意する点はありますか？

A8

男女関係なく指導しています。ただし、女子に比べると男子はどうしても球種がシュート中心になります。従って男子の場合は「守り」のシュート（つなぎのシュート）と、「攻め」のシュートをマスターしなければなりません。「守り」のシュートというのは、相手前衛が出てきてもとれない高さに打球するシュートのことです。

逆に、女子の場合は、半分近くはロブ（「攻め」と「守り」のロブ）中心に組み立て、残りをシュートで考えてみてはどうでしょう。

Q9

A点は「守り」、C点は「攻め」、B点はシュートなら「守り」、ロブなら「攻め」で考えると、表番組は選手ごとのオリジナルはできないと思うのですが？

A9

オリジナルになります。コースによりますが、後衛の「攻め」ボールは5種類（ショートシュート、後衛前シュート、センター割り、サイド抜き、前衛オーバー）あります。その中の得意な2種類を選ぶので、選手によって表番組は異なります。

例えばC点で打球するときは、選手によって選ぶボールの種類が大きく違います（センター割り、サイド抜き、前衛オーバーなど）。また、センター割り、サイド抜き、中ロブなどは、コースによって違うフォームで打たなくてはなりません。したがって、選手各自のストロークフォームによって得意なボールが違ってきます。

第2章　実践編

試合を想定した練習をする 1

この章では、試合を想定した練習法のうち、特に攻めパターンの練習法を紹介します。ここでは、この練習法の基本の考え方をお伝えします。

1 全員に1枚の賞状を

2 考えながら試合を見る

日頃から試合を意識した練習をしていると、試合を見る目線が変わる。「自分ならどこに打つか」と考えながら試合を見るようになると、技術の上達が速くなる。

「考えるテニス」で練習する

私のテニス指導では、初心者も含めたすべての選手が、卒業するまでに1枚の賞状を手にすることを目標としています。初心者でも試合で勝てるようになるためには、すべての技術に対して「どの場面で使うのか」を考えながら練習することが大切です。

技術の使用シーンがわかることで、「なんとなくボールを打つ」練習がなくなり、常に試合を想定した緊張感を持った練習ができます。

- **どの場面で使う技術か理解して練習することで……**

①緊張感を持って練習に取り組める
②試合で迷わずプレーができる
③他の選手の試合を見ても、自分におき換えて考えることができる

⬇

常に「考えるテニス」ができる

選手にとっての指導者

40年ほども前の話になりますが、宮本行夫先生が北海道の中・高校生と指導者のために講習会を開いてくださいました。先生から「技術で悩んでいる選手がいたら、各校1名ずつ出してください」という言葉をいただき、私はM選手をお願いしました。

M選手はいいボールを打つのですが、ときどきボールがアップ気味になり、コートを大きく外れるのです。M選手の打球を5本ほど見た宮本先生は、「安藤先生、5分で直ります」と言われました。

果たして5分後、M選手は魔法にかかったように素晴らしいボールを打つようになりました。昨日までの悩み顔も、こぼれるような笑顔に!

私も跳び上がって喜びたいくらい嬉しくなりましたが、同時にM選手がいいボールを打てなかったのは、彼女の責任ではなく、指導者である私の責任であることも痛感しました。

3 指導者の存在が不可欠

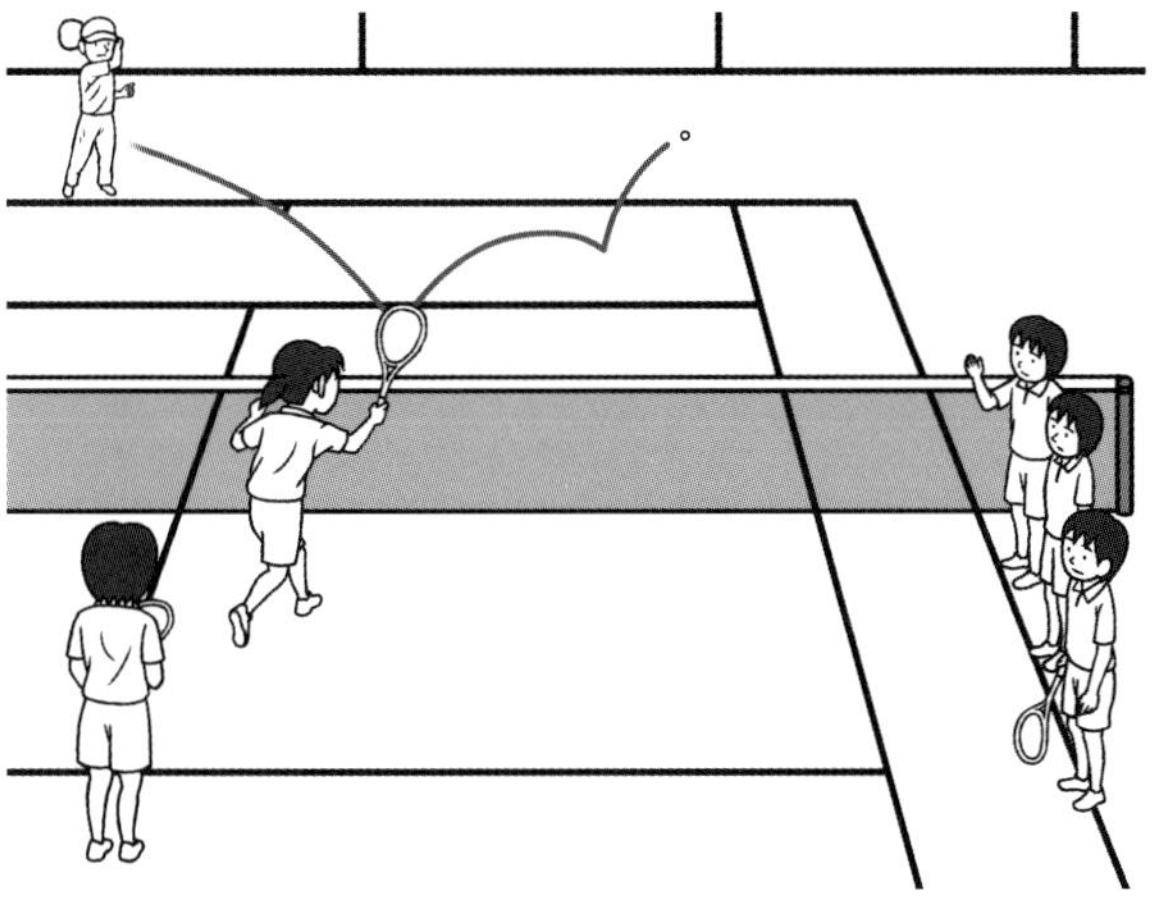

2章で紹介する練習は、常に『今は、「攻め」なのか「守り」なのか』を意識して行うことが重要。指導者の判断と、補助者の適切なあげボールが必要になる。
また、得点しても「ミス」の場合があるし、失点しても「ミスではない」場合があるので（詳しくはP50で解説）、その判断も重要。最終的には、選手自身が判断できるようになるのが理想。

指導者が参加できない練習日は基礎練習に

この練習法を実践するとわかりますが、常に選手が試合を想定してボールを打ち、ポジションをとることになります。ですから、選手が打ったボールやポジションが正しかったかどうかを判断する指導者の存在が不可欠です。したがって（とくにジュニアでは）、指導者が参加できない日は、ここで紹介する練習は行わず、選手だけでもできる基礎練習に徹してきました。

ミスの定義をはっきり伝える

私の指導では、

- 攻めるべきときに攻めないこと
- 守るべきときに守らないこと
- 前衛と後衛の「攻め」と「守り」が一致しないこと

の3つを「ミス」と定義しています。逆に言うと、攻めたのにネットをしたり、ボレーミスをしたりといった場合は「ミス」とは考えません。

- ミスの定義をすることで……

①選手たちがのびのびとプレーできるようになる
②指導者間の指導に一貫性が出る

それから十数年経ったときのことです。中学2年生で全国大会の個人戦に出場し、1回戦で負けて帰ってきたK選手が、全校生徒への報告会でこう語りました。

「北海道の大会は、先生が作ったテスト問題がたくさん出たので勝てました。でも全国大会では、習っていない問題が多く出たので勝てませんでした。来年は先生に全国で出る問題を作ってもらい、頑張ろうと思います」

私は「選手ができないのは指導者の責任である」ことを、あらためて肝に銘じなければならないと感じました。

これらはテニスにおける「指導者と選手」のあり方を示唆しているように思います。選手たちは日々、懸命に努力している。それでもうまくできなかったとき、それはうまくさせられない指導者のせいなのだと考えてみてはいかがでしょうか。

指導者も選手に負けないくらい、日々努力したいものですね。

試合を想定した練習法①（後衛の１本打ち）　2

後衛の１本打ちも、試合を想定して練習します。補助者のあげボールに対して、「攻め」か「守り」かを判断して打ちます。

1　コート図の見方

①自チーム
〇＝後衛　△＝前衛
②相手チーム
●＝後衛　▲＝前衛
③あげボール者（指導者・補助者）
◎1　◎2
④打球
———→＝シュート
- - - - - -→＝ロブ
⑤選手移動
———→

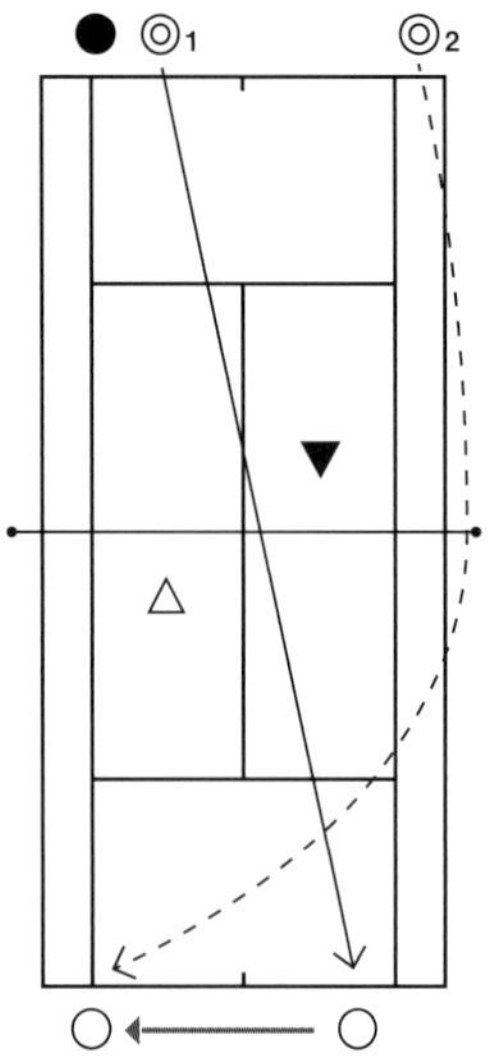
◎1
◎2

2　声を出しながら後衛の1本打ち

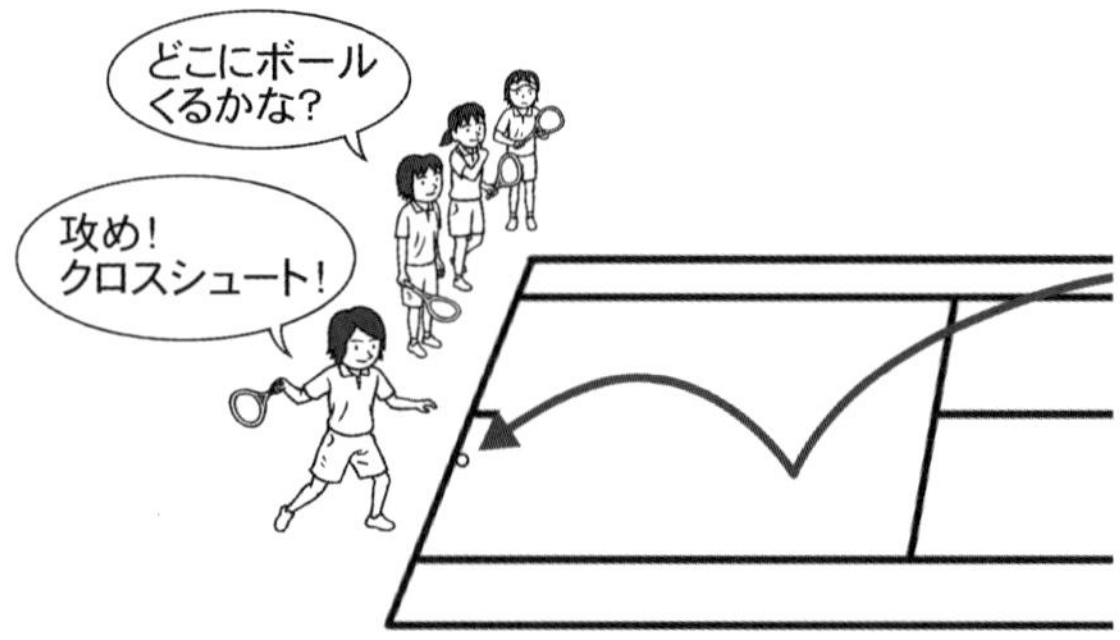
どこにボールくるかな?
攻め!クロスシュート!

①補助者は選手が打ちやすいボールをあげる
②選手は自分の打球したいボールを声に出しながら打つ
③順番を待っている選手は、自分だったらどのボールを打つか考えながら待つ

１本打ちの実戦的練習

前衛がポジションに入っていない乱打（前衛のプレッシャーがない状態での後衛のストローク練習）は、あまり実戦的ではないと考えます。

- **どのコースで使用するボールなのかを想定して打つことで……**
  - ①緊張感を持った練習ができる
  - ②試合に使える技術の習得につながる

「攻め」と「守り」を意識してボールを打つ

１本打ちの練習をするときは、選手自身が「攻め」「守り」と声を出してボールを打つようにします。

- **補助者のあげボールで１本打ちをすることで……**
  - ③正確にコースを狙えるようにする
- **声を出して打つことで……**
  - ④「攻め」か「守り」かを意識して打ち分けられるようにする

負荷

「負荷」という言葉で思い出すエピソードがあります。

数十年前、徳島県池田高校の野球部の蔦文也監督にお話を伺いたく、池田へ向かったことがあります。

二度目にお邪魔したときは、史上初の甲子園３連覇がかかっていました。しかし、全国大会を目前にして、蔦監督は「安藤先生、実は今回の優勝は危ないと思っているんです」と言われたのです。

マスコミは池田高校の３連覇を期待し、連日のように池田高校の報道をくり返しましたが、監督の予想は残念ながら当たってしまい、池田高校は数カ月後の甲子園で散りました。

なぜ蔦監督はあんな予想をしたのだろう？

気になった私は、次の日からあらゆる新聞や雑誌を集めました。

その中に「今回の敗因は、選手に『負荷』を与えることができなかったことです」と

3 後衛1本打ち クロス展開の「攻め」《例》

4 後衛1本打ち クロス展開の「守り」《例》

補助者◎1は意図的に、浅いボール、深いボール、速いボール、遅いボールなどを交ぜて、あげボールをする。後衛○は、補助者◎1からあがってきたボールを判断し、攻める場合は「攻め！」、守る場合は「守り！」と声を出しながら打つ。これを逆クロス・右ストレート・左ストレート展開でも行う。△や▲の前衛はボールに合わせて正しいポジションをとる。

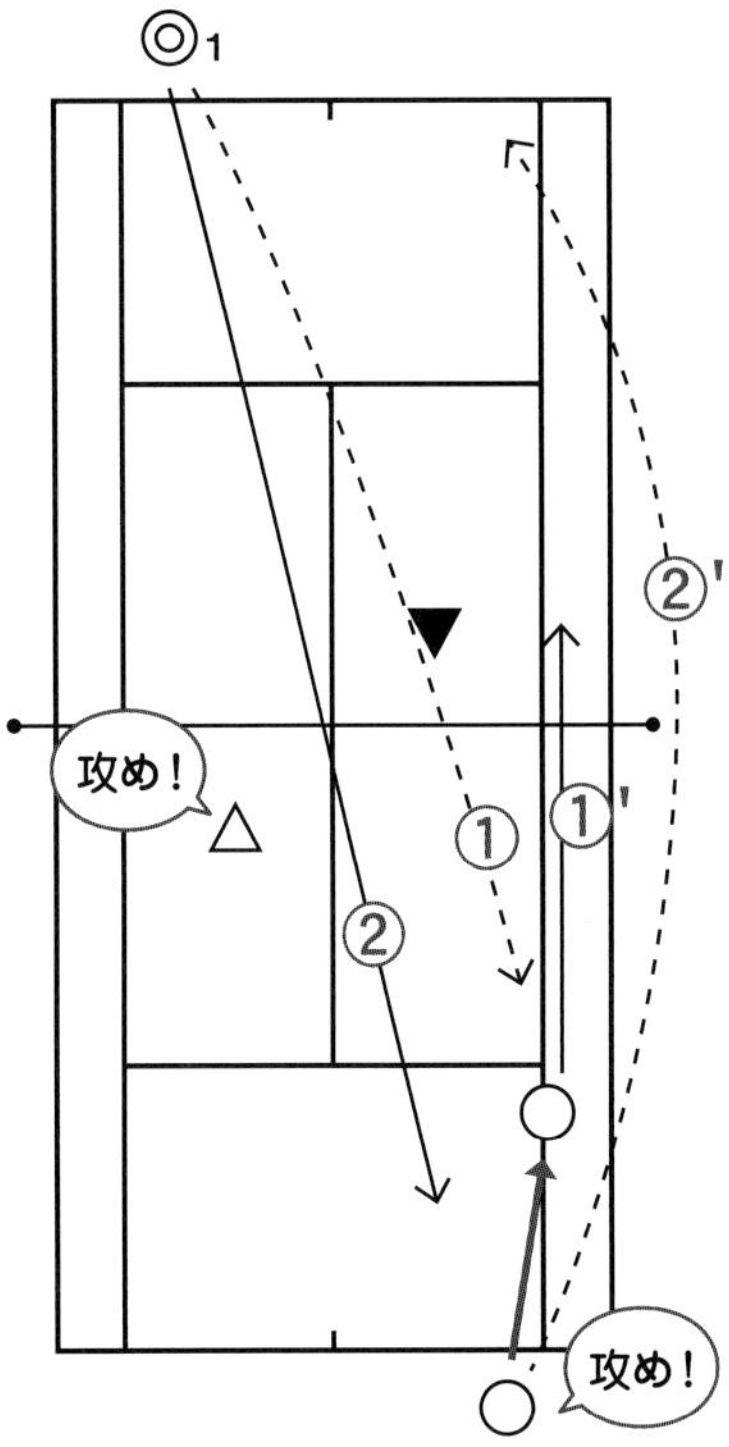

①は半ロブがC点にきた場合。「攻め」と声を出してサイド抜きした①'（打球するボールは選手によって違う）
②は遅いシュートボールがB点にきた場合。「攻め」と声を出して前衛オーバーした②'（打球するボールは選手によって違う）

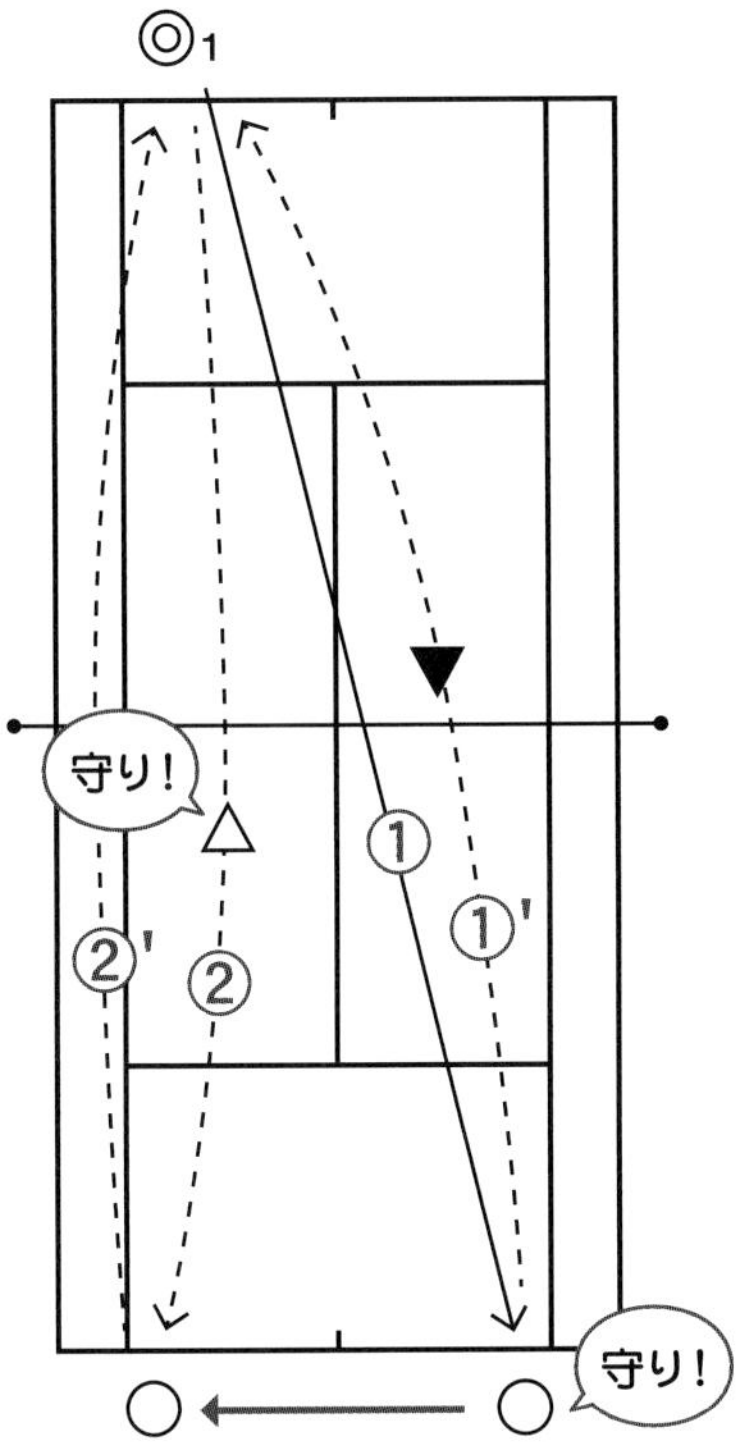

①は速いシュートボールがA点にきた場合。「守り」と声を出して後衛前にロブで返した①'（打球するボールは選手によって違う）
②は大ロブで前衛オーバーをされた場合。「守り」と声を出して、後衛前にロブで返した②'（打球するボールは選手によって違う）

いう蔦監督の言葉を見つけました。「選手がマスコミに負けなければいいのだが……」とつぶやいた蔦監督の言葉の真意が、このときにわかったのです。

素晴らしい選手になるための条件のひとつとして、私は「見えないところで努力できる」力を持つことが大きいと思っています。言葉を変えれば、「負荷」を自らに課すことができるということです。

大きな目標を持ち、自分に「負荷」を与えながらテニスの練習に真剣に取り組んでいる選手は多いものです。しかし、多くの場合、その「負荷」の種は指導者がこっそりと蒔いているのです。

選手が自発的に頑張る種を蒔くことができるのが指導者。そう考えると「指導者という仕事は実に楽しい！」と思えます。

試合を想定した練習法②（前衛のボレー） 3

相手の打球方向を予測してボレー練習をします。

1 クロス展開のボレー練習

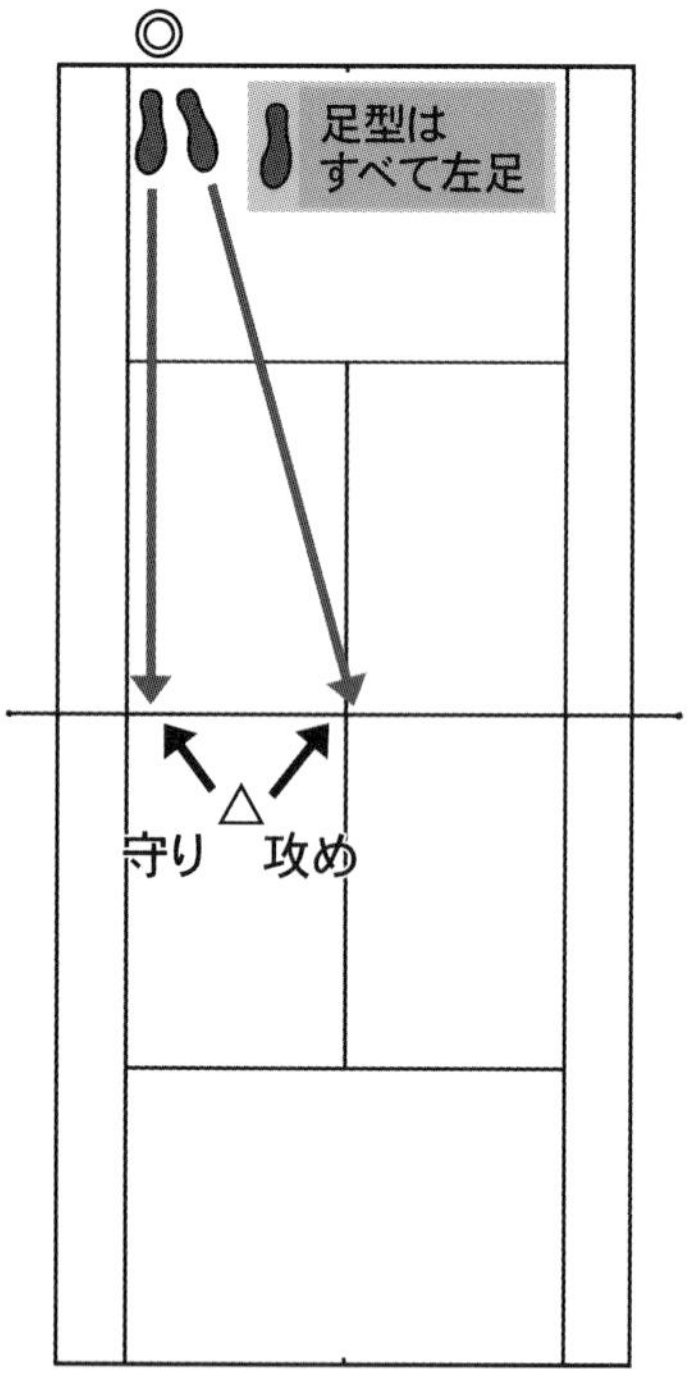

①補助者◎が左足を打つ方向にしっかり向けて打球
②前衛△は、補助者◎の左足の方向を見て、「攻め」か「守り」かを判断
③前衛△は「攻め」か「守り」かを声に出してボレー
④4コース、8パターンのボレー練習をする
⑤選手が慣れてきたら、補助者◎は自分の立ち位置を変えながら、あげボールをする
クロス展開の場合、攻めのボレーはフォアボレー、守りのボレーはバックボレーになる

ボレーの実戦的練習

前衛のボレー練習も後衛のストローク練習と同様で、どのコースで必要になるボレーなのかを把握せずに練習しても、あまり実戦的ではありません。

例えば、フォアボレーといっても、攻めのフォアボレーもあれば（コート図❶,❸）、サイド抜きをおさえるための守りのフォアボレー（コート図❷,❹）もあります。 また、コースが違えばボレーを落とす方向も変わります。

- どのコースで使用するボレーなのかを想定して打つことで……
  ①緊張感を持った練習ができる
  ②試合に使える技術の習得につながる

- 声を出して打つことで……
  ③「攻め」のボレーか「守り」のボレーかを意識するので、実戦に即したボレーが習得できる。

2階の観覧席から

東京武道館で全国小学生柔道大会があり、本校のF君が北海道代表選手として出場しました。

最初は団体戦、4チームのブロック予選です。対戦相手は東京、大分、奈良のチーム。彼は大将なので、どのチームとも大将と戦います。開始早々、大きく両手をあげ、普段のおとなしい彼からは想像できないほどの大きな叫びをあげ相手に向かっていく。その姿を見て、胸が熱くなりました。

試合は3試合とも一本勝ちでした。胸のすくような戦いぶりで、応援している私にとっては、あくまでも一本勝ちにこだわる彼の戦いぶりに好感が持てました。残念なことに3チームが2勝1敗の同率になり、勝ち点の差で決勝トーナメントには進むことができませんでした。

午後からは個人戦。団体戦の戦いぶりから見て大いに期待を持ちました。どちらに旗

2　逆クロス展開のボレー練習

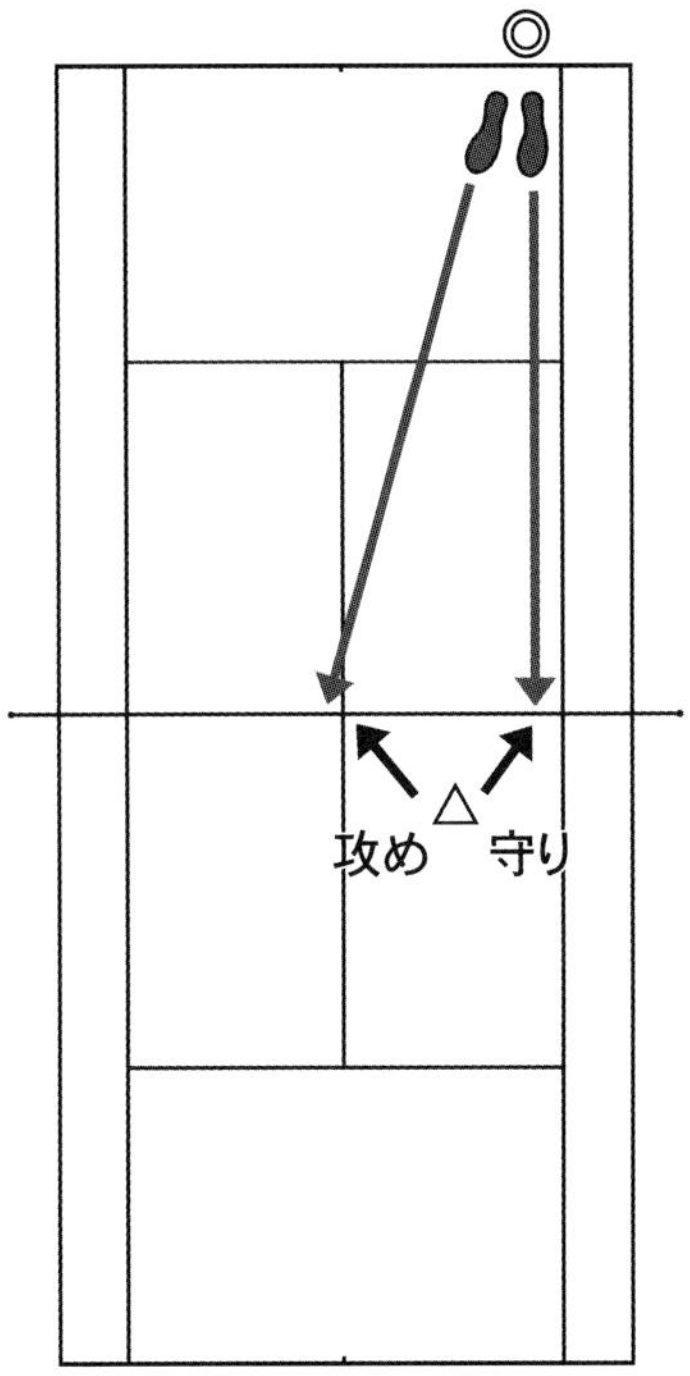

クロス展開と同様に、前衛△は補助者◎の左足の方向を見ながら、「攻め」か「守り」かを声に出しながらボレー。
逆クロス展開の場合、攻めのボレーはバックボレー、守りのボレーはフォアボレーになる。

3　右ストレート展開のボレー練習

同様に、右ストレート展開もボレー練習する。右ストレート展開の場合、攻めのボレーはフォアボレー、守りのボレーはバックボレーになる。

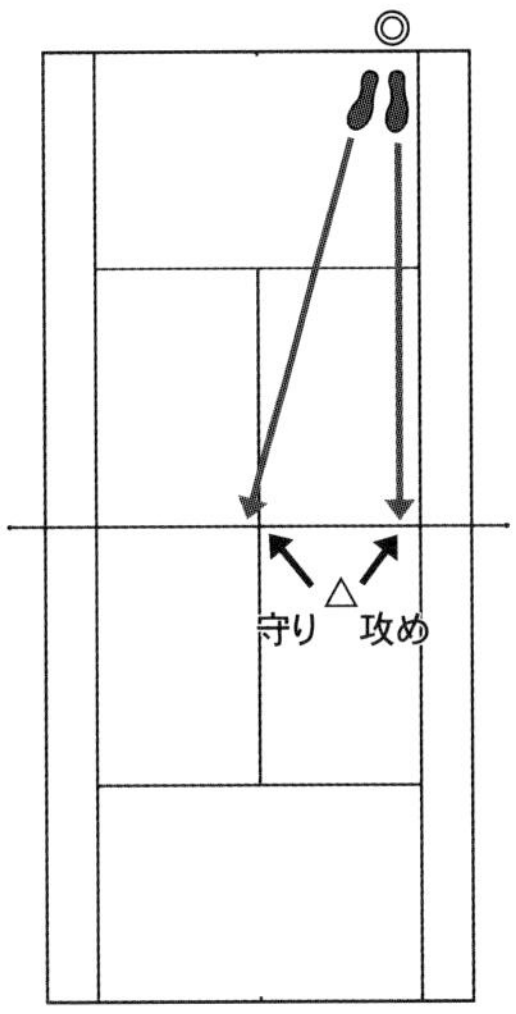

4　左ストレート展開のボレー練習

同様に、左ストレート展開もボレー練習する。左ストレート展開の場合、攻めのボレーはバックボレー、守りのボレーはフォアボレーになる。

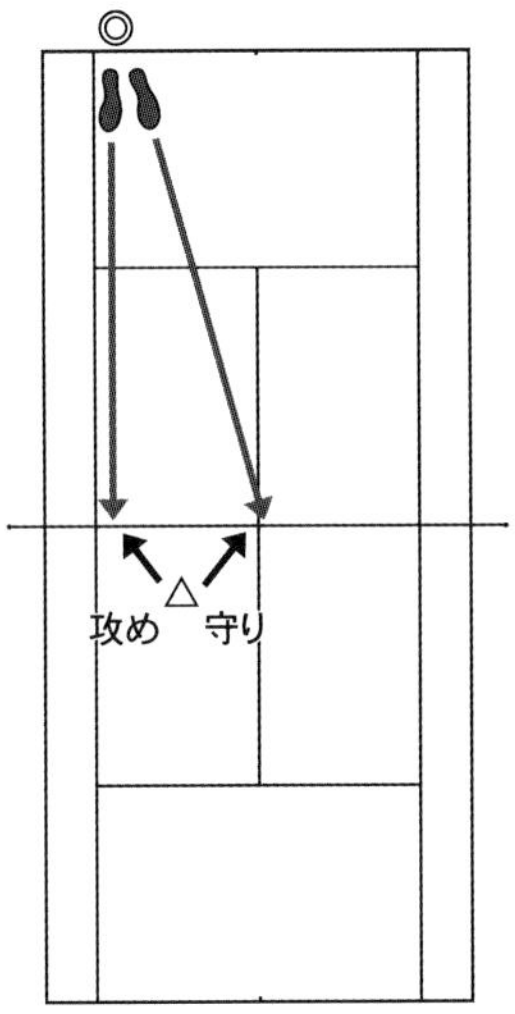

があがってもおかしくないと思われる試合内容に思いましたが、僅差で判定負けしました。判定の旗があがる瞬間には心臓が止まりそうな経験もさせてもらいました。

堂々と戦う彼の姿を見せてもらっただけでも東京に行った甲斐があったのですが、もうひとつ、素晴らしいお土産ももらいました。

負けてからの1時間くらいの彼の姿でした。道場の隅にひとり静かに座って天を仰いでいるのです。放心状態のように見えました。

今までの苦しかった練習と、もう少しやれたのではという悔いが頭の中を交錯しているのでしょうか。ときには他の試合に目をやり、歯を食いしばる。ときには自分を責めているのか首を横に振り、ときには頑張ったんだからと自分に言い聞かせているかのように首を縦に振る……。

2階の観覧席から彼の姿を、生きたドラマを見ているような気持ちで見させてもらいました。試合にも劣らないくらいのいい時間でした。

4 試合で得点するための練習法①（後衛セカンドレシーブから攻撃するパターン）

確実にポイントしたい、後衛セカンドレシーブからの動きを習得する練習法です。

1 後衛のセカンドサービスをセンター割りで攻める

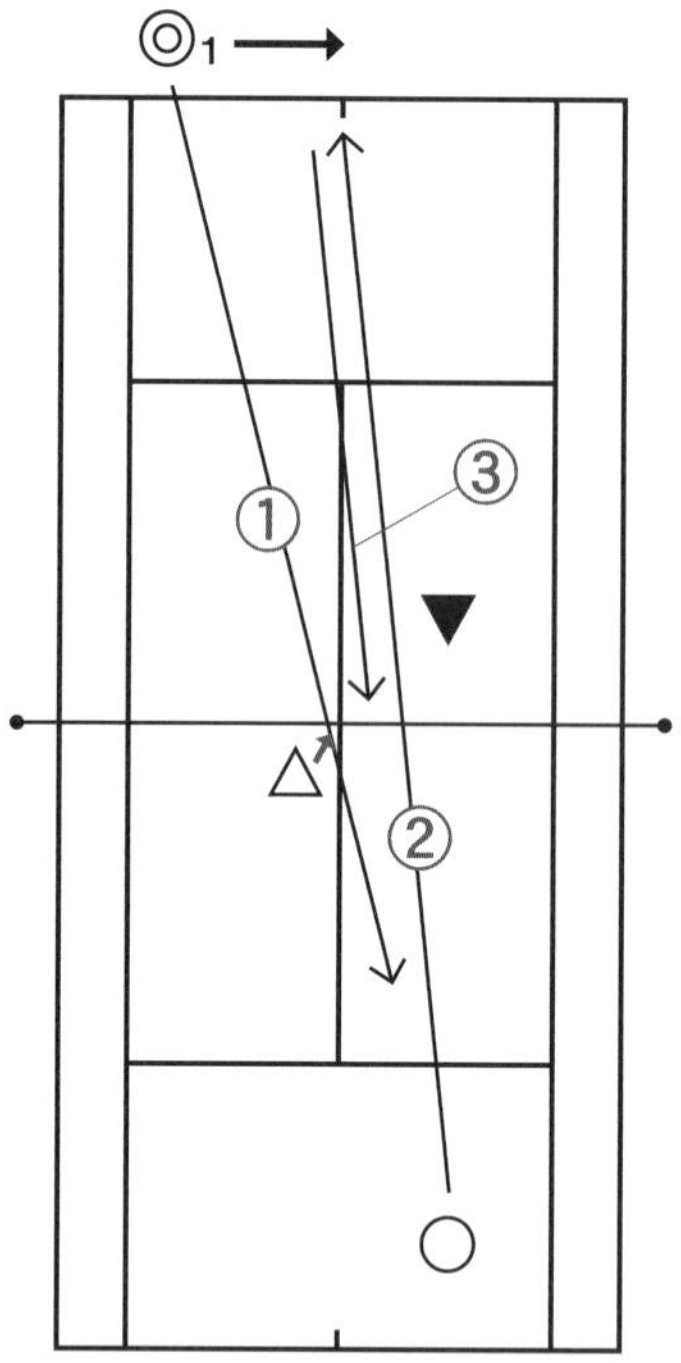

①補助者◎1が後衛○にセカンドサービス
②後衛○がレシーブをセンター割り
③前衛△は補助者◎1がフォアに回り込んだら攻めボレー、バックなら7：3ボレーorスマッシュ

2 後衛のセカンドサービスを前衛オーバーして攻める

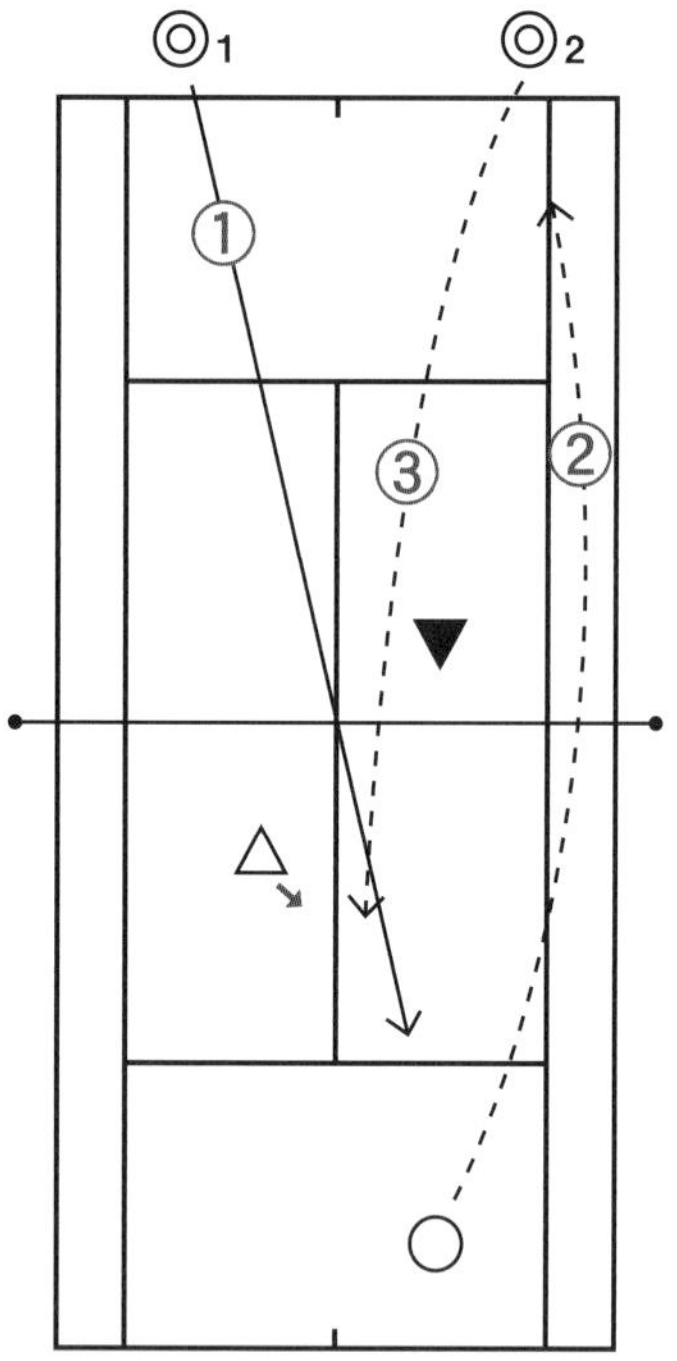

①補助者◎1が後衛○にセカンドサービス
②後衛○がレシーブを前衛オーバー
③（補助者◎1が走る代わりに）補助者◎2がバックで返球したロブを、前衛△が7：3ボレーorスマッシュ
（補助者を2人立てているのは、補助者◎1が前衛オーバーに対して走らなくてよくするため。補助者◎2は、実際に走らされたような感じでバックであげボールする）

その日のために

私も長い間、テニスをやってきました。その中で「テニスをやってきて本当によかった！」と心から感じることが何度かありました。

しかし、その素晴らしく忘れ難い日というのがいつ来るのか、残念ながらわかりません。そのため、私たちは一日だって練習をおろそかにはできません。

テニスをやる以上、上手になりたいと願うのはみな同じです。いつ、上手になれる感じをつかめるかも、やはりわからないのです。

ただ、ここでわかっていることがひとつだけあります。素晴らしい日、上手になれるそのときは、一生懸命取り組んでいるときのみに生じるということです。

試合をするときには、次のことを望みます。

試合が終わったときに、本当の涙を流せる選手になってください。嬉しくて、もしくは悔しくて……。どちらでも

後衛セカンドレシーブで確実に得点するために

P40からP49までは、実際の試合で得点しやすい攻めパターンの練習法を紹介します。まず、確実にポイントをとりたいセカンドレシーブからの得点パターン例です。後衛レシーブ、前衛レシーブともに、後衛サービス時と前衛サービス時のそれぞれ２パターンずつを紹介します。「72分の１理論」では、選手ごとに２種類ずつ得意コースを選ぶので、選手によって攻撃パターンは変わります。

3　前衛のセカンドサービスをセンター割りで攻める

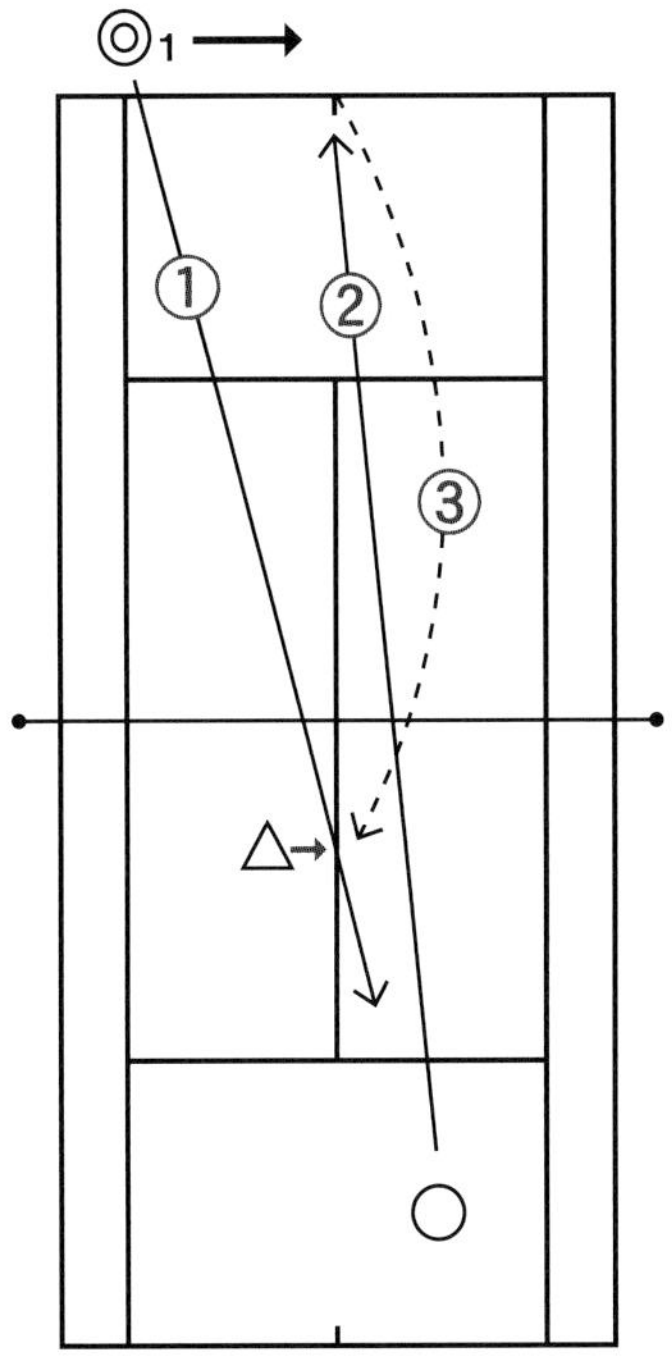

①補助者◎1が後衛〇にセカンドサービス
②後衛〇がレシーブをセンター割り
③前衛△は補助者◎1の返球がフォアなら攻めボレー、バックなら7：3ボレーorスマッシュ

4　前衛のセカンドサービスをショートクロスに打って攻める

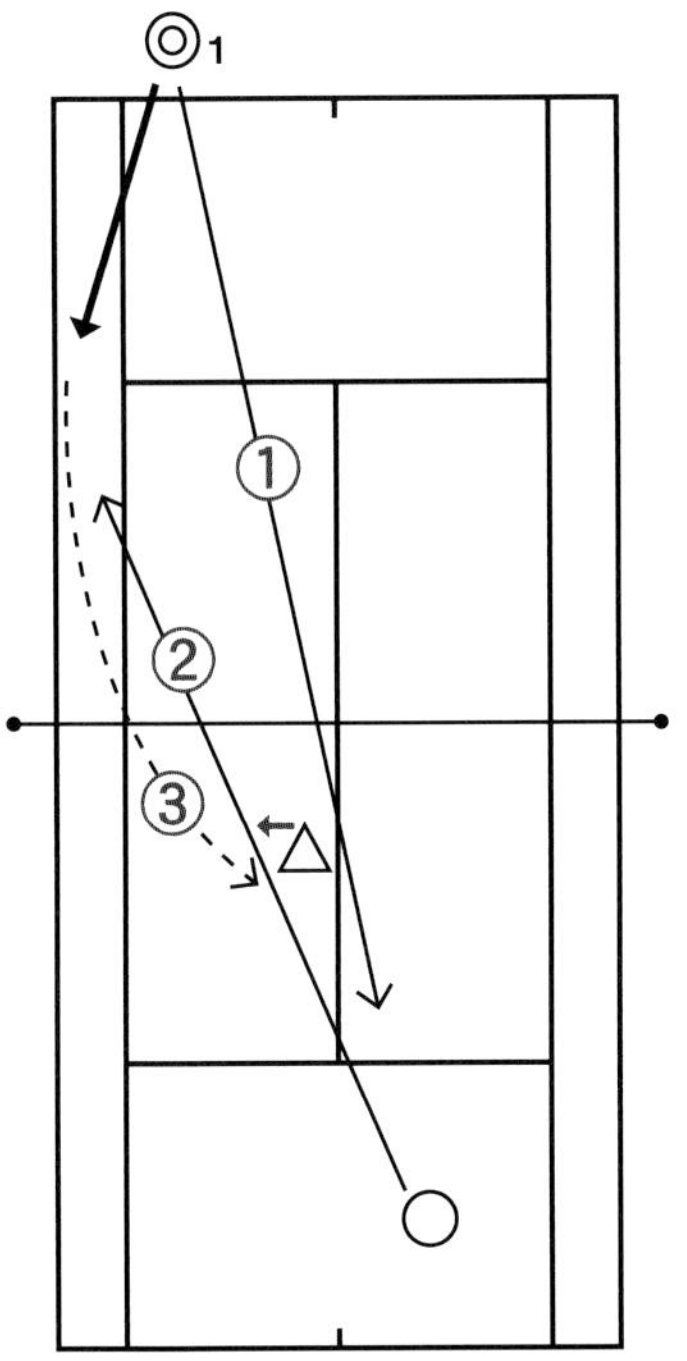

①補助者◎1が後衛〇にセカンドサービス
②後衛〇がレシーブをショートクロス
③前衛△は補助者◎1の返球を7：3ボレー

よいのです。そしてまた、そこからが出発です。「今度こそは……」と思えることが、大変素晴らしいのです。

ですから、閉会式を大切にしてください。閉会式で自分をしっかり見つめられる人間になってください。そこにスポーツをやりながらの「人間づくり」の意義があるのです。

勝負とは実に厳しいものです。そのため、まず自分に厳しくなければよい試合はできません。

テニスに対する考え方はもちろん、日常の学校生活においてもテニスをする選手にふさわしい行いをしてほしいと思います。仲間からスポーツをする選手にふさわしくない行動をとる者が出てきたときは、厳しい態度でのぞみたいと思います。なぜならテニス部の最大の目的は「人間づくり」だからです。

みんなで互いを認めあうことのできる、一生懸命立ち向かうことのできる部を作りましょう。

試合で得点するための練習法②（前衛セカンドレシーブから攻撃するパターン）

5

相手の前衛がセカンドサービスの場面は、さらに確実にポイントができるチャンスととらえて試合を想定した練習をします。

1 後衛のセカンドサービスを前衛オーバーして攻める

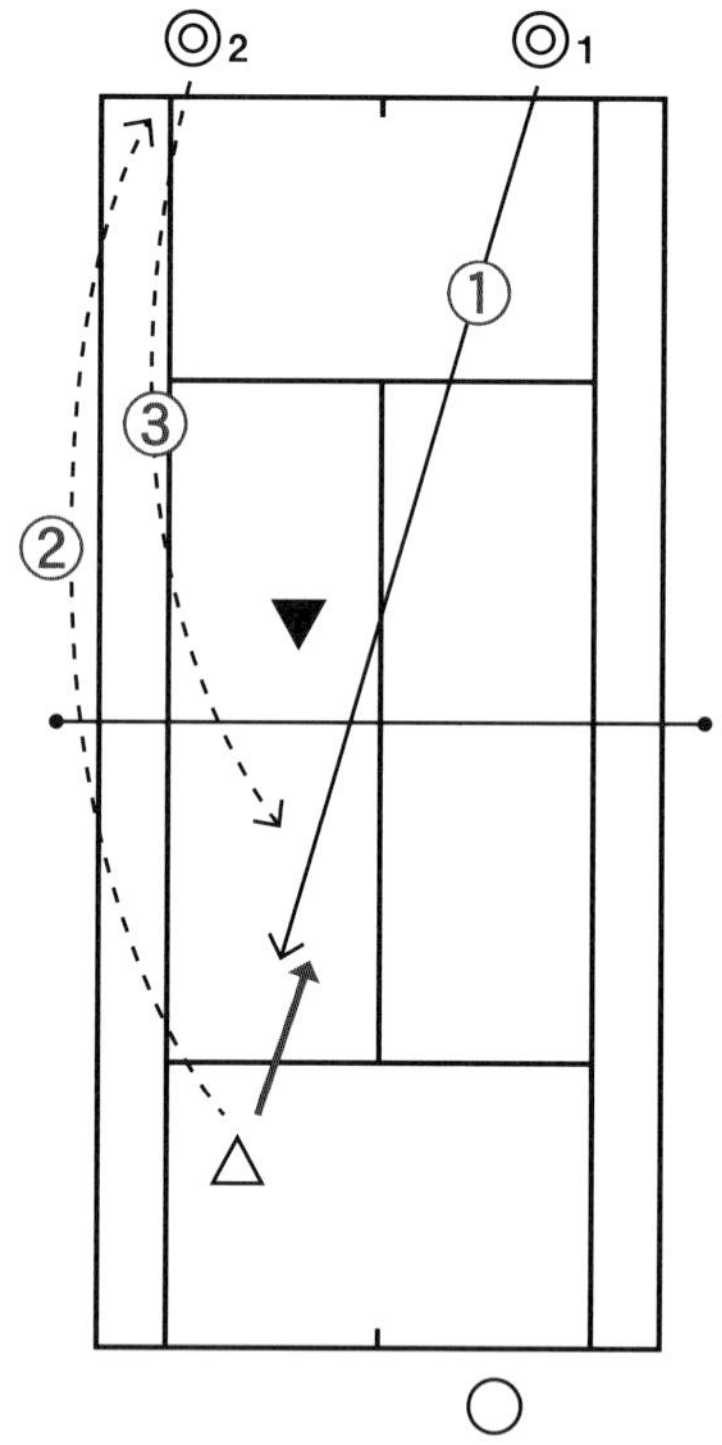

①補助者◎1が前衛△にセカンドサービス

②前衛△がレシーブを前衛オーバー

③（補助者◎1が走る代わりに）補助者◎2が返球したボールを、前衛△が7：3ボレーorスマッシュ

（◎2は実際に走らされたような感じであげボールする）

2 後衛のセカンドサービスをデッドゾーンに打って攻める

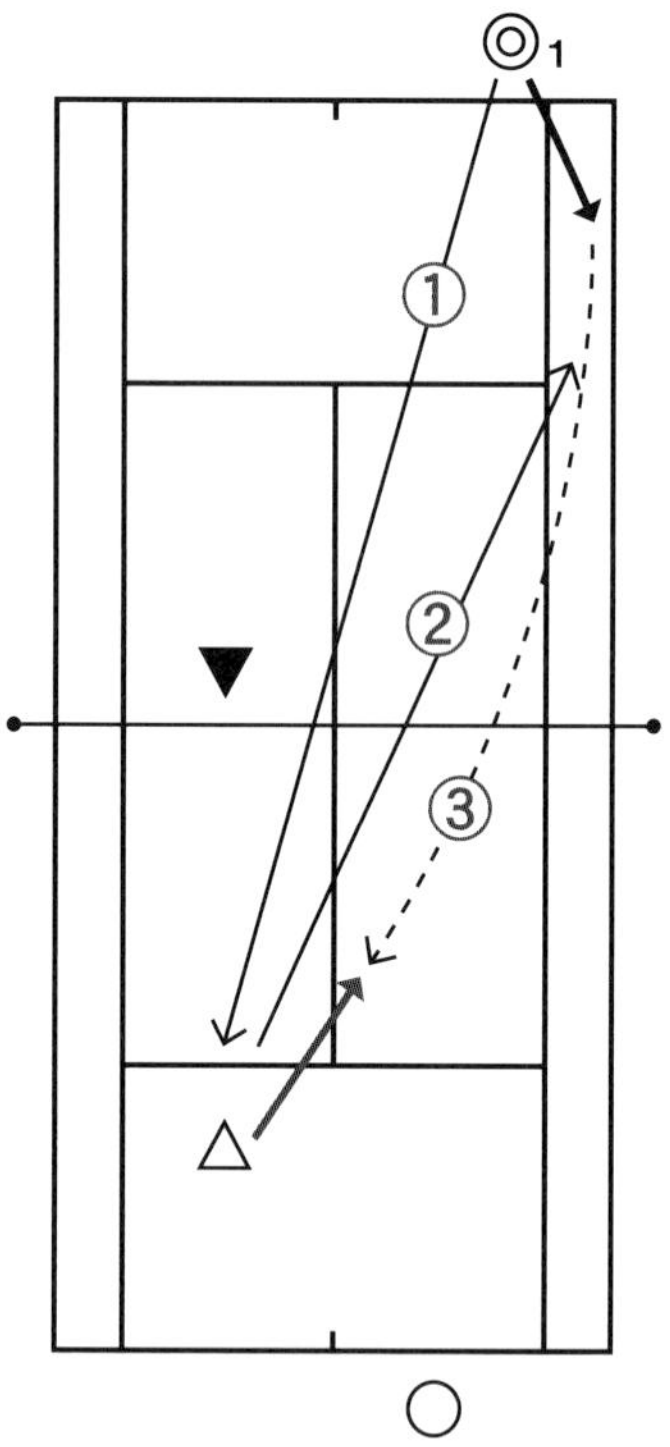

①補助者◎1が前衛△にセカンドサービス

②前衛△がレシーブをデッドゾーンに打つ

③補助者◎1が返球したボールを、前衛△が7：3ボレーorスマッシュ

選手に合う薬

（講習会に参加された先生に宛てた手紙）

私は常々、指導者の資質として大事な要素に「謙虚さ」があるのではないかと思っています。

だから「何もわからないままこれまで指導してきたことを後悔すると同時に、教え子たちには申し訳ない気持ちで一杯です……」という先生のこの言葉に心打たれました。「自分は生徒を教える資格があるのだろうか……？」と、常に悩むことが何よりも大事だと思います。

私自身は今、生徒を教えていませんが、指導者にかかわるときに同じ形で悩んでいます。いずれにしても、「頑張ったら必ずいいことがある」という思いを選手たちと一緒に共有したいものです。

一日の練習の中で必ずひとりかふたり、今日の練習が楽しくて（上手になった感じをつかむ）、嬉しい気持ちで学

前衛セカンドレシーブで確実に得点するために

先ほどの後衛のセカンドレシーブと同様に、前衛もセカンドレシーブからの攻めパターンを練習します。

特に、相手前衛がセカンドサービスをする場面は、確実に得点につなげるという強い意識を持たせて、選手の得意ボールを軸に練習メニューを作りましょう。試合の中でも確実にポイントをとることを明確に意識した練習なので、単にセカンドレシーブの練習をするよりも、選手の１球１球に対する集中力が増します。

4　前衛のセカンドサービスをデッドゾーンに打って攻める

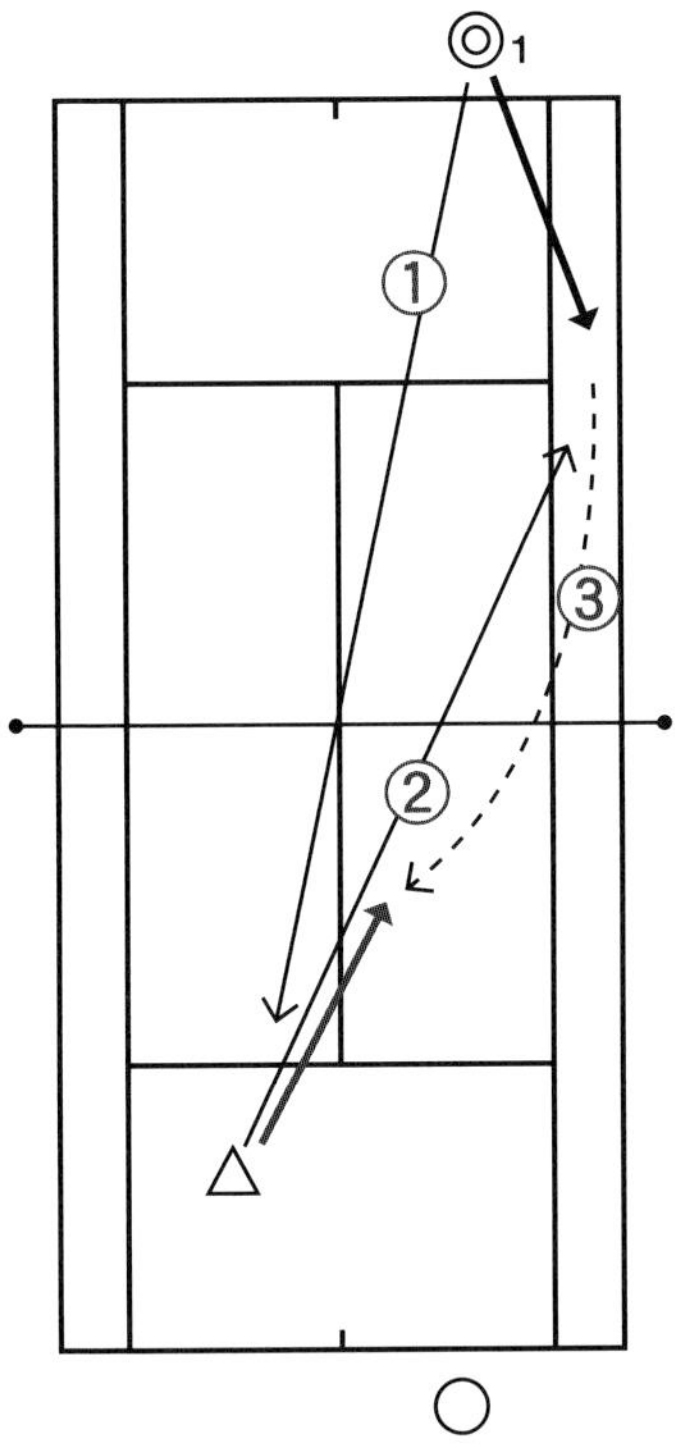

①補助者◎1が前衛△にセカンドサービス
②前衛△がレシーブをデッドゾーンに打つ
③補助者◎1が返球したボールを、前衛△が７：３ボレーorスマッシュ

3　前衛のセカンドサービスをセンター割りで攻める

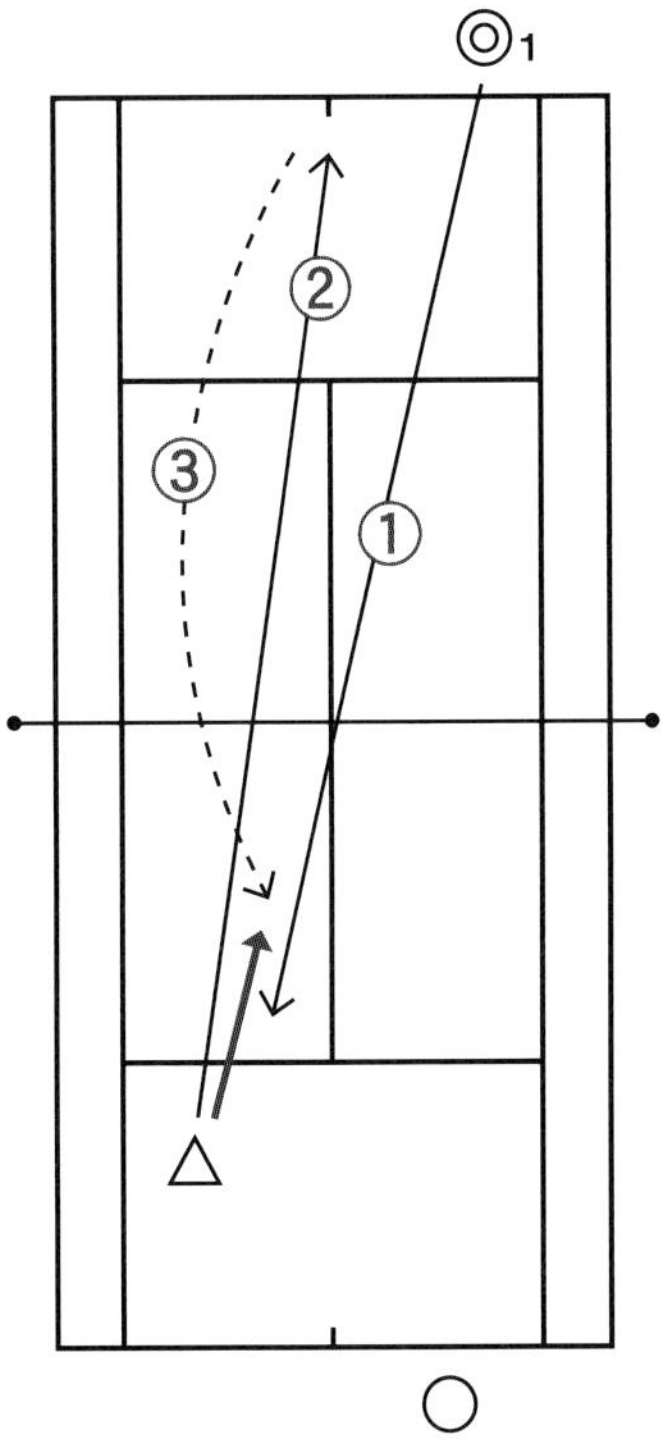

①補助者◎1が前衛△にセカンドサービス
②前衛△がレシーブをセンター割り
③補助者◎1が返球したボールを、前衛△が７：３ボレーorスマッシュ

校から帰宅することができ、「また明日！」と期待を持ってコートから去ることができるようにしたいものです。

選手たちは指導者からの温かく心のこもった言葉を待っています。その意味では練習指導法も大事ですが、選手をその気にさせる「魔法の言葉や仕掛け」が大きな実力向上のカギを握っているのかもしれませんね。

選手と真摯に向き合えば、必ずいい結果がそれぞれの選手に出てくると信じてやりましょう。だからこそ、選手と指導者はあくまでも五分五分なのだと思います。そのような気持ちでやる姿勢が選手に伝わらないはずはないと信じませんか……。

「先生、今日の練習でオレ上手になったよ」という表情は、指導者にとって最高です。

選手に合う誠意ある薬を与え、その効用を感じとることを指導者の楽しみとしませんか。また頑張りましょう！

試合で得点するための練習法③（ファーストサービス後の攻めパターン） 6

ファーストサービスは「攻め」なので、原則的に、相手のレシーブが返ってきたら攻められるように準備をします。

1 後衛ファーストサービス後のリターンをセンター割り

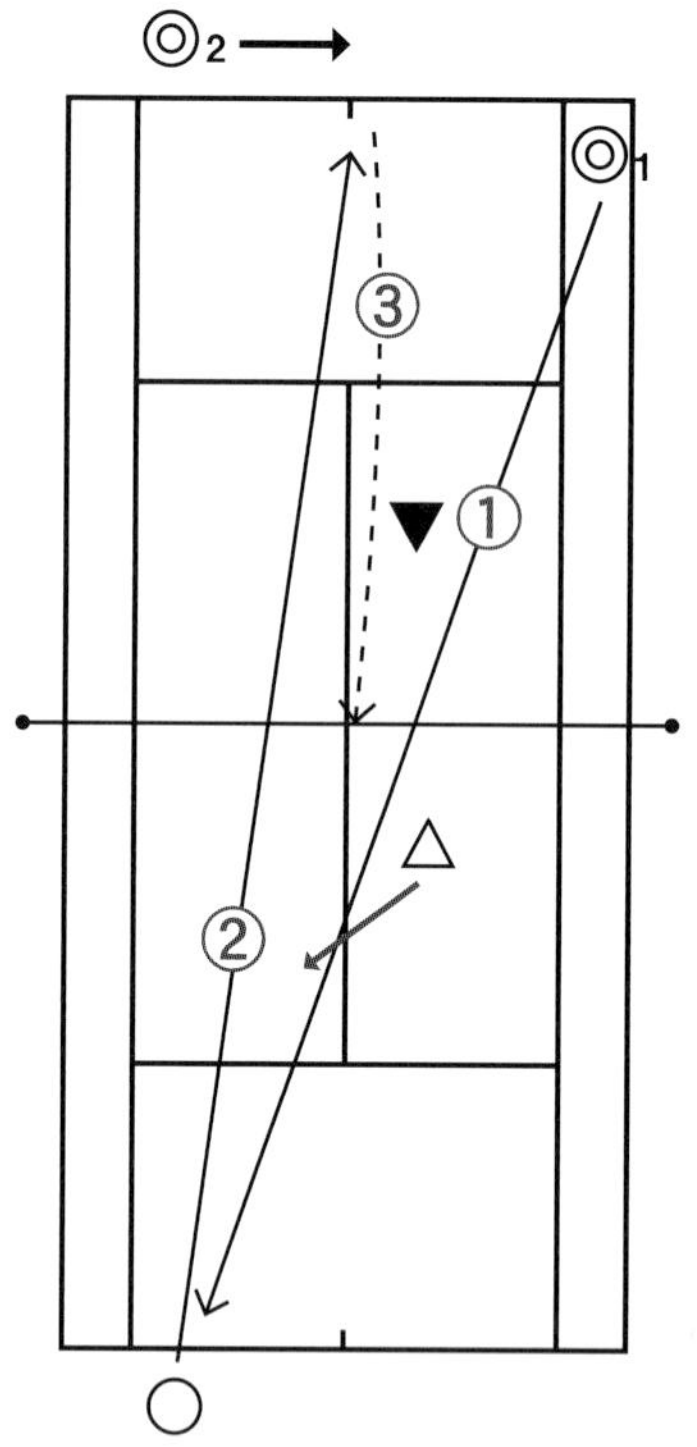

（後衛○が相手前衛代わりの補助者◎1にファーストサービスをするふりをする）
①補助者◎1が後衛○にレシーブの代わりにあげボール
②後衛○がセンター割り
③前衛△は補助者◎2がフォアに回り込んだら攻めボレー、バックなら7：3ボレーorスマッシュ

2 後衛ファーストサービス後のリターンを前衛オーバー

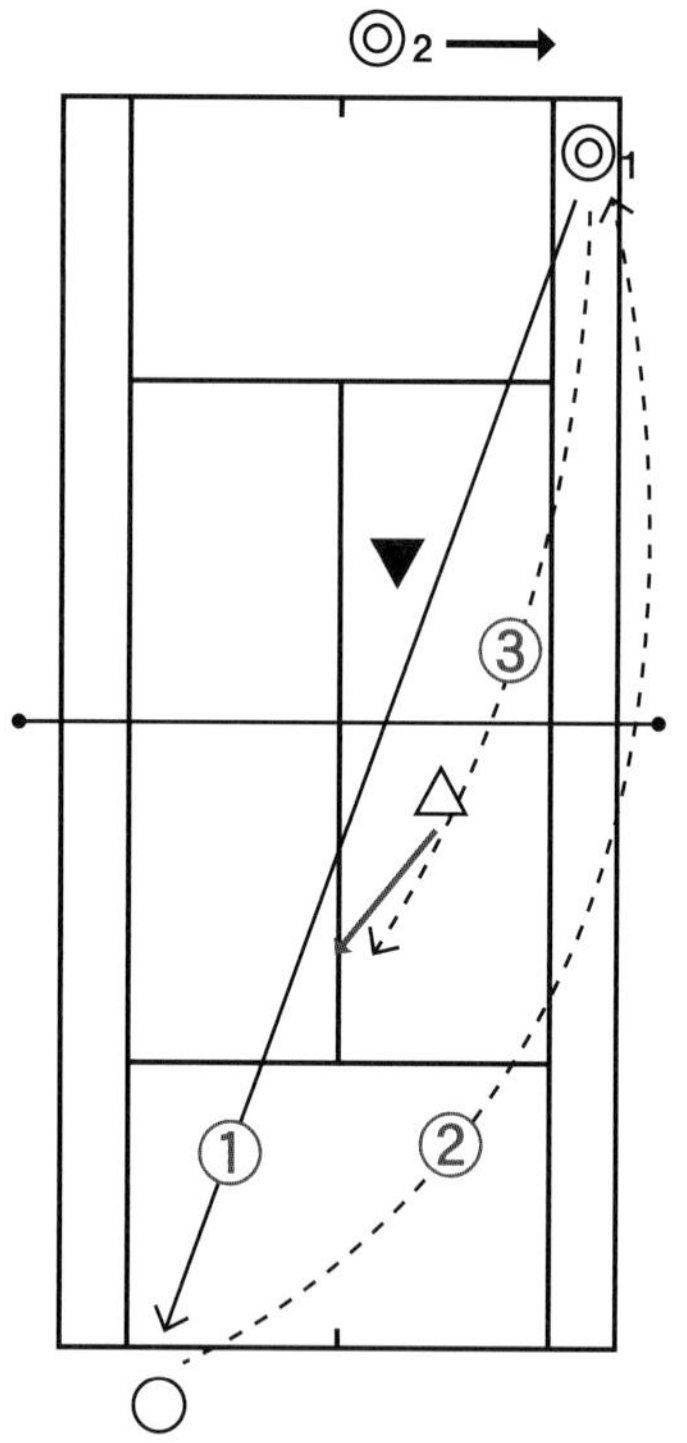

（後衛○が相手前衛代わりの補助者◎1にファーストサービスをするふりをする）
①補助者◎1が後衛○にレシーブの代わりにあげボール
②後衛○が前衛オーバー
③補助者◎2がバックで返球したロブを、前衛△が7：3ボレーorスマッシュ（補助者◎2は、クロス側から実際に走らされたような感じであげボールする）

褒め上手になる

選手が毎日楽しみにコートに足を運び、意欲的に練習に励むために必要なものは何か。それは、選手自身が練習の中で「ここが上達した」と感じることができること。

つまり、選手は指導者の「褒め言葉」を待っているのです。私が「指導者が練習を見ることができない日は練習をしたとは言えない」とよく言うのも、この「指導者が褒める」という行為の重要さを感じているからです。

①タイミングを逃さない
選手にとって「褒められて嬉しい」というタイミングを逃さないこと。いいボールを打った瞬間、いいプレーをした瞬間こそ、選手は「褒めてほしい！」と思っています。

②選手の技術力をしっかり把握する
「最高のプレーを基準に褒める」というスタンスでは、技術力の低い選手はいつまでたっても褒められません。技術力が2の選手が3のプレーが

ファーストサービスを入れて「攻め」

サービスゲームはレシーブゲームよりもポイントしにくいので、とにかくファーストサービスの確率を上げて攻めパターンに持ち込むことが重要です。ここでは比較的ポイントしやすい相手前衛がレシーブの例を紹介します。

前衛サービスの場合はサービスをしたあと、ポジションにつかなくてはならないので、相手を走らせるセンター割りと前衛オーバーが特に有効です。

4　前衛ファーストサービス後のリターンを前衛オーバー

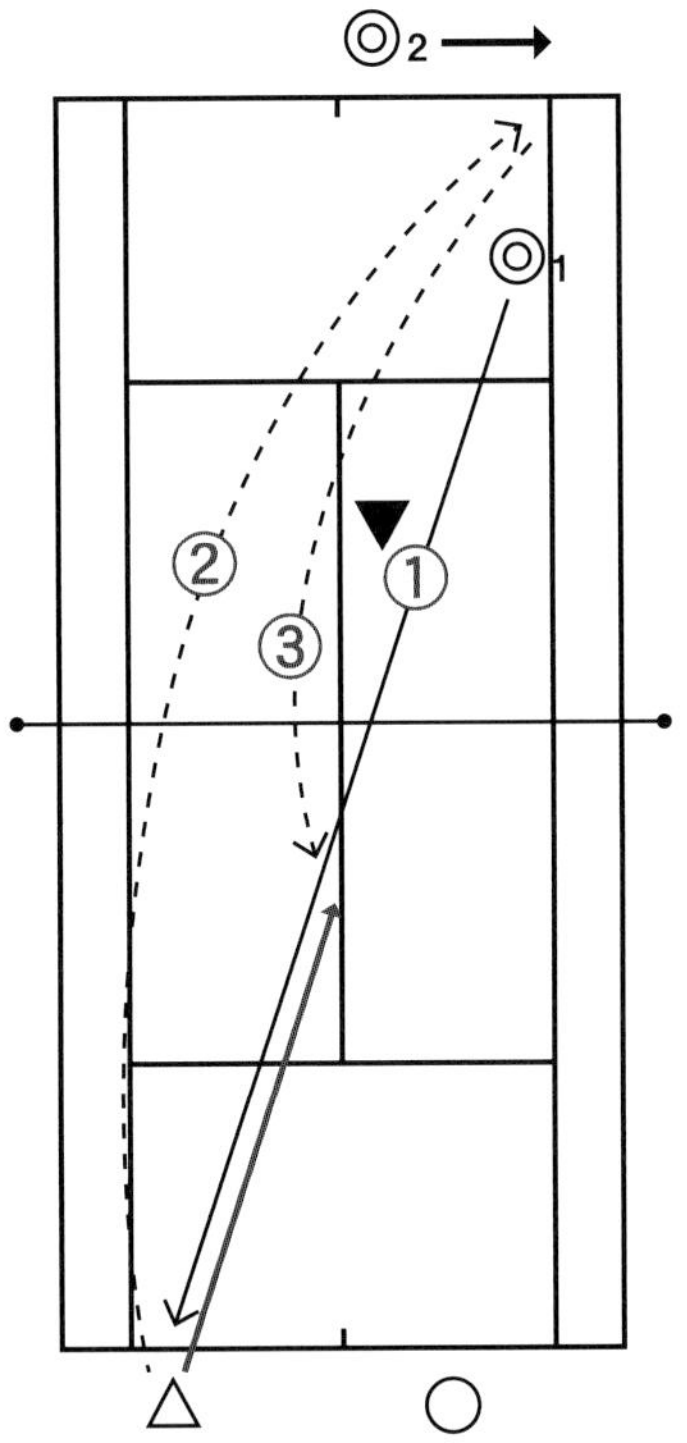

（前衛△が相手前衛代わりの補助者◎1にファーストサービスをするふりをする）

①補助者◎1が前衛△にレシーブの代わりにあげボール

②前衛△が前衛オーバー

③補助者◎2がバックで返球したロブを、前衛△が7：3ボレーorスマッシュ（補助者◎2は、クロス側から実際に走らされたような感じであげボールする）

3　前衛ファーストサービス後のリターンをセンター割り

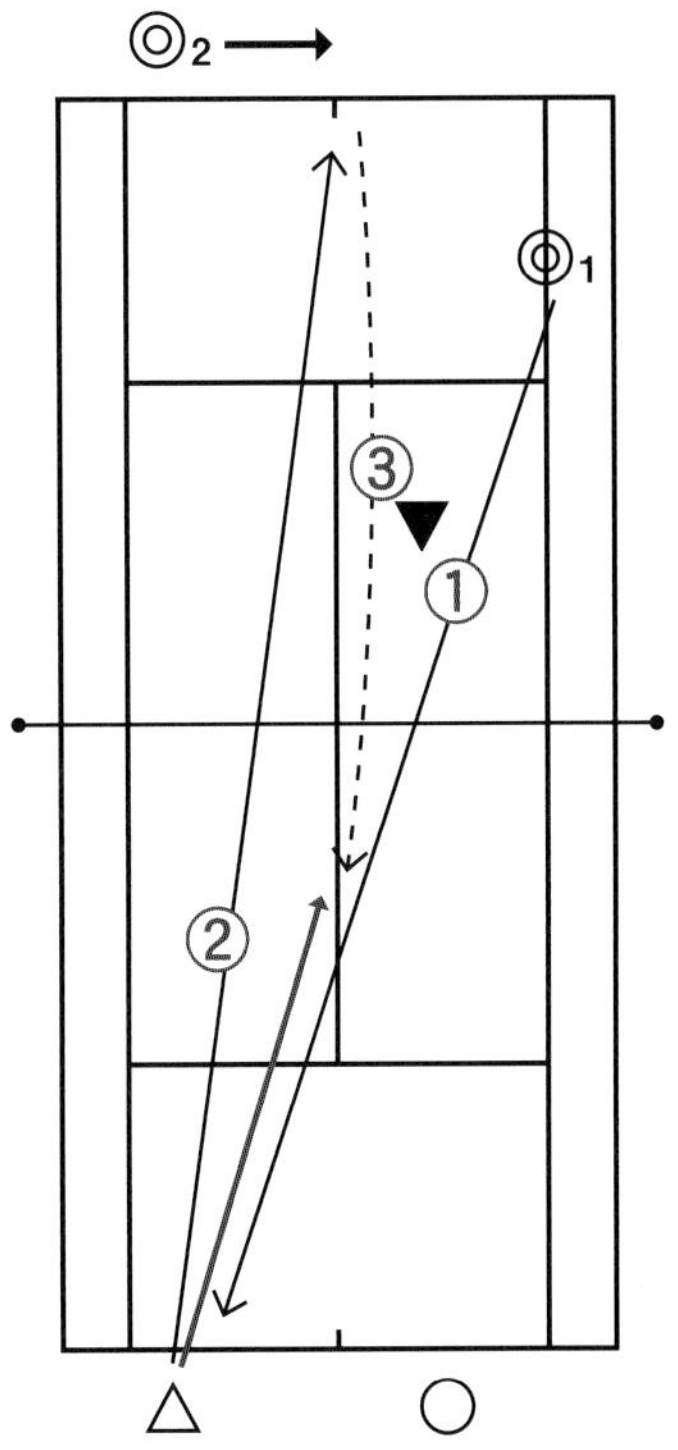

（前衛△が相手前衛代わりの補助者◎1にファーストサービスをするふりをする）

①補助者◎1が前衛△にレシーブの代わりにあげボール

②前衛△がセンター割り

③前衛△は補助者◎2がフォアに回り込んだら攻めボレー、バックなら7：3ボレーorスマッシュ

できたときに褒め、技術力が3の選手は4のプレーができるようになったときに褒める。「その選手にとって最高のプレーを基準に褒める」ことで、意欲的に練習に取り組むようになります。

③技術力の低い選手こそみんなの前で褒める

技術力の低い選手にとって最も効果的な褒め方は、いいプレーをした直後にその上達ぶりをみんなの前で披露させること。「すごい！」という仲間の賞賛の声が、絶大な効果をもたらします。

④褒め言葉は最後に

試合後にアドバイスをするときは、勝敗に関係なく褒め言葉を最後に用意すると、選手は次のステップへの意欲を持てます。

○あの子は気は優しいけれど、少しおしゃべりでね

○あの子は少しおしゃべりだけれど、気は優しいよ

伝えている内容は同じですが、後者のほうが受け止めやすいと思いませんか。

試合で得点するための練習法④（4コース展開の攻めパターン）

7

ここからは、ラリー中の得点パターンの練習法をいくつか紹介します。特にジュニアの試合において、各コースの展開で得点をしやすいパターンを選びました。

1 クロス展開のセンター割り

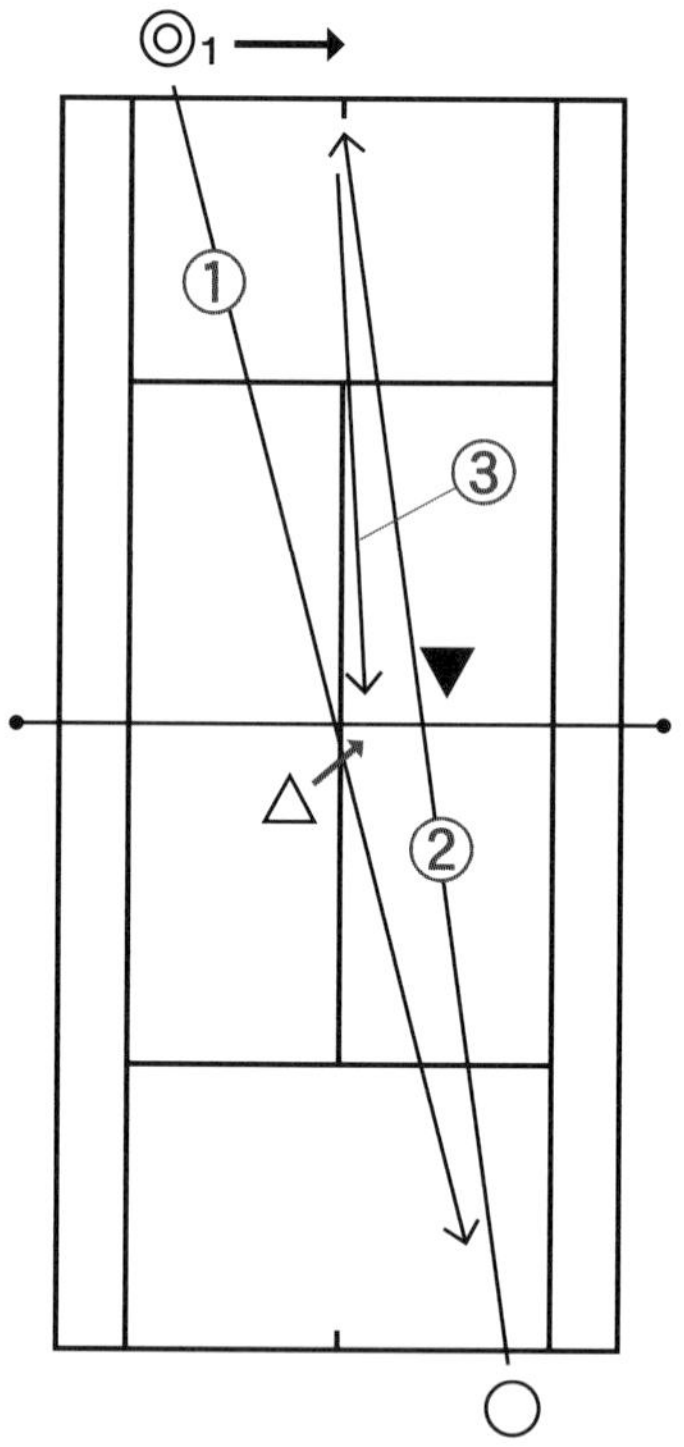

①補助者◎1が後衛○に半シュートのあげボール
②後衛○がセンター割り
③前衛△は補助者◎1がフォアに回り込んだら攻めボレー、バックなら7：3ボレーorスマッシュ

2 クロス展開の前衛オーバー

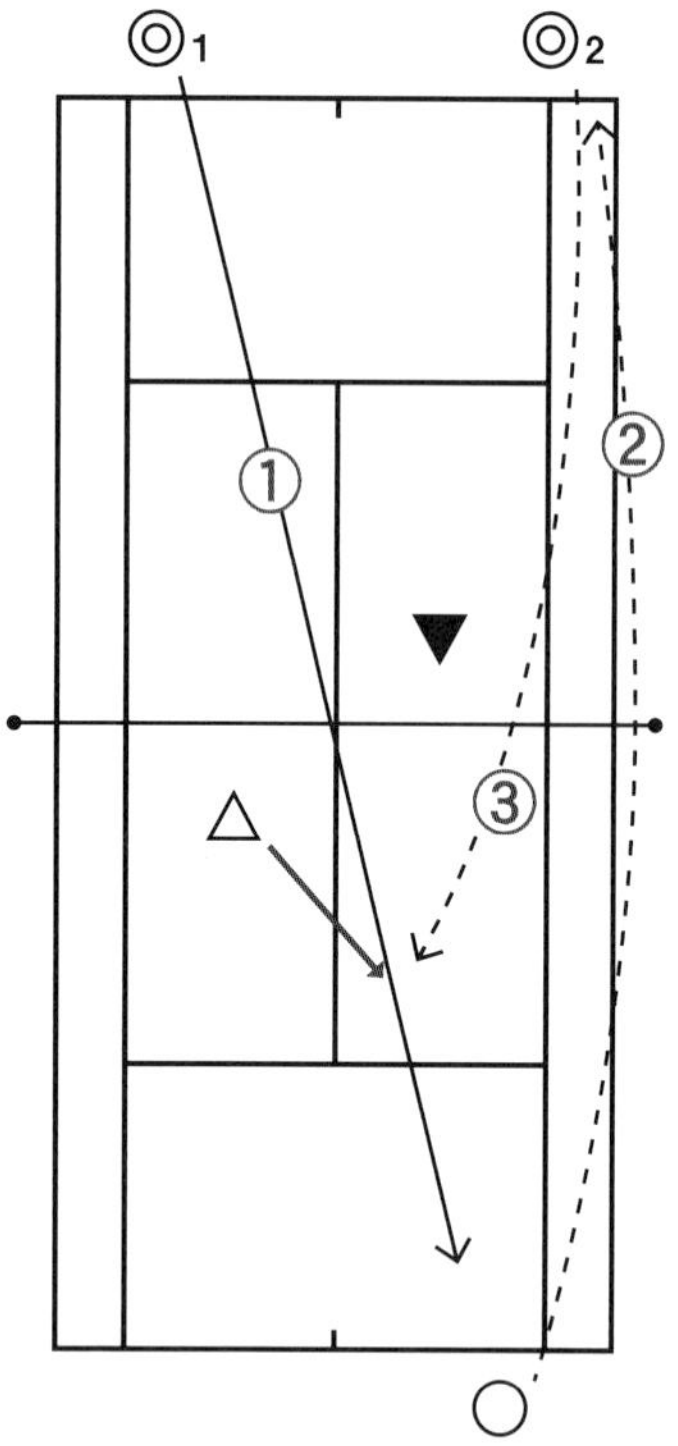

①補助者◎1が後衛○に半シュートのあげボール
②後衛○が前衛オーバー
③（補助者◎1が走る代わりに）補助者◎2がバックで返球したロブを、前衛△が7：3ボレーorスマッシュ（補助者◎2は、実際に走らされたような感じであげボールする）

全国大会前夜のミーティング①

「選手たちにやる気を起こさせる」というのは、指導者に欠かせない条件でもあります。そう考えると、ミーティングというのはとても大切な要素になってきます。

特に大会前夜のミーティング。一度だけ、私は選手に話をせず、プリントを配り、「各自読んで寝るように」と指示したことがあります。それは私が初めて全国の頂点を目指した大会でした。

いよいよ当麻での練習は残すところ一日となった。先生は今、不思議と落ち着いている。ただ、「長かったなー」と、今更のように思う。数えてみると4年3カ月である。本当に長い月日だった。

最初に始めたころ。それは楽しかった。君たちが上手になっていくのがよくわかり、君たちの目がだんだん輝いてくるのも見えた。それは先生にとってとても楽しいことだった。君たちを怒っていても

相手後衛のバックを「攻め」
相手後衛を走らせて「攻め」

3 逆クロス展開のデッドゾーン

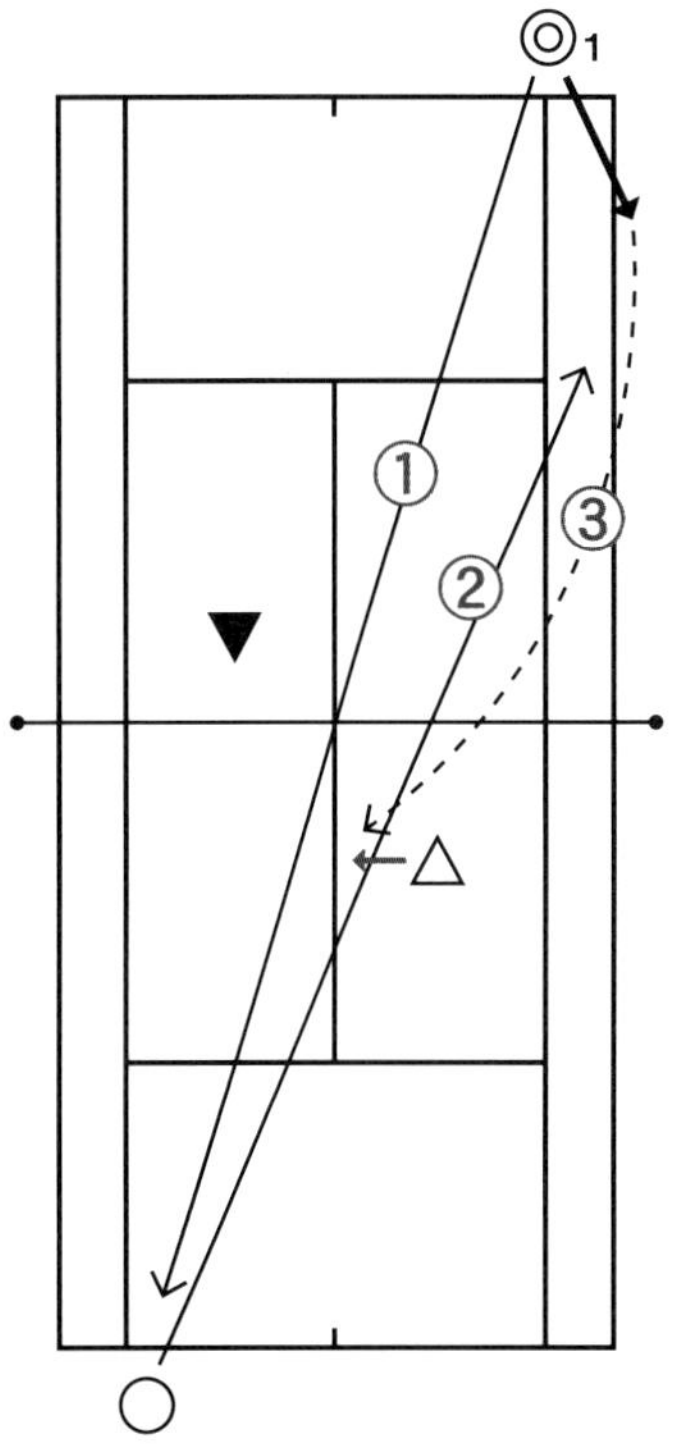

①補助者◎1が後衛○に半シュートのあげボール

②後衛○がデッドゾーンにシュート

③補助者◎1がバックで返球したボールを、前衛△が7：3ボレーorスマッシュ

4 逆クロス展開の前衛オーバー

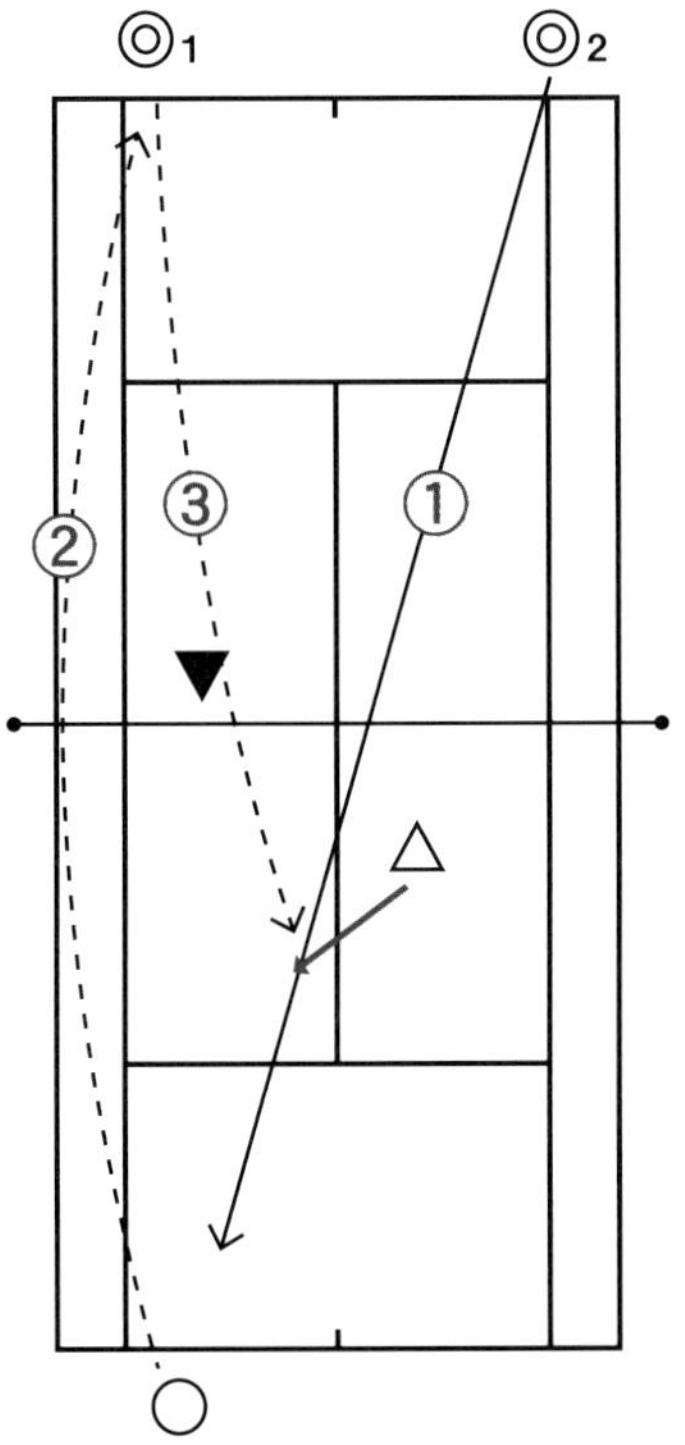

①補助者◎2が後衛○に半シュートのあげボール

②後衛○が前衛オーバー（中ロブ）

③（補助者◎2が走る代わりに）補助者◎1が返球したボールを、前衛△が7：3ボレーorスマッシュ（補助者◎1は実際に走らされたような感じであげボールをする）

「日本一をとる」という夢があった。

その夢を考えるとどんなことも我慢できそうだった。だから先生にとって君たちの小学校時代のテニスが一番楽しかった。何も考えないで一生懸命やることができた。

だから、あの夏の暑い日にプールにも行かず一生懸命サービスを壁打ちしていた真壁の姿も、雪の中ラケットを家の前で振っていた坂本の姿も、実にいい気持ちで遠くから見ていたものだ。

君たちの多くが自分のためにテニスをやることを理解できるようになったときは何よりも嬉しかった。夜、ランニングをしていた真鍋の姿も何回か見た。先生の目指す姿だった。

先生は君たちにいろいろなことを試みてきた。仲間を意図的に崩しにかかったときもあるし、個人個人が厳しさを出せるように仕組んだこともあった。（続く）

5 右ストレート展開のデッドゾーン

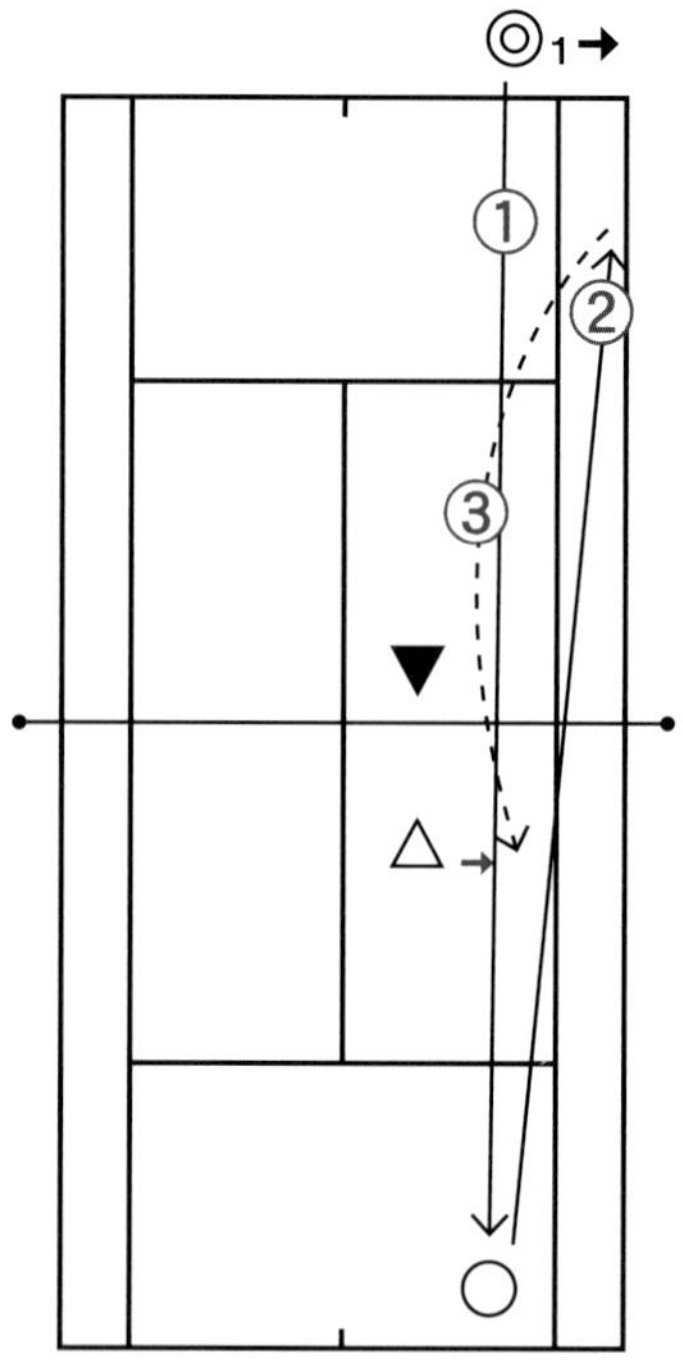

①補助者◎1が後衛○に半シュートのあげボール
②後衛○がデッドゾーンにシュート
③補助者◎1がバックで返球したボールを、前衛△が7：3ボレーorスマッシュ

6 右ストレート展開の前衛オーバー

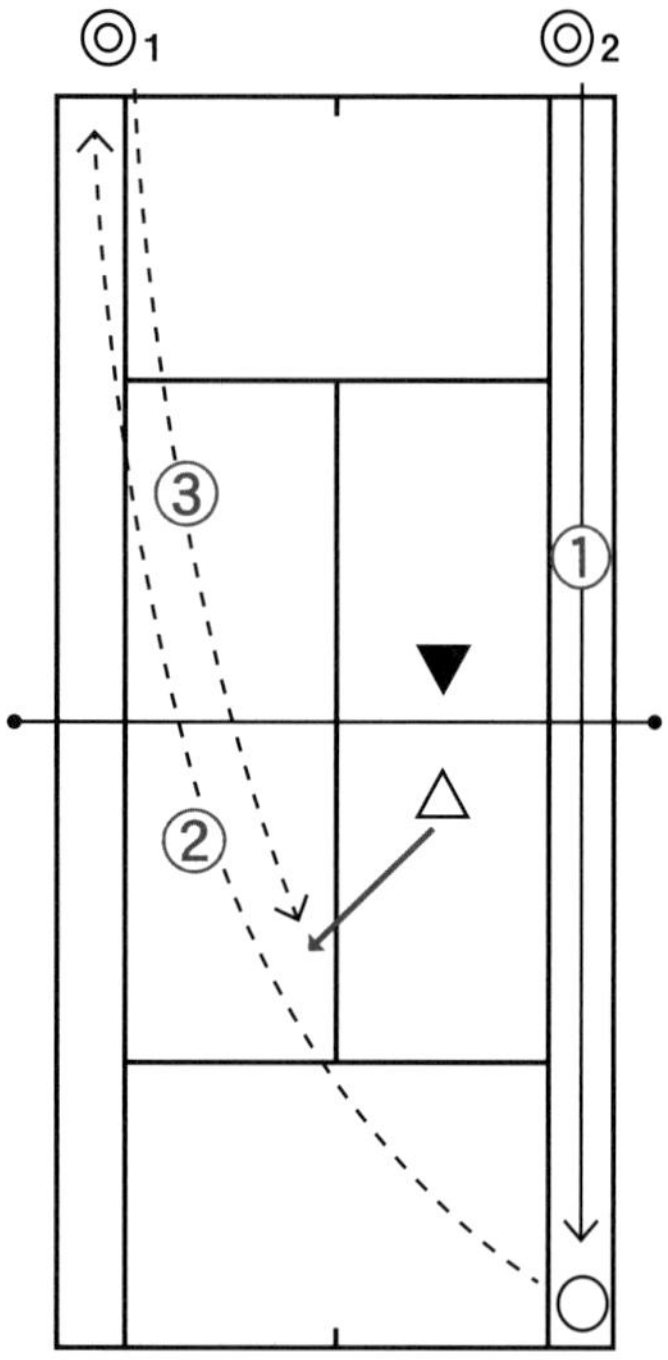

①補助者◎2が後衛○に半シュートのあげボール
②後衛○が前衛オーバー（中ロブ）
③（補助者◎2が走る代わりに）補助者◎1が返球したロブを、前衛△が7：3ボレーorスマッシュ（補助者◎1は実際に走らされたような感じであげボールする）

全国大会前夜のミーティング②

それもこれもみんな今年の全国大会を考えての長期計画だった。

だから、仲間の中でいろいろな形を見せながら葛藤していたのを、先生はむしろ歓迎の気持ちでながめていた。何しろ全国優勝というのは「本物」にならない限り達成できないということを、羅臼のテニス生活で十分教わったからである。全国大会というものがどんなものであり、どんな形にならなければ目標達成ができないかを痛いほど感じてきたのである。

先生の前を何人かの選手たちが通り過ぎていった。その選手たちは「テニスをやって良かった」と言う。

でも、今、先生はそんな言葉はいらない。君たちが10年経ち、勝負というものを経験しなくなったとき、そしていろいろなものをこの10年で経験し終えたとき、自分にとって当麻中学校でのテニスは何だったのかを考えて欲しい。

7 左ストレート展開のセンター割り

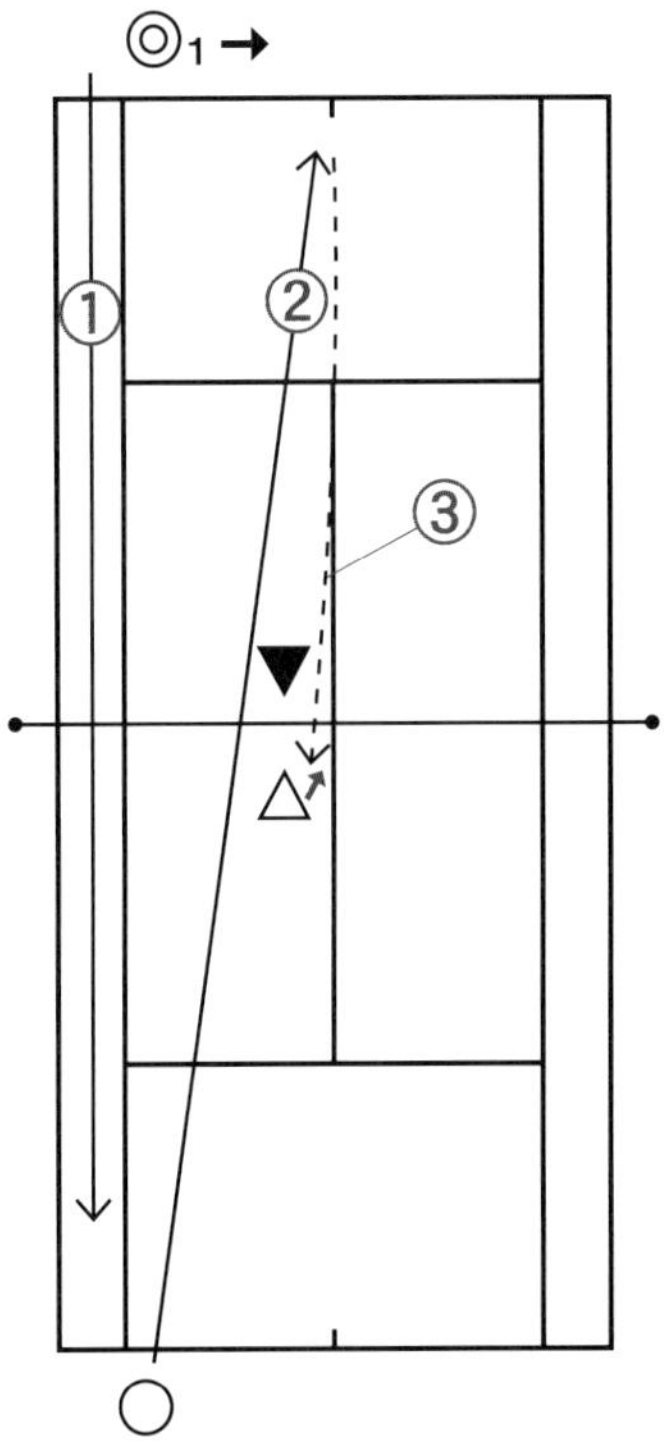

①補助者◎1が後衛○に半シュートのあげボール
②後衛○がセンター割り
③前衛△は補助者◎1がフォアに回り込んだら攻めボレー、バックなら7：3ボレーorスマッシュ

8 左ストレート展開の前衛オーバー

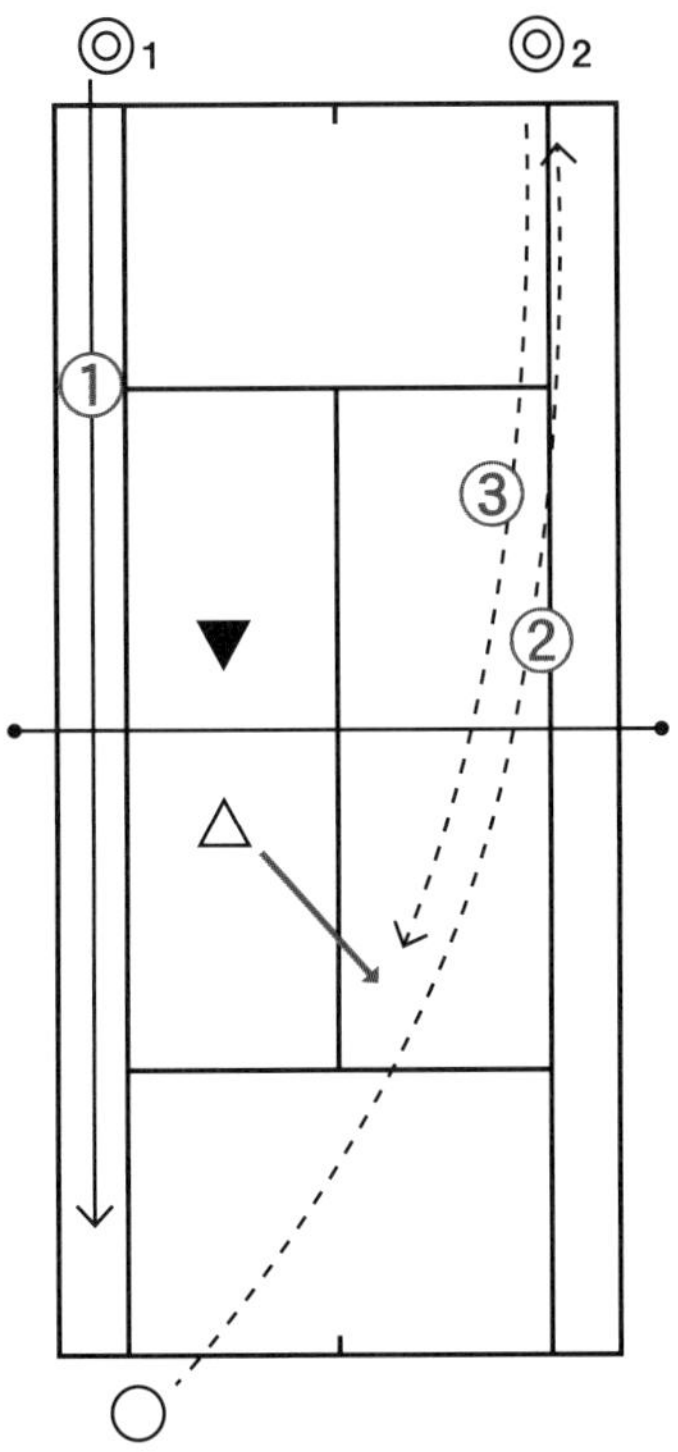

①補助者◎1が後衛○に半シュートのあげボール
②後衛○が前衛オーバー
③（補助者◎1が走る代わりに）補助者◎2がバックで返球したロブを、前衛△が7：3ボレーorスマッシュ（補助者◎2は、実際に走らされたような感じであげボールする）

その時にまた、君たちにぜひ会いたい。だから、いま君たちは誰かのために勝ちたいと言ってはならない。自分のために戦いなさい。

ただ、ひとつだけ、考えてほしいことがある。君たちを1年生からレギュラーとして使ってきたのは大変だった、ということだけはわかってほしい。君たちのレギュラーを快く認めてくれた先輩たちのことだけは、決して忘れないでほしい。

何人かの先輩が先生の家に来て、決まったようにこう言うのだよ。「先生、今年はぜひ、勝たせてあげてください」と。

先生はその言葉をとても嬉しく聞いたよ。このことだけはみんなに伝えたかった。

（中略）

この4年3カ月、互いに全力を出してやってきた。だから決して辛いと感じたことはなかった。（続く）

『ミスしたのは誰？』ゲーム　8

「72分の1理論」を浸透させていくための効果的なゲームです。「攻め」と「守り」を意識しながらゲームをすることで、緊張感のある練習になります。

1　ミスしたのは誰？　その1

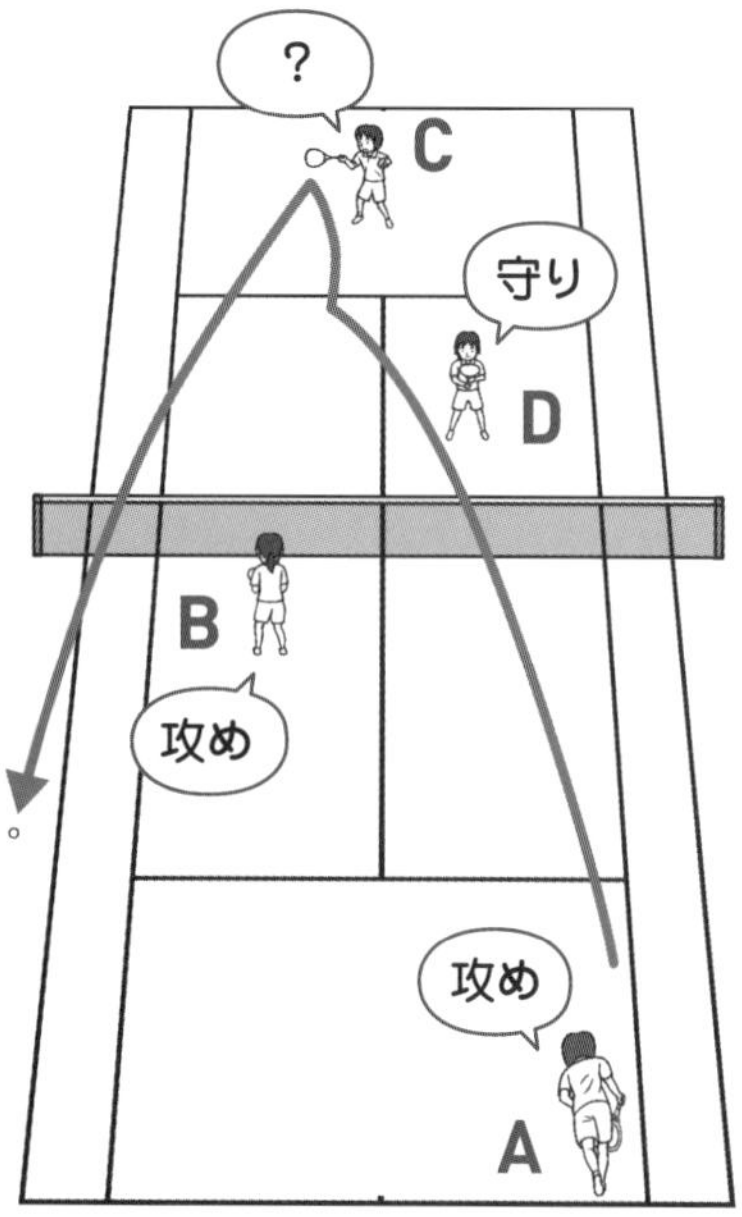

Aがファーストサービス→Cがレシーブをサイド抜きをしようとしてサイドアウトした

⬇

「ミスしたのは誰？」

⬇

ファーストレシーブは守るべきだったのに、
サイド抜きをしようとして攻めたCのミス

「ミスをした選手がミス」のケース

「攻め」と「守り」を意識できる『ミスしたのは誰？』ゲーム

テニスの試合は「攻め」と「守り」の連続で成立しています。「攻め」るべきときにしっかり「攻め」、「守る」べきときにしっかり「守る」ことによって、負けにくいテニスになります。その「攻め」と「守り」を意識づけできる練習が、このゲームです。

『ミスしたのは誰？』ゲームは、どちらかが1ポイントとったところで、4人のうちの誰が間違いをおかしたのかを指摘しあうゲームです。

ミスした選手が悪いとは限らない！

私の指導では、ミスの定義は「やるべきことをやらなかったこと」としています。ですから、「攻め」るべきシーンで「攻め」てネットやバックアウトした場合や、「守る」べきシーンで「守った」けれどサイドアウトしてしまった場合などはミスとは見なしません。

重要なのは、「やるべきことをやろうとしたか、しなかったか」ということです。場合によっては「ミスした人がいない」ケースもあります。

全国大会前夜のミーティング③

目的のある人生、夢のある人生というのは、何といっても楽しい。

だから先生はこういう充実した年月を過ごさせてもらってありがたいと思っている。当麻中学校が「過程」というものを大切にする部である限り、もうそれだけで（ここまできたことについて）十分なのである。

これだけ一生懸命、4年3カ月やってきたんだ。他人よりもやってきたはずだよ。

そのことを信じてプレーしよう。ボールに感謝する気持ちで打ってみよう。今こそ、何も考えず、無心でボールをたたこう。

（中略）

先生は君たちを早く東京体育館に会わせたい。みんなの努力が本物かどうかを試させてあげたい。胸を張ってやってみよう。すべてにチャレンジャーなのだから……。

（中略）

人生の中で最も幸せなこと

2　ミスしたのは誰？ その2

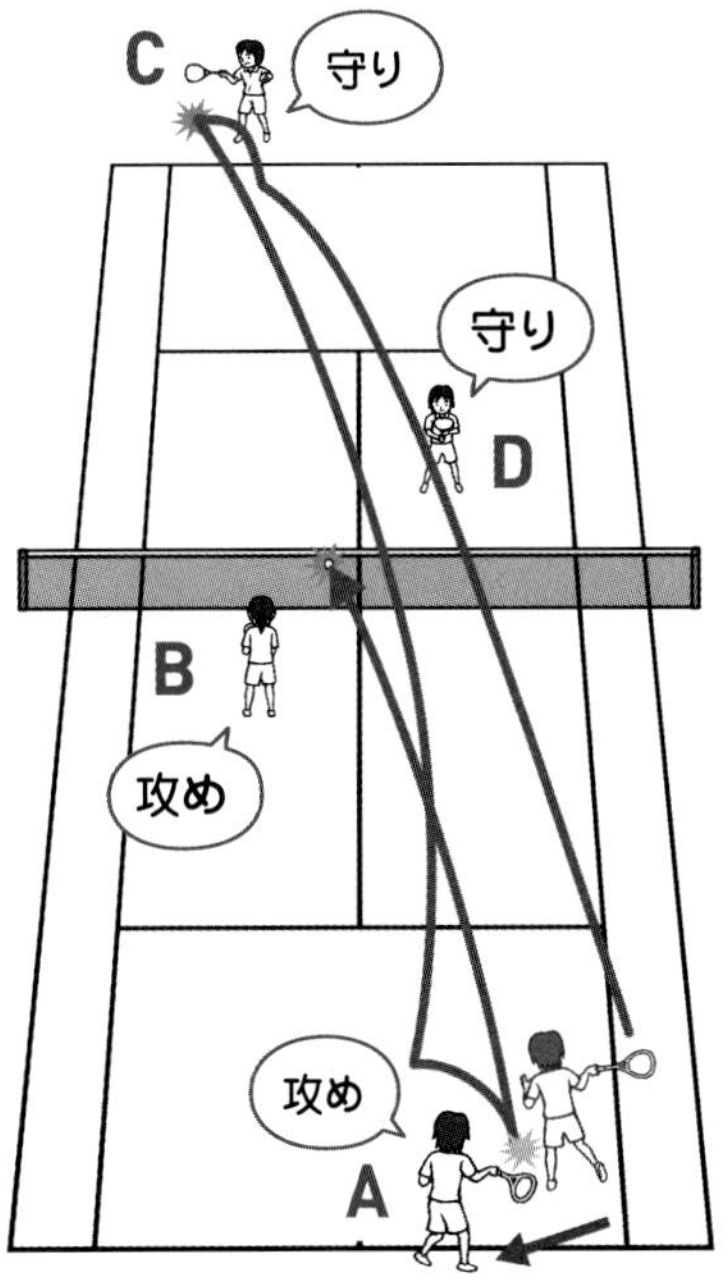

Aが後衛Cに向かって、深くて速いボールを打った→Cはつまりながら、Aにゆるめのシュートボールを返球した→Aがそのボールをネットにかけた

⬇

「ミスしたのは誰？」

⬇

Aが攻めボールを打ったのに、
全く動かなかったBのミス

「ボールに触らない選手でもミス」のケース

3　ミスしたのは誰？ その3

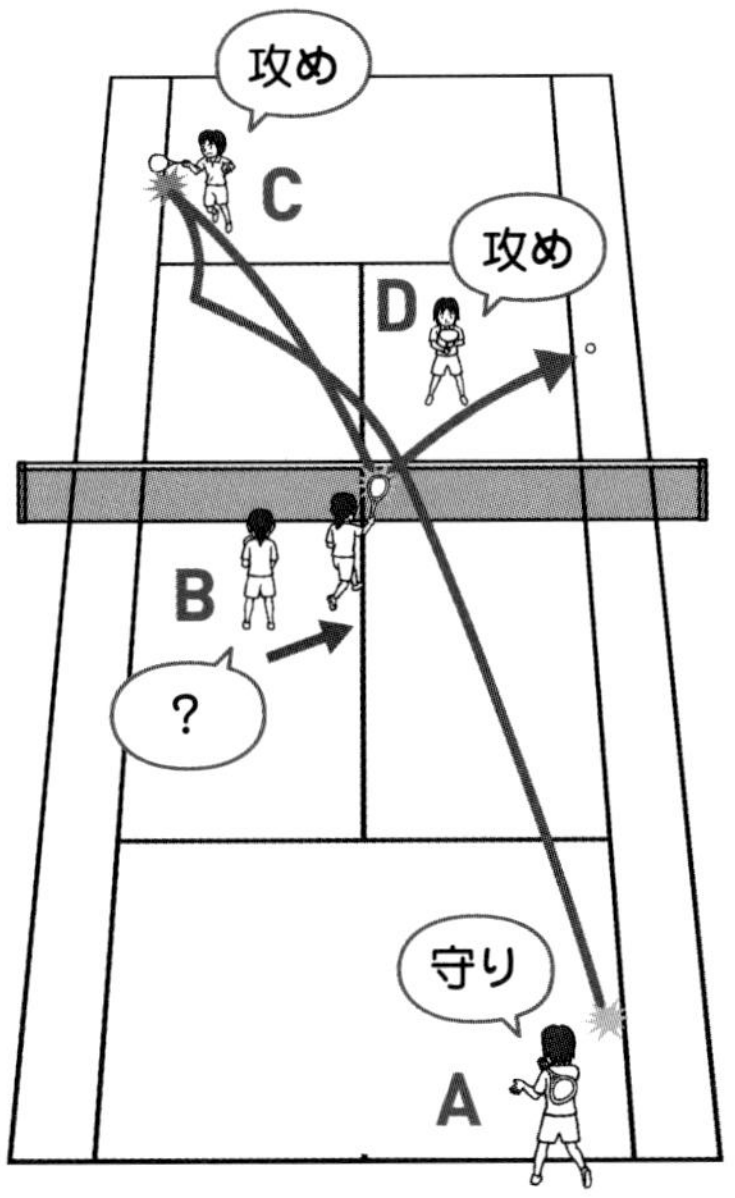

AがCに向かって打った守りのボールが浅くなった→Cは後衛前に攻めのシュートボールを打った→Bはそのボールをポーチにいって、ボレーを決めた

⬇

「ミスしたのは誰？」

⬇

本来守らなくてはいけないのに、
攻めてポーチにいったBのミス

「ポイントをした選手でもミス」のケース

は何かと聞かれたら、間違いなく先生はこう答える。

「いい人に出会えること」。そして、「自分が確かないい人になっていればいるほど、素晴らしい人に出会えるのだ」と。

　だから、君たちの努力はいい人に出会うための努力だったんだよ。だから、『努力することの秀才』になるよう伝えてきた。

　先生も少しばかりの努力をすることによって君たちのような素晴らしい選手と出会えたのではないか、と信じているんだ。

　さあ、明日は最後の練習だ。感謝の気持ちでラケットを振ってみよう。ボールに集中して、戦おう。私たちは今、幸せにも戦う舞台があるのだから……。

　そのことを大切に思ってのぞもう。多くの戦えなかった仲間たちのためにも……。

Q1

後衛・前衛の基本技術を習得する前にゲーム形式をするとのことですが、ゲームになるでしょうか？

A1

ゲーム形式はラケットを使って行うものという概念を取り払ってみてはどうでしょう。理論がわかってきたら、ラケットを持たなくても「守り。後衛前にロブ！」などと声を出して先輩のゲーム形式に声で参加することができます。

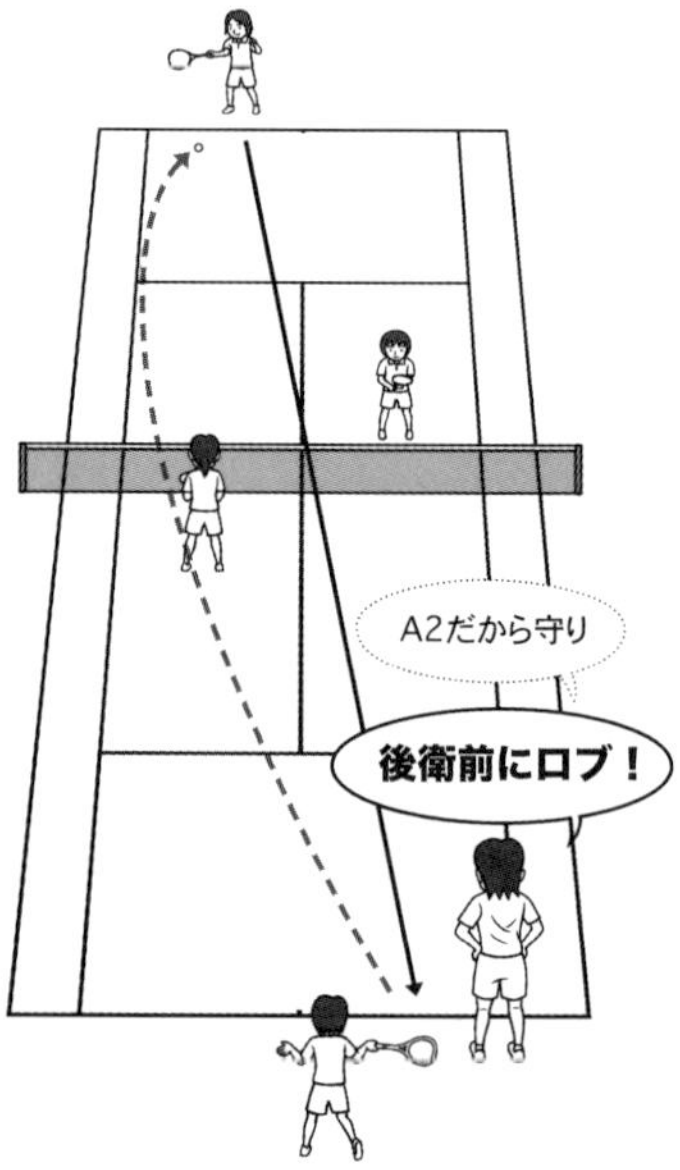

Q2

自分の後衛がクロスショートに「攻め」、その落下点がC1になってしまったときは、浅いので前衛はサイドを「守り」に入るべきなのではないでしょうか？

A2

自分の後衛が「攻め」たときには、前衛は常に「攻め」のボレーに出ます。ボールが浅くなってしまったとしても前衛は「攻め」ます。それでサイドを抜かれても、たまたまと考えてOKです。これをボールが浅かったからといって、「守り」に入ると理論そのものが成り立たなくなります。

私のテニスは「8割の確率でこのコースにくるであろう」と考えて組み立てる理論です。高校生のトップクラスの選手でもクロスシュートの速いボールをサイド抜きしようとすると、ほとんどミスするほど難しいものです。

Q3

先生は乱打練習をほとんどやらないと聞きました。その理由と、ストローク力はどのようにしてつけるのかを知りたいです。

A3

私は、乱打が必要ないとは考えていません。ただ、限られた練習時間を考えると乱打より試合を意識した練習内容を優先したいと思うのです。乱打が試合を意識していないと考える理由は①実際の試合ではアタックやサイド抜き、前衛オーバーも使う。②乱打なので「攻め」「守り」の意識がない。③打球するときに相手前衛の存在を意識していないなどがあげられます。

代案練習として、2章で紹介したようなコートに前衛を立たせた実戦的な1本打ちを行います。指導者が打球のコース・強弱・深さ・球種を意識してあげボールを送り、試合に近い緊張感のある状態で練習をさせます。

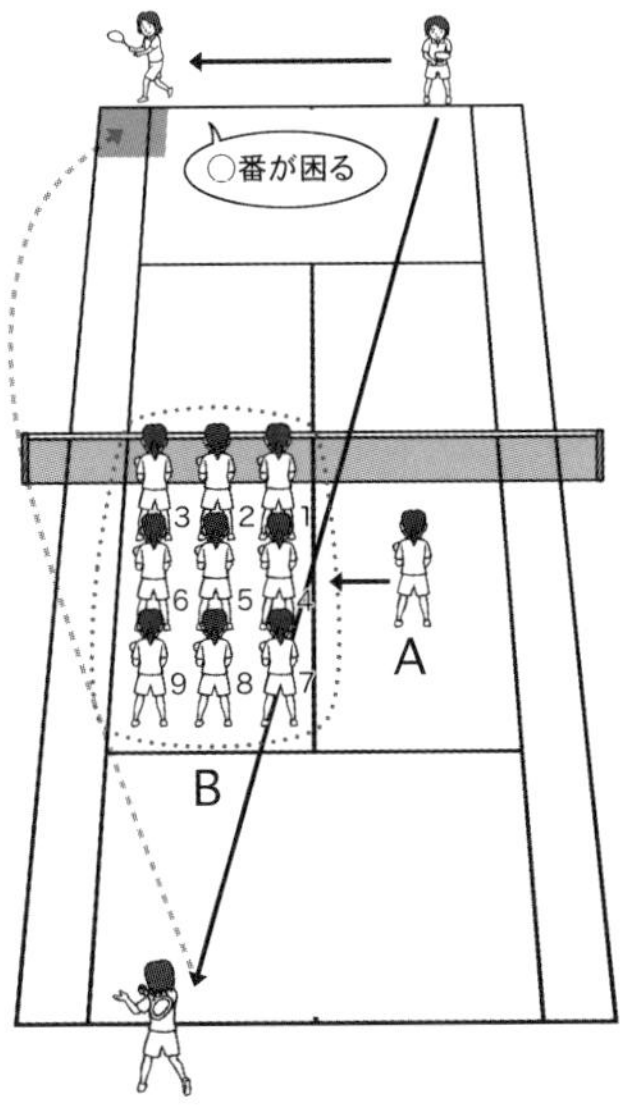

逆クロス

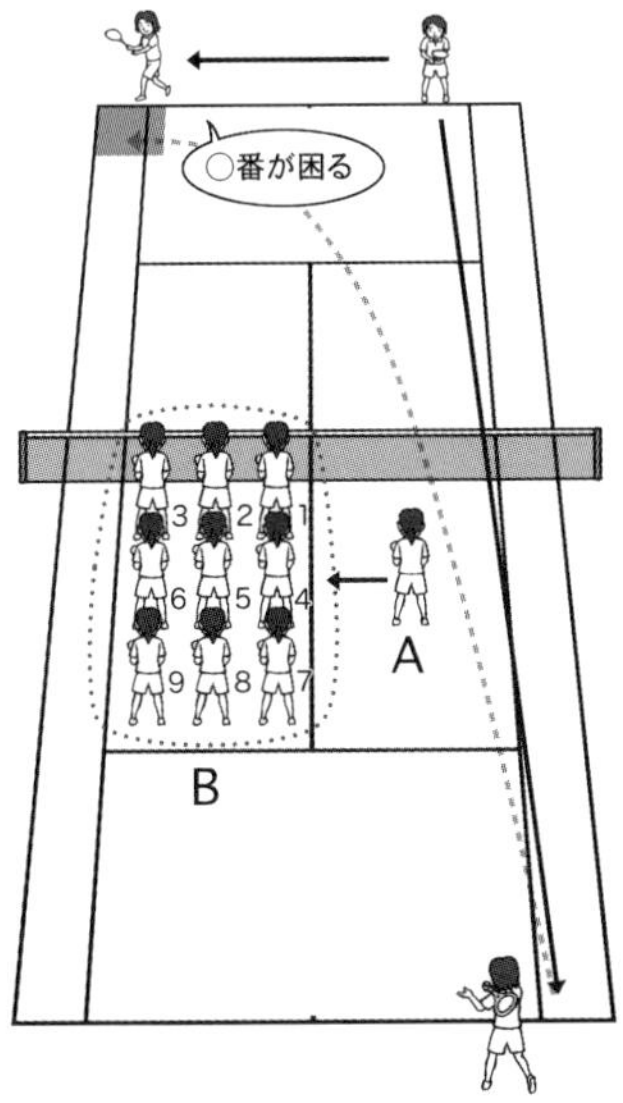

右ストレート

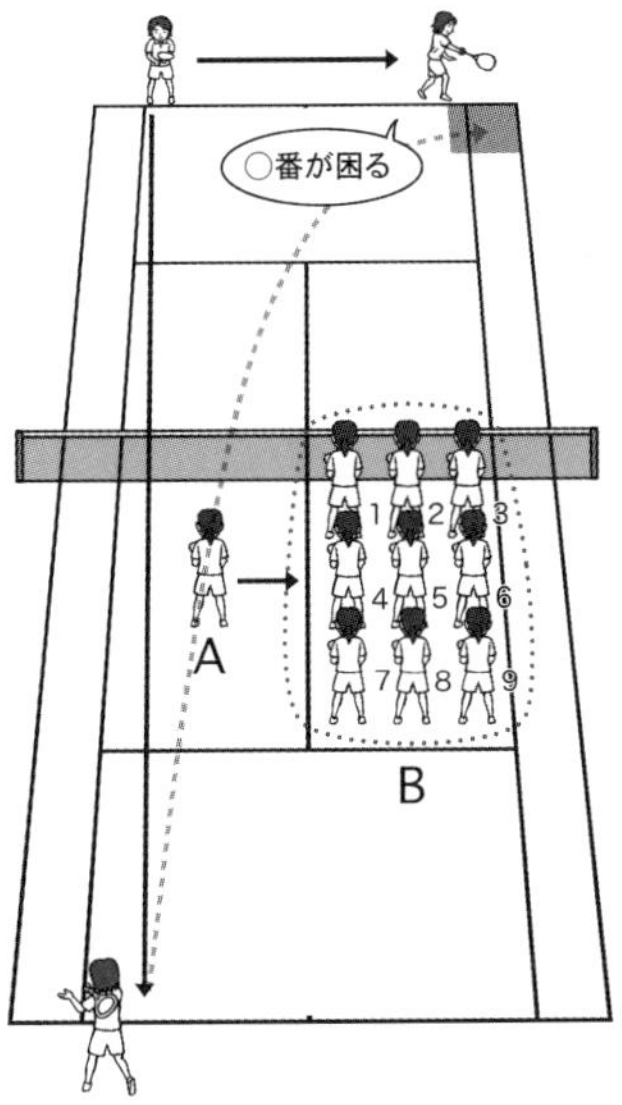

左ストレート

Q4

相手後衛のバックを攻撃したり、走らせてロブで返球させて展開を変えたとき、自分の前衛はどこにポジションをとればよいですか?

A4

返球のロブはセンターに返ってくることが多くなるので、クロス展開の場合のイラストのようにスマッシュを待つ位置にポジションをとります。ジュニアの場合、①その位置よりも前に半ロブであがってくることが多いので、ボレーをする。②高さがあまりない半シュートが多いので7：3ボレーをする。③ポジションをとった位置よりも後ろにきたボールをスマッシュするというように、前衛の使う技術を変えて指導するとミスが少なくなります。

また、走らされた相手後衛が一番嫌がる位置に立つのが前衛の正しいポジションと言えますので、実際に自チームの後衛選手に聞いてみるのもよいでしょう。

左の3枚のイラストで、逆クロス、右ストレート展開の正しいポジションは5ですが、左ストレート展開のみ4が正しいポジションになります。相手後衛のバックはストレートに流すよりも引っ張るほうが簡単なことと、4の位置に立つと、どこに返球されてもスマッシュがしやすくなるからです。

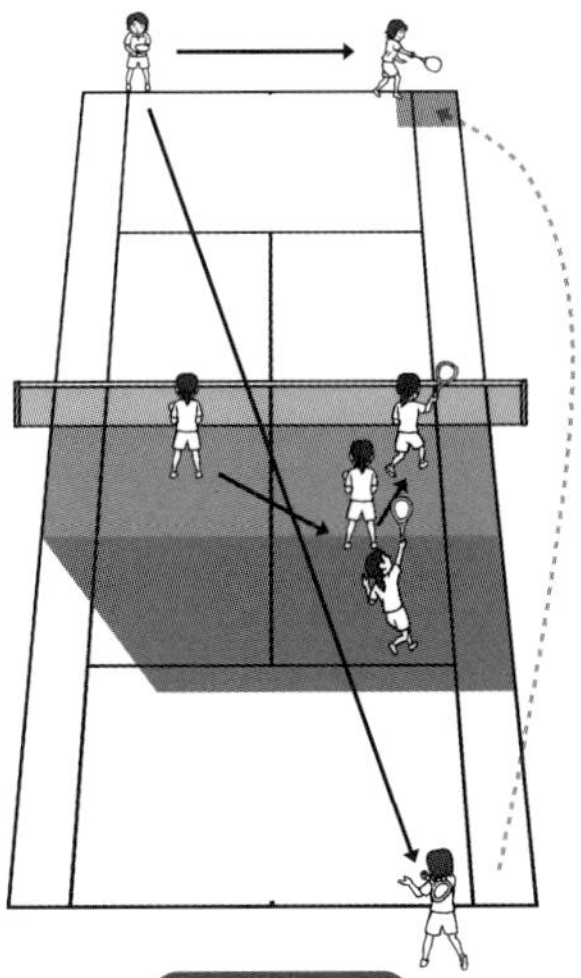

クロス

Q5

下級生が上級生と試合をやりたいという要望が多いのですが力量に違いがあっても計画すべきでしょうか？

A5

下級生が上級生と試合をしてみたいということを、モチベーション向上や技術向上のチャンスととらえたいですね。私の場合は上級生に次のようなハンディをつけて実施しています。①上級生のサービスはセカンドサービスのみ。②どのゲームも上級生が0：2からスタートする。このような条件下で試合をすると大接戦になることが多くなります。このことによって上級生も①1本の大切さを感じ、より緊張感を持ってゲームをする。②ファーストサービスを使えないのは大変なハンディだとわかり、その後のファーストサービスの練習に意欲を持って取り組むようになります。

Q6

逆襲の練習方法や考え方、また、逆襲におけるミスの考え方を教えてください。

A6

私のテニス指導はあくまでも「負けにくいテニス」です。したがって、基本的に逆襲はしません。理論はシンプルであるほうが、選手がのびのび戦えると思っていますし、選手のリズムも崩れません。

ただ、相手チームが逆襲をしてくることはあります。逆襲によってリードされている場合は、相手の得意な逆襲コースを確認し、6ゲーム目やファイナルゲームでその対処をします。その逆襲の対処指示も、リードされているときにしか出しません。なぜなら「守り」から「攻め」への転換である逆襲を試合中に使用することはミスの確率を高めると思っているからです。

Q7

全国大会のような場で勝つためには、相当高い精神力を持っていないと緊張して力を発揮できないと思います。選手の力を100パーセント発揮させるためにはどうすればよいですか？

A7

選手に「どうして試合で緊張するの?」と聞くと、ほとんどの選手が「ミスをするのではないかと不安だから」と答えます。緊張の原因がミスなのだとしたら、ミスの定義を変えればいいのではないかというのが、私の考えです。

P35でも話しましたが、「ミスはネットやアウトをすることではなく、攻めるべきときに攻めずに、守るべきときに守らなかったこと」と定義してしまうことで、試合中に「ミスする」という状況がなくなります。また、「72分の1理論」で自分が打つべきコースを決めているので、打球するときに迷いがなくなります。これも緊張を減らす手助けになります。

第3章　技術編

シュートボールのクリニック　1

フォアハンドのストロークはプレーをするための最も基本的な技術です。ミスにはそれぞれ原因があるので、原因を特定し、フォームを矯正する練習方法を取り入れましょう。まず、シュートボールの打球コース・打点・フォロースルーから整理していきます。

1　シュートボールの使用シーン

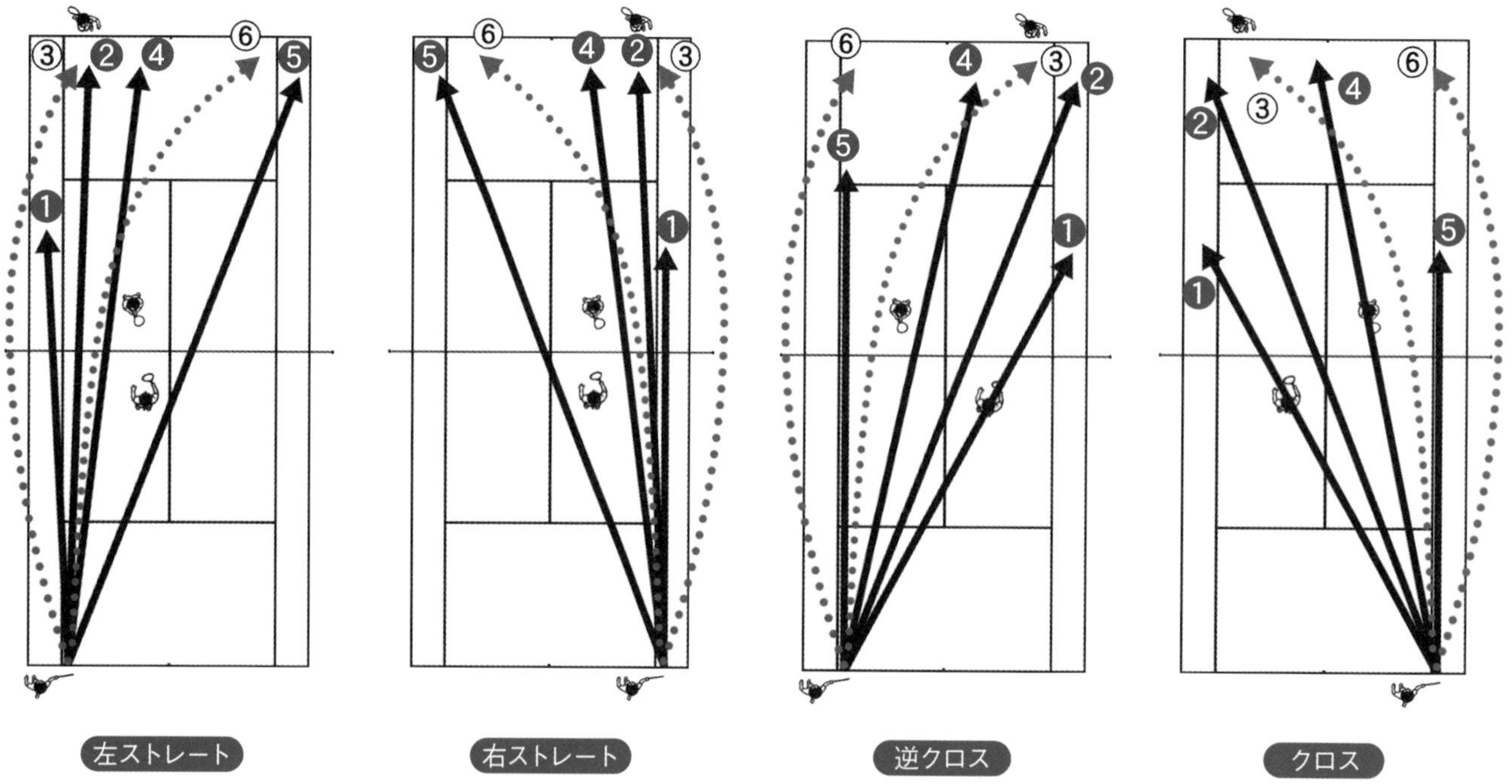

4コース（クロス、逆クロス、右ストレート、左ストレート）×4種類（後衛前に短くシュート・後衛前にシュート・センター割り・サイド抜き）＝16通り

シュートボールの使用シーンを確認する。

自分が打球できるボールには

①後衛前に短くシュート（ショートシュート）
②後衛前にシュート
③後衛前にロブ
④センター割り
⑤サイド抜き
⑥前衛オーバー

の6種類がある。

このうち、シュートボールは①②④⑤の4種類。

クロス・逆クロス・右ストレート・左ストレート展開につき、それぞれ4種類あるので、
全部で16種類のシュートボールがある。

5 コースによって打点・フォロースルー・ボールの打球位置を変える

		打点	フォロースルー	打球位置
クロス	ショートシュート	1	A	1
	後衛前にシュート	1	A	1
	センター割り	2	B	1
	サイド抜き	3	B	1
逆クロス	ショートシュート	3	B	4
	後衛前にシュート	3	B	4
	センター割り	2	B	1
	サイド抜き	1	A	1
右ストレート	ショートシュート	3	B	1
	後衛前にシュート	3	B	1
	センター割り	2	B	1
	サイド抜き	1	A	3
左ストレート	ショートシュート	1	B	1
	後衛前にシュート	1	B	1
	センター割り	2	B	1
	サイド抜き	3	B	4

各コース4種類のシュートボールがあるが、それぞれにミスをしにくい打点とフォロースルー、ボールの打球位置がある。

2 シュートボールの打点

シュートボールの打点（前後の幅）は、①前、②中央、③後ろの3カ所がある。

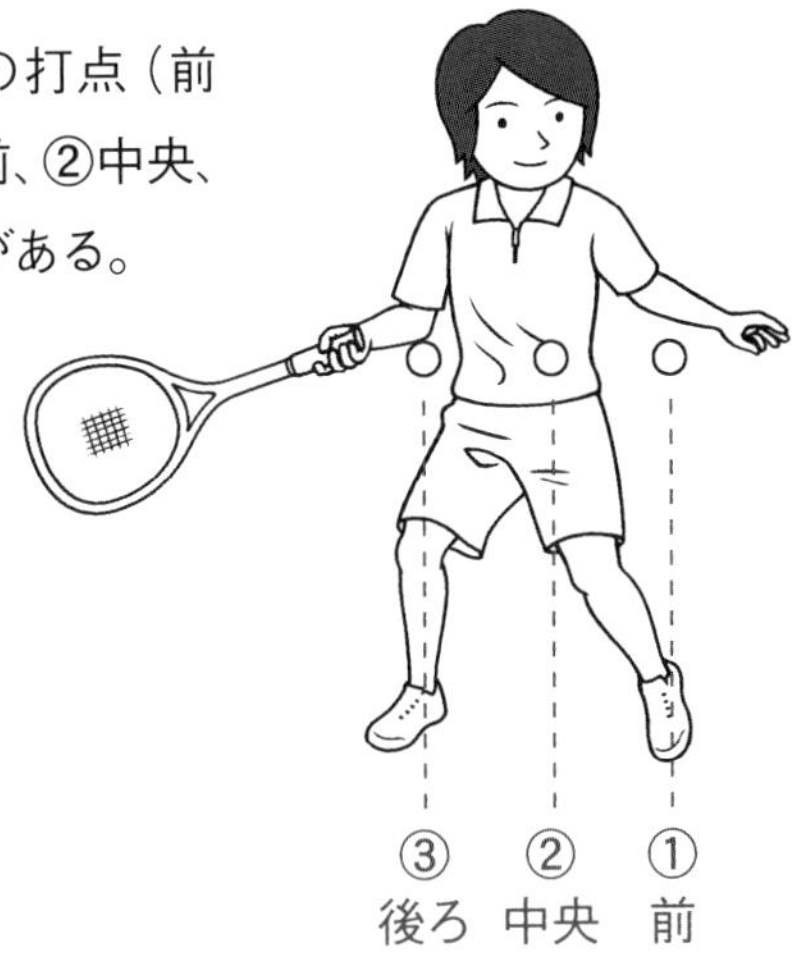

3 シュートボールのフォロースルー

B:ラケットを前に押し出す

A:ラケットを首に巻く

シュートボールのフォロースルーは、A:ラケットを首に巻く、B:ラケットを前に押し出すの2パターンがある。

4 シュートボールの打球位置

シュートボールの打球位置は1（ボールの中心）、3（ボールの右）4（ボールの左）、の3カ所ある。

（※5はトップ打ちの打球位置。ジュニアでは指導しない）

6 ネットが多い選手

原因❶ 打点が低すぎる

↳ 練習法 軸足を固定して打つ

軸足（右足）を固定して、手投げのあげボールを打たせる。

原因❷ 打点が高すぎる

ラケットを上から振り下ろすとネットにかかりやすくなる。

原因❸ インパクト時に面が下を向いている

↳ 練習法 穴あきラケットで打つ

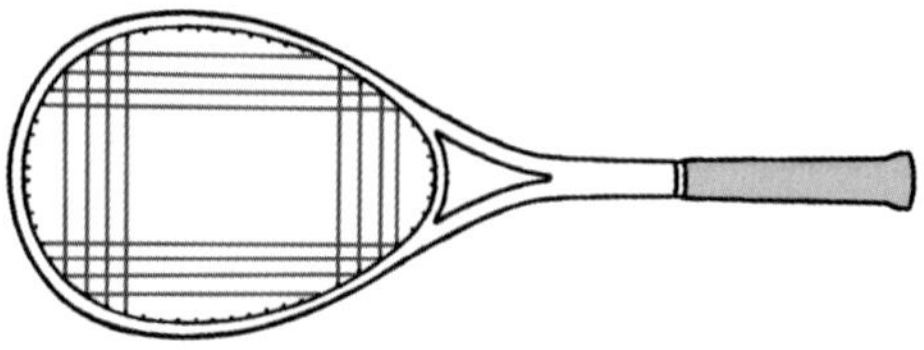

フラット面を意識させる。中央のガットを抜いたラケットで打たせると矯正しやすい。（P142参照）

原因❹ フォロースルーが上にいかない

↳ 練習法 押し出して打つ

フォロースルーのときに、右腕の上腕部が口にあたるようにして、遠くに押し出すように打たせる。

原因❺ グリップがウエスタンになっている

↳ 練習法 グリップが動かないように

テーピングなどで、人さし指を正しい位置におかざるをえないようにして、グリップを矯正する。

ワンポイントアドバイス

〈深いボールを打つために〉

「ボールをネットにかけないように」とか「ネットの高いところを目指して打って」と言っても選手にはイメージしにくいので、実際にネットを高くしてしまいましょう。自然とネットの高い位置をめがけて打てるようになります。

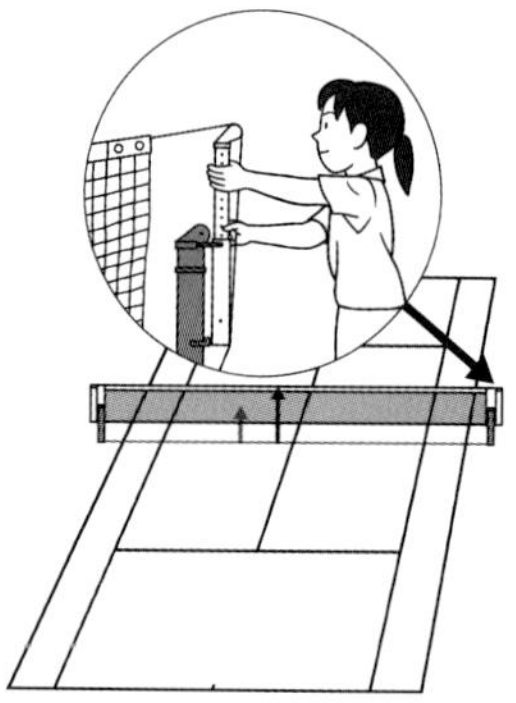

高さを調整できる補助ポールをつける。

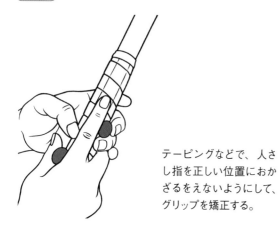

原因❹ テークバックが大きすぎる

↳ 練習法 壁際で打つ

テークバックが大きくできないように、壁際でボールを打たせる（テークバックが大きくなると、ラケットが壁に当たるような位置に立たせる）。

原因❺ 二度引きしてしまう

↳ 練習法 ラケットを引いておく

二度引きをする選手のリズムは、①テークバック　②二度引きする　③ラケットを振る　になっている。そこで、最初から①のテークバックを終えた状態で待機させて、あげボールをし、そのまま③のラケットを振るようにボールを打たせる。

ワンポイントアドバイス

〈膝のタメの作り方〉

シュートボールを打つには膝のタメが大事です。

①構えるとき
軸足（右）を決める

②スイングするとき
軸足（右）の体重を
前足（左）に移動する

③フィニッシュするとき
前足（左）のつま先を
打球方向に向ける

7 バックアウトが多い選手

原因❶ スタンスが狭すぎる

↳ 練習法 スタンスを広く

スタンスの幅を広めにとって、バックアウトにならない自分のスタンスを探す。

原因❷ ラケットスイングが遅すぎる

↳ 練習法 ラケットを振るタイミングをつかむ

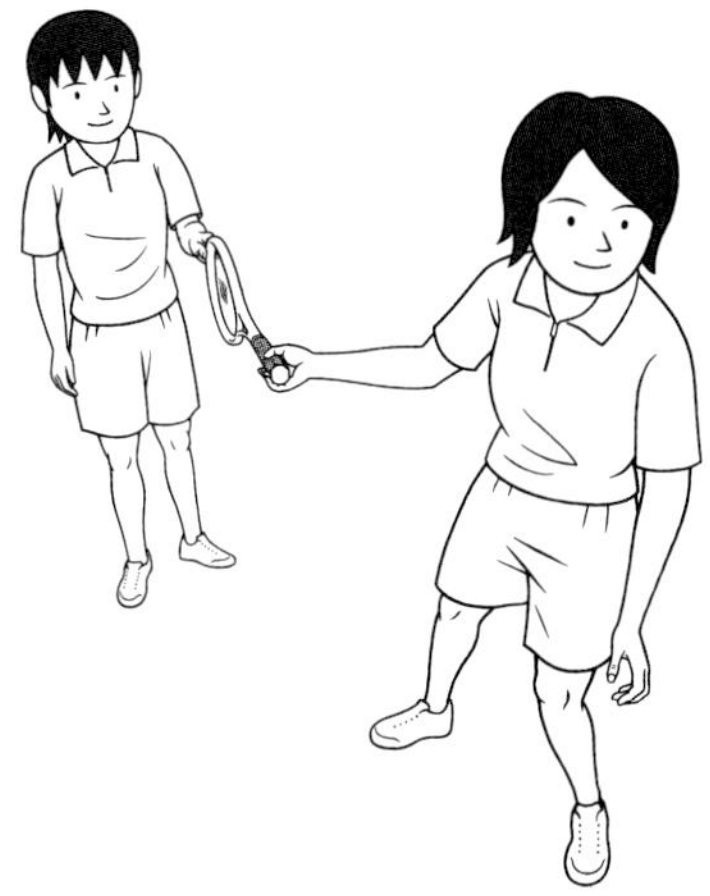

テークバック時に補助者がラケットのヘッドを押さえ、ラケットを振るタイミングで手を離す。直前までラケットを押さえられているので、自然とスイングが速くなる。

原因❸ インパクト時に力が集中できていない

↳ 練習法 ラケットを軽く握る

インパクト時に力が入らないのは、テークバックのときからラケットを強く握りすぎているから（インパクトの瞬間だけラケットをしっかり握るのがよい）。テークバックしたときに補助者がラケットを引き抜けるくらい、軽く握る習慣をつけさせる。

8 サイドアウトが多い選手

原因❶ 打点が前すぎる

原因❷ 打点が後ろすぎる

└→ 練習法 打点の高さと幅を見つける

打点を矯正するためには、椅子の上からあげボールをし、正しい打点で打たせる。

原因❸ 相手前衛に押し出される

└→ 練習法 コーンの間を狙う

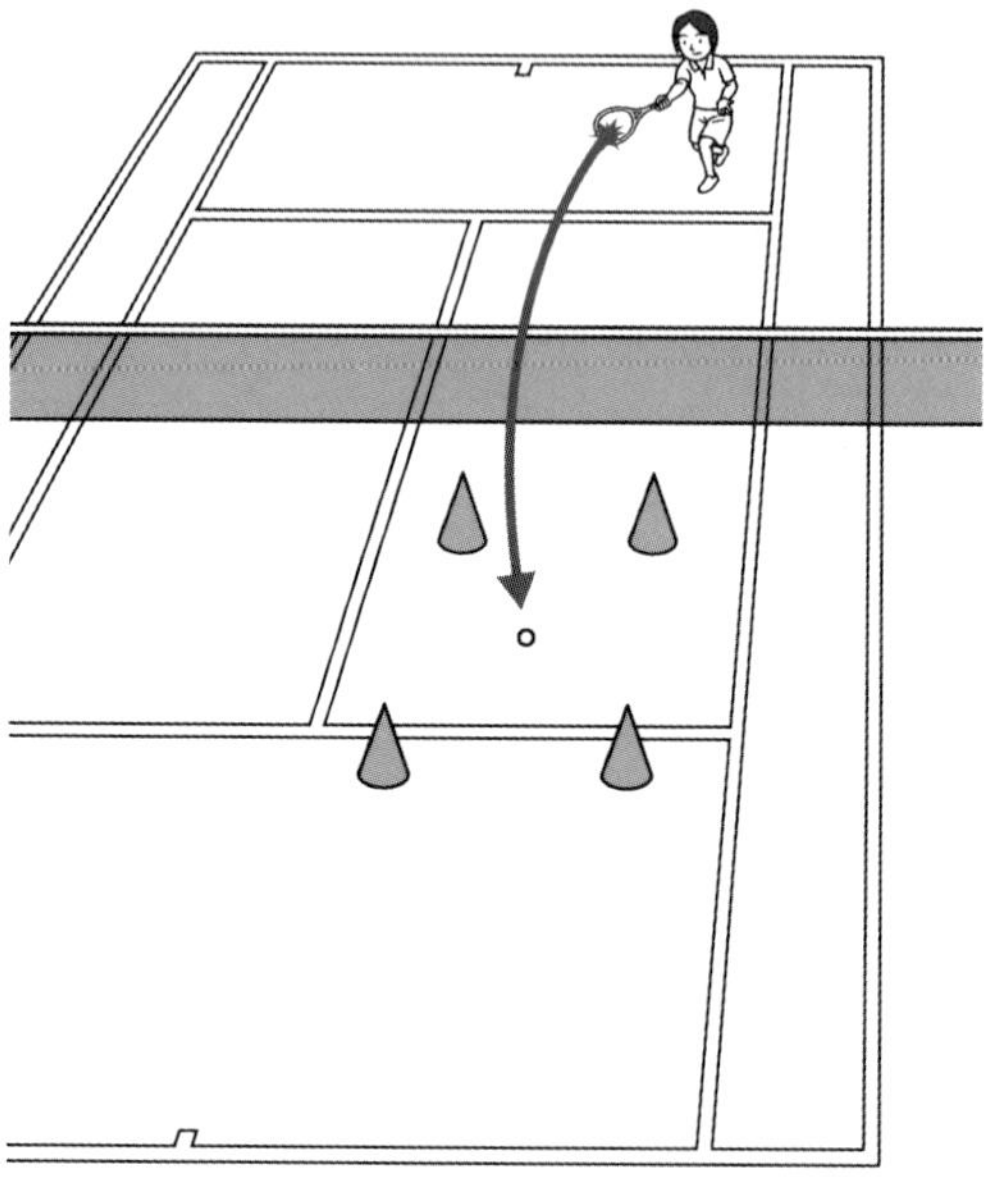

常に狙ったコースに打てるように、コーンをおいて練習する。

原因❹ 左肩・左腰が早く開きすぎる

└→ 練習法 リズムをつかんで押し出す

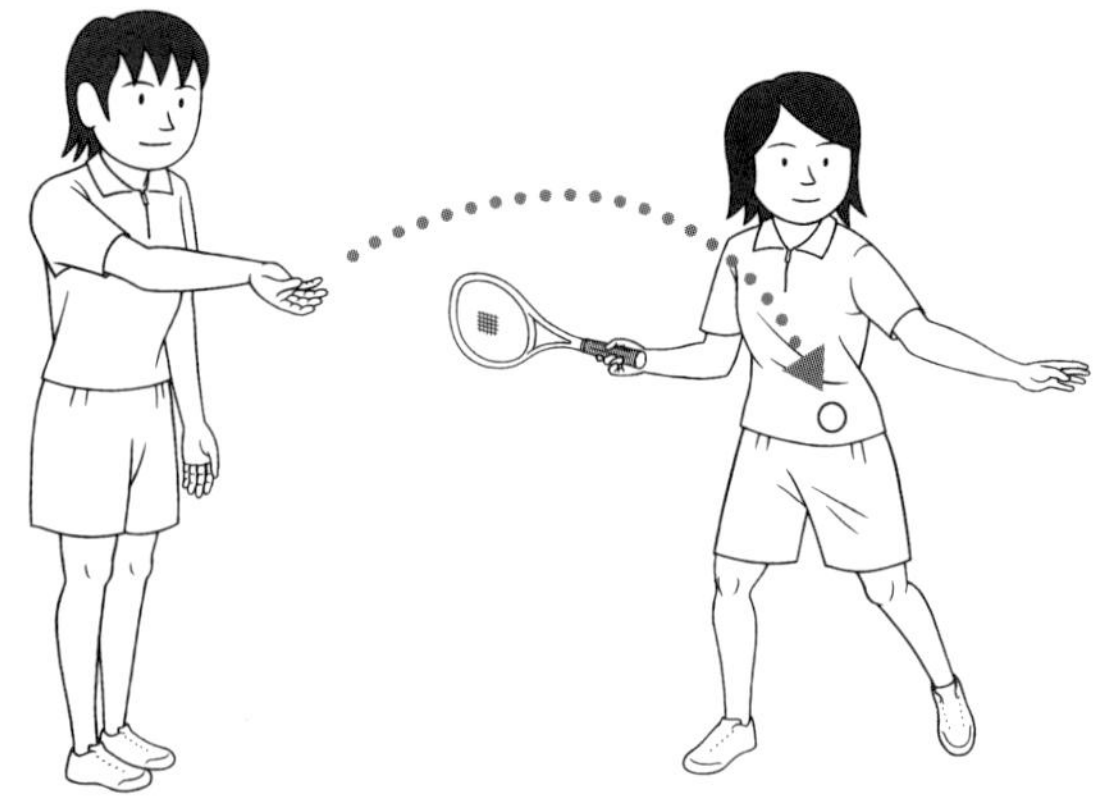

肩や腰が開くということは、打つリズムが早すぎるので、ボールを後ろからあげて、ボールを押し出すように打つ練習をする。「いち」「に」と声を出しながら打たせる。

原因❺ 打つ方向がずれている

└→ 練習法 左足つま先を打球方向に向ける

軸足（右）を決めたら、左足のつま先の角度を打つ方向に向けて打たせる。

原因❹ テークバックが遅くてつまる

↳ 練習法 テークバックのタイミングをつかむ

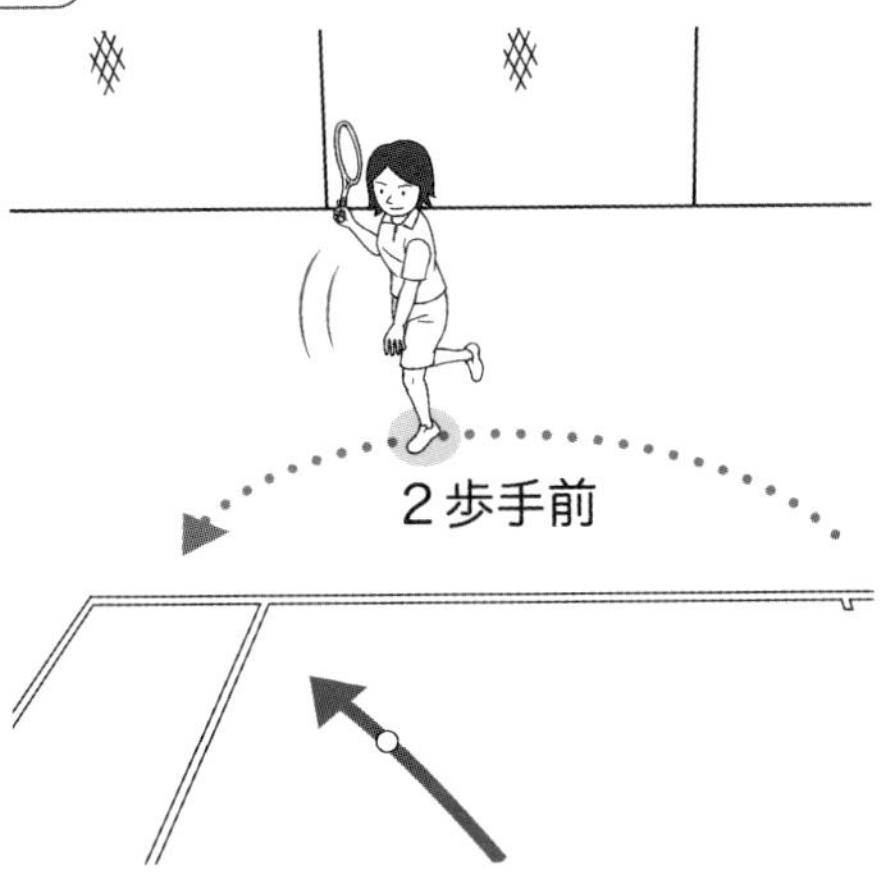

移動をするときに、半円を描いて移動するようにし、打球する2歩手前でラケットを引く練習をする。

原因❺ 一度も止まらずに打ってしまう

↳ 練習法 走る・止まるのリズムをつかんで打つ

走りながら打つとミスが増える。補助者の手投げのボールを、しっかり止まって打つ練習をする。この際、「いち、に---------、さん」と声をかけ、「に---------」のところでしっかり止まるように意識づけする。

ワンポイントアドバイス

〈脇をしめるために〉

テークバックのときに脇が開く選手は、脇にボールをはさんで手投げで打たせる練習をすると、フォームが矯正できます。ボールをはさむことで、脇が開かず右腕が伸びなくなるので、ラケット面をまっすぐ押し出しインパクトに力を集中できるようになります。

9 横に走らされたときの返球でミスが多い選手

原因❶ 打球の予測ができていない

原因❷ 返球するときの球種を決めていない

↳ 練習法 返球の球種を迷わない

走らされたときに、どのコースにどの球種の返球をするか、決めておく（ジュニアの場合は、基本的には後衛前につなぎのシュートかロブ）。

原因❸ 走っているときの腰が高い

↳ 練習法 低い姿勢を保って移動

落下点に向かうとき、低い姿勢で移動し、すぐに打球体勢に入れるようにする。低い姿勢で、移動する練習をする。

10 前に走らされたときの返球でミスが多い選手

原因❶ テークバックが大きすぎる

原因❷ ラケットを振り切っている

↳ 練習法　テークバックを小さく・速く

厳しいショートボールは、テークバックを小さくとる。

ラケットを前に出して、ボールに近づく。このとき、グリップはイースタンに。

フォロースルーは上に持ちあげる感じで。

原因❸ 相手の打球が予測できていない

↳ 練習法　どんなときにどんなボールがくるか予測する

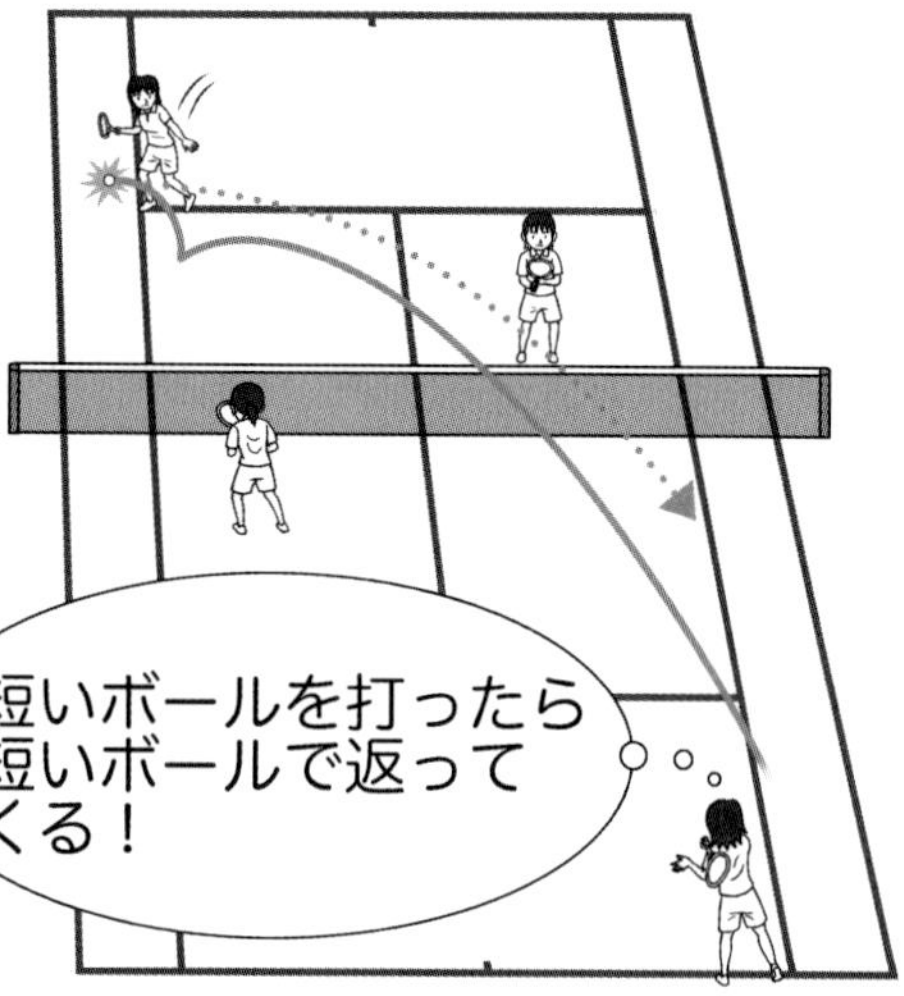
短いボールを打ったら
短いボールで返って
くる！

短いボールがくるシチュエーションを整理しておくと、ミスが減る。

ワンポイントアドバイス

〈浅いボールの返球方法〉

スイングできないと判断したら、左足を軸足にして、右足を前に伸ばし返球する方法もあります。このほうが、遠くのボールにラケットが届きやすくなります。

11 回り込んだときの返球でミスが多い選手

原因❶ テークバックでラケットが邪魔になる

↳ 練習法　移動と同時にラケットを引く

回り込むとき、ラケットが自分の体にぶつかると、邪魔になって待球姿勢がとれずミスが増える。これを矯正するためには、移動と同時にラケットを体の後ろまで素早く引かせる。

原因❷ 直線的に回り込んでしまう

↳ 練習法　斜め後ろから回り込む

直線的に移動すると、ボールにつまってしまうので、半円を描いて移動する練習をする。

ワンポイントアドバイス

〈回り込みのときの足運び〉

コートの端から端まで走るような回り込みのときは、回り込みの最後の一歩を軽くジャンプして回り込む方法もあります。最後の一歩は前に踏み込むのではなく、オープンぎみにすると、ミスをしにくくなります。

① 進行方向に向かって走る

② 右足を斜め左前に出す

③ 左足を一歩横に出す

④ ③の左足を軸にして、体を回し、上にジャンプして右足を固定する

⑤ 左足をオープンにして相手選手と正対して打つ

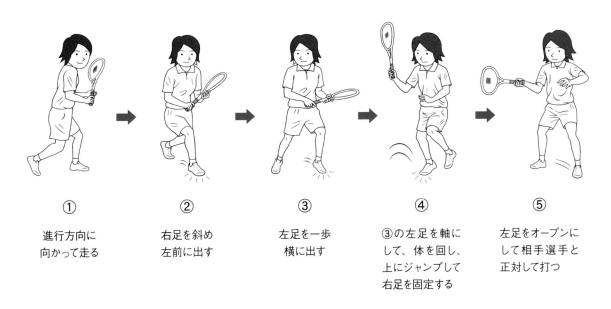

ロブのクリニック 2

ロブには「守り」の大ロブ、「攻め」の中ロブがあります。 まずはそれぞれの使用シーンを知りましょう。そして、それぞれのコースによって、打点とフォロースルーが違うことを理解すると、ミスが減ります。

1 ロブの使用シーン

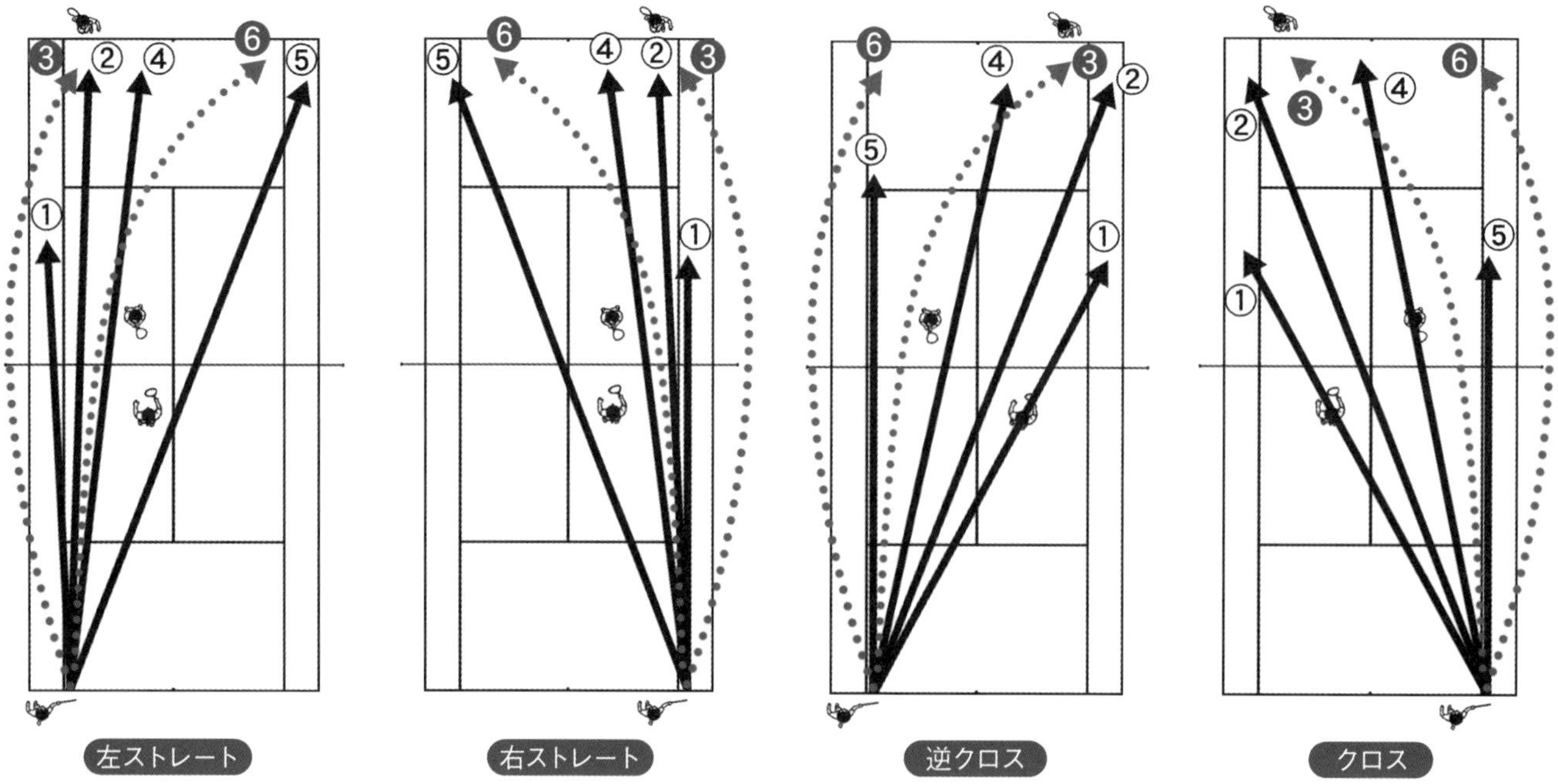

4コース(クロス、逆クロス、右ストレート、左ストレート)
×2種類(後衛前にロブ・前衛オーバー)=8通り

ロブの使用シーンを確認する。

自分が打球できるボールには

①後衛前に短くシュート
②後衛前にシュート
③後衛前にロブ
④センター割り
⑤サイド抜き
⑥前衛オーバー

の6種類がある。

このうち、ロブは③と⑥の2種類。
クロス・逆クロス・右ストレート・左ストレート展開につき、それぞれ2種類あるので、全部で8種類のロブがある。

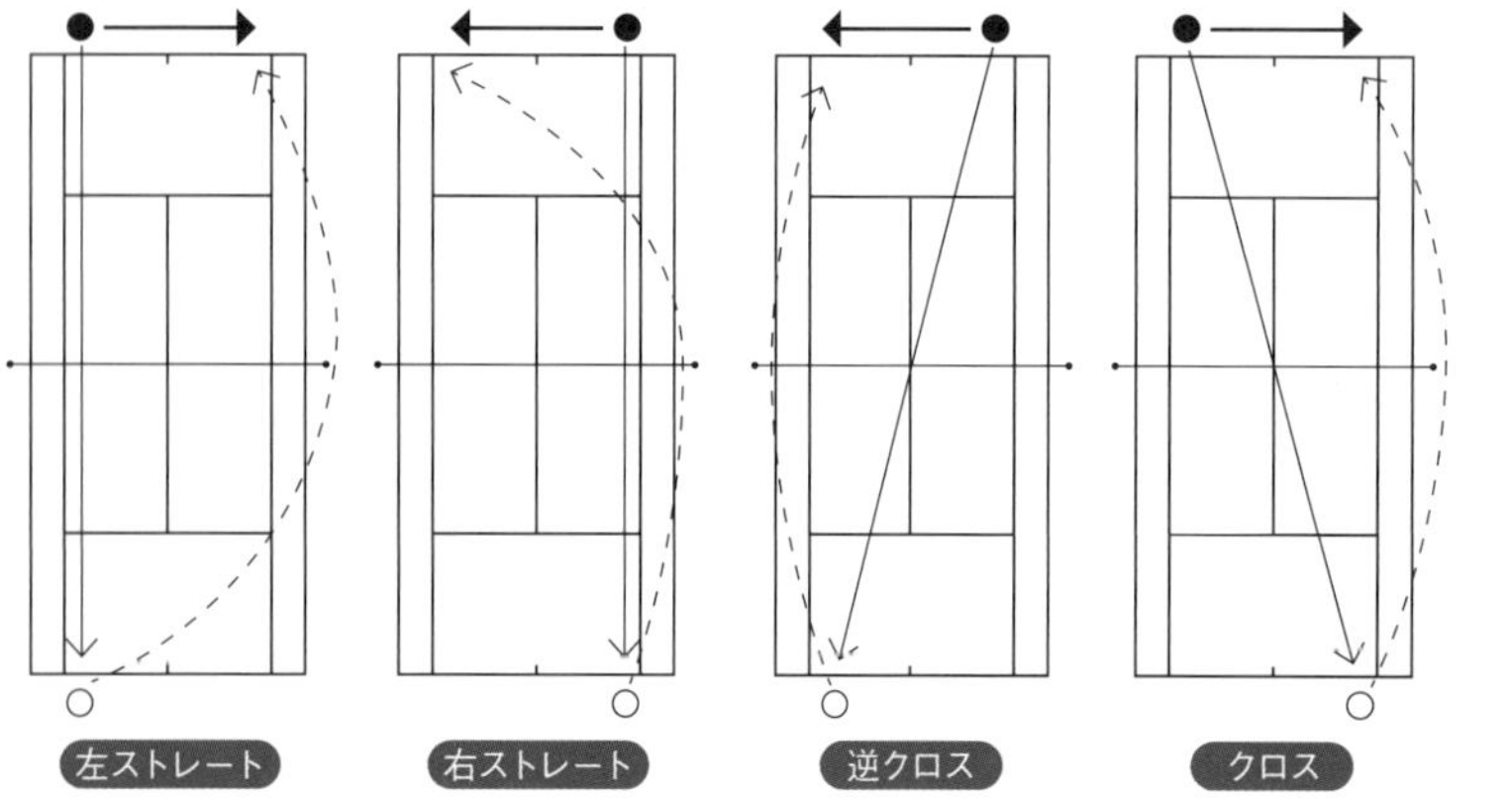

2 特に中ロブが有効なコース

⑥の前衛オーバーの中でも、逆クロスと右ストレート展開の前衛オーバーは、できれば中ロブを使いたい。特に右ストレート展開の中ロブは角度がつきやすいので、相手後衛にとっては返球が難しくなる。
(クロスと左ストレート展開は、中ロブが難しいので大ロブのほうがミスが少なくなる)

6 コースによって打点・フォロースルー・ボールの打球位置を変える

		打点	フォロースルー	打球位置
クロス	後衛前	3	C	2
	前衛オーバー	3	C	2
逆クロス	後衛前	3	C	2
	前衛オーバー	3	C	2
	前衛オーバー（攻めの中ロブ）	1	D	1
右ストレート	後衛前	3	C	2
	前衛オーバー	3	C	2
	前衛オーバー（攻めの中ロブ）	1	D	1
左ストレート	後衛前	3	C	2
	前衛オーバー	3	C	2

各コース、後衛前と前衛オーバーの2種類のロブがある。（逆クロスと右ストレートは攻めの中ロブが有効なので、攻めの中ロブも表記した）。それぞれにミスをしにくい打点とフォロースルー、ボールの打球位置がある。

3 ロブの打点

ロブの打点（前後の幅）は、①前、②中央、③後ろの3カ所のうち、①か③。大ロブは③、攻めの中ロブの場合は①で打つとミスが少なくなる。

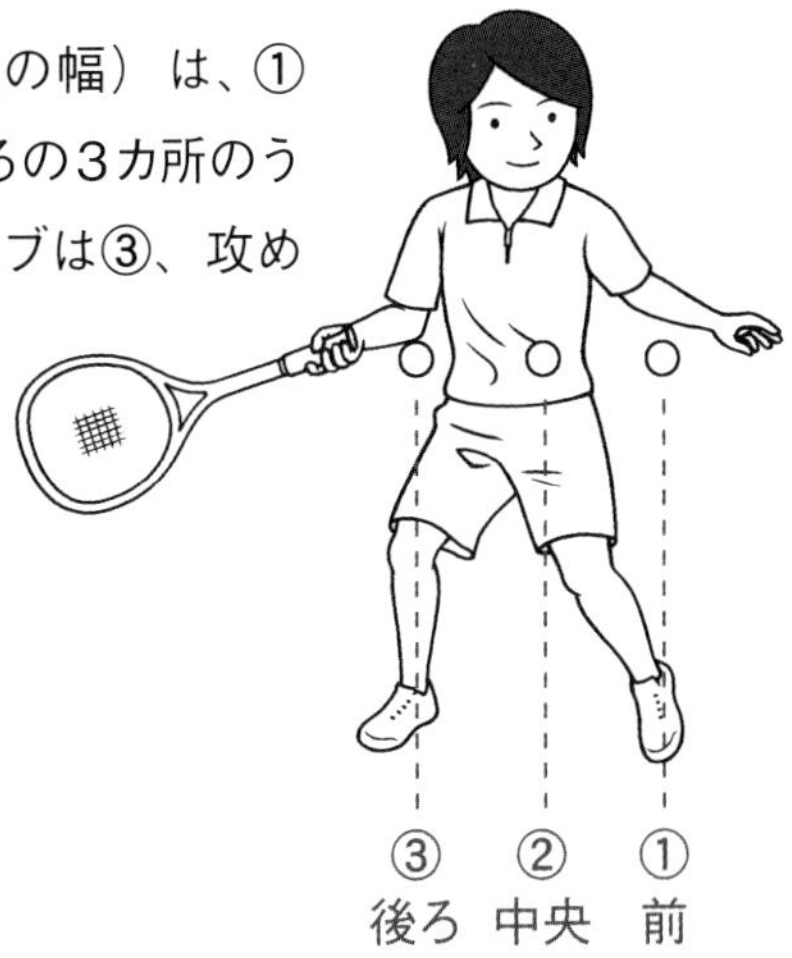

4 ロブのフォロースルー

D：ラケットを振り切る　　C：ラケットを上に向かって押しあげる

ロブのフォロースルーは、C：上に向かって押しあげる、D：ラケットを振り切るの2パターンがある。大ロブの場合はC。攻めの中ロブの場合はDで打つとミスが少なくなる。

5 ロブの打球位置

ロブのボールの打球位置は1（ボールの中央）、2（ボールの下）の2カ所ある。

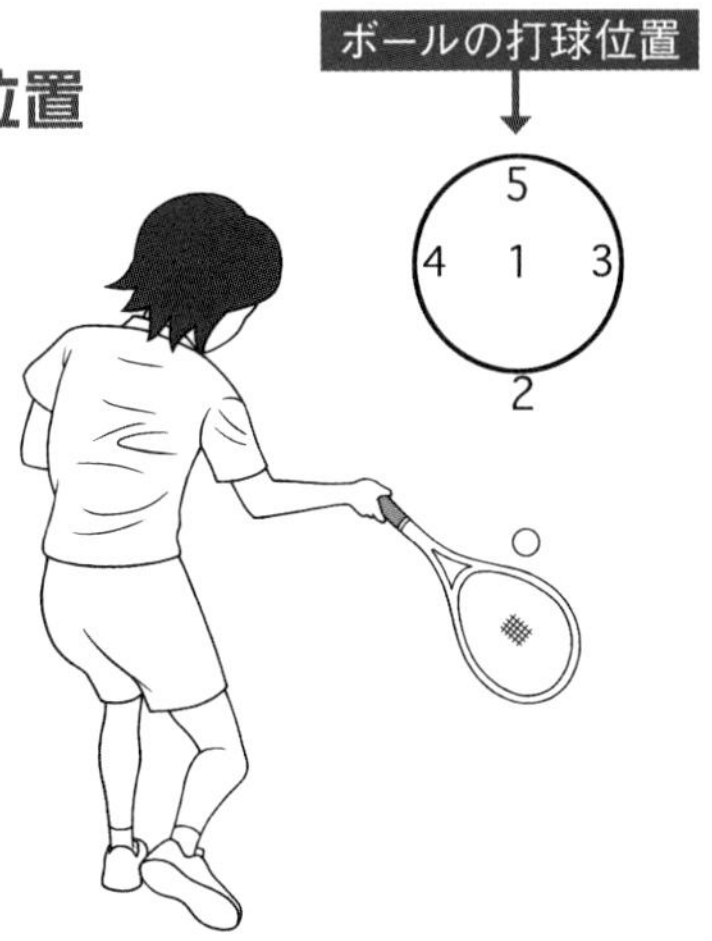

原因❹ 打点が前になっている

原因❺ スタンスが狭い

↳ 練習法 スタンスを広く・打点は後ろ

スタンスをやや広め（ラケット1本以上）にとり、右足に重心をおいた状態で構え、そのまま手投げのあげボールを打たせる（自然と打点が後ろになるように、あげボールの位置を後ろにする。あげボールは高くバウンドさせると打ちやすい）。

原因❻ テークバックが大きすぎる

↳ 練習法 テークバックを小さく・アンダーで

テークバックは小さくとり、ラケットヘッドを下にしてアンダーストロークで打たせる。

原因❼ フォロースルーが小さい

↳ 練習法 フォロースルーは
ラケットを押しあげて

フォロースルーは首に巻かないでラケットを押しあげるイメージで打たせる。左手を右手に添えて上に持ちあげる。

7 大ロブでボールが高くあがらない選手

原因❶ 膝が立っている

原因❷ ボールの中心を打ってしまう

↳ 練習法 ボールの下を持ちあげて

膝をつけた状態で手投げのあげボールを打つ練習をする。ボールを持ちあげるイメージでボールの下を打たせる。

原因❸ 右足の「タメ」がない

↳ 練習法 右足1本で「タメ」を作る

右足でタメを作る感覚を覚えるために、右足1本で手投げのあげボールを打たせる。

原因❷ 横打ちになっている

↳ 練習法　ボールを下から上に持ちあげて

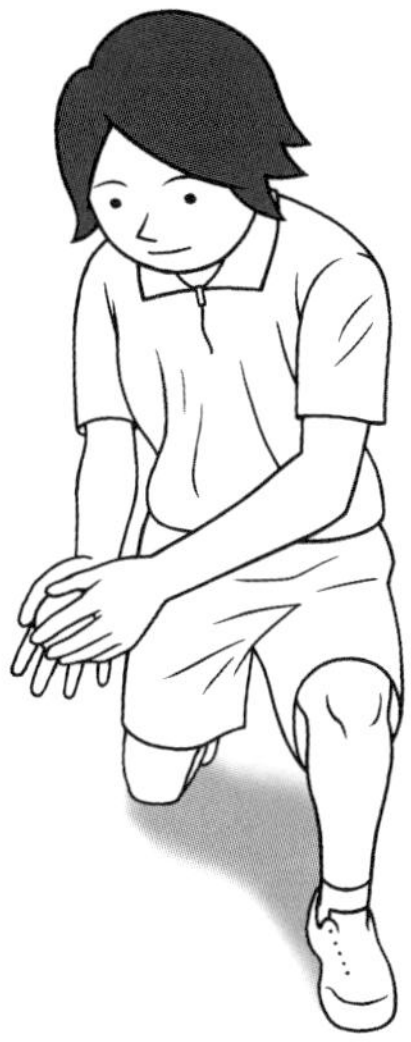

ボールを下から上に持ちあげまっすぐ飛ばす感覚をつかむため、手打ちでボールを打つ練習をする。

原因❸ 脇が開いて手打ちになっている

↳ 練習法　脇にボールをはさんで

P61 参照

シュートボールのクリニックで練習したように、ボールを脇にはさんで打つ練習をすると、脇が開くのを防げる（ただし、ロブの場合は、テークバックのときにラケットのヘッドを下げる）。

8 大ロブでサイドアウトが多い選手

原因❶ ギリギリを狙いすぎている

↳ 練習法　相手を走らせる意識で打つ

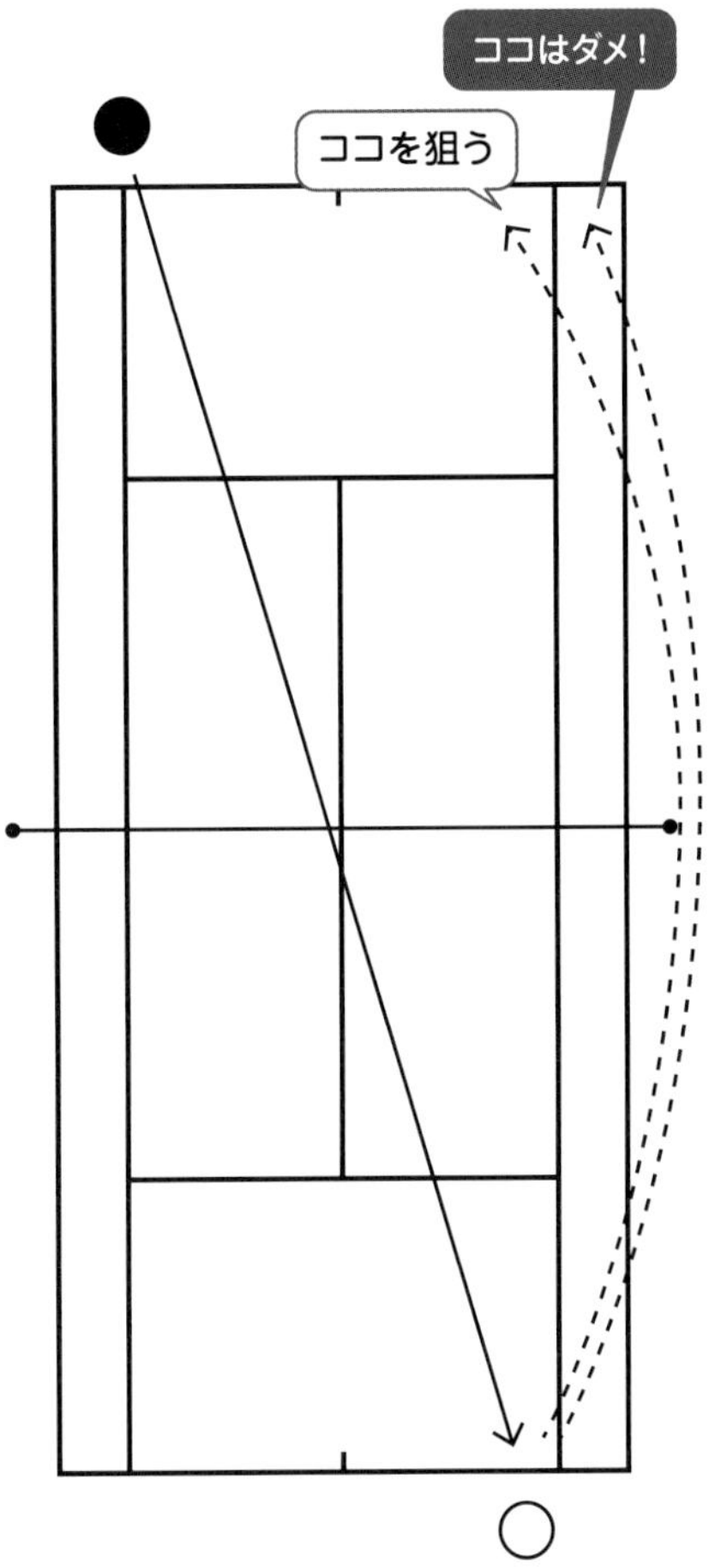

サイドラインギリギリを狙うのではなく、サービスサイドラインの内側を狙うようにする。1本で決めるのではなく相手を走らせる意識を持つ。

9　中ロブが浅く前衛にとられる選手

原因❸　打点が後ろすぎる

↳ 練習法　ラケットヘッドを地面につけて

打点が後ろのままボールに回転をかけると、前衛の頭を越えないので、打点は前にする必要がある。ラケットのヘッドを地面につけた状態から、手投げのあげボールを打つ。

原因❶　ラケットスイングが遅い

原因❷　ボールに回転がかかっていない

↳ 練習法　ボールを速くひっくり返す

ラケットの上にボールをのせて、それをひっくり返すように回転させて遠くに飛ばす練習をする。自然とボールをこすって打つ感覚を身につける。

フォロースルーはしっかり首に巻きつける。

ワンポイントアドバイス

〈インパクト時の打球音〉

中ロブはインパクトの瞬間に、シュートボールのときのような「パーン」といういい音をさせてはいけません。ボールをこすられたようなにぶい音がするほうが正解です。いい音がしないほうが、ボールにしっかり順回転がかかっているという証拠です。

10 中ロブがサイドアウトする選手

原因❶ 左足が打球方向に向いていない

↳ 練習法 左足を打球方向に向けて

左足を、しっかりと相手前衛の方向に向けて打たせる（イラストは右ストレートの中ロブの場合）。

原因❷ 膝が立っている

原因❸ ボールと体の距離が一定しない

↳ 練習法 右膝を地面につけて

P66参照

待球姿勢が高く、立ち腰のままスイングすると、手打ちになってサイドアウトしやすくなる。この場合、大ロブのところでも練習したように、右膝を地面につけたまま手投げのあげボールを打つ練習をすると、膝を曲げて打てるようになる。また、ボールとの距離感も一定するようになる（ただし、中ロブの場合は、大ロブの場合よりもあげボールを手前にあげる）。

ワンポイントアドバイス

〈中ロブのテークバック〉

中ロブが特に有効な右ストレートと逆クロスでは、テークバックの状態でシュートなのか中ロブなのかを見分けられないように、同じ構えから打つことが大事です。

[右ストレート展開の中ロブの場合]

右ストレート展開での攻めボールには ①相手バックへのシュート ②センター割り ③サイド抜き ④前衛オーバー があります。この中でも特に有効な④の前衛オーバー（中ロブ） を打つときには②と③と④のどのコースに打つのかわからないフォームでテークバックし、左足を前衛方向に向けておきます。このことで、相手前衛はサイド抜きやセンター割りを警戒してネットにつくので中ロブが通りやすくなります。

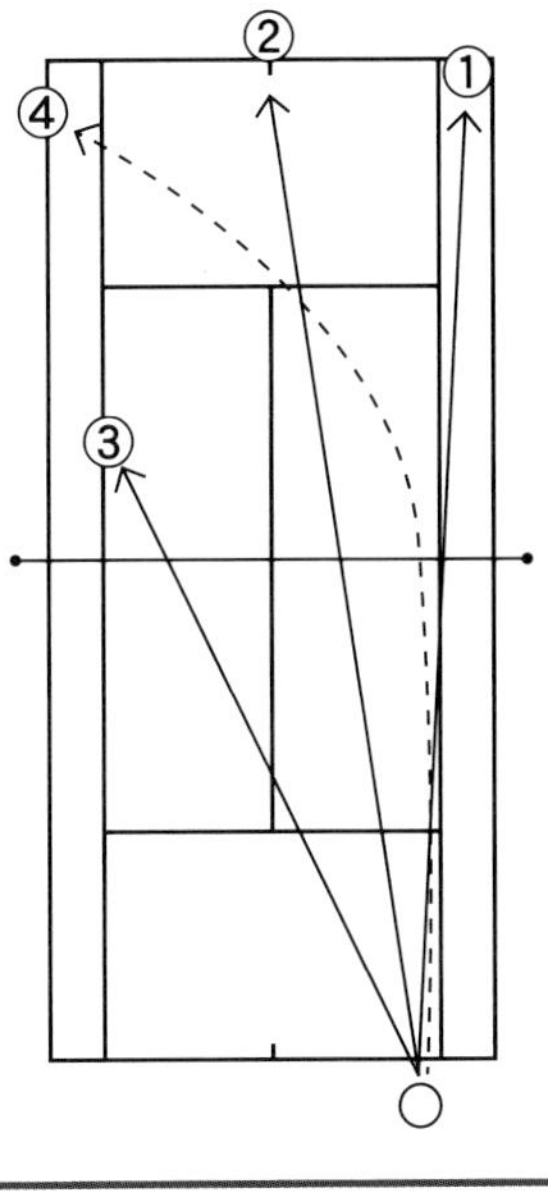

後衛レシーブのクリニック 3

レシーブのフォームに関しては、基本的に、シュートボールとロブのフォームのチェック方法とほぼ同じです。レシーブゲームは確実にとりたいので、安定したレシーブができるようにしましょう。

1 後衛レシーブのコース

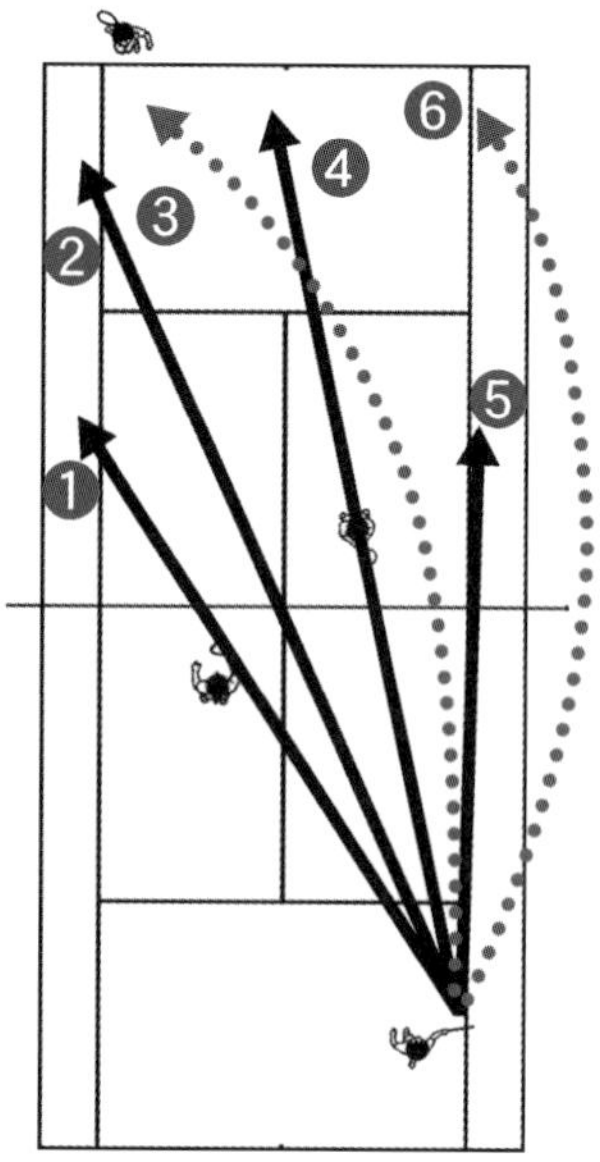

後衛レシーブの返球は

①サーバー前に短くシュート　④センター割り
②サーバー前にシュート　⑤サイド抜き
③サーバー前にロブ　⑥前衛オーバー

の6種類がある。

（※相手前衛サービス時には⑤と⑥はなくなる）

2 後衛レシーブの打点

後衛レシーブの打点（前後の幅）は、①前、②中央、③後ろの3カ所がある。

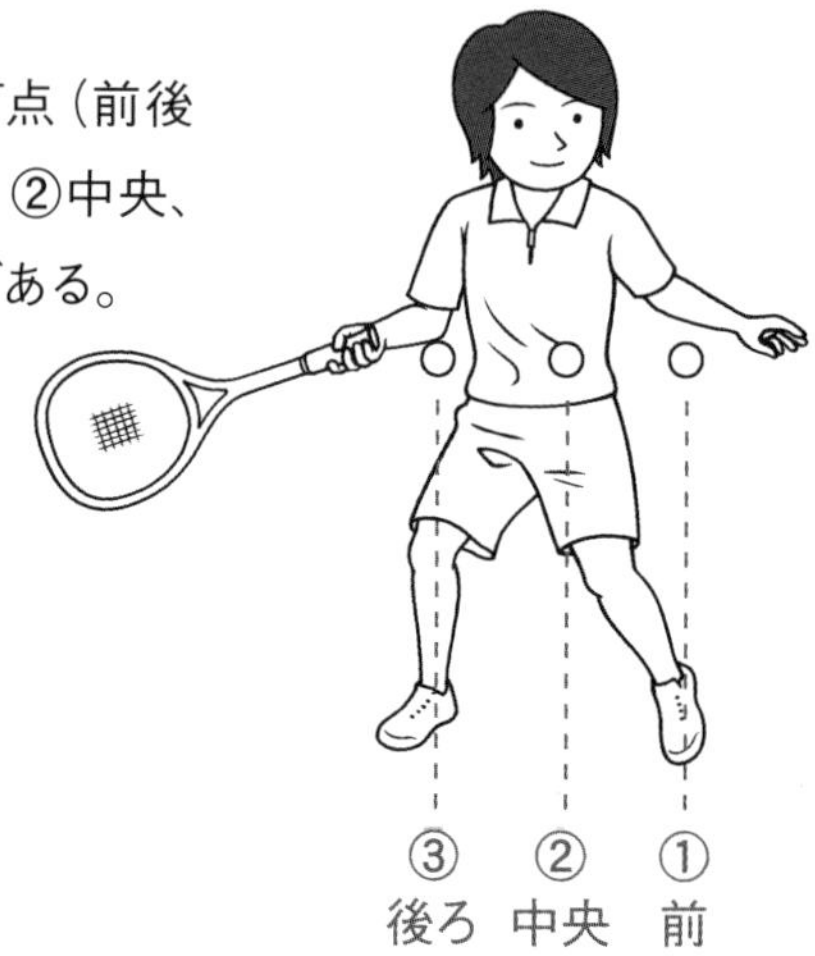

3 後衛レシーブのフォロースルー

後衛レシーブのフォロースルーは、A：ラケットを首に巻く、B：ラケットを前に押し出す、C：ラケットを上に押しあげるの3パターンがある。

A：ラケットを首に巻く

B：ラケットを前に押し出す

C：ラケットを上に押しあげる

4 コースによって打点・フォロースルーを変える

	打点	フォロースルー	相手後衛サービス		相手前衛サービス	
			ファーストレシーブ	セカンドレシーブ	ファーストレシーブ	セカンドレシーブ
①短くシュート	1	A	△	○	△	◎
②シュート	1	A	○	△	◎	◎
③ロブ	3	C	△	×	×	×
④センター割り	2	B	×	◎	×	◎
⑤サイド抜き	3	B	×	◎		
⑥前衛オーバー	3	A or C	◎	◎		

前衛オーバーのフォロースルーは、ファーストレシーブの場合はC、セカンドレシーブの場合はA。

試合で有効な（選択するとよい）コースから順に、◎→○→△→×としている（ジュニアの場合を想定した表）。

6 セカンドレシーブのポジション

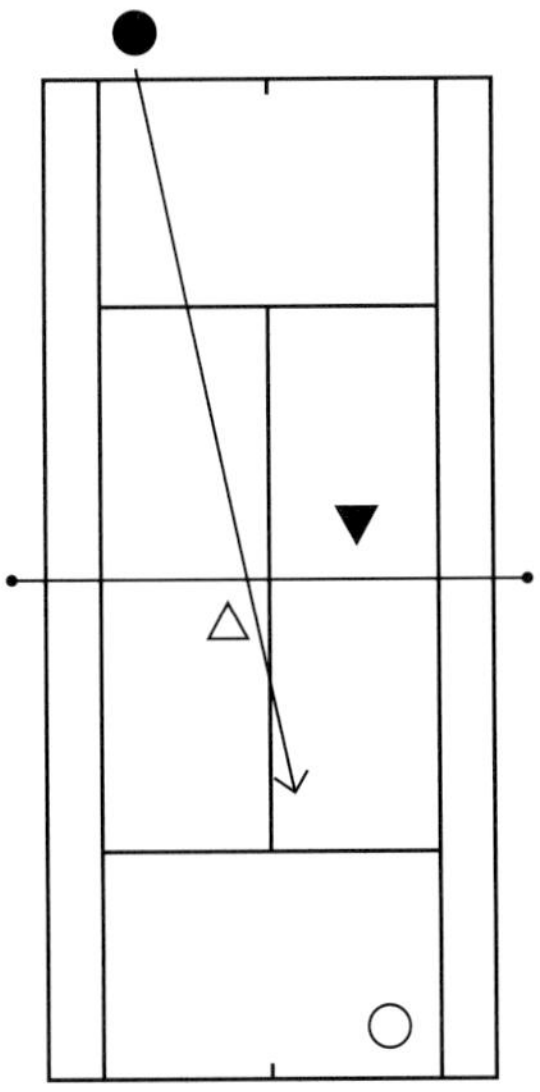

相手後衛が
セカンドサービスの場合

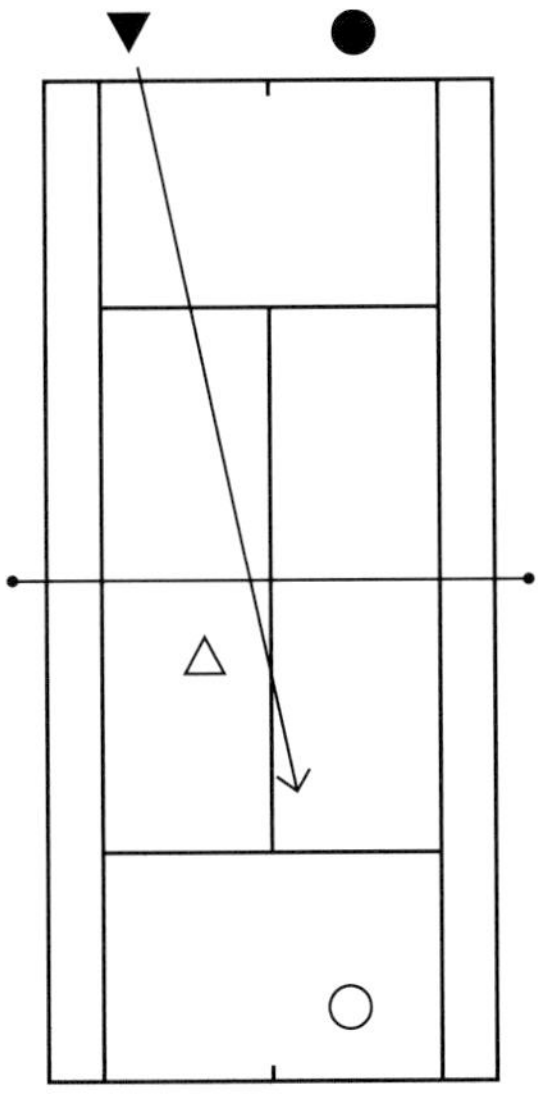

相手前衛が
セカンドサービスの場合

5 ファーストレシーブのポジション

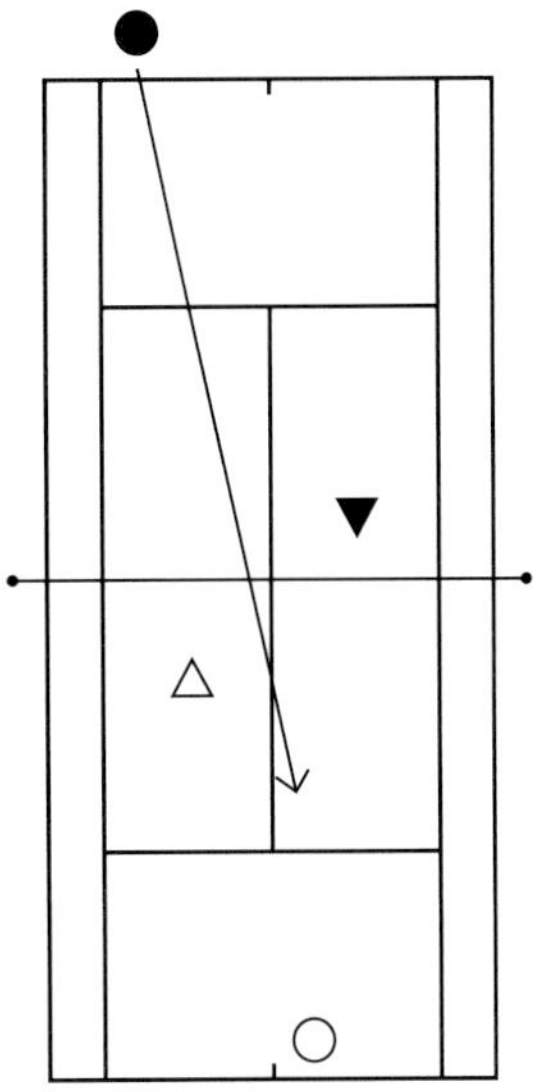

相手後衛が
ファーストサービスの場合

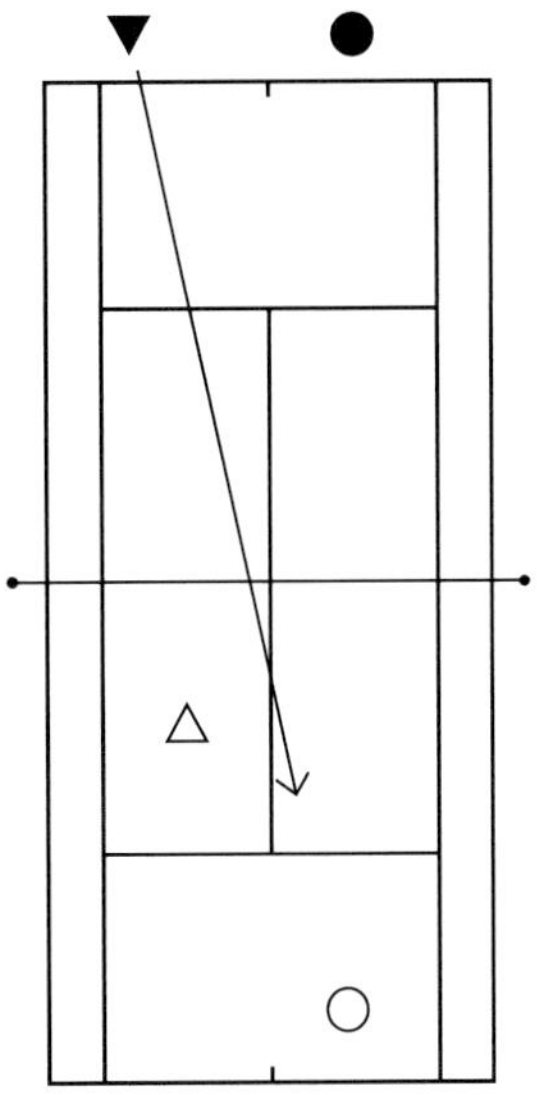

相手前衛が
ファーストサービスの場合

7 レシーブのクロスシュートをミスする選手

原因❶ 打点が後ろになっている

↳ 練習法 椅子の上からあげボールする

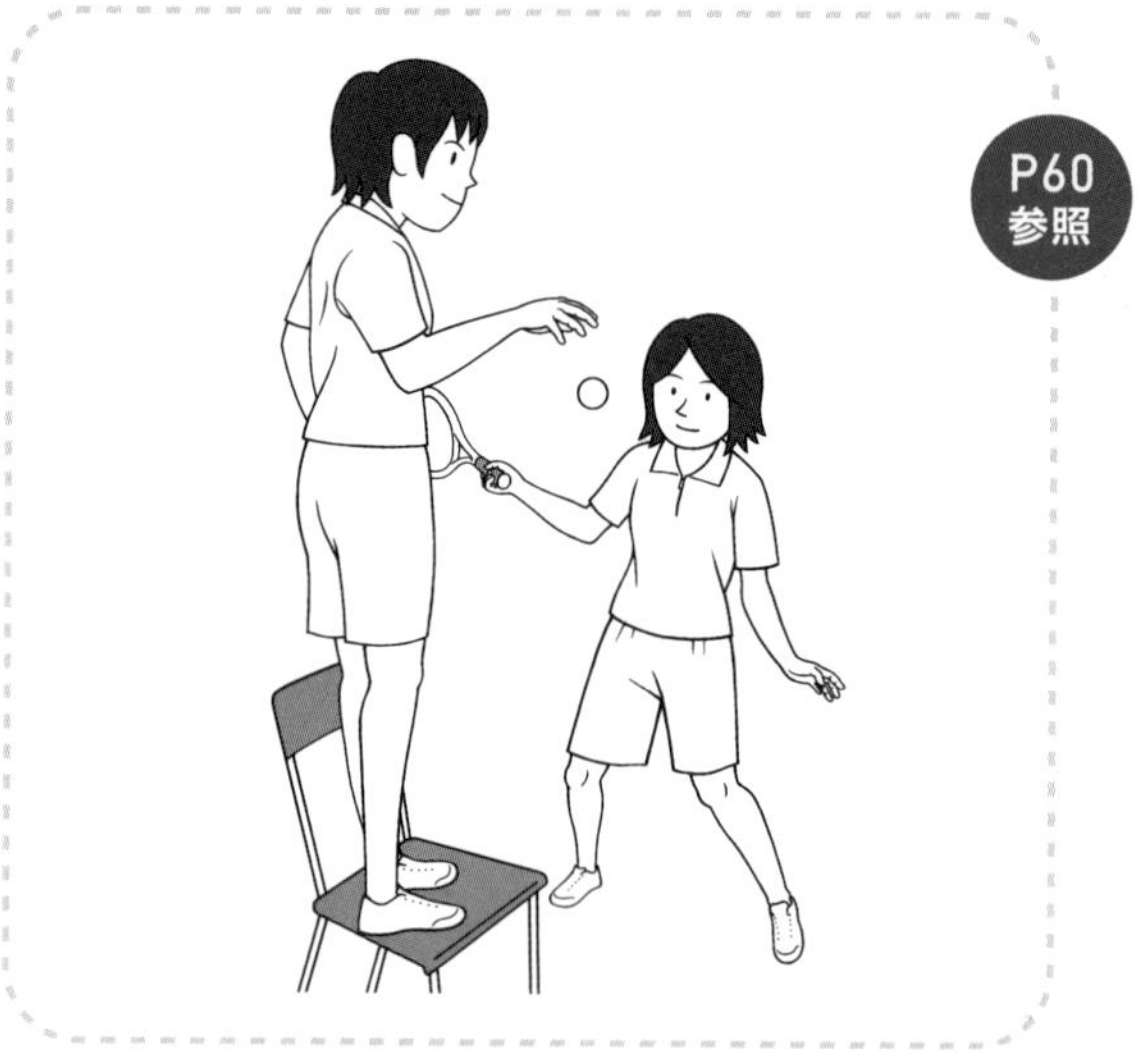

打点が前になったり後ろになったりする場合は、補助者が椅子の上からボールを落とし、正しい位置で打たせる（センター割りやサイド抜きをミスする選手の場合もこの練習を）。

原因❷ ラケットを振り切れていない

原因❸ 左足が打球方向（クロス方向）に向いていない

原因❹ 打点が高すぎる

原因❺ テークバックが大きすぎる

↳ 練習法 壁際でラケットを引く

テークバックが大きすぎる場合は、壁の前でテークバックさせることで「これ以上ラケットを引けない」状況を作って練習する。

8 レシーブのセンター割りをミスする選手

原因❶ 打点が前になっている

↳ 練習法 打点は②の中央で

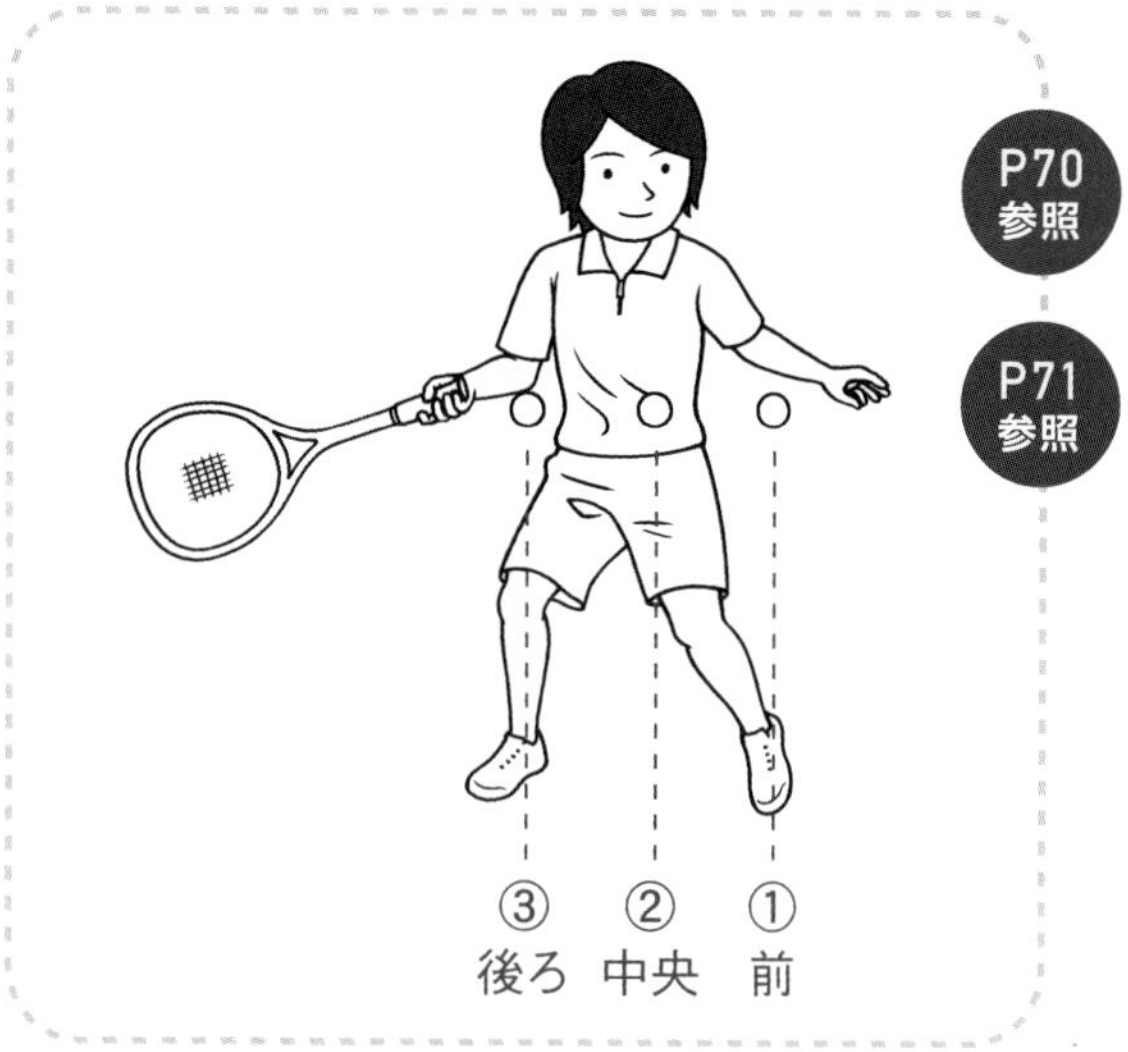

センター割りの打点は②中央で。

原因❷ ラケットを押し出せていない

↳ 練習法 フォロースルーを意識する

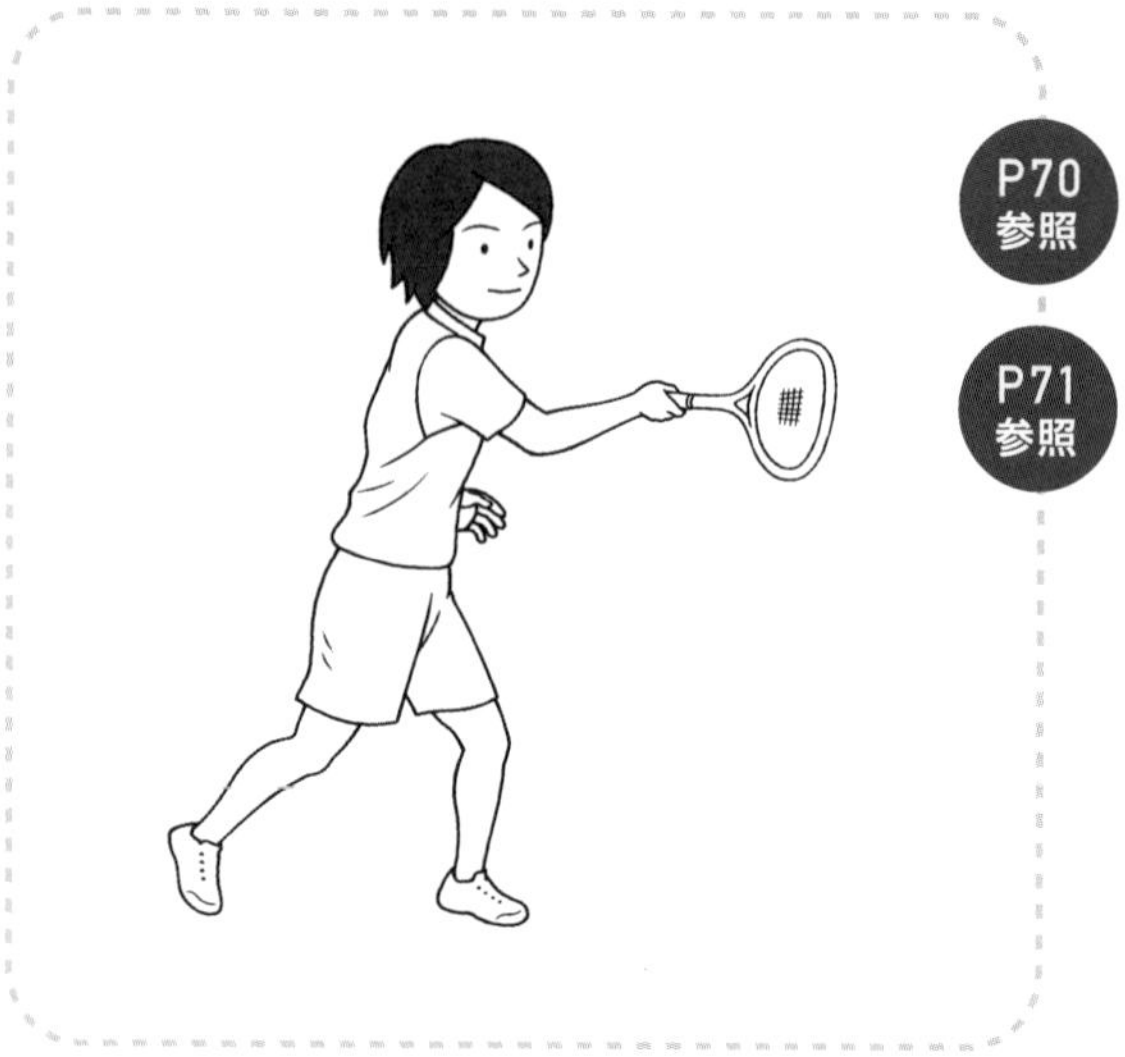

センター割りはラケットを振り切ってしまうと、コースコントロールが難しい（後衛前にボールがいきやすい）。打つ方向に体をしっかり向けて、ボールを押し出すように打たせる。

原因❸ 打点が低すぎる

原因❹ 待球場所が違う （P71参照）

ワンポイントアドバイス

〈ネットしないフォロースルー〉

セカンドレシーブでネットの多い選手は、上腕内側を口に当てるようにしてフォロースルーをすることによって、ほとんどネットしなくなります。

ワンポイントアドバイス

〈ツイストレシーブのポイント〉

セカンドレシーブのツイストは、相手の陣形を崩すことが目的で、1本で決めるものではないと考えましょう。ツイストレシーブのあとはチャンスボールがあがってくることが多いので、前衛はそのボールを決める準備をしておくことも大事です。

9　レシーブのサイド抜きをミスする選手

原因❶　打点が前になっている

原因❷　ラケットを押し出せていない

原因❸　オープンスタンスになっている

↳ 練習法　左足の位置を意識する

サイド抜きにかかわらず、レシーブの際は、ボールを打つ方向にしっかり左足を向けるように意識させる。

原因❹　狙う場所が違う

↳ 練習法　左肩を狙う

サイド抜きはネットすれすれを狙うのではなく、相手前衛の左肩あたりを狙わせる。

10 （ファーストレシーブの）前衛オーバーをミスする選手

原因❶ 打点が前になっている

原因❷ ラケットを振ってしまっている

原因❸ ボールの中央を打っている

原因❹ テークバックが大きすぎる

NG

テークバックが大きすぎると、ロブが安定しない。

OK

なるべく小さなテークバックでボールを引きつけて打つと、安定したロブになる。

原因❺ オープンスタンスになっている

ワンポイントアドバイス

〈前衛オーバーのフォロースルー〉

同じ前衛オーバーでも、セカンドレシーブは中ロブのフォームに近い前衛オーバー、ファーストレシーブは大ロブのフォームに近い前衛オーバーなので、打点は同じですが、フォロースルーが変わります。

11 （セカンドレシーブの）前衛オーバーをミスする選手

原因❶ 打点が前になっている

└ 練習法 打点は③の後ろで

P70参照
P71参照

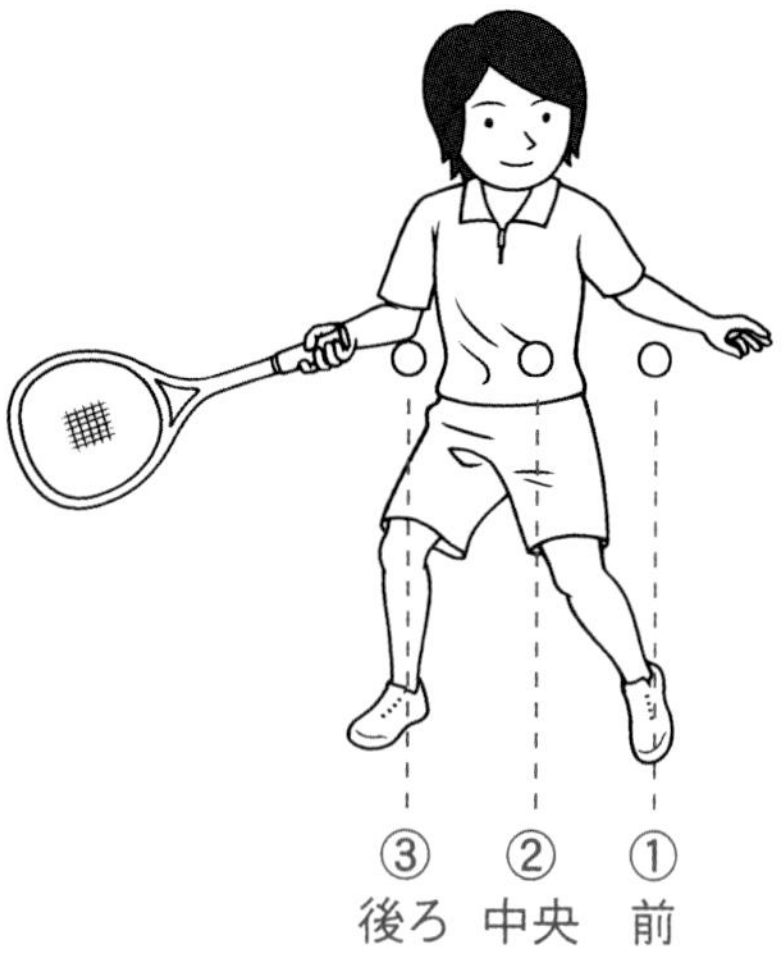

セカンドレシーブの前衛オーバーの打点は、③の後ろ。しっかりとボールを引き寄せてから打たせる。

原因❷ ラケットを振り切れていない

原因❸ ラケットスイングが遅い

└ 練習法 ボールを速くひっくり返す

P68参照

セカンドレシーブの前衛オーバーは中ロブになるので、速いスイングでラケットをしっかり振り切る必要がある。ボールをラケットの上にのせ、面をひっくり返しながら遠くに飛ばす練習をすると、スイング速度が速くなる。

原因❹ オープンスタンスになっている

ワンポイントアドバイス

〈カットサービスへの対処法〉

カットレシーブがうまくできず、得点をされてしまうという相談をよく受けます。私の経験では①テークバックを小さくとり②右カットサービスには右足を、左カットサービスには左足をボール落下点近くにおき③反対の足を浮かして、ボールの変化する方向に足を踏み込む、という段階練習を踏むとほとんどレシーブできるようになります。狙ったところへも打球できるので、逆にレシーブエースも可能です。なお、レシーブのときにイースタングリップで打球するとより確実に返球できます。

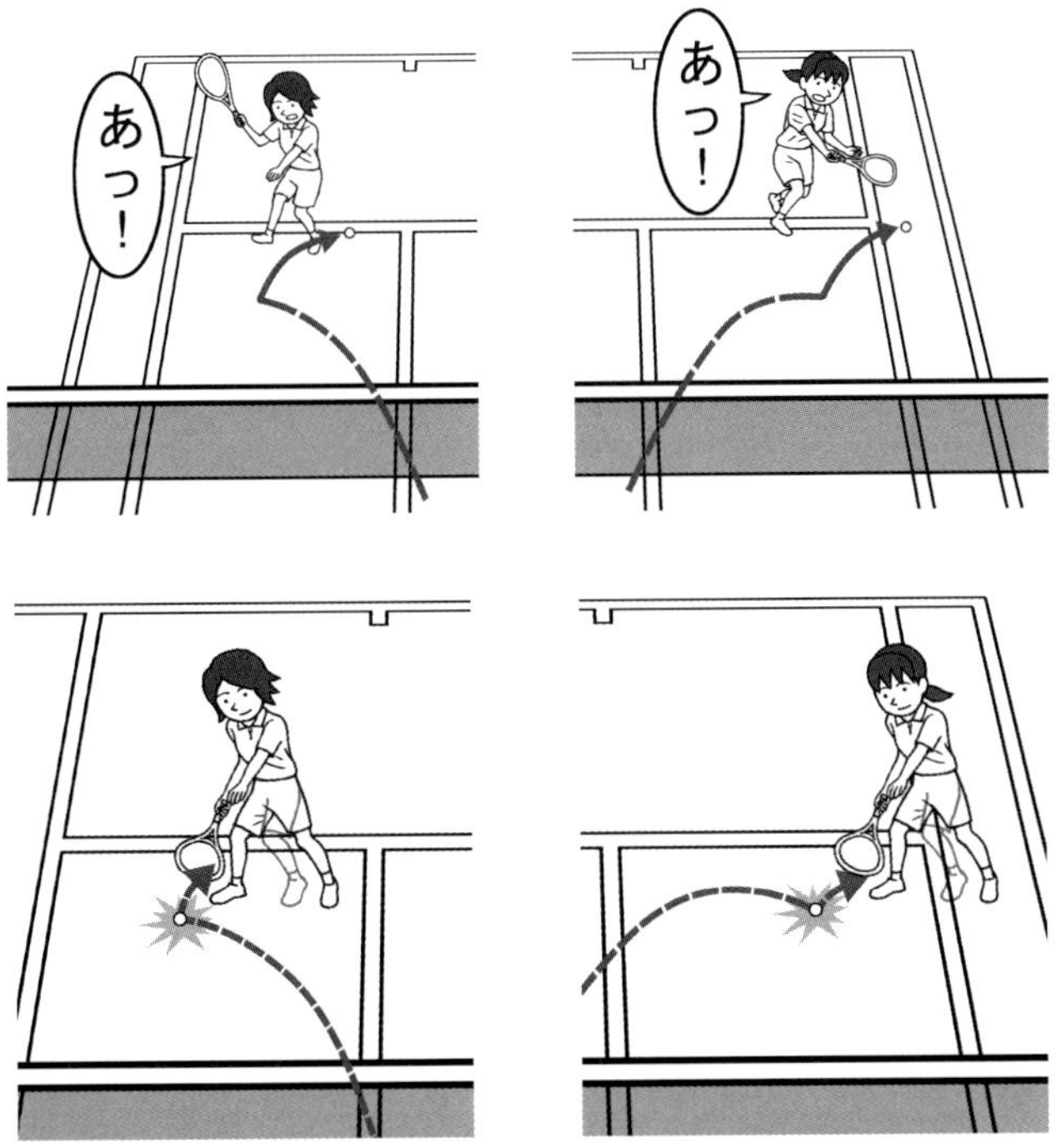

［右カットサービスの場合］

ミスする原因

❶ 相手サービスに対し、打球落下点に平行に入ってしまうため

❷ 落下後、打球が左に変化し（体に向かってくる）食い込まれるため

練習法

落下点に右足をおき（左足は浮かしている）、ボールの変化をよく見ながら左足をオープンにして打球する。

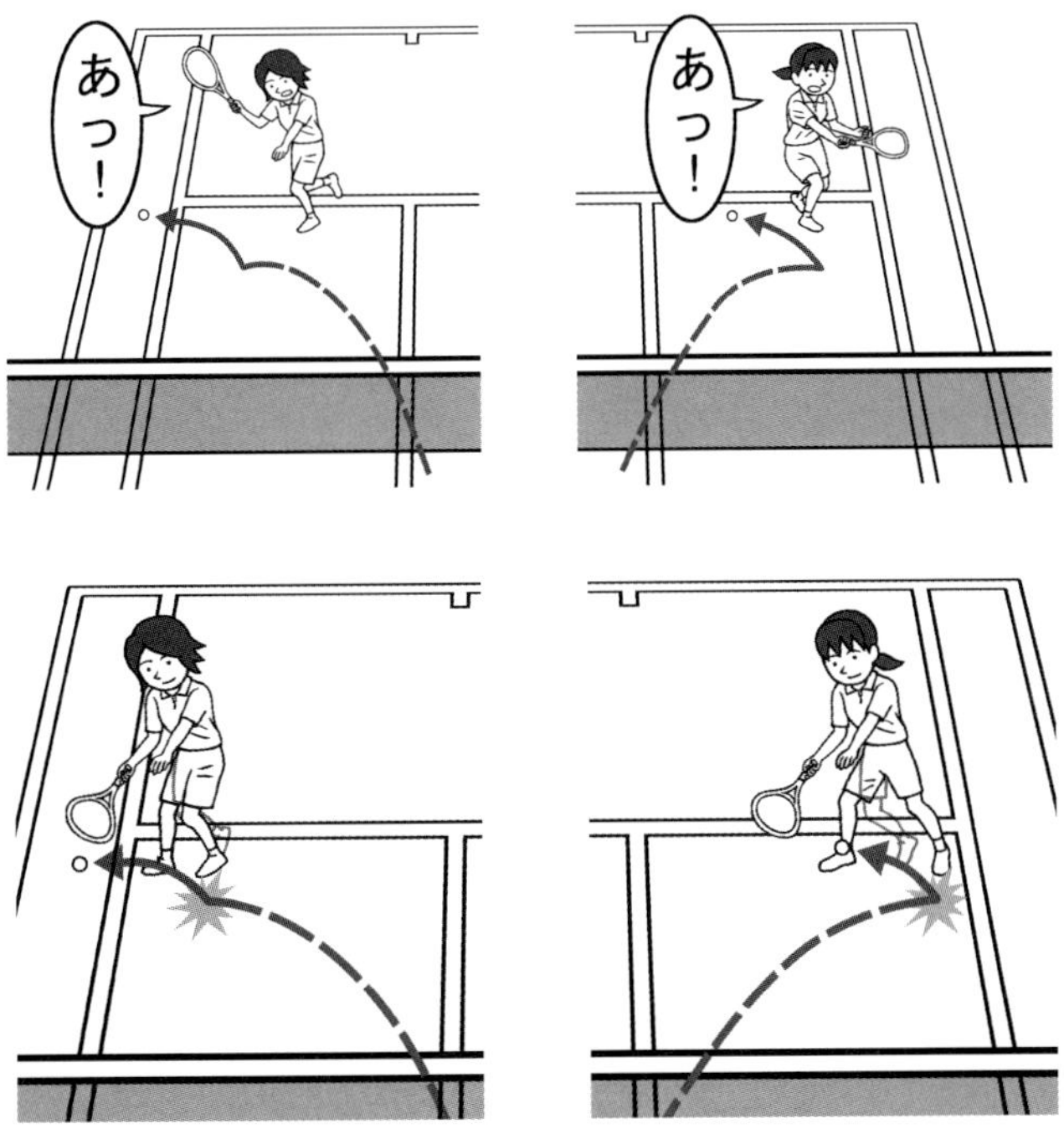

［左カットサービスの場合］

ミスする原因

❶ 相手サービスに対し、打球落下点に平行に入ってしまうため

❷ 落下後、打球が右に変化し（体から離れる）ラケットがボールに届かないため

練習法

落下点に左足をおき（右足は浮かしている）、ボールの変化をよく見ながら右足を踏み込んで打球する。

前衛レシーブのクリニック 4

ソフトテニスの試合では、レシーブゲームのチームのほうが有利です。特に、前衛のレシーブの確実性が勝敗のカギを握るので、安定したレシーブができるフォームを手に入れましょう。

1 前衛レシーブのコース

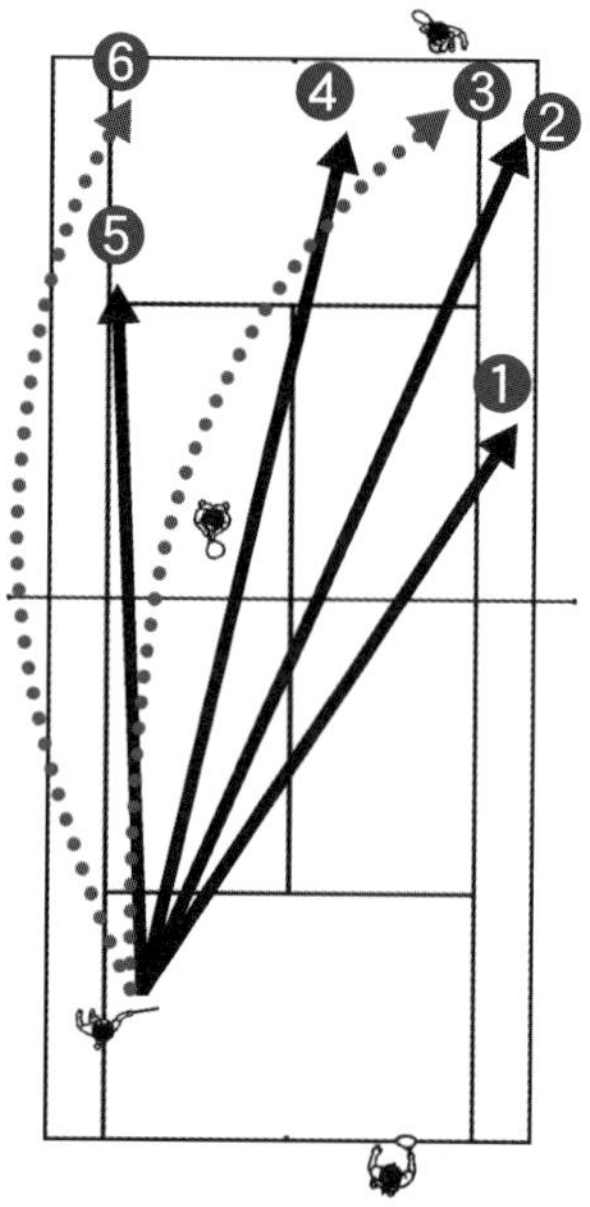

前衛レシーブのコースを確認する。

前衛レシーブの返球は、

①サーバー前に短くシュート　④センター割り
②サーバー前にシュート　⑤サイド抜き
③サーバー前にロブ　⑥前衛オーバー

の6種類がある。

（※相手前衛サービス時には⑤と⑥はなくなる）

2 前衛レシーブの打点

前衛レシーブの打点（前後の幅）は、①前、②中央、③後ろの3カ所がある。

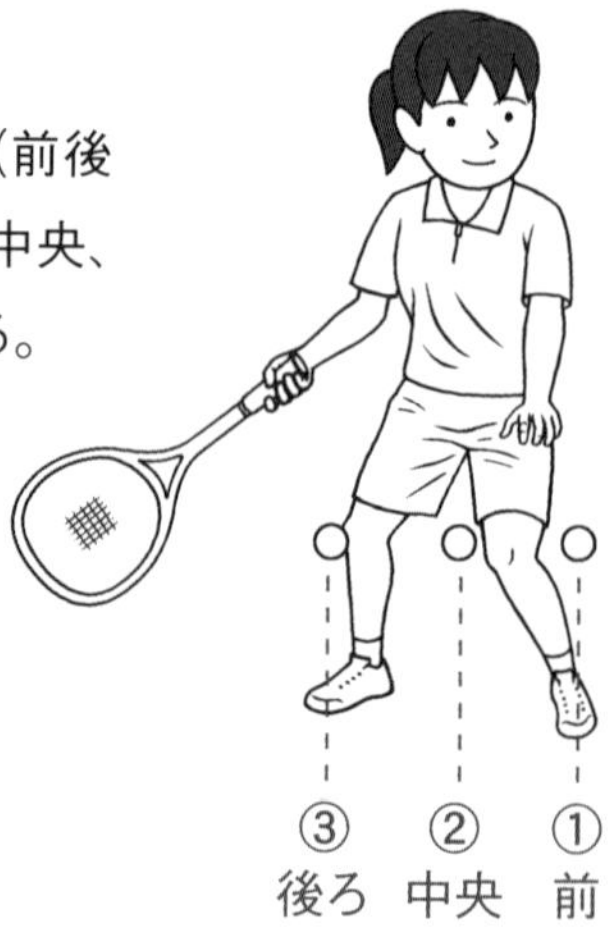

3 前衛レシーブのフォロースルー

前衛レシーブのフォロースルーは、A：ラケットを首に巻く、B：ラケットを前に押し出す、C：ラケットを上に押しあげるの3パターンがある。

A:ラケットを首に巻く

B:ラケットを前に押し出す

C:ラケットを上に押しあげる

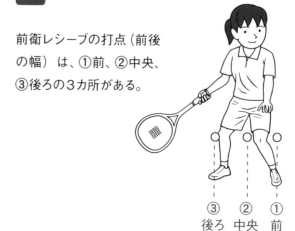

4 コースによって打点・フォロースルーを変える

	打点	フォロースルー	相手後衛サービス		相手前衛サービス	
			ファーストレシーブ	セカンドレシーブ	ファーストレシーブ	セカンドレシーブ
①短くシュート	3	B	△	◎	△	◎
②シュート	3	B	○	△	◎	◎
③ロブ	3	C	△	×	×	×
④センター割り	2	B	×	◎	×	◎
⑤サイド抜き	1	A	×	◎		
⑥前衛オーバー	1	A	◎	◎		

試合で有効な（選択するとよい）コースから順に、◎→○→△→×としている（ジュニアの場合を想定した表）。

6 セカンドレシーブのポジション

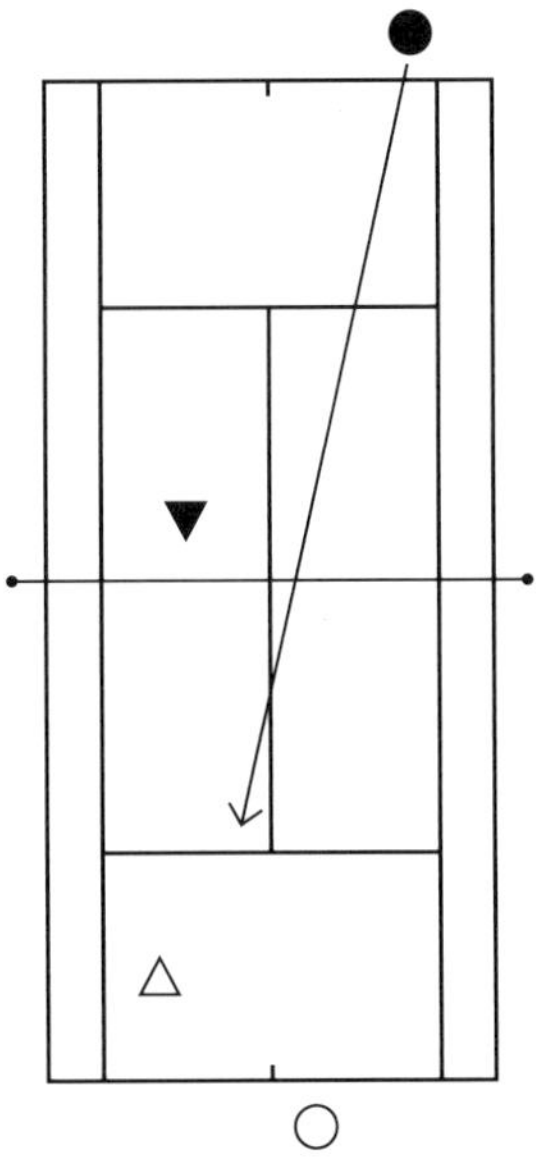

相手後衛が
セカンドサービスの場合

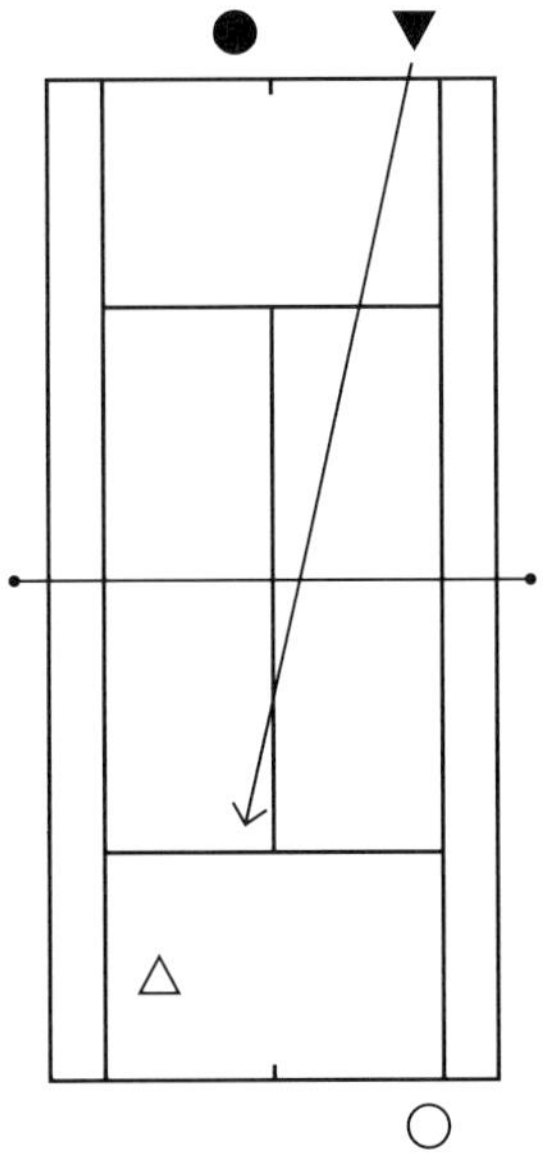

相手前衛が
セカンドサービスの場合

5 ファーストレシーブのポジション

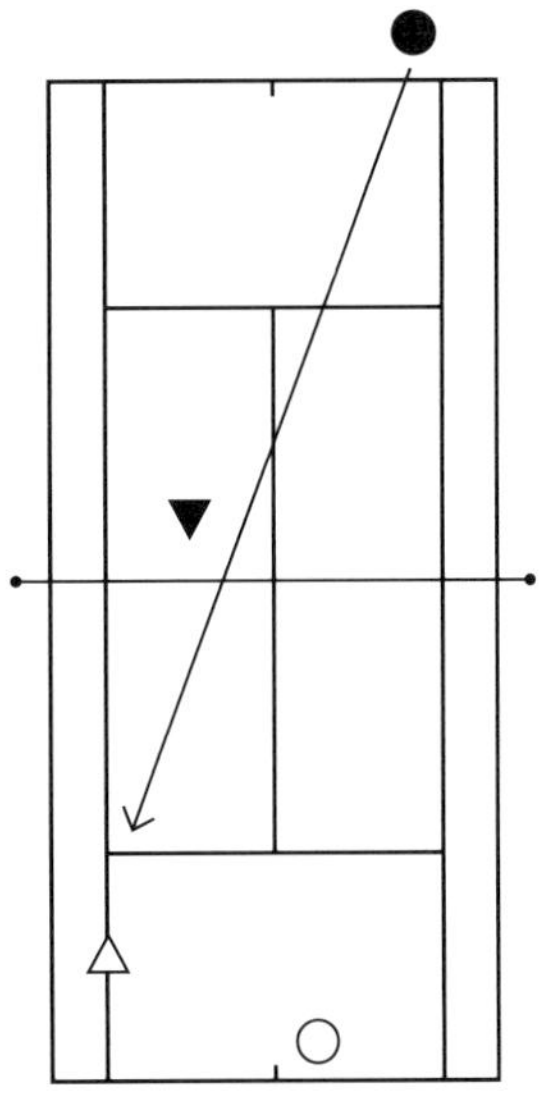

相手後衛が
ファーストサービスの場合

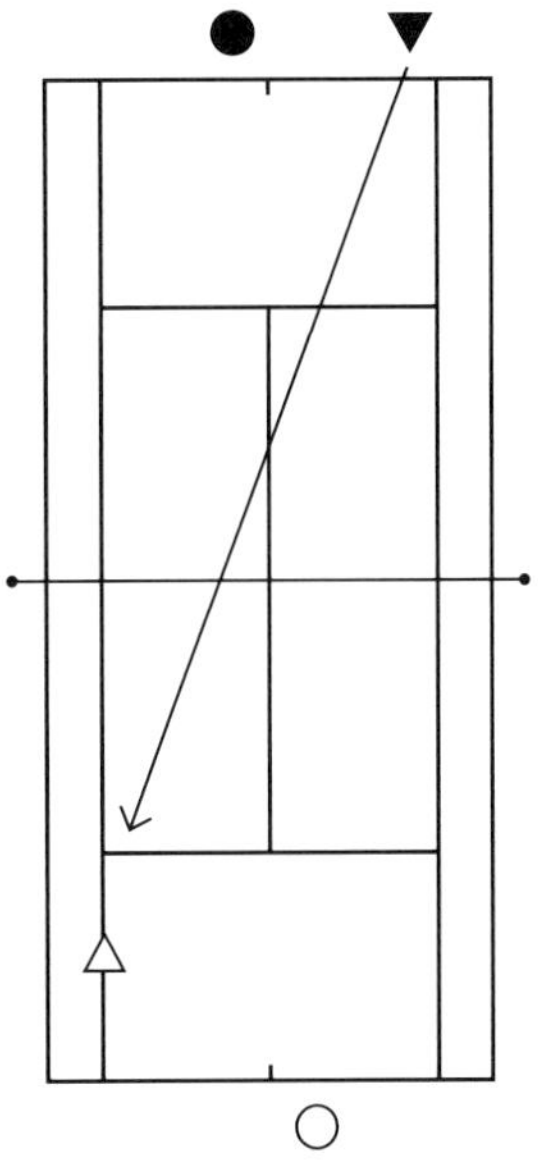

相手前衛が
ファーストサービスの場合

原因❸ ドライブをかけすぎている

↳ 練習法 手のひら打ちでフラットに

P135 参照

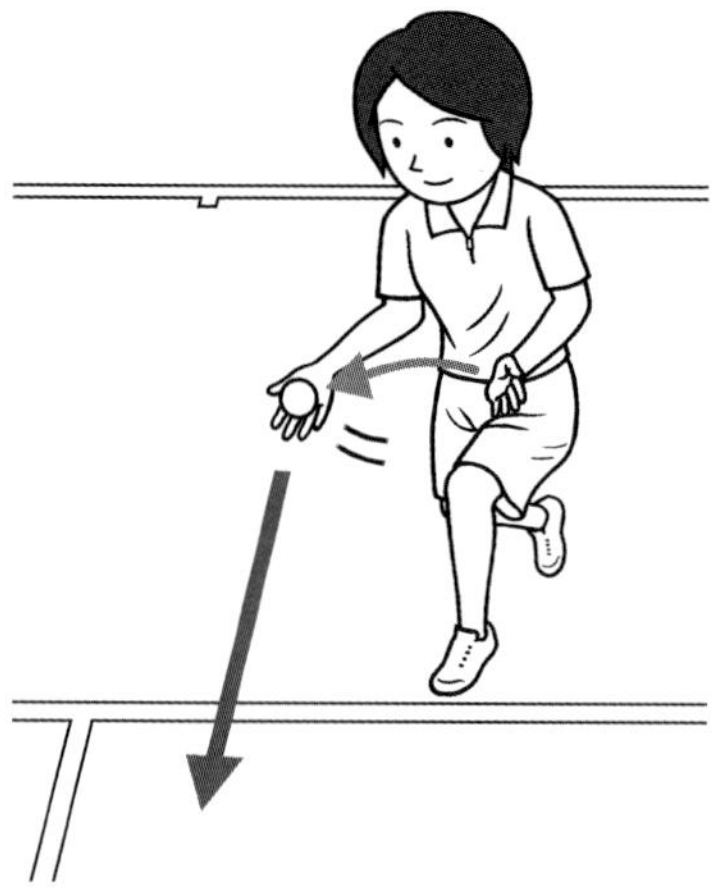

ボールに回転がかかりすぎてしまいネットする選手は、手のひらでボールを打つ練習で、フラットな面づくりを意識させる。

原因❹ 体の近いところで打球している

原因❺ 走りながら打球している

↳ 練習法 左手キャッチで練習

P140 参照

フットワークの練習をする。補助者の手投げのあげボールを、左手でキャッチする練習をすることで、しっかり止まって打つリズムを作ることができる。

原因❻ テークバックが大きすぎる

7 レシーブの逆クロスシュートをミスする選手

原因❶ 打点が前になっている

↳ 練習法 打点を後ろに

P76 参照

P77 参照

前衛のレシーブでサービスした相手（逆クロス）に打球する場合は、ボールを引き寄せて③の位置で打たせる。

原因❷ ラケットを振り切っている

↳ 練習法 ラケットを押し出すように

P76 参照

P77 参照

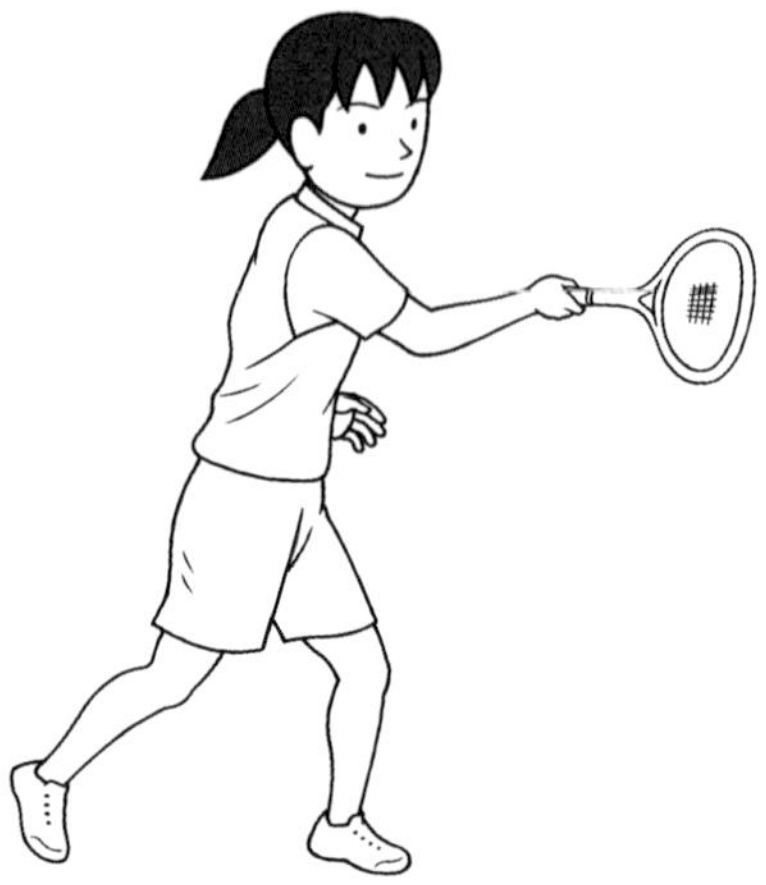

前衛レシーブの場合、逆クロスとセンターにシュートボールを打つときにラケットを振り切ってしまうと、ボールが浅くなり、ネットしやすくなる。ボールを押し出すように打たせるとミスしにくくなる。

10 （ファーストレシーブの）前衛オーバーをミスする選手

原因❶ 打点が後ろになっている

原因❷ テークバックが大きすぎる

P74 参照

P77 参照

NG

テークバックが大きすぎると、前衛オーバーを打つときのラケットの面が安定しない。

OK

テークバックをコンパクトにすると、ラケットの面が安定してミスをしにくくなる。

11 （セカンドレシーブの）前衛オーバーをミスする選手

原因❶ 打点が後ろになっている

原因❷ ラケットを振り切れていない

原因❸ ラケットスイングが遅い

原因❹ オープンスタンスになっていない

8 レシーブのセンター割りをミスする選手

原因❶ 打点が前になっている

原因❷ 体重移動ができていない

原因❸ ラケットを振り切っている

原因❹ テークバックが大きすぎる

原因❺ ラケットスイングが遅い

↳ **練習法** ラケットを引っ張っておく

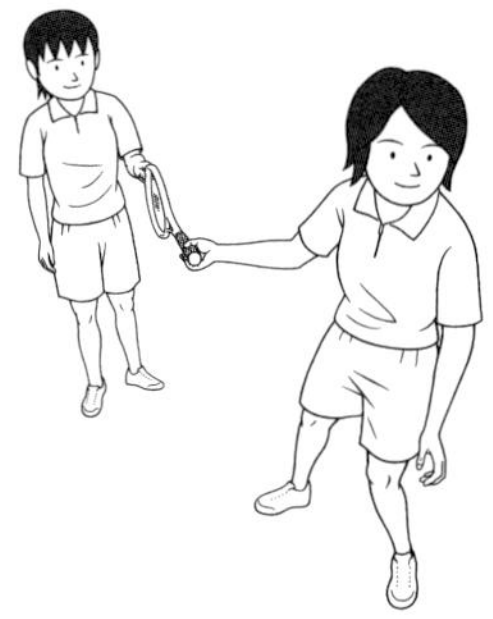

P59 参照

テークバックのとき、補助者がラケットをギリギリまで引っ張った状態でタメを作ると、インパクトに集中し、自然とスイングが速くなる。

9 レシーブのサイド抜きをミスする選手

原因❶ 打点が後ろになっている

原因❷ ラケットを振り切れていない

↳ **練習法** フォロースルーは振り切る

センター割りとは違って、サイド抜きはラケットをしっかり振り切る。

P76 参照

P77 参照

原因❸ オープンスタンスになっていない

原因❹ 狙う場所が違う

前衛レシーブのサイド抜きは、相手前衛の右肩のあたりを狙う。

サービスのクリニック 5

サービスゲームはレシーブゲームに比べてポイントしにくいものですが、ファーストサービスが8割以上入ると主導権を握りやすくなります。相手に強く攻撃されないためにもファーストサービスの確率を高めましょう。

1 ファーストサービスのネットが多い選手

原因❶ トスの位置が一定しない

↳ 練習法 壁の前でトスをあげる

ファーストサービスは、やや後ろぎみにトスを上げて打つとネットを越えやすいが、トスの位置がブレやすい選手は、壁のすぐ手前でトスをあげる練習をする。障害物があると正しい位置にボールをあげざるをえなくなるので、自然とトスが安定する。

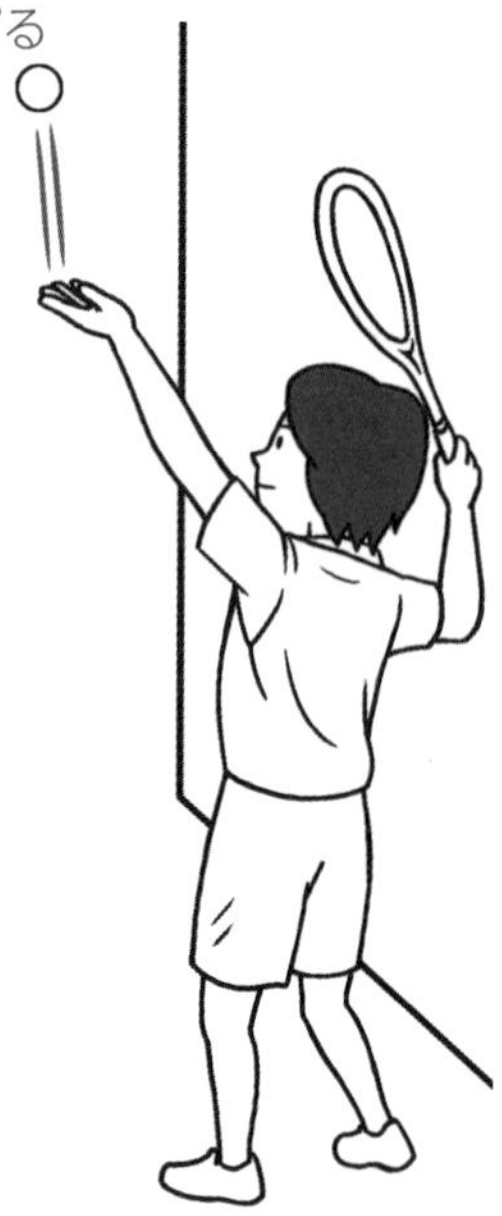

原因❷ ラケットの真ん中で打っている

↳ 練習法 上部にガットを張ったラケットで押し出す

ラケット面の上部でボールをとらえていないと高い打点で打球できない。上部だけにガットを張ったラケットで、高い打点でまっすぐボールを押し出す練習をする。

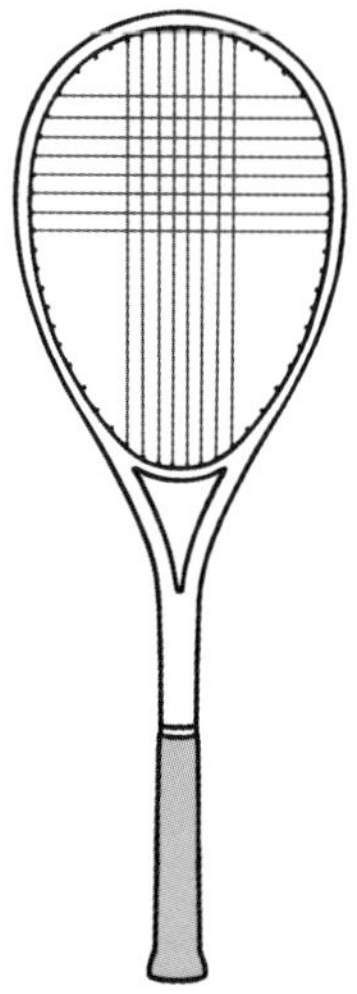

原因❸ インパクト時に面がフラットになっていない

↳ 練習法 ネット前からストレートに

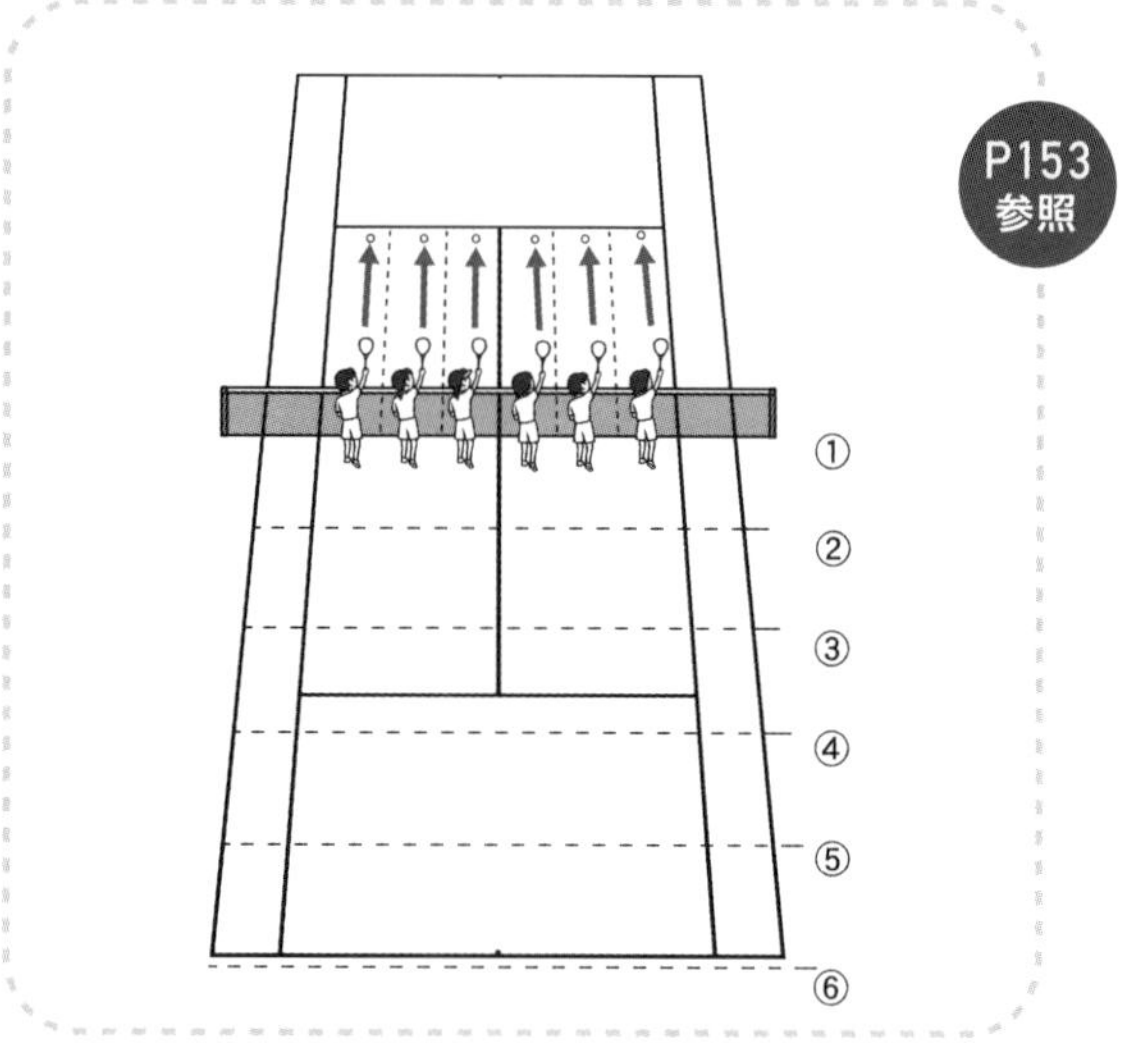

ネット前から、ストレート方向にサービスをすることによってインパクト時に、打球面がフラットになりやすい。また、構える場所を狭くしてトスを正しくあげることに集中せざるをえない練習をすると、トスも安定する。

原因❹ ラケットを振り下ろしすぎる

↳ 練習法 斜め前方に押し出すイメージで

ラケットを振り下ろすのではなく、斜め前方に投げあげる感覚を持たせる。このことによって右腕が伸びて打球に角度がつく。

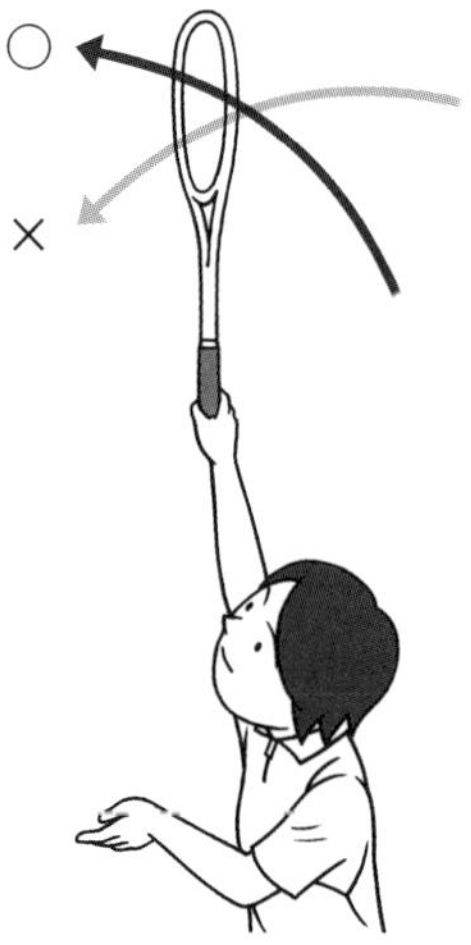

ワンポイントアドバイス

〈タメの作り方〉

「タメ」を作るには左膝を折るタイミングが重要です。“いち”(構える)“に”(トスをあげ、トスが上部にあがってから左膝を折る)“さん”(ラケットを振る)の順になりますが、この“に”の部分が「タメ」の状態になるので、長くなるように“いち”“にーー”“さん”と、声に出して打球するように指導します。

そのために、

①左足つま先をあげて打球方向に構え

②左膝を伸ばした状態でトスをし

③トスがあがってから左膝を折る

という、一連の動きを身につける練習に時間をかけます。

ワンポイントアドバイス

〈ファーストサービスの確率を高めるために〉

試合におけるファーストサービスミスのデーターをとると、8割以上がネットです。裏を返せば、ネットさえしなければサービスが入る確率はぐんと高くなるということです。そこで、ネットの8センチほど上にテープを貼って練習をしたところ、ネットを越そうという意識が強くなり、自然とラケットを斜め前方へと押し出すフォームになりました。

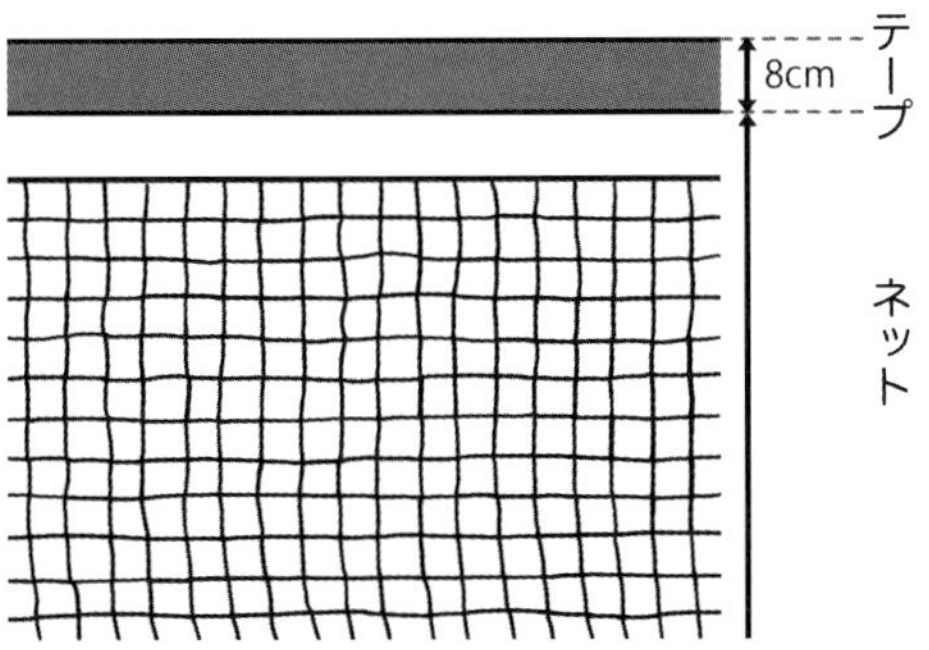

原因❺「タメ」が作れていない

↳ 練習法　「タメ」を作り「静」から「動」へ

インパクト前の「タメ」は、両足のかかとを上げ、上体を反らせて作る。両膝で上半身を支えるので、インパクト前から膝がつらい状態でなければ、「タメ」が作れていないということ。左膝の裏部分に右膝を添えて待球姿勢を作る。

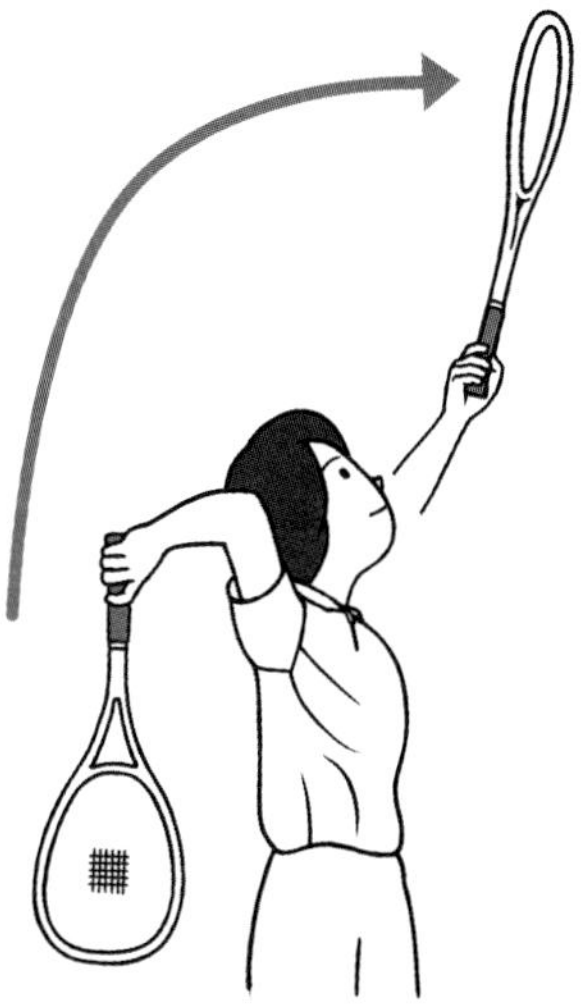

テークバックの最後の時点で、一度「静」の状態を作る。最初からラケットを背中にかついで構える「静」の状態から、トスの落下に合わせてラケットを始動する「動」のタイミングを覚えさせる。

原因❻ 左足が動く

↳ 練習法　ベースラインぎりぎりに左足をおいて

左足を踏み込んで打ってしまうと、上体がブレるので、トスもインパクトも安定しない。左足が動く選手には、ベースラインぎりぎり（それ以上前に踏み込めない位置）に左足をおいてサービスをさせる。

2 ファーストサービスでコースが狙えない選手

原因❶ どのコースを狙えばいいのかわからない

↳ 練習法 狙うべきコースを知る

後衛へのサービス、前衛へのサービス、それぞれどこを狙えばよいか、理由とともに考えさせることで、コースを狙う重要性が理解できる。

[後衛]
⬇
[前衛側サービス]

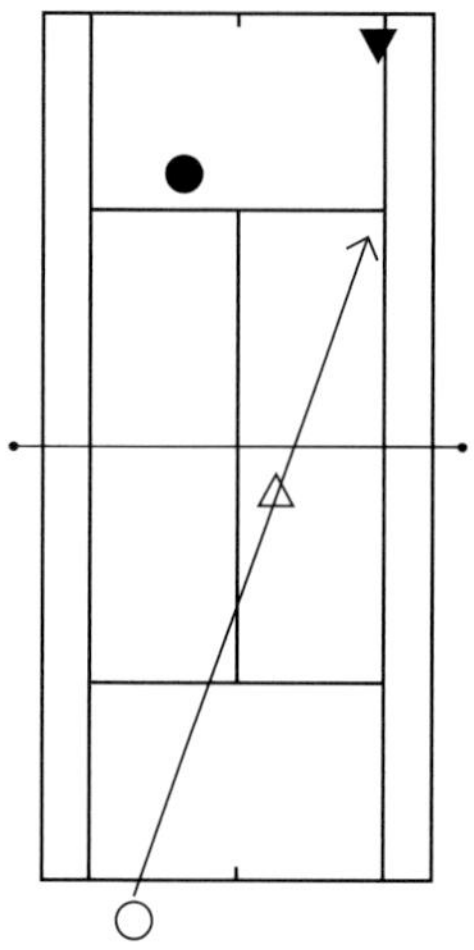

狙うべきコースは相手前衛が回り込み（もしくはバック）になるコーナー（サイドライン）側。

[後衛]
⬇
[後衛側サービス]

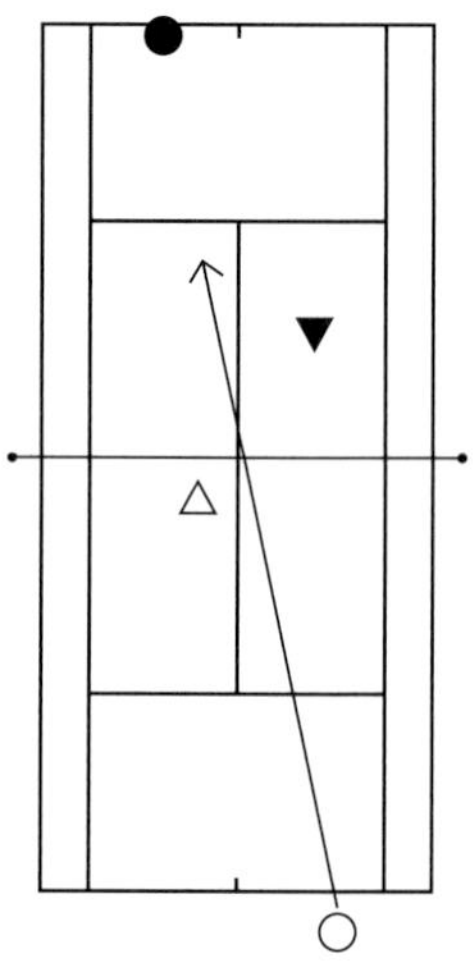

狙うべきコースは相手後衛が回り込み（もしくはバック）になるセンターライン側。

[前衛]
⬇
[前衛側サービス]

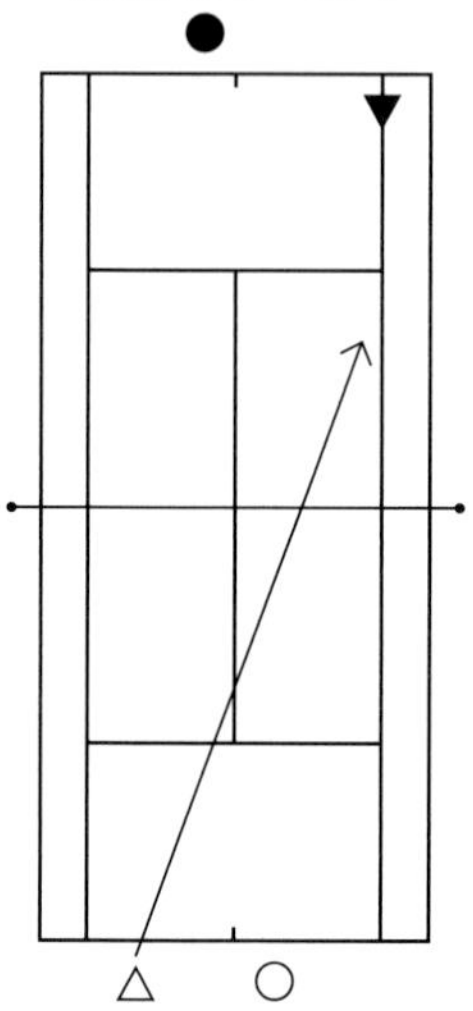

狙うべきコースは相手前衛が回り込み（もしくはバック）になるコーナー（サイドライン）側。

[前衛]
⬇
[後衛側サービス]

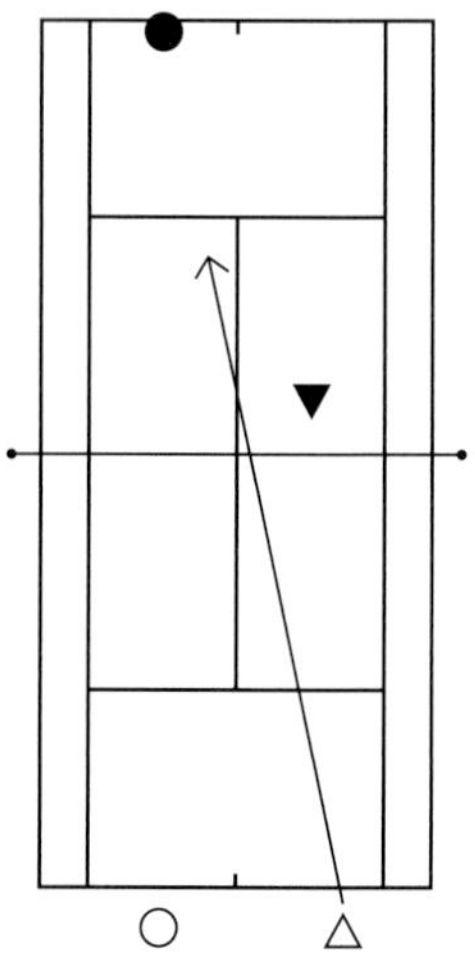

狙うべきコースは相手後衛が回り込み（もしくはバック）になるセンターライン側。

原因❷ 左足の向きがばらばら

↳ 練習法 左足つま先を狙うコースに向けて

狙うコースに左足のつま先を向ける。つま先の角度を変えることにより、打球コースは決まる。左足の位置を決めてから、右足を楽な位置におく。打球後は、右足を打球方向に一歩踏み込む。

後衛側サービスの場合

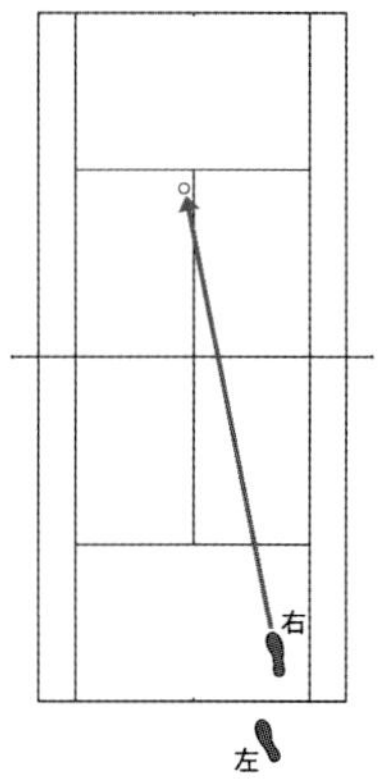

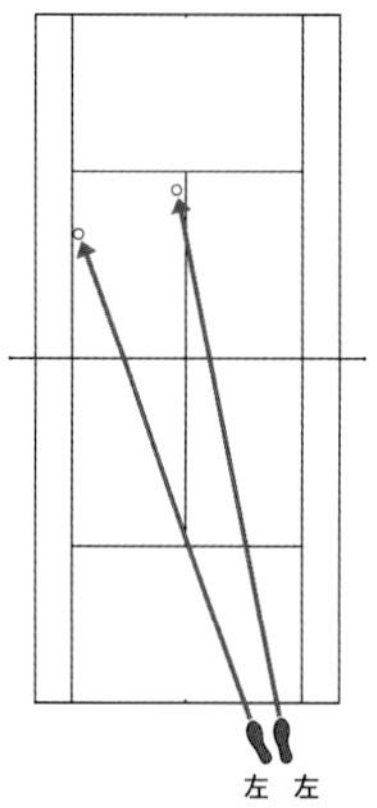

前衛側サービスの場合

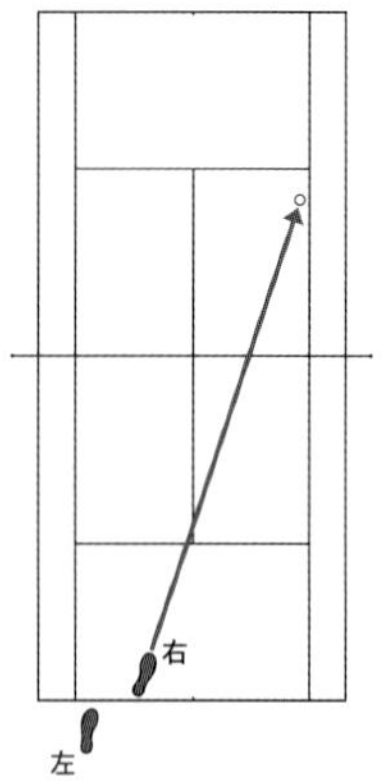

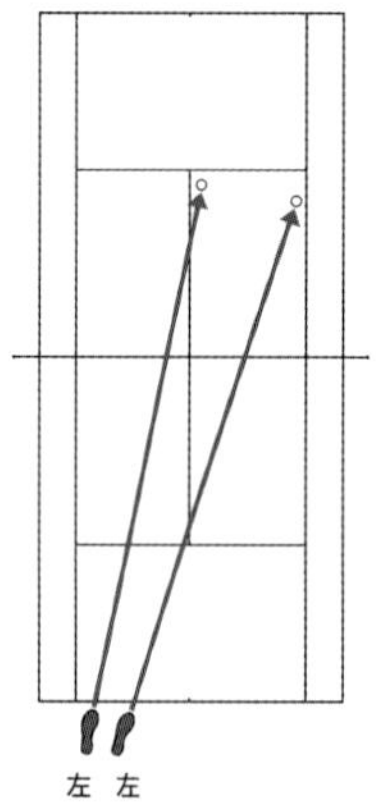

打球後は、右足を一歩踏み込む。

センターを狙う場合とコーナーを狙う場合では左足のつま先の向きを変える。

ワンポイントアドバイス

〈サウスポー選手へのサービス〉

相手選手がサウスポーの場合、サービスを狙う位置が変わります。基本的には相手選手のバックを狙うことになりますので、前衛へのファーストサービスはセンターを狙いたいところですが、距離が短く角度をつけにくいため、技術としては難しくなります。選手の力量に合わせて狙うコースを決め、練習しましょう。

ワンポイントアドバイス

〈イースタングリップの持ち方〉

６章の初心者指導編で詳しく解説しますが、ファーストサービスは、最初からイースタングリップで指導したいと考えます。

P153
参照

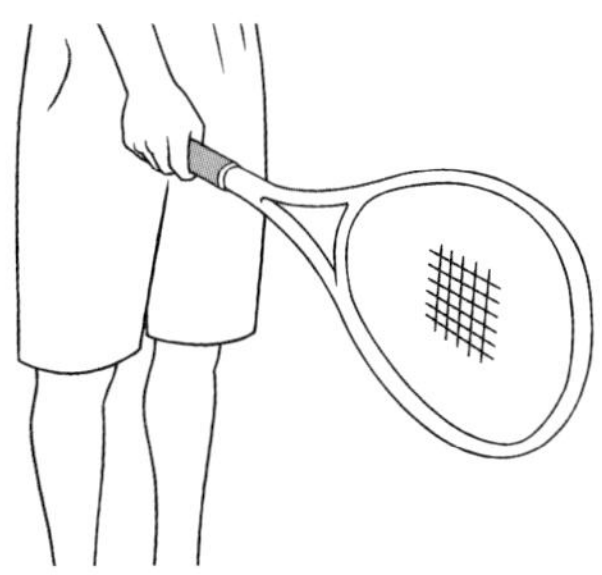

最初にイースタングリップの感覚をつかむには、穴をあけたバドミントンラケットをイースタングリップで持ち、スポンジボールを使って練習するとよいでしょう。手首に負担がかからずに正しいフォームを身につけられます。

イースタングリップは、気づかないうちにグリップがズレてくることがあります。グリップがズレているかどうかは、ラケットを上から見たときにガットが見えない状態になっているかどうかでチェックします。

ワンポイントアドバイス

〈トスをあげる位置〉

トスをあげる位置を9カ所に分けたものがこの図です。自分の立つ位置を２Bとしたとき、１Aは自分の右前……という見方をします。わかりやすいように、トスをあげる位置は拡大してあります。

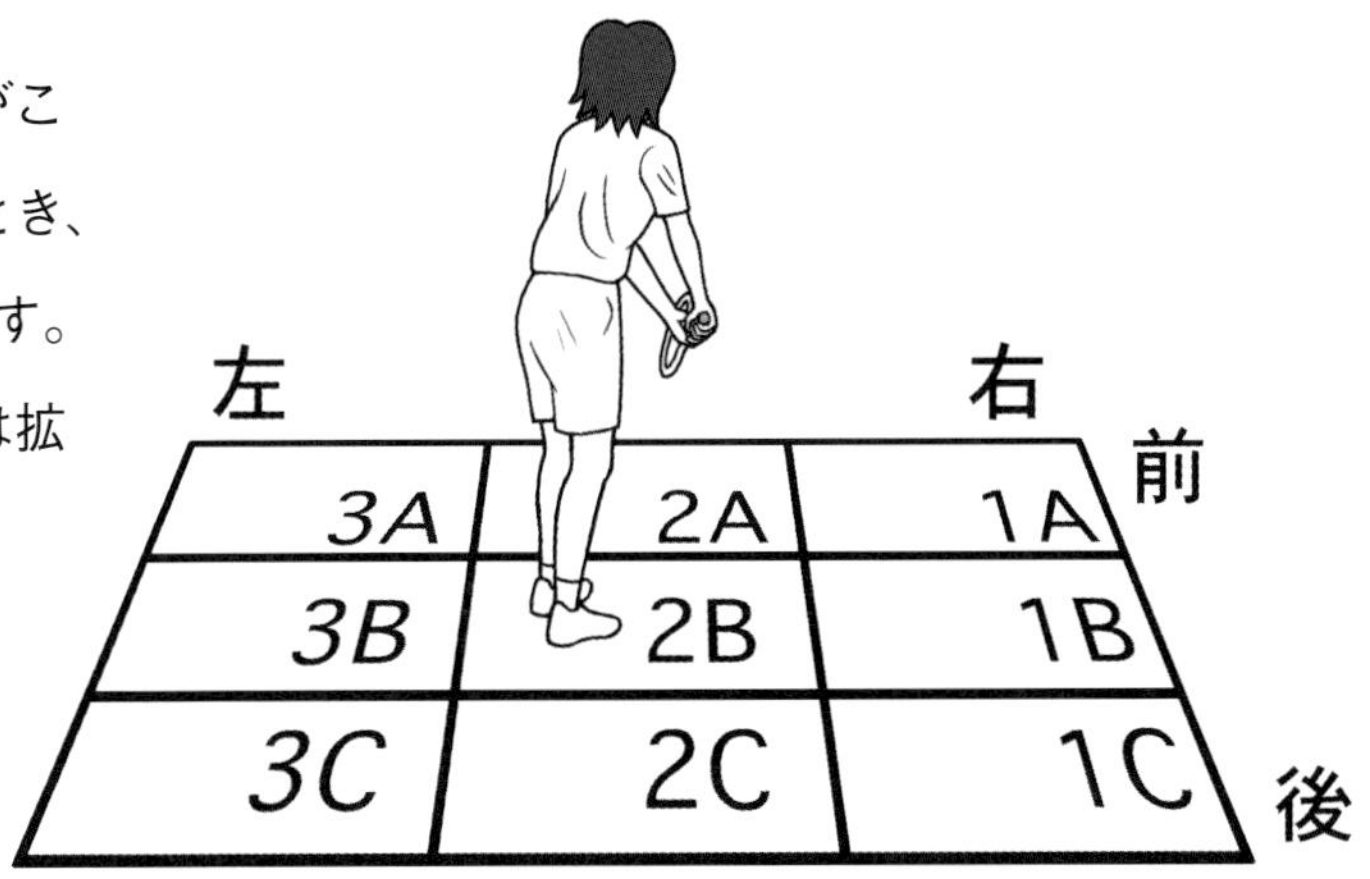

多くの選手は［1A］［1B］［2C］にトスをあげてしまいますが、この場所にトスをあげるとサービスの入る確率は急に低下します。ジュニアの場合は［2B］にトスをするのがいいと考えます。上級者になるに従い、タメのときに上体を反ることができる［3A］［3B］にトスをあげることになります。体を反らせて打球することで、サービスの速度をあげることができるからです。トスがブレるのを防ぐには、P80の原因❶の練習をしましょう（トスが［1］の右側にあがる選手は、壁のすぐ横でトスをあげる練習をするといいです）。

原因❷ ラケットを振り下ろしすぎる

↳ 練習法　体の前に障害物をおく

確率を優先するプッシュサービス（ボールを押し出すようなサービス）は、ラケットを振り切らないこと（左脇下にラケットを下ろさないで、面を残してフィニッシュする）がミスを少なくするポイント。前に障害物を置いてセカンドサービスをさせると、ラケットを振り下ろせなくなるので自然と前に押し出せるようになる。

ワンポイントアドバイス

〈トスのあげ方〉

サービスを入れるための最も重要なポイントはトスにあります。

正確なトスをあげるためには

①手のひら部分にボールをのせ

②指先を下げた状態で手首を上に向け

③トスを上げげたい方向に視線をおき

④ボールを押しあげる

方法でトスをすると、思った方向にトスをあげることができます。

3 セカンドサービスのミスが多い選手

原因❶ 狙うコースが間違っている

↳ 練習法　狙うコースを知る

後衛へのサービス、前衛へのサービス、それぞれ狙うべきコースを決めて練習する。セカンドサービスは、基本的にセンターライン側を狙う。レシーバーにとっては、打球できる距離が短くなるので（＝バックアウトしやすくなるので）打ちにくくなる。

［後衛］
⬇
［前衛側サービス］

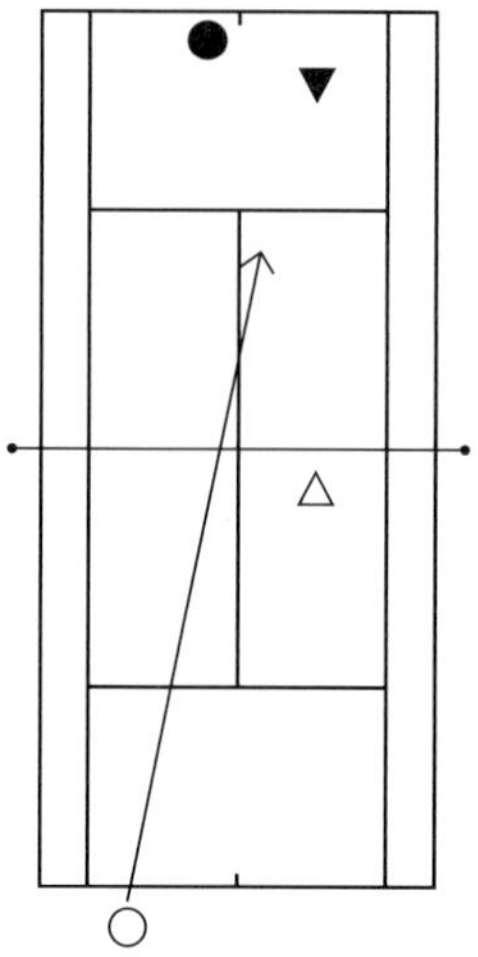

狙うべきコースはセンターライン側。

［後衛］
⬇
［後衛側サービス］

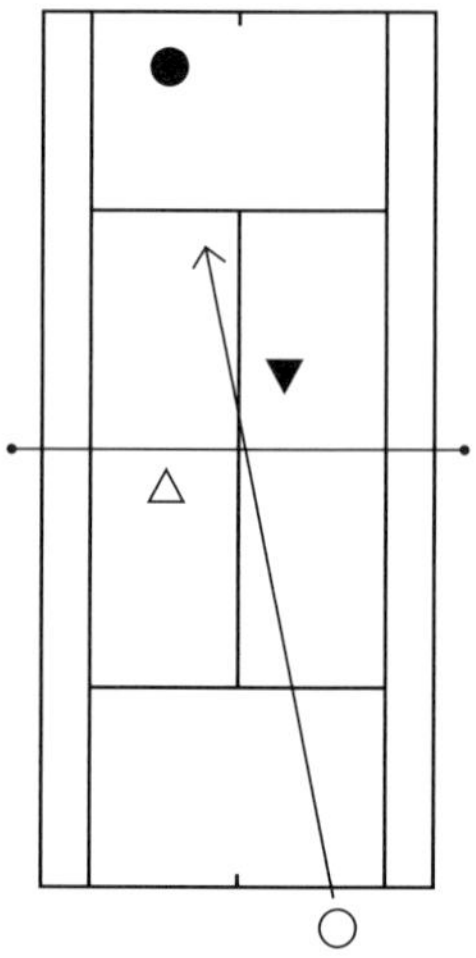

狙うべきコースはセンターライン側。

［前衛］
⬇
［前衛側サービス］

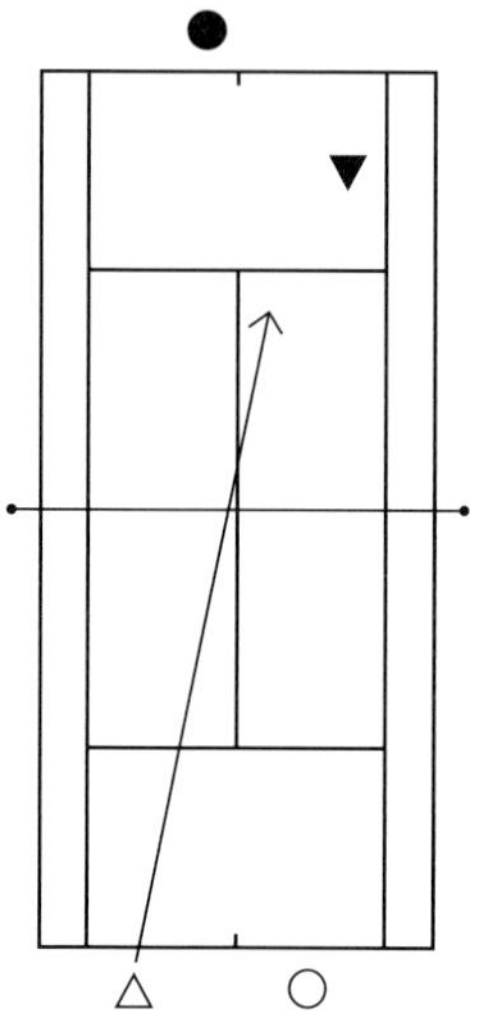

狙うべきコースはセンターライン側。

［前衛］
⬇
［後衛側サービス］

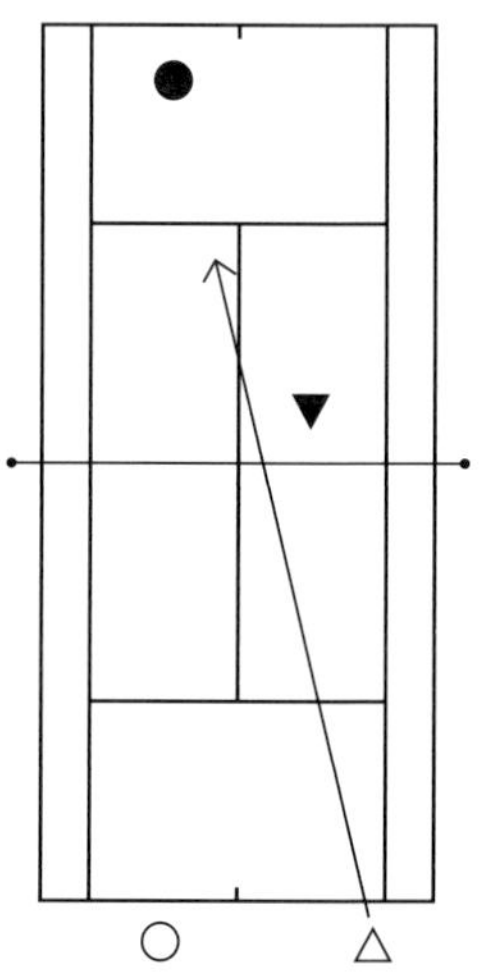

狙うべきコースはセンターライン側。

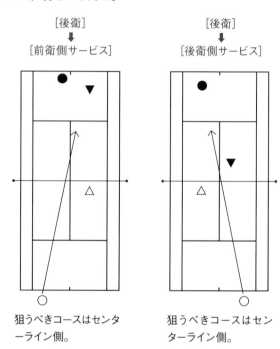

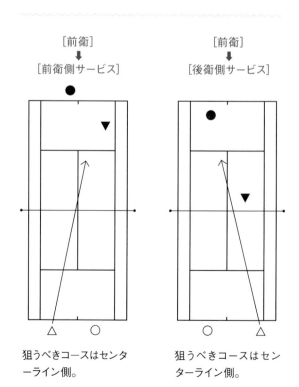

4　セカンドサービスのチェックポイント

セカンドサービスは100パーセントの確率で入れる必要があるので、安定したフォームで打球することが重要。
ミスするときは、原因をつきとめてアドバイスをする。

〈アドバイス〉　〈ミスの内容〉

ラケットを
斜め上方に
振りあげる感じで！

ミスする原因

❶ インパクトの力が弱い
❷ トスが低い

ネットを
越えない…

最初の構えのときに
ラケット面を垂直に
あげ、打球しよう！

ミスする原因

❶ インパクト時のラケット面がフラットになっていない
❷ グリップがズレている

左右に
ボールが飛ぶ…

最初の構えのとき
にトスをあげたい場
所に目線をおいて！

ミスする原因

❶ 腕や指を使いすぎる
❷ ボールを目で追いかけてしまう

トスが上手に
あがらない…

目の前にラケットを
置き、押し出す感じ
で打球しよう！

ミスする原因

❶ ラケットを振りすぎる
❷ 全体の動作が大きい

ボールが
飛びすぎる…

バックハンドのクリニック　6

バックハンドはフォアハンドのようにスイングに自由さがない反面、フォームを一度覚えてしまうと安定したボールが打てるようになります。使用するコースを意識して練習しましょう。

1　使用シーンを考えた練習が重要

バックハンドは、使用するコースを明確にイメージして練習することが重要。
1本打ちでも、相手前衛のポジションを想定して練習する。

右ストレート

- センター割りをされた場合
- 前衛オーバーをされた場合

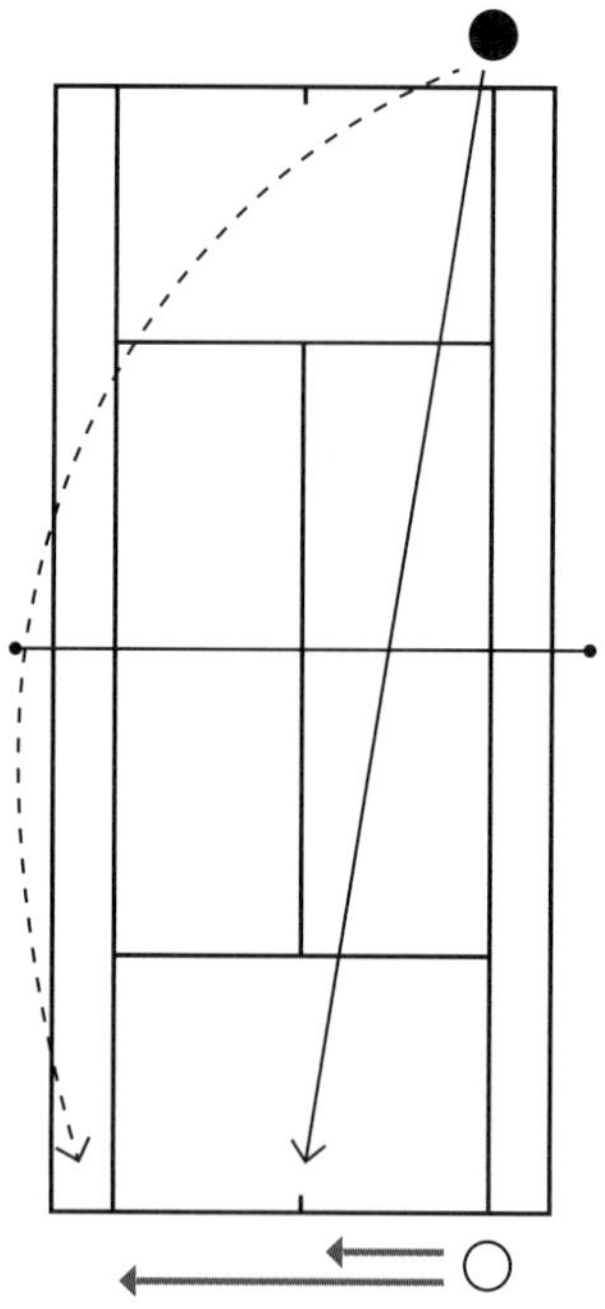

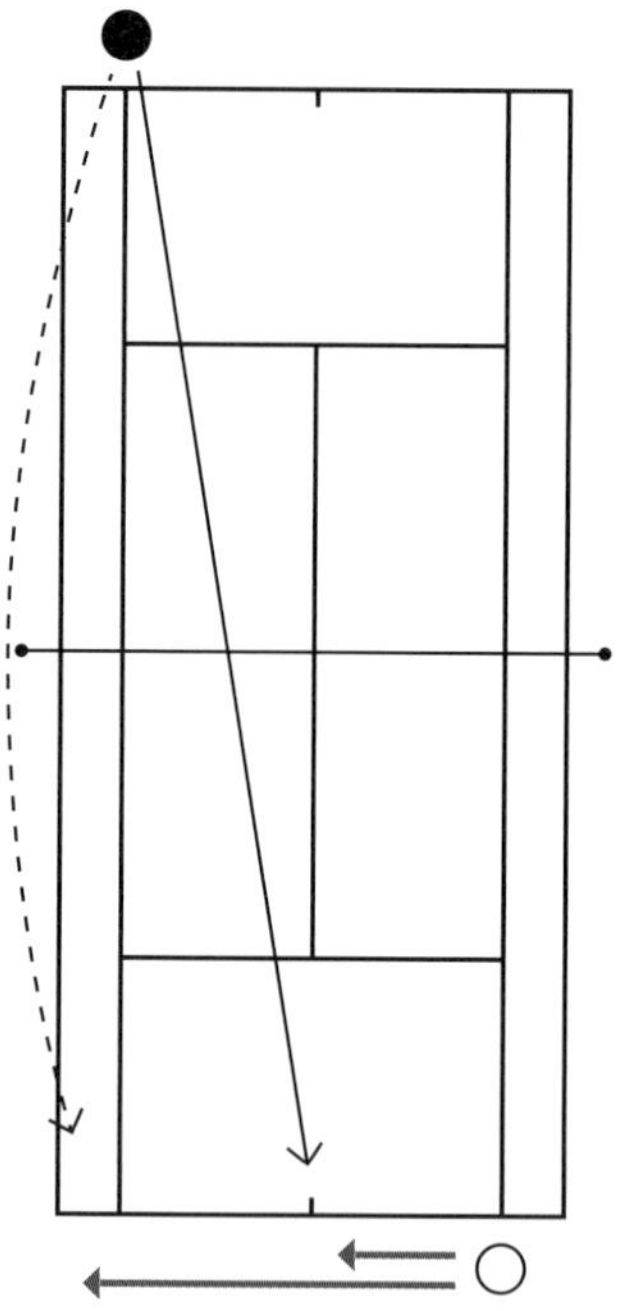

クロス

- センター割りをされた場合
- 前衛オーバーをされた場合

左ストレート

- コーナーにシュートボールを打たれた場合

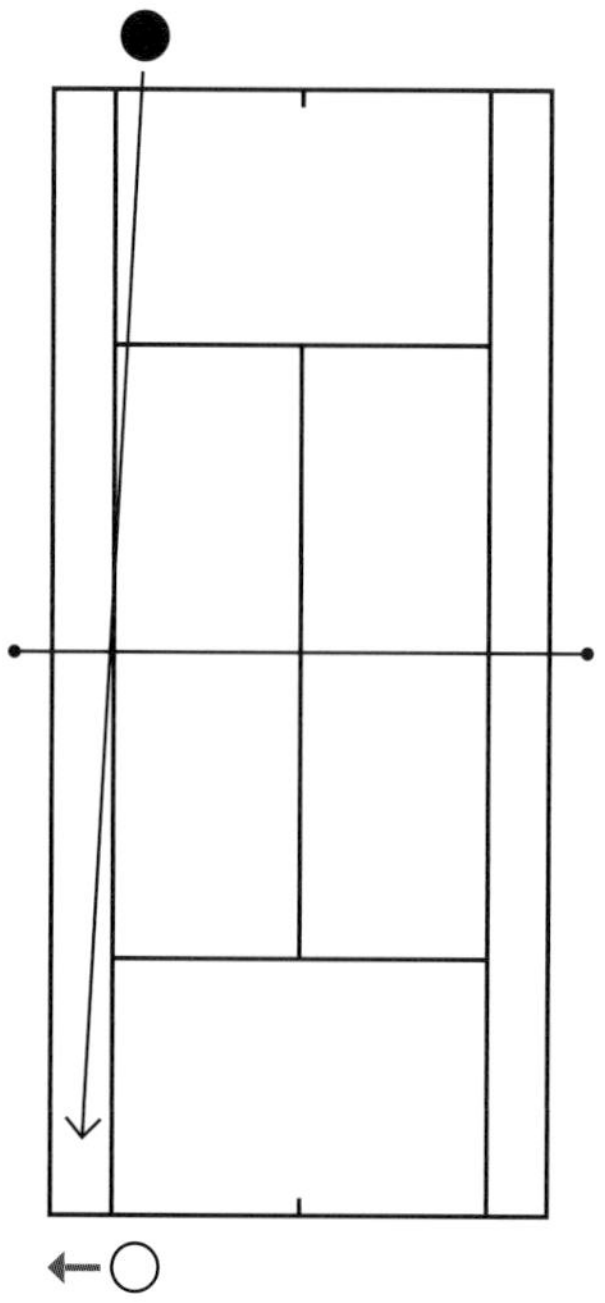

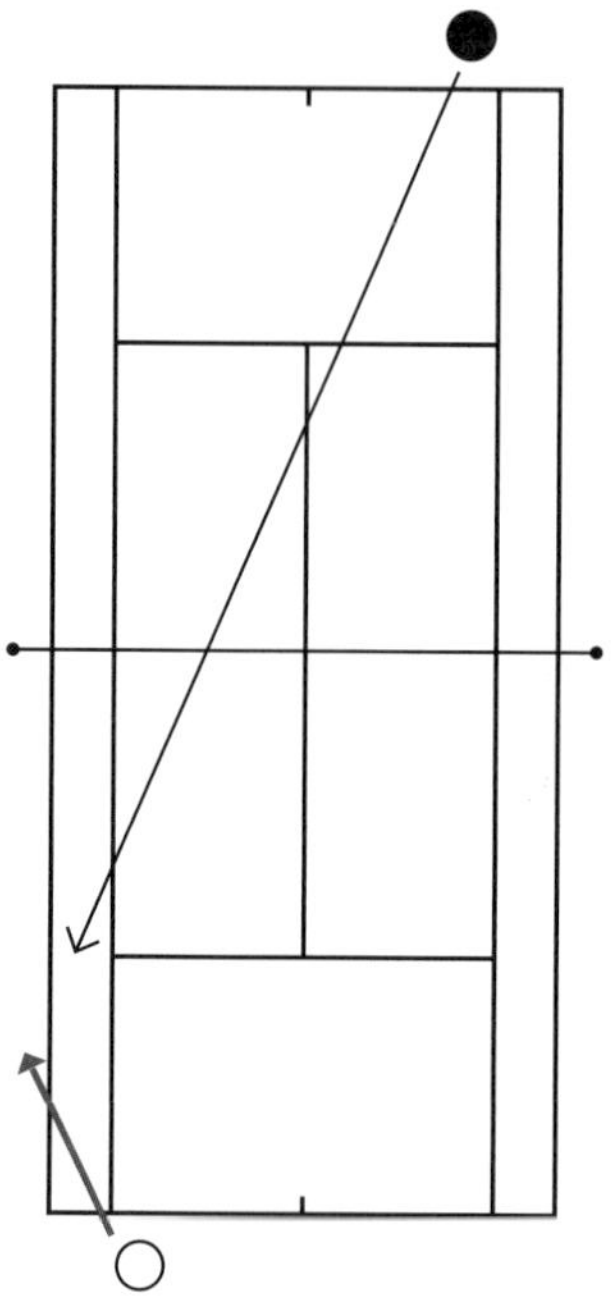

逆クロス

- デッドゾーンにシュートボールを打たれた場合

ワンポイントアドバイス
〈ジュニアの選手のバック〉

腕の力がなくてネットを越えない場合は（ジュニアの選手に多く見られます）、右腕を押さえながら打つ練習が有効です。力がない選手でも、ボールを遠くに飛ばすことができます。

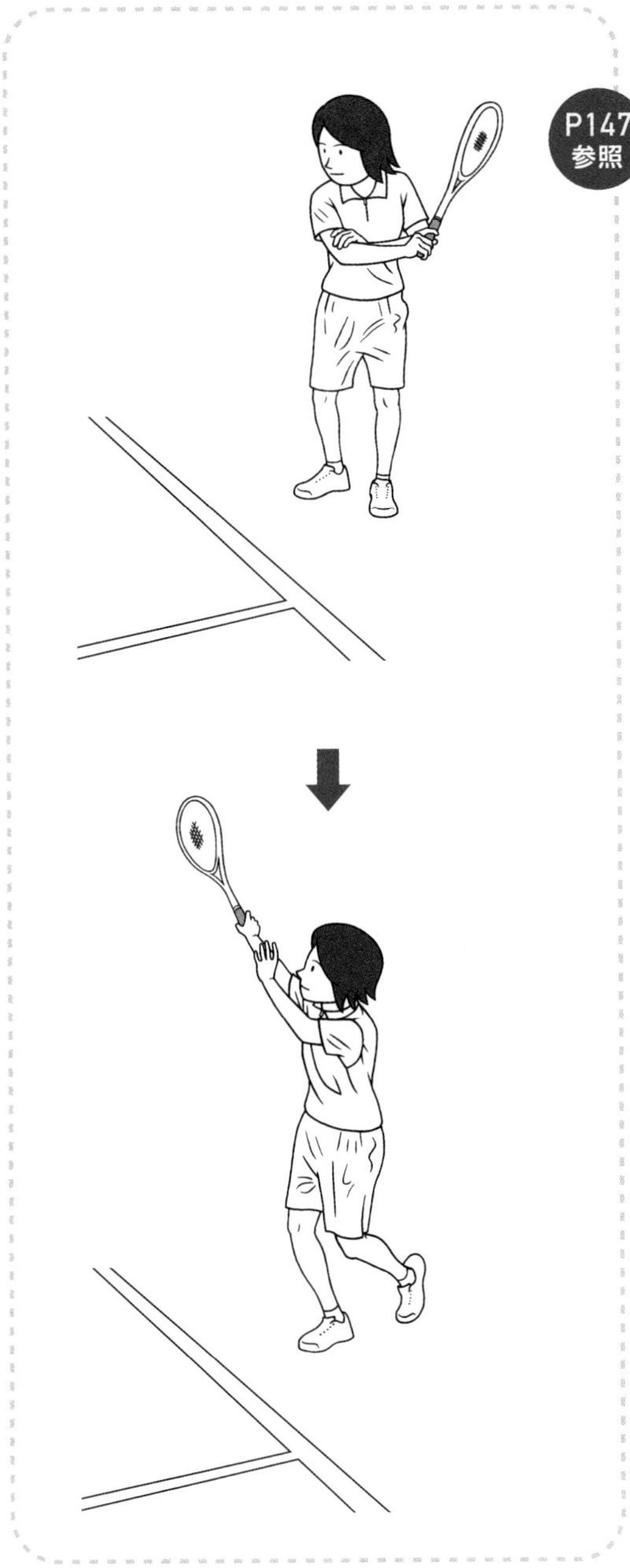

左手で右腕を上から押さえながら打たせます。フィニッシュのときまで、左手は腕に添えたまま。打球したい方向に左手を投げあげるように打球します。

2　ネットが多い選手

原因❶　ボールをとらえる位置が一定しない

↳ 練習法　左手キャッチで打点をつかむ

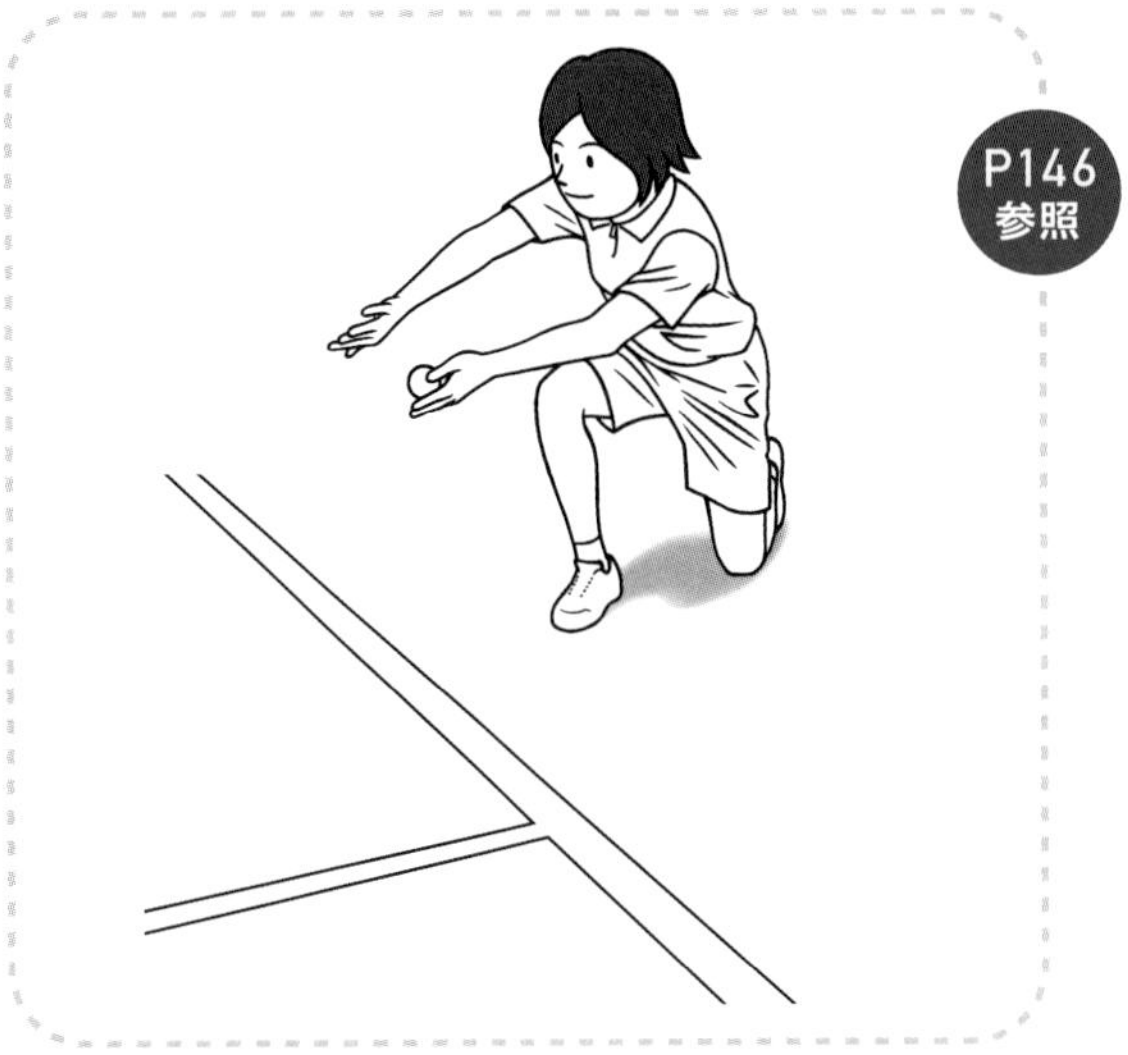

左膝を地面につけ低い姿勢になった状態で、左手で手投げのボールをキャッチさせる。このキャッチした位置が正しい打点になる。次に、同じ姿勢で右手のひらでボールを打たせ、打点の位置をつかませる。

原因❷　打点が前すぎる

打点が前すぎるとボールを上に持ちあげることができないのでネットしやすくなる。

原因❸　ラケット面が下を向いている

↳ 練習法　ノーバウンドでフラットに打つ

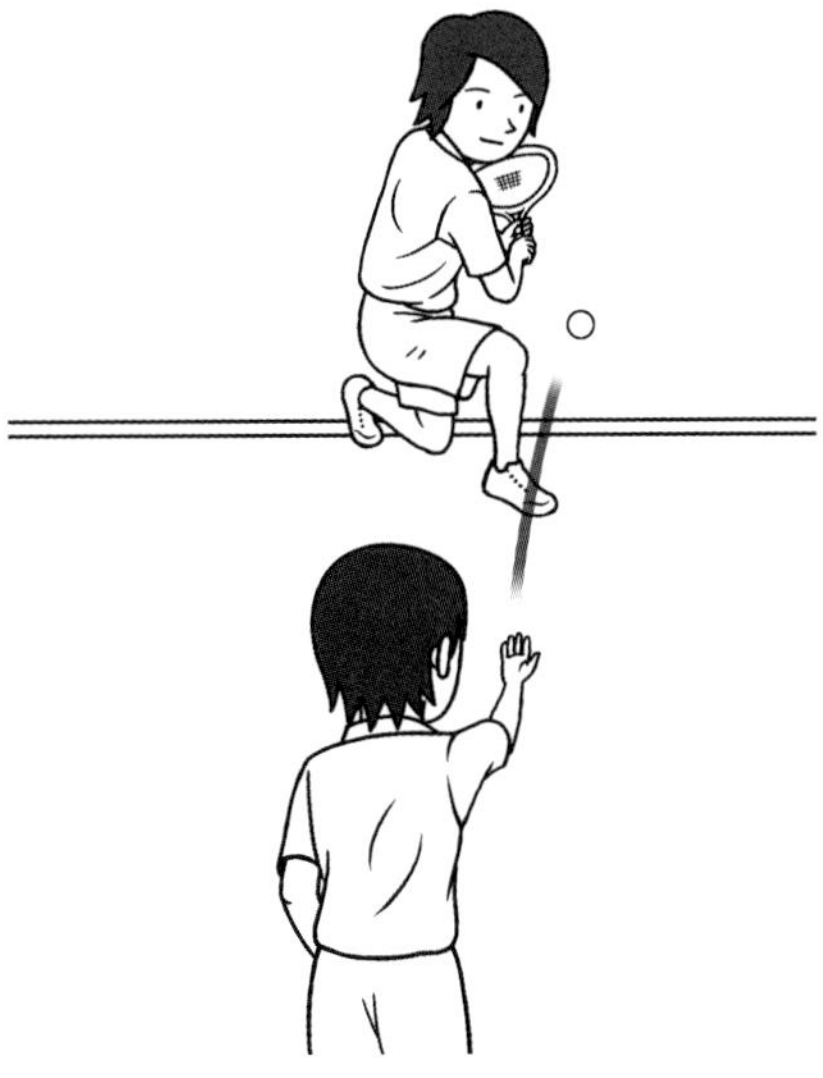

インパクトのときに面がフラットになるように、ノーバウンドでボールを打たせる。

3 バックアウトが多い選手

原因❶ 打球前の「タメ」がない

右ひじが下になるように右脇腹におき、打球前の「タメ」を作るようにさせると、バックアウトが減る。

原因❷ インパクト時に最大の力が入っていない

原因❸ 下半身の回転が遅い

↳ 練習法　ラケットの裏面で両手打ち

左足をベースラインと平行におき、逆クロスに引っ張るように両手打ちで打球する。この練習で自然と膝の使い方と腰の回転の感覚を身につけることができる。

4 ロブが浅くなり前衛にとられる選手

原因❶ 膝を使えず立ち腰になっている

P87の「ネットが多い選手」の原因❶を解決する練習法「左膝を地面につけて打球する」方法で練習する。そのあと、右の3のイラストのように両手打ちの練習をすると、膝を使った打球ができるようになる。

原因❷ スイングが水平で、下から持ちあげるフォームになっていない

↳ 練習法　親指で持ちあげるイメージで

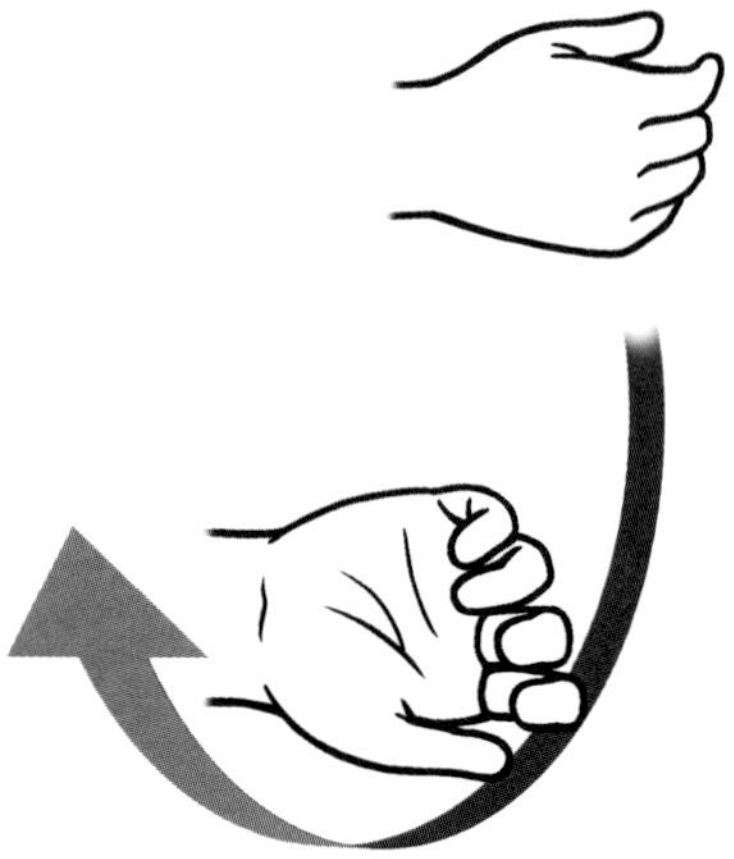

右親指を上に回転させるようにして親指でボールを打球する練習で、自然とスイングが下から上に持ちあがる打ち方になる。

ワンポイントアドバイス

〈流すバックと引っ張るバックの違い〉

バックハンドストロークには、「流すバック」と「引っ張るバック」があります。
それぞれ打球に適したフォームが違うので、チェックしましょう。

[流すバックの場合]

使用シーン

- クロスや左ストレート展開で後衛前に返球する場合
- 後衛レシーブでバックになった場合……など

気をつけること

- 体から遠い場所で打球する
- 親指を押し出す感じで打球方向に振る

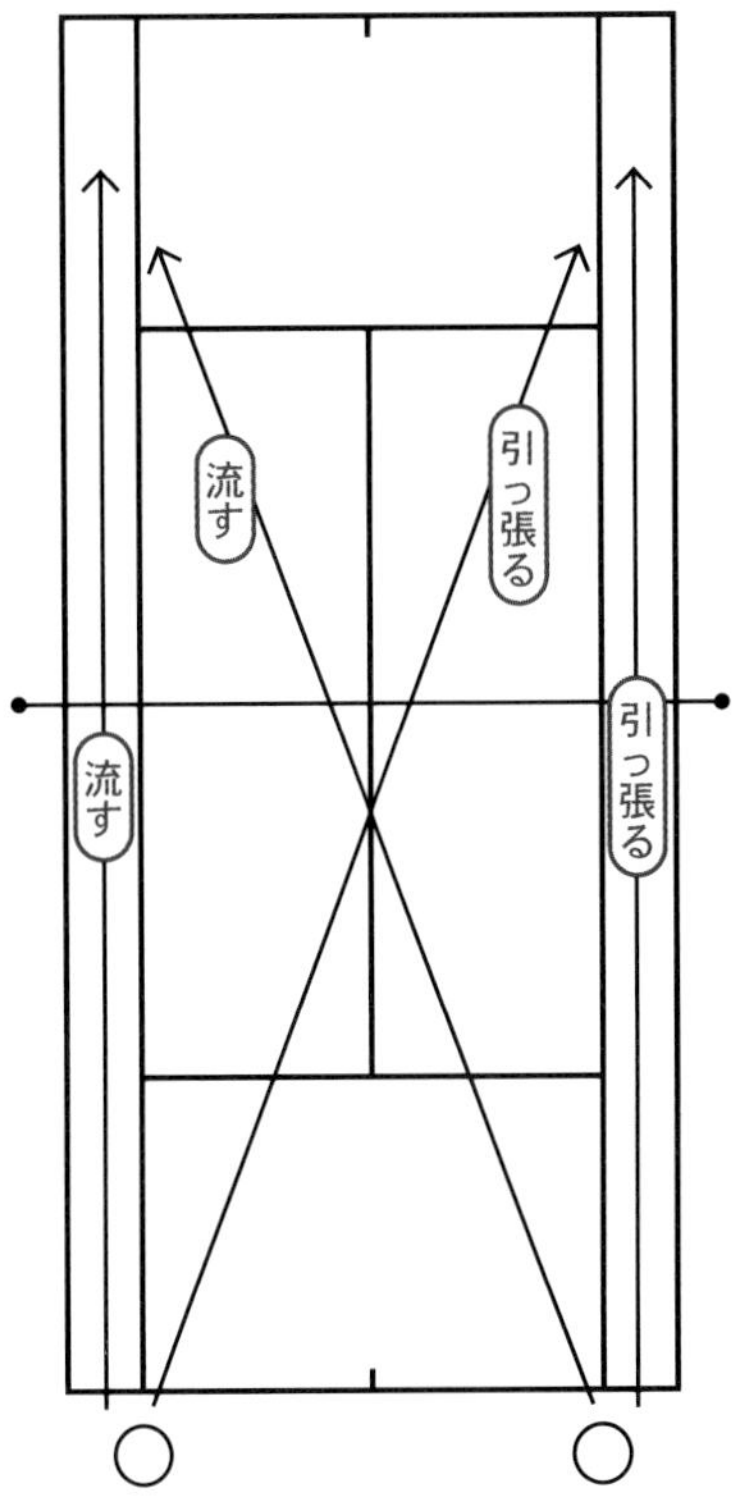

[引っ張るバックの場合]

使用シーン

- 逆クロスや右ストレート展開で後衛前に返球する場合
- 前衛レシーブでバックになった場合……など

気をつけること

- 体から近い場所で打球する
- 親指を上に持ちあげるようにして打球方向に振り切る

ワンポイントアドバイス

〈バック打球後の左足〉

打球後の左足は

①シュートのときは左足の甲を地面につけるような感じでフィニッシュします。

②ロブのときは左足を横に開いてオープン気味の感じでフィニッシュします。

①シュートのとき　②ロブのとき

ボレーのクリニック　7

ボレーのミスの原因は、大きく分けて、正しいフォームで打球できていないケースと、正しいポジションがとれていないケースがあります。どちらの要因でミスをしているのかをチェックしましょう。

ワンポイントアドバイス

〈正確なボレーをするために〉

特に男子に多いのですが、ボレーのときに力任せにラケットを振ってしまうフォームをよく見かけます。ラケット面が安定せず、ミスが多くなるフォームです。

- テークバックを引きすぎる
- 片手でボレーをする（左手を添えていない）
- ラケットを大きく振ってしまう

と、正確なボレーができません。

- テークバックを引きすぎない
- インパクトの瞬間ぎりぎりまで左手を添える
- ラケットは振らずに押し出す

フォームになるようにするとボレーが安定してきます。

1　ネットやバックアウトをする選手

原因❶　ラケットを振っている

↳ 練習法　ネットを脇に抱える

ネットを脇に抱えて正面ボレーをすると、テークバックを大きく引けないので、自然とラケットを振らなくなり、体の前でボールをとらえることができる。さらに、目線がブレず顔がラケットと一緒についていくようになる。

↳ 練習法　右ひじを押さえる

左手で右ひじを押さえてボレーをさせる。この方法もラケットを大きく引けなくなるので、フォームがコンパクトになる。右脇にボールを入れて、ボールを落とさないようにボレーさせるのも有効。

原因❷ ラケット面がまっすぐになっていない

↳ 練習法 ペットボトルを使う

四角い形のペットボトルを使ってボレーをさせると、自然と面がまっすぐになる。ペットボトルを使うことによって、強く握りしめることもできないので、グリップの握りが柔らかくなる効果もある。

原因❸ 体の前で打球できていない

↳ 練習法 左手でラケットを持つ

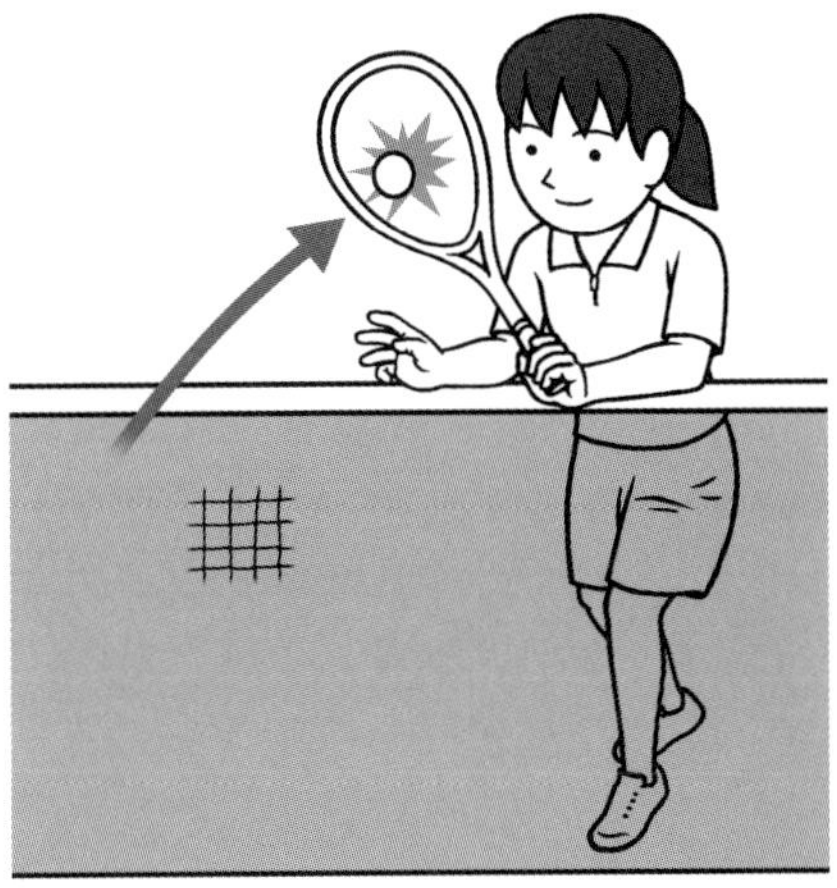

左手にラケットを持って、腕をネットの前に出してボレーさせる。自然とラケット面が顔の前にくるようになり、ラケットを右手に持ちかえても体の前で打球できるようになる。

原因❹ グリップを強く握りすぎる

↳ 練習法 グリップを太くする

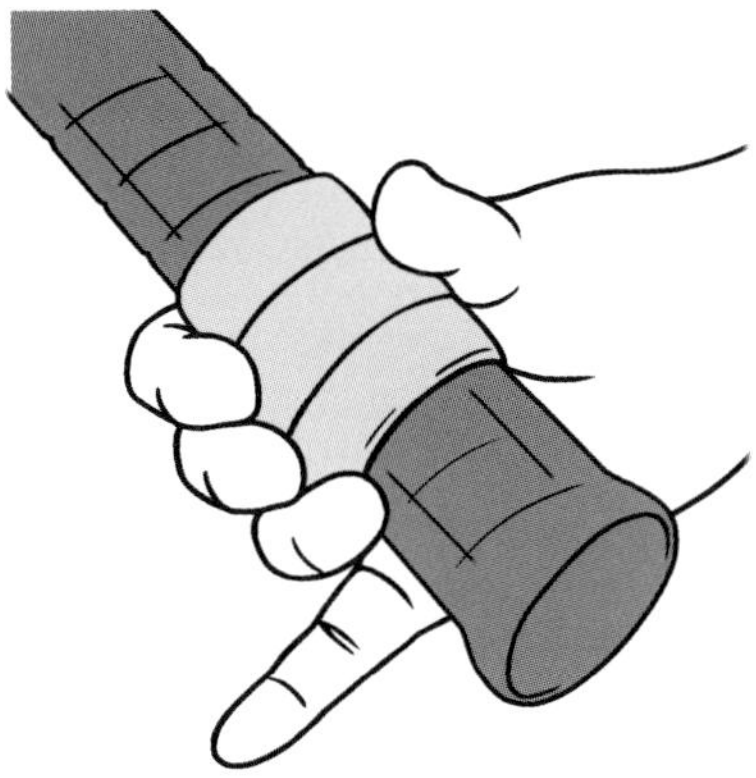

グリップを強く握ると、インパクトの瞬間に力を集中できないので、グリップはなるべく柔らかく持たせ、インパクトの瞬間にラケットを強く握るとよい。グリップにテープなどを巻いて太くした状態のラケットを使うと、グリップを強く握れなくなり、自然と柔らかい握りになる。

原因❺ ボレーの返球位置が理解できていない

↳ 練習法 返球コースを把握する

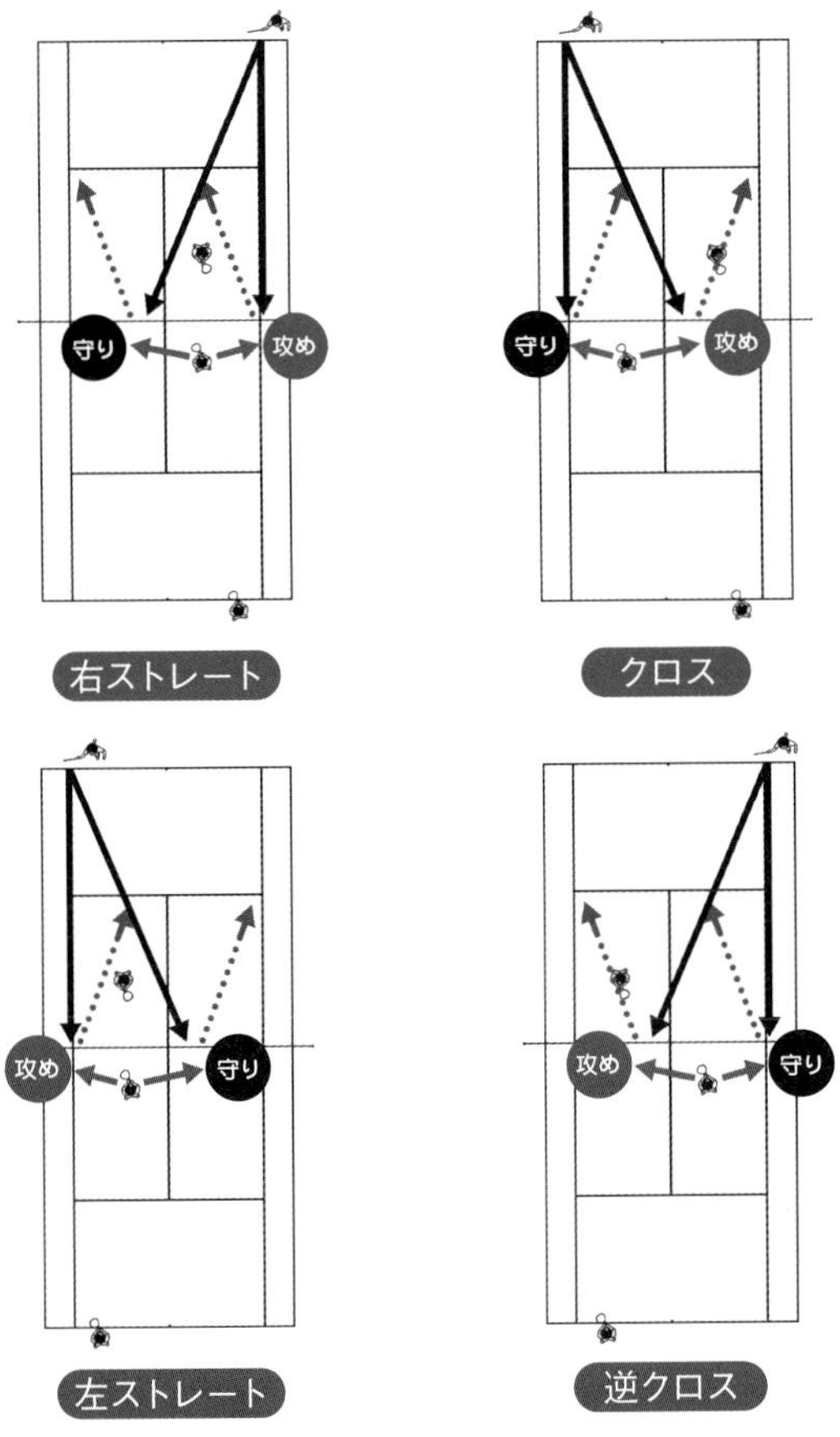

ボレーを打つコースを把握できていないと、手首を使ってラケットを振り回すボレーになりやすい。4コースでボレーを打つ方向を示して実戦で使える力を身につけさせる。

2　ボールに追いつけない選手

原因❶ ポジションが間違っている（サイドを守りすぎている）

練習法　正しいポジションどりをする

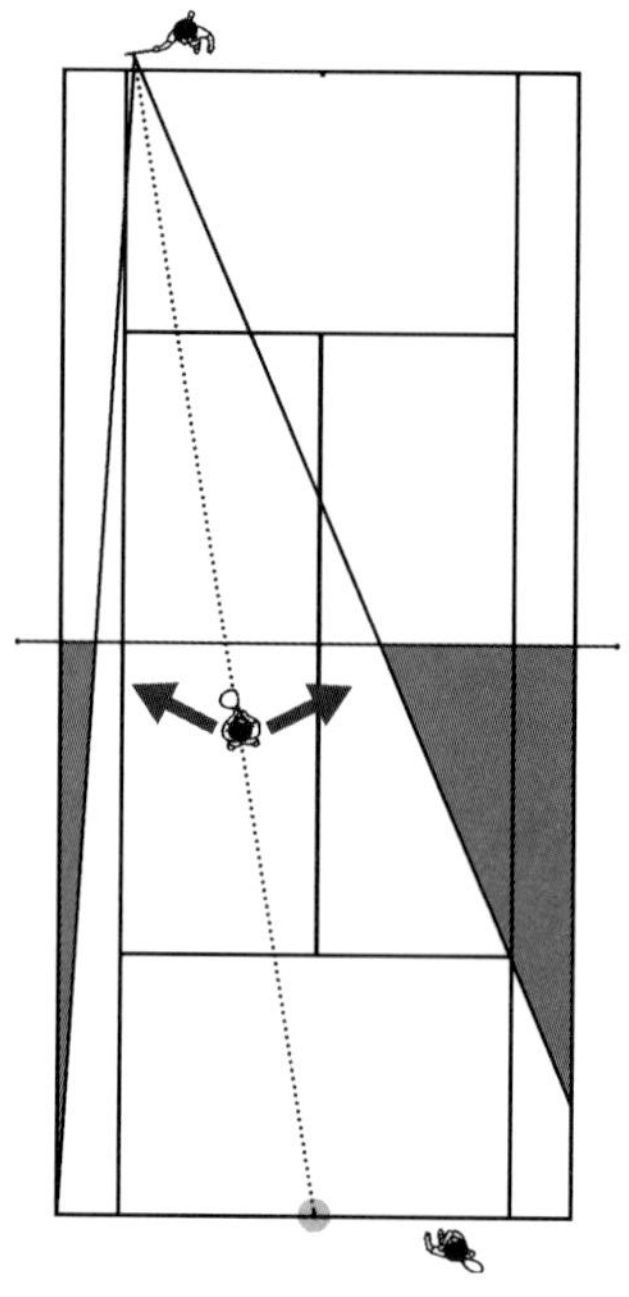

P155 参照

相手後衛が打てるコースの範囲を理解させる。デッドゾーン（黒く塗りつぶした部分）への打球はミスする確率が高いことがわかると、安心して正しいポジションに立てるようになる。

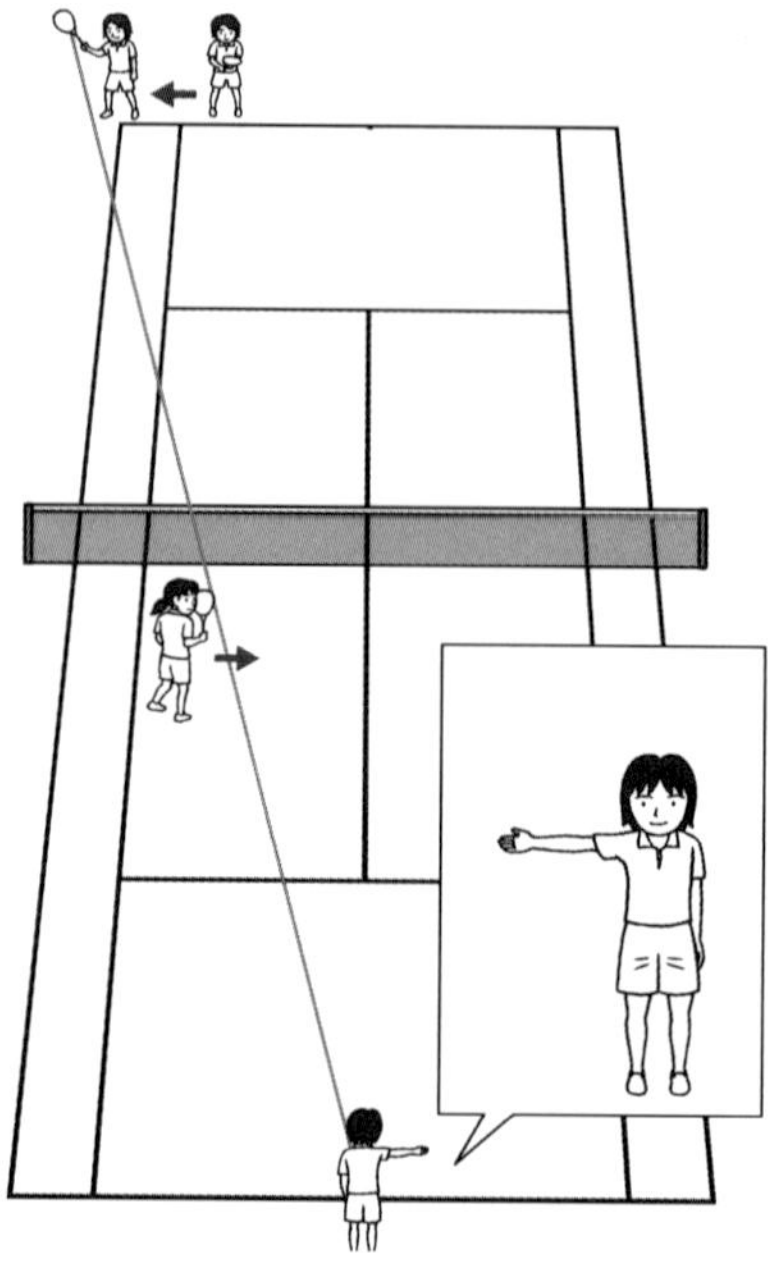

P156 参照

正しいポジションは、相手後衛のラケット面と自チームのコートのセンターラインを結んだ線上。センターライン上に審判をおいて、正しいポジションをとる練習をする。

原因❷ ボレーに出る準備ができていない

練習法　ポジションから1歩前へ

P161 参照

正しいポジションをとったあと、自分の後衛が打球したボールの落下点・球種によって「攻め」か「守り」かを判断し、相手が打球する前に1歩前進し、ボレーに出る方向に斜め前に動く。ポジションが正しく、かつ1歩前進できていれば、そこから3歩以内でボレーできる。

原因❸ 斜め前ではなく横に出てしまう

練習法　障害物をおいて斜め前へ

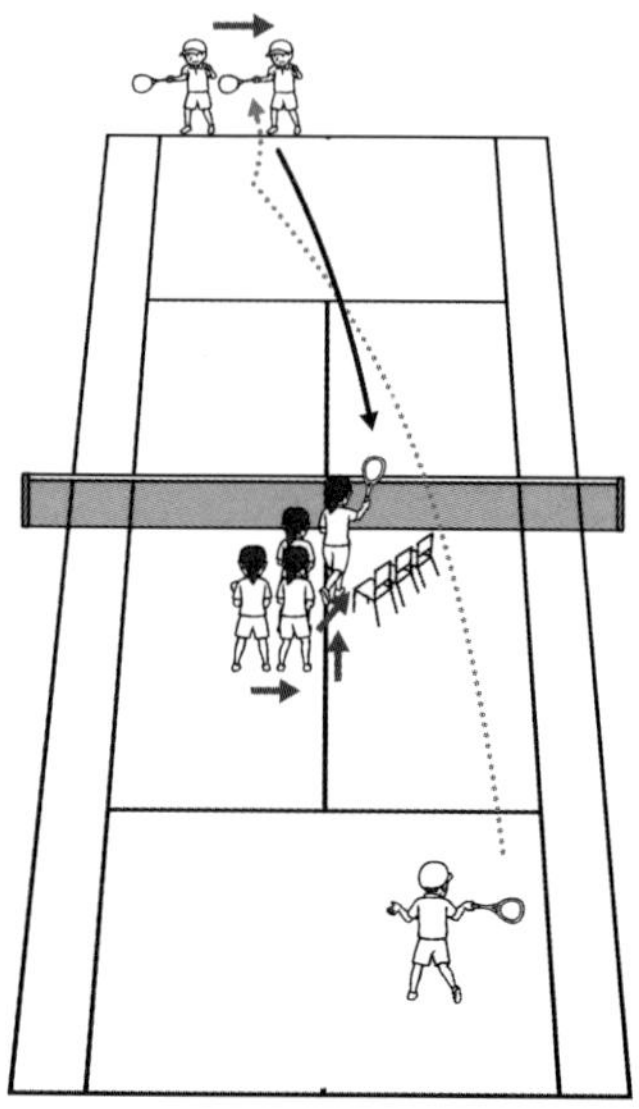

ネットに対して平行にボレーに出ると、ボールに追いつけなくなる。ボレーを予測したときは、正しいポジションから1歩前進して、ネットに対して斜め前方にボレーに出ることが重要。椅子などの障害物をおいて、斜めにボレーに出ざるをえない練習をする。

3 アタック止めをミスする選手

原因❶ ボールが怖い

↳ 練習法 かごでボレーする

絶対に顔にボールが当たらないような、顔よりも大きなサイズのものをラケットがわりにしてボレー練習をさせる。ボールかごの背面を使ってボレーする練習をくり返すと、恐怖心が薄れ、しっかりボールを見て打球できるようになる。

原因❷ 棒立ちになっている

↳ 練習法 右膝を曲げる

両肩をネットに対して平行にして構え、体を正対させたら、右膝を内側に曲げて構える。このとき、左手はラケットと同じ角度にする。

原因❸ 目線がずれる

↳ 練習法 目線をネット上におく

目線が動かないように、はじめからネットのすぐ上の位置に目線をおいておく。

ワンポイントアドバイス

〈アタック止めの恐怖心を減らすフォーム〉

アタック止めが怖くない選手はいません。ですから、その恐怖心をなるべく少なくする練習法やフォームが重要になります。

ジュニアの選手に、・体をネットに対して斜めに構えてアタック止めをさせたとき（普通のボレーのように肩を入れてボレーする）と、・ネットに対して正対してアタック止めをさせたとき、どちらのほうが怖くないかと聞いたら、ほぼ全員が「正対したときのほうが怖くない」と言います。その意見を尊重して左右の肩の高さを同じにして、ネットに向かってまっすぐ構えるフォームで指導します。

8 スマッシュと7：3ボレーのクリニック

スマッシュと7：3ボレーは、前衛の技術の中でも使用頻度が高い技術です。自分の後衛がどんな打球をしたときに、スマッシュと7：3ボレーを使う打球があがってきやすいのかを理解し、正しいポジションをとれるようにすることが重要です。

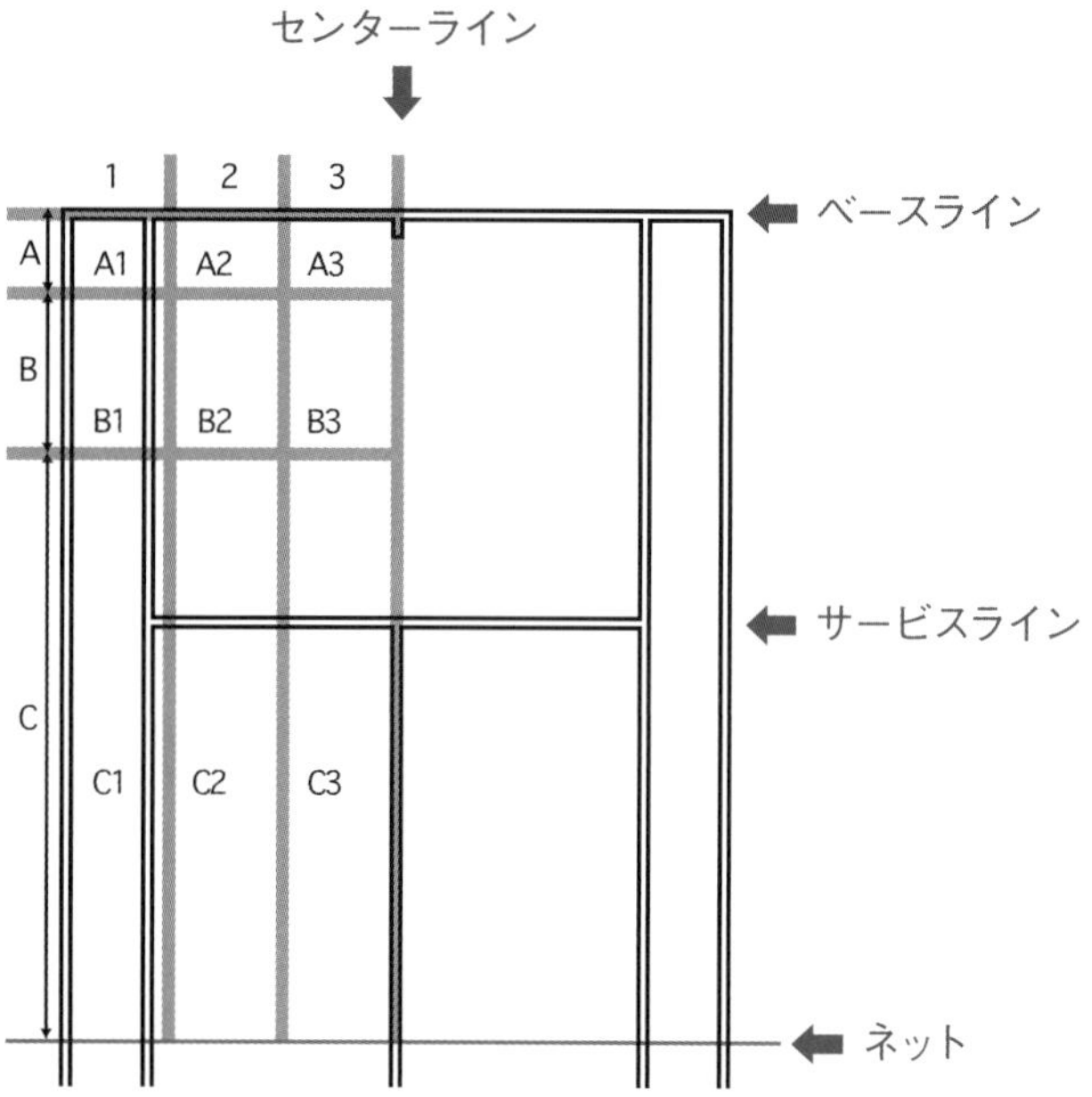

自分の後衛の打球がA点に落ちたときは
スマッシュor7：3ボレーになりやすい。

1 スマッシュと7：3ボレーの使用シーン

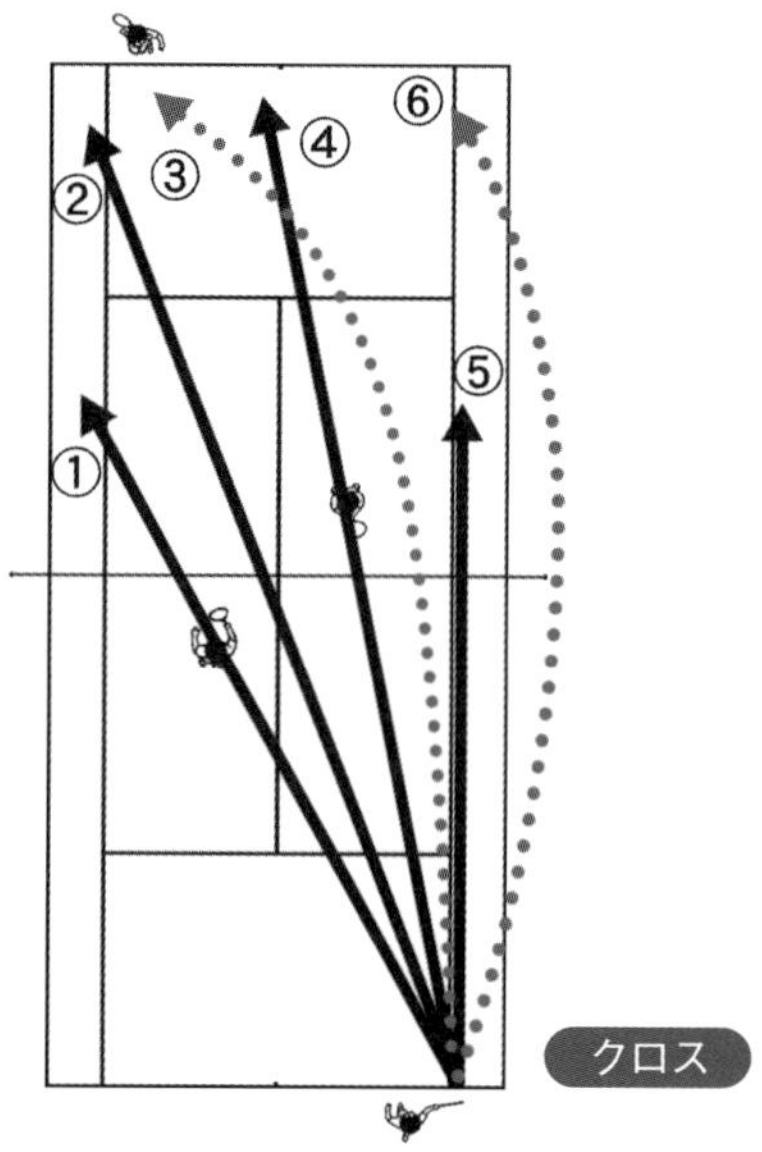

自分の後衛の打球コースは、①〜⑥の6種類。
このうち、④センター割りや⑥前衛オーバーを打球したときは、スマッシュor7：3ボレーになりやすい

2 選手が作った「72分の1理論」の裏番組表《クロス展開の例》

◎高い確率でスマッシュor7:3ボレー
○スマッシュor7:3ボレーを予測
△場合によってはスマッシュor7:3ボレーも考えられる
×スマッシュor7:3ボレーにならない

深さ	A点											
コース	1				2				3			
球種	速いシュート	遅いシュート	半ロブ	大ロブ	速いシュート	遅いシュート	半ロブ	大ロブ	速いシュート	遅いシュート	半ロブ	大ロブ
相手がフォア	◎	○	○	○	◎	○	○	○	◎	◎	○	○
相手がバック					◎	◎	○	○	◎	◎	○	○

深さ	B点											
コース	1				2				3			
球種	速いシュート	遅いシュート	半ロブ	大ロブ	速いシュート	遅いシュート	半ロブ	大ロブ	速いシュート	遅いシュート	半ロブ	大ロブ
相手がフォア	×	×	×	×	△	△	×	×	△	×	×	×
相手がバック					△	△	×	×	△	△	×	×

スマッシュor7：3ボレーを使うシーンがわかったら、前衛はその使用シーンをイメージしながら技術練習する。

3 スマッシュと7：3ボレーの打球コース

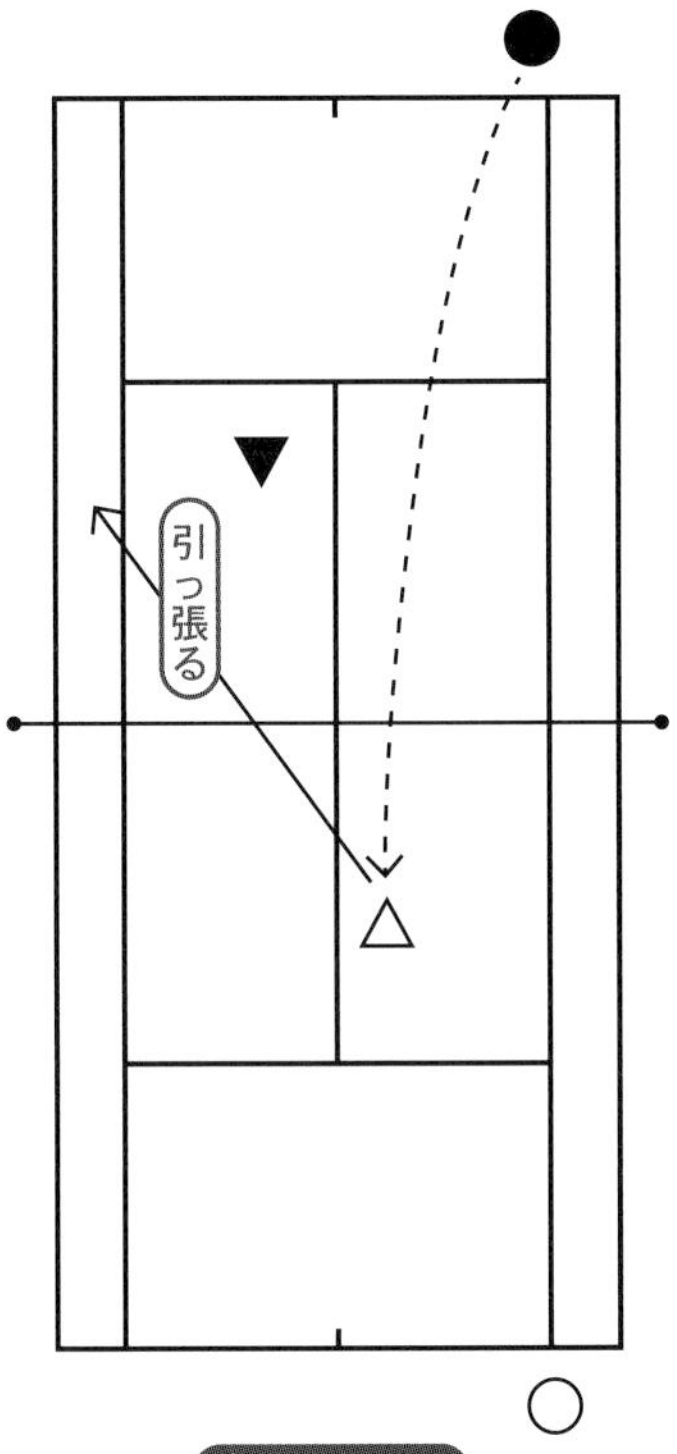

右ストレート

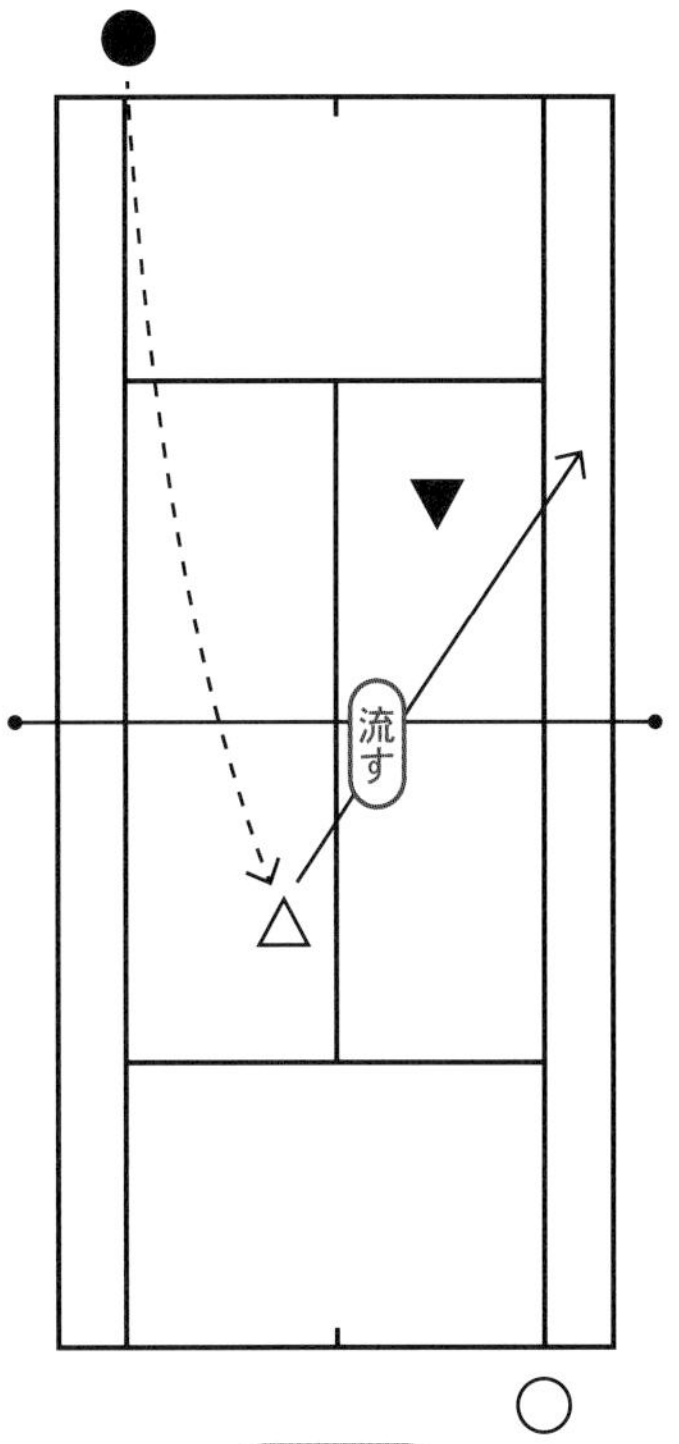

クロス

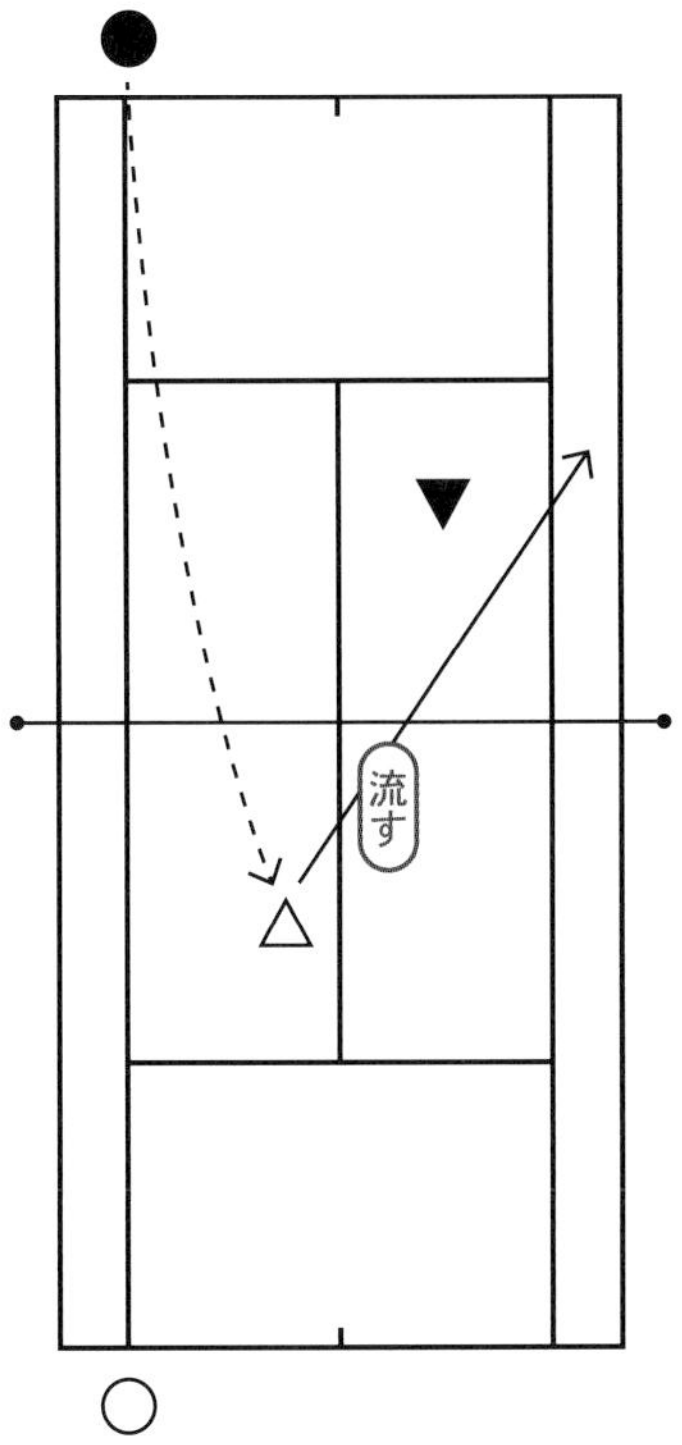

左ストレート

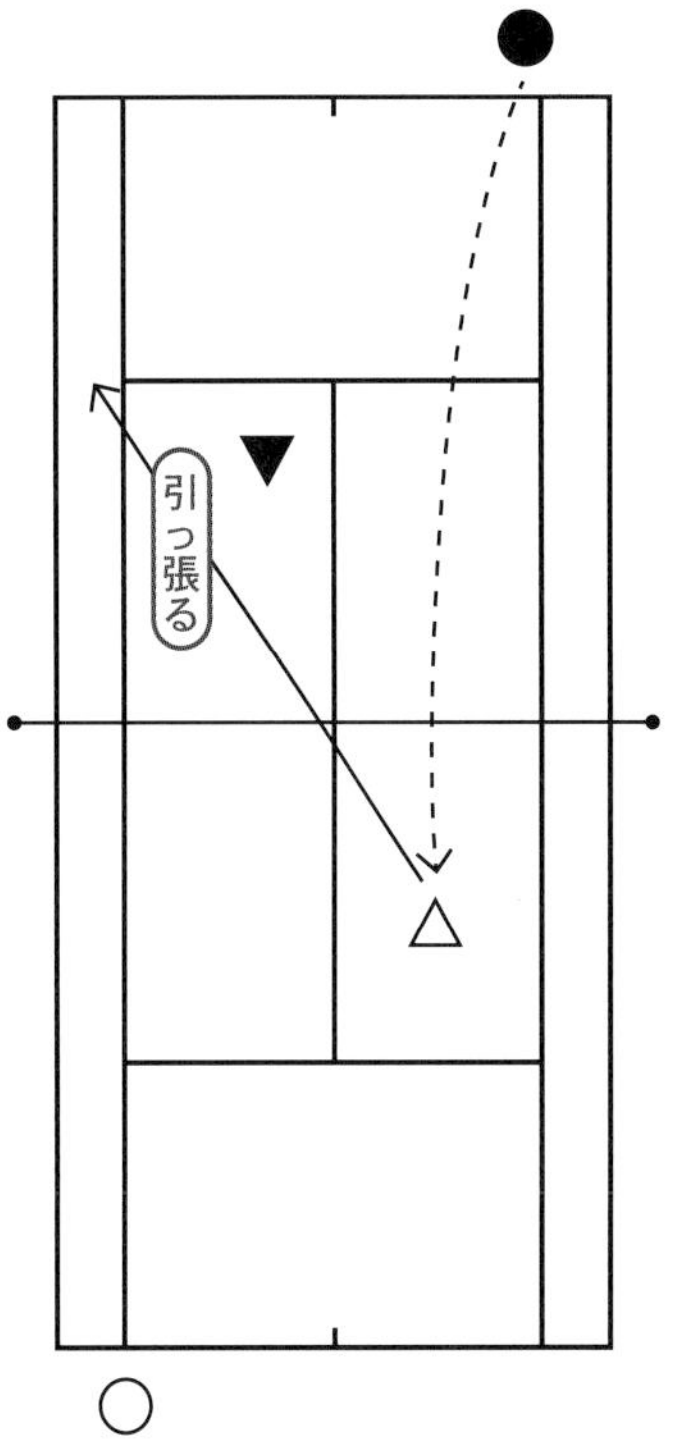

逆クロス

スマッシュは流すスマッシュと引っ張るスマッシュに分かれる。スマッシュは相手前衛側に打つのが原則（7：3ボレーも同様）。試合の中では流すスマッシュor7：3ボレーの使用場面が多い。

4 スマッシュをネットする選手

原因❶ 高い打点で打球できていない

原因❷ ラケットスイングが遅い

└ 練習法 穴をあけたバドミントンラケットで打つ

P153 参照

上部に穴をあけたバドミントンのラケットを使って、スポンジボールを穴に通す練習をさせると、自然と打点が高くなる。また、バドミントンの軽いラケットを使うことで、速いスイングができるようになる。

原因❸ ラケットの上部で打てていない

└ 練習法 上部にガットを張ったラケットでまっすぐ打つ

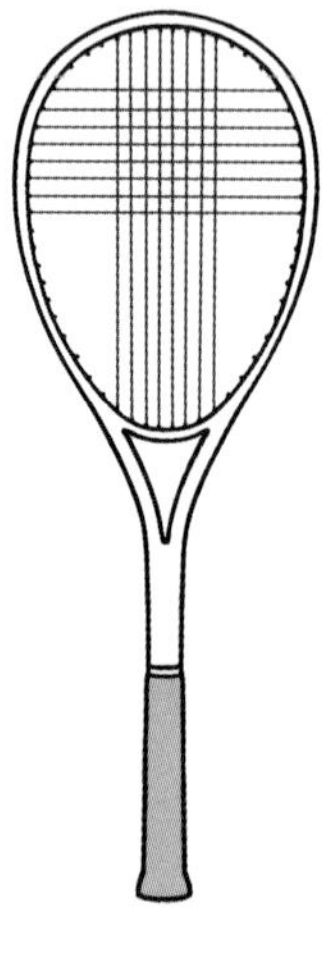

ラケットの上部にだけガットを張ったラケットを使ってまっすぐ打球する練習をする。

5 深いボールを追えない選手

原因❶ 正しいポジションをとったあとスマッシュor7：3ボレーを打つ位置に下がっていない

└ 練習法 ポジションから1歩後ろへ

P165 参照

正しいポジションをとったあと、相手が打球する前に1歩後ろに下がって、そこからスマッシュか7：3ボレーかを判断する。スマッシュの場合はさらに後ろに下がってスマッシュ。7：3ボレーの場合は前に詰めてボレー。

ワンポイントアドバイス

〈スマッシュと7：3ボレーの使用シーン〉

スマッシュや7：3ボレーが上手な選手は、P94のスマッシュや7：3ボレーの使用シーンがよくわかっています。さらに、相手後衛の体勢やテークバックを見て、ロブがあがってくるかどうかも判断しています。イラストのように、体が後傾したり、ボールにつまったりしたときは、スマッシュや7：3ボレーができるボールが返ってくる確率が非常に高くなります。深いボールに対応するには、ジャンピングスマッシュのほうが有効だと思います。

ワンポイントアドバイス
〈７：３ボレーのポイント〉

ジュニアの試合で前衛が決めるポイントの中で最も多いのがこの7：3ボレーで、基本的に使用シーンはスマッシュが予測されるコースと同じと考えます。スマッシュを予測して1歩下がったものの、自分が立っている位置よりも前にボールがきたときに、この7：3ボレーを使います。P165の内容に加えて、下記の4点を注意して練習するとミスを防ぐ効果があります。

①ボールの落下点に右足を持っていくイメージで、その足でタメを作る。
②ひじは体の前におき、インパクト時には少し上げ、打球してからひじを伸ばす。
③ラケットはグリップが頭の右前上にくるくらいにおき、インパクト時までラケットに左手を添えておく。
④補助者のあげボールは1度ワンバウンドさせて、緩急・高低・左右どちらにボールがくるかわからない状態にし、選手はボールがあがってから動く。ワンバウンドさせたときに静止していることが大事。

ワンポイントアドバイス
〈ジャンピングスマッシュのフォーム〉

ジュニアの選手にとってなぜジャンピングスマッシュがよいのかは、P164に記載してあります。ジャンピングスマッシュのミスのほとんどはネットなので、選手に「ネットを越す」とかけ声をさせながら打球させるとミスが少なくなります。相手返球が浅く、打球後に足を前に送れる場合にはスマッシュ、深くて送れない場合はジャンピングスマッシュを使うと指導しています。

ジャンピングスマッシュのフォーム

①
左腕を伸ばして
右腕を曲げながら
待球姿勢をとる。

②
左足をあげ
右足で跳んで
左足で落ちる。

③
跳んで体が1番高いところでスイングする。
フィニッシュはラケット面が右足のつま先方向へ。

9 ローボレーのクリニック

ローボレーはレシーブ後だけではなく、リターン後にネットにつく場面でも使うので、前衛の大事な技術になっています。あくまでつなぎのショットなので、ミスせず相手コートに返すことを優先します。

椅子に座ってラケットでボレーさせる。

ネットを越えない選手

原因❶ 打点が体よりも後ろになっている

原因❷ 右腕・右ひじが伸びた状態で打球している

原因❸ 打球時に目線が動く

原因❹ ラケットを振っている

原因❺ ラケット面が下がる

↳ **練習法** 椅子に座ってローボレーの姿勢を身につける

ローボレーのミスは、ほとんどがネットミスなので、ボールを遠くへ飛ばすことを意識させる。椅子に座って手のひらでキャッチ。それができるようになったらラケットで打球する。次に椅子を外して同じ姿勢で打球をする練習法によって体の前でボールを処理できるようになり、原因❶から❺のミスを防げるようになる。

※初心者が注意すべき点はP166を参照。

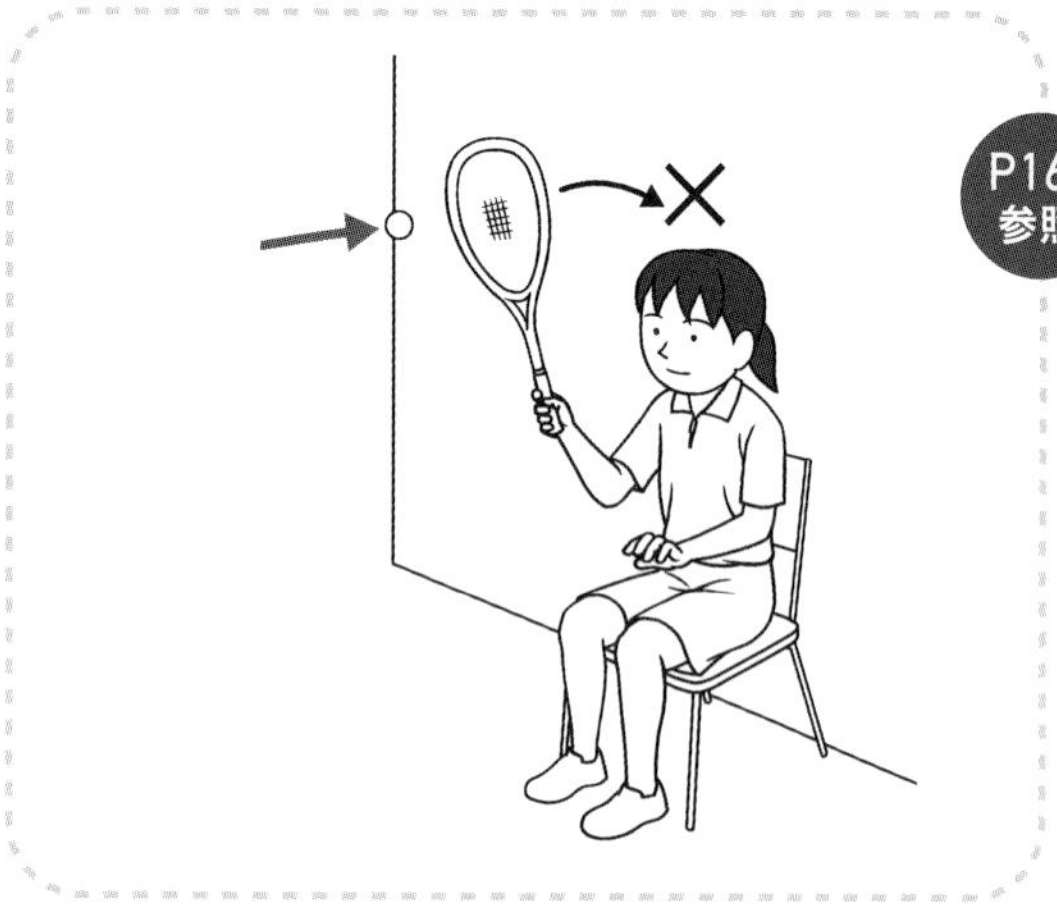
P167参照

ラケットを引きすぎるのを防ぐために壁の前で打球させる。

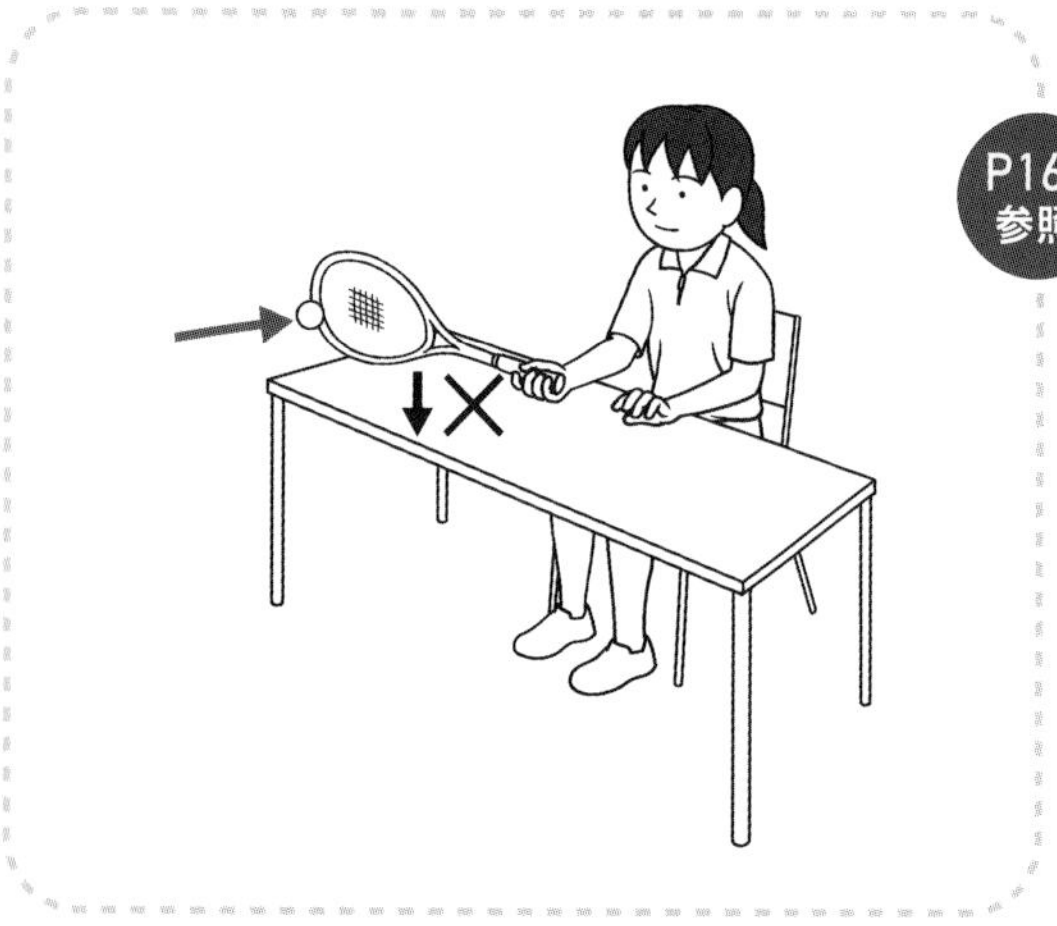
P167参照

ラケット面が下がるのを防ぐために
テーブルをおいて打球させる。

椅子に座って手のひらで、あげボールをキャッチさせる。

ワンポイントアドバイス

〈バックのローボレー〉

バックのローボレーは、フォアのときよりラケットをやや横面にしたほうが打球しやすいです。左足を出し、体を残して親指に力を入れ、ラケット面が上になるように返球しましょう。

原因❻ グリップを強く握りすぎる

練習法 グリップを太くする

P91参照

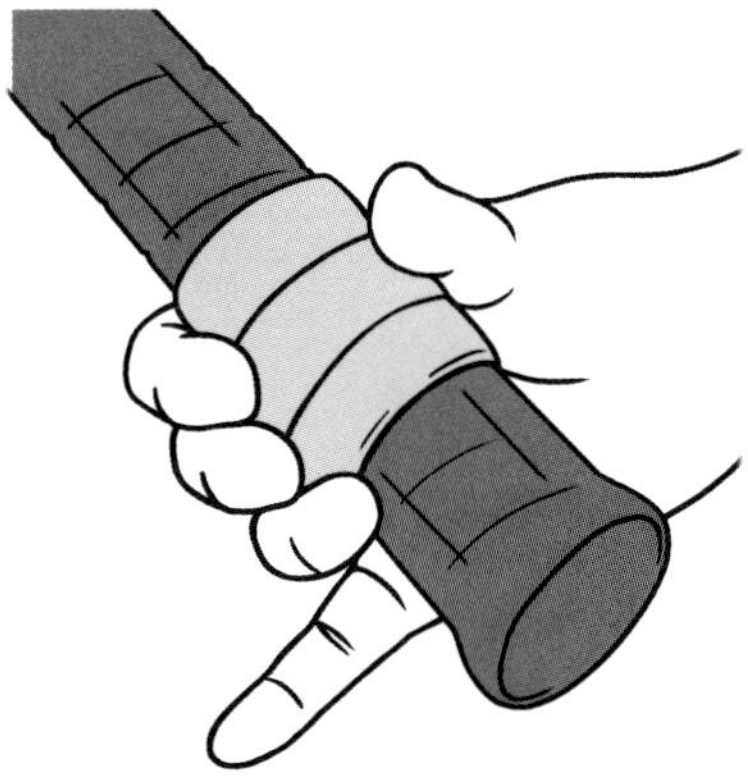

グリップを柔らかく握ってインパクトの瞬間だけ強く握りしめる感覚で打球させる。グリップを強く握れないように、グリップにテープなどを巻いて太くすると、自然と柔らかい握りになる。

ワンポイントアドバイス

〈ローボレーのフォーム矯正法〉

P167参照

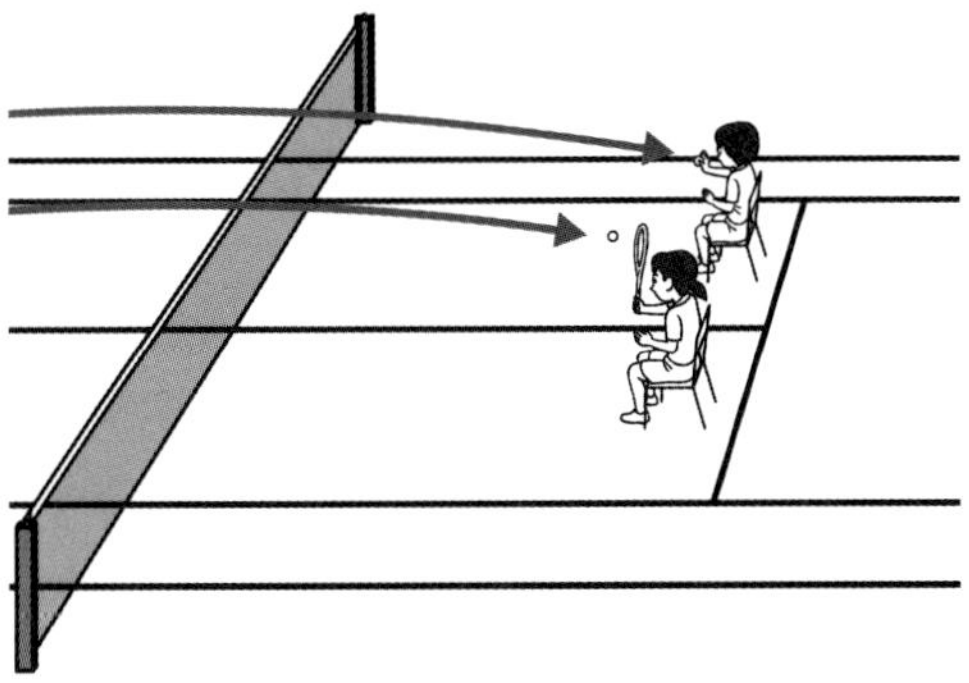

サービスライン付近で椅子に座ってローボレーの練習をします。ラケット面を縦にして、ネットを越すように返球できるようにすると、正しいフォームが身につきやすくなります。

原因❼ 走りながら打球している

練習法 止まってラケット面は上向き

ローボレーは、ネットに速くつくことよりも、相手選手が打球するときに静止していることを優先する。ネットより低い位置で打球するので、フォアボレーは人さし指、バックボレーは親指の先に力を入れて、上向きのラケット面を作る。

Q1

ボレー練習に時間をかけているのですが、なかなかいい音が出ません。そのためか選手もボレーに自信を持てないようです。どのようにしたらよいでしょうか？

A1

ボレーの音は、①グリップの握り、②打球をとらえる場所、③インパクトの力配分、④打球までの力の抜けた「タメ」など、全部の要素がそろわないといい音は出ません。確かに本人もいい音を出したいでしょうが、私は音には全くこだわりません。

むしろ、「攻め」「守り」を理解してのボレーができているかのほうが大事だと思っています。ラケットに当たれば「ＯＫ！」、決まれば「ナイス！」とかけ声を送り続けます。そのうちに選手は、自信を持ってラケットを出すタイミングをつかみ、いい音を出すようになりますよ。

Q2

相手が浅いロブで返球してきたらチャンスだと思うのですが、「攻め」切れません。

A2

浅いボールなので前に詰めて打球体勢に入るのでしょうが、そのときの姿勢が高く、膝が伸び切っていませんか？　また、ロブでスピードが緩いため、テークバックが大きくなっているケースもよく見られます。したがって、膝を入れ、テークバックを小さく、打点をあまり高くせず強く、速く振り切ってみてください。

浅いボールがきたら、「テークバック小さく、膝で打つ」と声を出して打つこともとても効果があります。浅いボールを「攻め」にできるかどうかが勝負のカギを握っていると思います。

Q3

フォローの指導はどのようにすればよいでしょうか？

A3

相手前衛のボレーをフォローするのは大変難しい技術です。私はそのために特別な練習はしません。ただ、次のようにすると比較的フォローできることが多いと思うことを書き出します。

①相手がボレーをするときには必ず止まって相手打球を待つ。②相手ボレーの多くは前衛側にくるので、体を相手前衛の正面に向けておく。③ラケットは体の前においておく。④できるだけ低い姿勢で待つ。

フォローポイントで逆転につながることはよくあることですが、基本的にフォローはほとんどとれないと覚悟して臨んでいます。

Q4

ボレーと7：3ボレーは何が違うのでしょうか。

A4

ボレーは、相手後衛のボールがシュートボールであると判断してボレーに出るのに対して、7：3ボレーは相手後衛のボールがシュート以外のボールであがってくることを予測したときに使う技術です。別の言い方をすると、スマッシュを予測してポジションをとったあと、自分の体よりも前にボールが上がってきたときに、スマッシュではなく7：3ボレーに切り替わるというイメージです。

特にジュニアの試合では、7：3ボレーは前衛が最も使う技術ですので、ぜひ、取り組んでみてください。

Q5

7：3ボレーの指導上の注意点を教えてください。

A5

①7：3ボレーは最初から体の前にラケットをおき、ボールを体の前で処理します。つまりラケットは常に自分の目で見られるところから出します。②フォロースルーはネット白帯の上で止めます（スマッシュのように振り切らない）。③ラケットの面を顔の前で止め、ネット上段より上で打球することでネットミスを防ぎます。④クロスと左ストレート展開は流す、逆クロスと右ストレート展開は引っ張るボレーですが、練習は流すボレーを中心にするのがいいと思います。体の右斜め上にラケットを投げる感じで打ちます。⑤打球後、2、3歩送り足をつけることも大事です。

Q6

守りのボールを打つときの注意点を、浅いボール・深いボール・速いボール・走らされたボールでそれぞれ知りたいです。

A6

浅いボールは、①膝をしっかり曲げて打つ。②テークバックを小さく引く。③フォロースルーは頭の上に持っていく。④カットで返すかシュートで返すかを判断する。深いボールは、①返球コースを後衛前かセンターにする。②フォロースルーを大きく高くする。③縦面で返球する。④膝を曲げ持ちあげるように打つ。速いボールは、①テークバックを速く、小さく引く。②インパクトに集中する。③遅れた場合はフォロースルーを首に巻かなくてもよい。走らされたボールは、①返球コースはセンターか後衛前にする。②フォロースルーを大きく、高くする。③縦面で打球する。④最短距離で落下点に入るなどです。

Q7

以前、後衛にもポジションがあると聞きました。どのような場合でしょうか。

A7

後衛があらかじめポジションを考えておかなければならないのは以下の場合です。

①相手後衛がファーストサービスで自分の前衛がレシーブのとき。
相手前衛がボレーに出てくる可能性があるので、ア）前衛ボレーをフォアでとれる位置と、イ）後衛がセンター割りをしてきたときでも回り込んだらフォアでとれる位置、の両方を考える必要があります。私の考えではア）はサービスラインから2歩後ろくらいのセンター。イ）はセンターマークとサイドラインを3分割した左側3分の1程度が最適と考えます。

②相手後衛がセカンドサービスで自分の前衛がレシーブのとき。
相手前衛がポーチに出てくる可能性は少ないので、サービスラインから3歩ほど下がり相手後衛の打球を攻撃する形で待ちます。もちろん、自分の前衛は攻めのレシーブをすることが条件です。

③自分の前衛がファーストサービスで相手後衛がレシーブのとき。
相当な確率で相手後衛のレシーブは前衛側にきます。この展開では自分の前衛にバックで返球させないことだけを考えます。したがって相当センター寄りで待って、できれば後衛が返球したいのでその準備をします。

④自分の前衛がセカンドサービスで相手後衛がレシーブのとき。
この展開では③より相当厳しいレシーブがくることを覚悟する必要があります。③と同様でセンター寄りで待機します。

⑤自分の前衛がファーストサービスで相手前衛がレシーブのとき。
相手前衛レシーブは、かなりの確率でセンターか前衛のバックになる逆クロスのデッドゾーンと考えられます。この場合、後衛がセンターを狭くするポジションをとり、前衛がフォアで楽に返球することを最優先にします。

⑥自分の前衛がセカンドサービスで相手前衛がレシーブのとき。
相手レシーブは⑤よりも厳しいコースにきますが⑤と同じ考えで。

満開の桜

桑原　通泰

当時、中学校の教員になったばかりの私にとって、部活動で県大会に行くことは大きな目標でした。それを最初に叶えてくれたのは、ソフトテニス部の少女。1994年、郡市大会、地区大会を勝ち上がり、県大会にまで駒を進めてくれました。

2010年秋、同窓会で再会したとき、彼女は2児の母となり、お腹に3人目の命が宿っていることを嬉しそうに話してくれました。

しかし翌年、定期検診で腹部に影が見つかりました。彼女は子どもに影響を与えてはいけないと詳しい検査はしませんでした。そしてあの東北を襲った3月11日、容体が急変して病院に運ばれても、お腹の中の子が現代の医学で元気に育てられるギリギリまで検査や治療を受けませんでした。

そして3月27日に700グラムに満たない女の子を出産し、4月11日、桜が満開の季節にたった30年余の短い人生に幕を下ろしました。

我が子を一度も抱きしめることなく逝ってしまった彼女でしたが、ひとつだけできたことがあります。それは「希望」という名を娘につけることでした。

自分の命と引き換えにこの世に誕生した小さな命。一度として抱きしめることも、ママと呼ばれることも、手を繋いで歩くことも、愛していると頬を寄せることもできず、たった2週間、そばで見つめることしかできなかった小さな命。

でも、その小さな命は、病魔に冒され人生の行く末を理解してもなお、彼女にとっての「希望」だったのです。

母にとって、親にとって我が子とはどんなに尊く愛しい存在なのか。命に代えてもなお希望である無二の存在。

桜の舞う季節、私は彼女の墓前で毎年同じことを尋ねています。

「今頃どうしていますか？　ところで僕は希望ちゃんの担任を務められるような教師になれていますか？」

返事は聞こえません。今年もあの日のように桜が満開です。

新潟市教育委員会
特別支援教育課勤務

「全国各地の指導者の方々から」

テニスは意地悪なスポーツだからこそ

滝井　元之

長年、子どもたちにソフトテニスを指導していますが、いつも思うことは、「テニスって、本当に意地悪なスポーツだな」ということです。

相手が困ることをしないとポイントにならない。相手の弱点を突かないとポイントにならない。

だからこそ、ルールを守る姿勢や礼儀正しさ、相手や周りから共感を得られるマナーなどが大事になってくると思います。

なので、ここ最近の「過度な応援を自粛する」「試合が終わったあとは握手する」などのマナー改善の動きは喜ばしいかぎりです。

安藤先生に出会い、いろいろなお話をお聞きし、また私自身の思いも聞いていただきました。その中で特に忘れられないのは、子どもたちの指導にあたっては「教育」という部分を忘れてはいけない、ということです。全くそのとおりだと思います。

子どもたちは未熟な存在です。指導者である私たちも未熟なのですが、子どもたちに「伝え・教え」ていく立場であり、その責任があります。

日々の練習において、単に「テニスがうまくなればいい」「勝てるようになればいい」という指導ではいけないので、ルールを守ること、礼儀正しく行動すること、マナーを高めていくことも「伝え・教え」ていくことが大切だと思います。それが「教育」という視点なのではないでしょうか。

先生の「選手は指導者の器の範囲でしか育たない」という言葉は忘れられません。子どもたちがうまくやれない・できないのは、やはり指導者の責任なんですよね。

今後もそのことを肝に銘じて、指導を続けていきたいと思います。

石川県穴水町ボランティア連絡協議会会長
教育相談室『あした塾』代表
穴水町ソフトテニス教室代表

主役は誰？

田場　典善

安藤先生と最初にお会いしたとき、私が「うちの子どもたちは元気日本一です」と言うと、先生の目が光りました。

その2カ月後、桜の咲く沖縄に来ていただきました。子どもたちの練習をしばらく無言で見た後、「予想以上ですね」とおっしゃってコートに入ってくださったのがとても嬉しかったです。

先生の指導が始まると、最初は緊張していた子どもたちの顔が、どんどん笑顔になっていきました。

正直、私たちが日ごろ行っている練習と特に変わった点は見当たりません。しかし、子どもたちの表情はどんどん変わっていくのです。

――何が違うのか？

時間が経って私にははっきりとわかりました。それは「子どもたちが主役」ということ。

安藤先生は子どもたちに積極的に質問し、子どもたちの言葉（心そのもの）を引き出すのです。言葉の投げかけと間の取り方が絶妙でした。

私はコーチとして往復3時間をかけ、「人生の第一優先を子どもたちの指導に」と考えてきたつもりでしたが、いつの間にか私が先頭を走り、目標へと引っ張り上げてきたのだと感じさせられました。

どれだけ興味の持てる練習を考え、子どもたちのやる気を引き出していくのか。「頑張れ」と声がけするだけではなく、どうやって頑張れる方法を提示するのか。子どもたちとともに導きだしていく指導が大切だと、安藤先生に学ばせていただきました。

指導が終わると子どもたちは口々に「また安藤先生とテニスがしたい！」と言ってきました。これがすべての答えです。

「人生は出会いの宝探し」

この日以来、私の指導観、いや、人生観は、大きく変わったように思います。

沖縄県　名護高校コーチ

「全国各地の指導者の方々から」

このままでは終われない

近藤　英之

約20年前、秋田県の森吉中学校ソフトテニス部の外部コーチをしていたときのことです。

2年間はほぼ毎日コートに足を運んで、チームは地区大会で無敵となり、県大会でもノーシードから上位に食い込めました。

しかし、部署が変わって週2回程度の指導になったことも影響し、地区でも勝てそうで勝てない時期が2年ほど続きました。「どうにかしなければ」と考えていたときに耳にしたのが安藤先生の噂です。大学の数学科を卒業した私にとって、「72分の1理論」は、その言葉の響きだけでもとても魅力的に聞こえました。

ただ、その理論は1回の講習で理解できるほど簡単ではありませんでした。私は必死に学び、過去の試合などの映像からもデータをとり、自分なりの解釈も入れて「攻め守り」のテニスを選手たちと作っていきました。

それから3週間後。「藤里招待」という女子団体戦の大会でまさかの準優勝を果たしました。決勝でも、県新人戦で優勝している藤里中学校に3番勝負ファイナルと激戦を繰り広げたのです。誰も想像だにしない結果に、私も子どもたちも魔法を見せられたかのようでした。

そこから私は毎年のように木口選手・安藤先生の講習会に参加しました。「全県中学総体」を終えるたびに引退を考えるものの、安藤先生の講習会に出ると、翌年の夏までのエネルギーを受け取ってしまうのです。

指導者としての未熟さや選手たちとまだやっていないことに気づかされ、「このままでは終われない」という気持ちで地元に戻る。そんなルーティンを体に埋め込まれたおかげで、これまで続けてこられたと感じています。

秋田県小学生ソフトテニス協議会副会長
森吉ジュニアソフトテニスクラブ代表

第4章　試合編

大会前日の取り組み 1

選手、保護者、外部コーチが集まって、3年間を振り返りながら最後になる（かもしれない）ミーティングを行います。3年間の想いと、大会に向けた決意を語ります。

3年間の想いを結実させる前日のミーティング

ミーティングは以下のように行います。前日のミーティングには、保護者にも参加してもらうとよいでしょう。

①3年生全員が今までの3年間を振り返って、試合に向かう気持ちを発表
②1、2年生の選手代表から激励の言葉
③3年生のキャプテンが決意表明
④保護者からの激励の言葉
⑤明日の連絡事項を伝える
⑥指導者が話をして締める
（ミーティングの感動の余韻を残して選手を家に帰したいので、連絡事項は指導者の話の前に終えておく）

⑤と⑥については、次のページで詳しく説明します。

試合前日の練習は、いつもの3分の1程度の時間で切り上げ、残りはミーティングにあてます。レギュラーではない3年生は、団体戦に負けるとその大会の日が引退の日になるので、地区予選から全国大会までの各大会ごとに、その試合にのぞむミーティングを行います（指導者は、どんな大会でも常に負けることを覚悟してのぞみます）。

選手、保護者、指導者がそれぞれの想いを伝えるミーティングでの高揚感が、次の日の試合の選手の気持ちを大きく左右しますので、とても重要です。

一生懸命
応援します！
3年間、よく
頑張ったね
悔いの
ないように…

1枚の賞状

テニス部に所属していたある選手の保護者が家を訪ねてきて、「うちの娘は『これだけあれば、あとは何もいらない』と、中学校でもらった賞状を大切に持ってお嫁入りしたんですよ」と伝えてくれたことがありました。

彼女がお嫁に行くときに持っていったというのは、地区大会の3位の賞状です。

その言葉を聞いて、「3年間の部活動のどこかで選手全員に1枚の賞状を与える」ことの大切さを、あらためて感じました。

私が当麻小学校で少年団の指導をしていたときに、中学校の先生がこう言ってくれました。

「当麻中学校のテニス部には多くの選手がいます。でも、なかなか勝たせてあげることができない。先生の力で、選手全員に卒業するまでに1枚の賞状を与えていただけませんか。女子は全員、先生に任せますから」

選手の気持ちを高める、指導者からの言葉

私の場合、前日のミーティングで話す内容は1カ月以上前から準備し、以下のようなことを伝えます。

①明日の大会を控えて、十分に戦える技術が仕上がっていることを伝え安心感を持たせる
②この大会を迎えるまでのレギュラー以外の選手の頑張りを紹介する（事例を出して）
③3年生と一緒に一日でも長くラケットを振れるように「明日は全員で頑張ろう」という気持ちを作る
④「全員がひとつになって頑張ることの素晴らしさ」を伝えられるエピソードなどを紹介し、戦う気持ちを作る

大会当日の動きを確認

連絡事項の部分では、

①大会当日の朝練習メニューを確認しておく
②各自の役割について確認しておく

ことが重要です。当日の短い朝練習中に慌てることになると、選手は不安になります。大会当日の朝練習は、すべて前日までにシミュレーションしておきます。

また、レギュラー以外の選手も、自分の役割がはっきりすることで張り切って当日の大会を迎えることができます。外部コーチの役割もはっきりさせておきます。当日の船頭は必ず1人だけになるように事前の役割分担をしっかり確認しておきましょう。

当日の役割が明確だと、選手も外部コーチも安心して動ける。レギュラー以外の選手は食事係、朝練習のボール係、自チームの試合の記録係、相手チームのオーダー記録係、試合の進行を確認する係など、各選手それぞれに役割があることを意識させる。

今は亡き佐藤四二男先生のこの言葉で私は当麻中学校で外部コーチができることになり、その4年後に日本一が実現したのです。

「すべての選手に1枚の賞状を」

そんな佐藤先生の想いを実現するために行ったのが、その後の当麻中学校での指導でした。

まず、1年間ずっとペアを固定せず、すべての選手に賞状をもらえるチャンスを与え、部員全員で戦う気持ちを育てました。

中体連の北海道予選では、試合ごとにペアを変えることもありましたが、これがスムーズにいったのも、普段からいろんなペアで試合をしていたからと言えます。

保護者からの声援がすべての選手に送られるのもこの方法の成果なのかもしれません。選手全員が必ず紅葉になれるのですから。

大会当日の取り組み 2

いよいよ大会当日です。ここでは、朝練習とオーダーを作るための基本的な考え方についてお話しします。

朝練習は自信を持たせることが最優先

試合当日の朝練習は短い時間ですので、前日までのシミュレーションどおりに朝練習を行います。私は、当日も大会会場での公式練習はしません。自分たちのチームだけで集中して練習できるように、事前に会場近くの別のコートの手配をしておきます。

朝練習の最大の目的は、選手に「今日は調子がいい」と自信を持たせることです。そのために、以下のことを意識します。

①朝練習は大変大事なので1時間は用意する
②補助選手の役割（サービス・ボール渡し・ボール拾いなど）をはっきりさせておく。選手には思う存分練習できたという感覚を、補助選手には団体の一員として大会に参加できたという実感を持たせることが大事なので、この時間で一体感を持たせる
③選手が気持ちよく調整するためにも、難しいあげボールは厳禁。最初は補助者の手投げのボールを打たせて、インパクトを確かめるように面合わせをし、ゆるいシュートボールのレシーブから始める
④選手同士のゲーム練習は、負けた選手に与える影響が大きいので絶対にしない
⑤朝練習の様子を見て第1戦のメンバーを決める。朝練習で調子が悪いと感じた選手には打開策や応急処置（ペアの変更など）の覚悟を決めておく
⑥最後は、本人のやりたい技術をやらせて練習を終了する

いずれにしても、指導者は選手の様子を観察し、選手が自信を持って大会にのぞめるようにすることが大切です。

朝練習の内容

10分 サービス・レシーブ練習（後衛・前衛）

15分 後衛の4コース1本打ち・前衛のボレー、7：3ボレー、前衛側リターン練習
2面で同時進行
（1面しかない場合は後衛が使っていないコースで前衛の練習）

15分 指導者がボールをあげて、2章の練習のうちのいくつかを行う
（2面使用できる場合）➡各コート指導者が後衛役を、補助選手が指導者の前衛役を
（1面の場合）➡指導者2名が後衛と前衛役を

10分 個人練習（各選手、やっておきたいこと）

褒め言葉をかけて安心感を与える

予想外も悪くない①

2011年8月、奈良県・明日香村テニスコートで行われた全国中学校ソフトテニス大会でのこと。

当時、私がコーチとしてかかわっていた当麻中学校は、3年連続の団体戦出場で、全国優勝を狙って準備を進めていました。

ところが、大将、副将、3将、4将の4チームが出場した個人戦は大将チームのベスト16が最高で、残りの3チームはすべて1回戦負けとなりました。

そのとき、取材にきてくれていた北海道新聞の記者は「団体優勝を狙っていると言っていたけれど、これではきっと無理だろう」と思っていたそうです。

翌日、当麻中学校は前日の個人戦が嘘のように、選手みんなが生き生きと活躍し、決勝戦に進出。和歌山信愛中学校と3番勝負、ファイナルの6対6の接戦から競り負け、準優勝となりました。

オーダーの考え方

［選手の実力順］

1	自チーム 1
2	相手チーム 1
3	相手チーム 2
4	自チーム 2
5	自チーム 3
6	相手チーム 3

［相手チームのオーダー］

①	1・2・3
②	2・1・3
③	1・3・2
④	3・1・2
⑤	2・3・1
⑥	3・2・1

（1→大将　2→副将　3→3将）

1.
６ペアの力を冷静に判断し、強い順番に並べる。

自チームの３ペアと、相手チームの３ペアの順位の合計を出す。

自チーム　1+4+5=合計10
相手チーム2+3+6=合計11

2.
実力順の数値の合計の差が3以内ならば接戦を覚悟する。

相手チームのオーダーは上記右の6通り。

相手チームが①から⑥のどのオーダーできても勝てる可能性が高いのは
(A)自チームの副将が相手チームの大将よりも強い場合
(B)自チームの3将が相手チームの副将よりも強い場合

　オーダーを考えるときは、自チームと相手チームの戦力を考慮します。一般的に相手チームのどんなオーダーに対しても勝てる可能性が高いのは、

(A)自チームの副将が相手チームの大将よりも
　強い場合
(B)自チームの３将が相手チームの副将よりも
　強い場合

の2つのパターンです。


　私は今まで、(B)を重視したチーム作りを意識してきました。その理由は、３将を強いペアとして育成すると、必然的に層の厚いチーム作りが要求されるからです。チーム全体の練習内容を同レベルで構成でき、選手たちの競争意識も高まります。全員で戦うという意識を高めるためにも、３将が強い、団体戦を意識したチーム作りをします。

　オーダーを考えるときは、相手チームの分析が必須になります。全国大会などでは、対戦チームの地区予選からの情報を事前に得ておくことも重要です。また、当日は補助選手に、対戦する可能性があるチームの、１回戦からのオーダーを集めておくように指示しておきます。


コラムのタイトルにした「予想外も悪くない」は、そのとき取材に来ていた北海道新聞の記者が書いてくれた記事のタイトルです。個人戦で入賞にいたらなかった選手たちが団体戦で活躍した「予想外」を讃えてくれました。

　実際、試合を見ていた多くの人にも「なぜ、前日の１回戦負けから復活できたのですか？」と聞かれました。

　実は、個人戦で惨敗した日の夜のミーティングに、ひとつのドラマがあったのです。全員が重い気持ちで戻った宿に、１枚のファックスが届いていました。それは、東京に住む娘から選手たちに宛てた手紙でした。

　中体連全国大会での優勝の経験がある娘からの手紙は「当麻中学校ソフトテニス部のみなさんへ。今日の試合はいかがでしたか？」という文章で始まっていました。（続く）

1、3、5ゲーム後のアドバイス　3

チェンジサイズのときのアドバイスは、具体的に行いましょう。試合中は、選手たちが安心してプレーできるように意識しましょう。

この相手には
前衛オーバーを中心にして
試合を組み立てよう
スマッシュは
ネットを越すように

具体的なアドバイスで選手の不安をとりのぞく。

試合中はいつもにこにこ

試合中は、ゲームの流れを見て、「72分の1理論」の表番組、裏番組がどれくらい通用しているかを判断し、相手選手にあった表番組と裏番組に微調整するようなアドバイスをします。試合中の「開き直れ」「しっかり攻めろ」「サービスを入れて」などの言葉は、選手にとって「アドバイス」にはなっていません。「クロスのC1に落下するボールがきたら、迷わずサイド抜きしよう」とか「サービスのトスをもう少し前にあげて」などと具体的に指示をすることが選手にとって役に立つアドバイスになります。

ミスの定義を徹底

「72分の1理論」で練習をする理由のひとつに、試合中に選手が迷わずボールを打てるので緊張しないでプレーすることができることを書きました。試合中は、結果論で選手を叱ったり褒めたりするのではなく、「72分の1理論」に沿って、練習と同様のプレーをしようとしているかどうかを見極めます。「攻め」と「守り」を間違えていなければ、たとえミスをしても大きくうなずいて、安心させます。

予想外も悪くない②

個人戦で惨敗した当麻中学校の選手たちに届いた娘からの手紙の続きです。

スコアしか聞いていませんが、きっと自分の普段の力を発揮できないまま終わってしまったという人もいたのではないでしょうか?

私も、中学2年生のときの全国大会は、わけもわからず終わってしまいました。試合に負けたあと、勝ち残ったチームの試合を見て、すごく悔しい思いをしたのを覚えています。

どのチームもそりゃあうまかったけれど、全く歯がたたないって感じじゃなかった。負けたことよりも、自分が練習してきたことがこれっぽっちも出せずに終わったことのほうが何倍も悔しかったのを覚えています。

だから、それから1年間、今度こそはそんなに簡単に負けないぞと思って練習をしてきました。

試合展開を分析して1つずつアドバイス

　選手がベンチに戻ってくる前に、どのような試合展開になっているのかを分析し、アドバイスをします。たとえば

①守りのボールが相手前衛につかまっているのであれば、「守りは後衛前に大きくロブで、浅いボールだけ中ロブで走らせよう」

とか

②逆クロス展開で、相手後衛のサイド抜きはないとわかった場合は、「逆クロスで攻めのときは、迷わず1本目からボレーに出よう」

など、前衛と後衛に1つずつ、具体的な指示を考えておきます。

　また、「今どんなボールを使いたい？」「レシーブはどこに打ちたい？」など、選手の考えを聞き、「それしかないよ！」と後押しをして安心させることもあります。

常にリードされることを想定してアドバイスを考えておく

①1回目のアドバイス前には0－1でリードされて戻ることを想定してのアドバイス
②2回目は1－2か0－3で戻ることを想定してのアドバイス
③3回目は2－3で戻ることを想定してのアドバイス

を考えておきます。

リードされて戻ってくることを想定して、試合展開を分析。

みなさんは、今日、試合が終わったあと、どう思いましたか？　悔しかったですか？

　あのボールが入っていたら、あのポイントが1ポイント取れていたら……。そう思う場面がいくつかあったのではないでしょうか。

　そして、もう少し試合が長引いて、もう少しだけ粘れて心が落ちついてきたら、ひょっとしたら勝てた試合だったかもしれない、そう思ったかもしれません。

　でも、よかった。今日はみなさんの最終日ではありません。みなさんが目標にしてきた団体戦は明日なのです。

　みなさんには、まだ1日チャンスが残っています。

　そして、それは、きっとみなさんが、この1年間ずっと目標にしてきた日です。

　試合の前にはひとつ大きな深呼吸をしてみてください。一度目をつぶって、今まで練習したことを思い出してみてください。一生懸命頑張ってきたことを思い出してみてください。（続く）

ファイナルゲームの想定　4

ファイナルゲームこそ「戦略」の頂点だと思います。日頃から、ファイナルゲームを想定した練習を行い、試合では的を絞ったアドバイスをしましょう。

カウントを意識した練習を

ファイナルゲームでファーストサービスやレシーブのミスが出ないようにするためには、日頃からファイナルゲームを想定して、緊張感を持った練習をする必要があります。サービス・レシーブ練習では、構えのときに「ファイナルの0-1」とか「ファイナルの3-4」などと、カウントを言ってから打球する練習をするとよいでしょう。

4−5だから、
絶対に
ファーストサービスを
入れなくては……

練習のときからカウントを意識させる。

日頃から、ファイナルゲームを想定した練習を

同じ負けでもファイナルゲームで負けるのは、より悔しさを感じるものです。みなさんはファイナルゲーム対策にどれくらいの時間をかけているでしょうか。ファイナルゲームがとれるかどうかは、日頃からファイナルゲームを想定した練習をしているかどうかにかかってきます。

ファイナルゲームでは、お互いにレシーブキープをする確率がかなり高くなります。ですから、勝敗を左右するのは

①サービスゲームでどうポイントをとるか（とれるのはファーストサービスが入ったときにしかないという覚悟を持つ）

②レシーブゲームを確実にとる（特に相手前衛がサービスのときには必ずポイントをとる）

と考えて対策を立てます。

予想外も悪くない③

それから、一度、ベンチのほうを振り返って、仲間の顔を見てください。そして、笑顔で、自分たちらしい試合をしてください。

テニスは、相手選手よりも、たった1本だけ多く、相手のコートにボールを返したほうが勝つスポーツです。

たった1本だけです。

ラリーが続いて苦しくなってきたら、そのことを思い出してください。このラリー、相手よりも1本だけたくさんボールを返したほうがポイントできるのです。たった1本です。心が負けそうになったら、そのことを思い出してください。

私は今年35歳です。人生の中で一生忘れないと思える日は、35年生きてきても、数えるほどしかありません。そんな素晴らしい日に、みなさんが、明日出会えますように。応援にいけないのは残念ですが、東京から応援しています。

佐藤友美　より

ファイナルゲーム 中盤の戦略

①ファイナルゲームでは、原則的には返球するボールも最も得意な１本にしぼって「72分の１理論」ではなく「36分の１理論」で戦う（P21の表で選んだボール２つを１つにしぼる）

②相手前衛サービスのときの、レシーブから始まる攻撃パターンを作り練習する

- 「後衛レシーブのセンター割り」（P41参照）
- 「後衛レシーブのショートクロス」（P41参照）
- 「前衛レシーブのセンター割り」（P43参照）
- 「前衛レシーブのデッドゾーン」（P43参照）

③自チーム前衛サービス時の相手レシーブのリターンから始まる攻撃パターンを作り練習する

- 「前衛サービス後のセンター割り」（P45参照）
- 「前衛サービス後の前衛オーバー」（P45参照）

④最も得意な１本に加えて、攻めの勝負球（アタック・中ロブなど）を使う

ファイナルゲームの中盤が 重要な理由

また、ファイナルゲームは中盤（お互いの前衛がサービスをする、５〜８ポイント目）の戦い方がカギを握っていると考えます。この中盤の４本を３－１でリードしたペアがより勝利に近づくと考えます。

この中盤では、特にジュニアの場合は前衛がサービスをする側のポイント取得率が極端に低くなります。その理由は

- **サービスをする前衛にとって しなければならないことが多い**

①サービス後は相手レシーブをリターンしなければならない
②リターン後にネットにつかなければならない
③ネットにつく前にローボレーの技術が必要になる

- **レシーブをする側は攻めるコースが多い**

①レシーブは前衛に返す
②ネットにつくのが遅かったら前衛を攻める

からです。

ファイナルゲームの指示は、
日頃の「ファイナル想定練習」
があってこそ。

個人戦ではなく、団体戦を狙って練習してきたのだから、「戦いはこれからだ」ということを選手全員で再確認しようと考えていたミーティングでした。

妻（当時は当麻中学校の外部コーチ）が娘からの手紙を読み終えたとき、選手たちの目が輝き始めたのがわかりました。選手たちから明日に向かう強い闘志を感じたので、私は自分が用意してきた話を中止してミーティングを終えることにしました。

次の日。朝練習のために５時に集まった選手の顔は爽やかで、戦うことに迷いのない笑顔でした。昨夜のミーティングの余韻が残っていることを確信しました。

多くの方々に、当麻中学校の選手たちの笑顔をお褒めいただきました。これもまた、前日のミーティングの力だったのかもしれません。

Q1

前半リードしていても後半で逆転されることが多く悩んでいます。リードしている場合のアドバイスはどうすればよいでしょうか?

A1

力関係が相手チームより自チームのほうが上の場合、または同じくらいのときにリードした場合は、それまでの流れを自分から壊さないのが鉄則です。

例えば①カウントに余裕があるのでアタックする、②前衛がどんどんポーチに出て行く、③スマッシュを無理して追うなどのプレーをしないことです。リードしているときこそ正攻法で。

ちなみに負けているときこそアタックなどの勝負手を使うのが大事だと思います。

Q2

ベンチワークについて聞きます。選手が自信を持って試合に臨めるようにするための、言葉がけにはどんなものがありますか?

A2

まず、選手がベンチに戻ってくるまでに、次のゲームの指示をはっきり決めておくことが重要です。そのためには、なぜ今、リードしているのか、またはされているのかを分析しておく必要があります。

その上で、①いくつも指示せず、前衛も後衛も短く1つずつ指示する。②「トスをもう少し前に」「クロス展開のC1にボールが来たらアタックを」など、選手が迷わないような具体的な指示を出す。③ファイナルゲームのときは前衛・後衛に2つずつ、リードしている場合とリードされている場合のカウント状況も考えて指示を出すことを意識しています。

Q3

雨天時にアップしない打ち方を教えてください。

A3

ボールがアップするのは以下のことが原因と考えられます。①手首を使って打球している。②フォロースルーが速い打ち方をしている。③インパクト時に面が下を向いている。したがって、対策としては①テークバックは横に(ラケットを立てない)。②インパクトは面で押し、ラケットをひっくり返さない打ち方で。③フラットな面でロブを中心に試合展開をするのがよいと思います。

雨の日は前衛が主役です。スピードボールは必要ないと徹底することが重要です。実際に雨の日にボールを打ってみないとその感覚はつかめませんので、時々は雨の日にもラリー練習を。

Q4

ダブル後衛を相手に試合をするとき、相手選手の力に差がない場合の攻め方を教えてください。

A4

後衛側は守備範囲が前衛側よりはるかに少なく、バックも後衛側のほうが範囲は少ないため、一般的に後衛側にいる選手のほうが力が落ちると考えられます。より詳しく分析するためには、①バックはどちらが強いか、②ショートはどちらが強いか、③前衛オーバーはどちらがうまいか、④アタック力があるのはどちらかなどをチェックすると、より差がわかると思います。

ダブル後衛のポイントパターンは大きく次の3つです。

①前衛オーバーを多用し、相手後衛を走らせ、ミスをさせる。②相手前衛にアタックをしてポイントをとる。③自分たちは走らされることがないのでミスが少ない（相手のミスを待つ）。

したがって、これを防げばいいのですから、①に対しては、前衛が少し下がり、前衛オーバーをさせない。②には、ネットを離れてローボレーに徹する（一般的に後衛はショートのボレーの返球が弱い）。③に対しては、レシーブは全部ツイストにすることが有効です。何よりも大事なのはダブル後衛を相手にするときは一方の選手にボールを集めて、片方の選手には1本もボールを送らない意識を持つことです。そうすることによって雁行陣のときと同じプレースタイルにできるので選手も安心してプレーできます。

Q5

試合中、指導者として大事にしていることはどんなことですか。漠然とした質問ですみません。

A5

ベンチ内での指示内容はすでにお答えしましたので、ここでは違う観点からお答えします。

①団体戦でコートに並ぶ場合は相手チームより早く整列させる。

②チェンジサイズ時の指示は、必ず相手チームより先に終わらせる。

③審判の判定にクレームをつけない、の3点を大事にしています。

運営の方々や審判の方々を不快にさせる行動をとらないことも大切だと思っています。

Q6

確実にレシーブゲームをとるための練習内容を教えてください。

A6

レシーブゲームをとるためには、①セカンドレシーブでは必ず攻撃的なレシーブをすること。②それぞれの選手がレシーブの得意コースを持っていること。③カウントを意識してレシーブ球種を決定すること。④相手チームのファーストサービスが8割以上入ってくることを想定してファーストレシーブの前衛オーバー（積極的な守り）練習の徹底。⑤レシーブ後の3球目攻撃をどのような形でとるのかの確認。⑥ダブル後衛を想定してのカットレシーブ練習。⑦左・右カットサービスを想定してのレシーブ練習。この中でも特に②と④に重点を置き、時間をかけて練習します。

Q7

大会本番の数日前はどのようなことを大事にして選手と向き合いますか？

A7

大会直前に一番意識するのは健康管理です。①「健康管理」も大事な練習のひとつであることを徹底する。②最後の1週間はどんどん練習量を減らす（ケガの心配と体力温存）。③病気など思いがけないアクシデントがある場合を想定しておく。④不安を持っている選手と個人的に話を多くし不安を取り除いておく。

大会数日前は「もう少し練習をして不安を解消したい」という気持ちになりますが、選手のほうは体力的にも気持ち的にもいっぱいいっぱいになっているはずです。ケガをするのはこの期間です。「やるだけはやった」と、指導者が覚悟を決めるときです。

Q8

大会前日のミーティングではどんなことを話しますか。子どもたちに「やるぞ！」という気を起こさせる術を教えてください。

A8

具体的な回答が難しいです。チームがどのレベルなのかによっても変わりますし、大会の種類によっても違ってきますが、どの大会前にも共通するのは、①指導者がこの大会で選手に望んでいることをはっきり提示する。②個人戦であってもすべて団体戦の意識で戦うことを徹底させる。③選手一人ひとりに大会に向けた決意表明をさせるなどです。

選手が奮い立つほどの話ができるよう、ミーティングでの「材料集め」には、練習と同じくらい全力をかたむけなければなりません。選手が後に「あのときの先生の話が今の自分を支えている」と言ってくれれば、嬉しいですよね。

Q9

試合当日、出番までの待機時間で意識していることは何ですか？

A9

出番前の選手たちに他のチームの試合は見せません。えてして、他のチームの試合は実力以上に上手に見えるものだからです。自分たちのテニスに集中させるために、テントで待機させます（レギュラーではない選手には、それぞれ役割を持たせて、ライバルチームのオーダーや戦法などを記録させることもあります）。

また、よい緊張感を持たせるためにも、試合を待つ間は保護者とも話をしないように待機場所も離します。そういう方針であることも、保護者に事前に話をして理解を得ておきます。

Q10

うまい選手ほど、サービス・レシーブのような基礎練習で手を抜きがちです。緊張感を持った練習をするためにはどうすればよいでしょうか。

A10

今練習しているレシーブがどんなカウントのときに有効なのかを考えながら練習できているでしょうか？　例えば、まずサーバーはサービスをする前に大きな声でカウントを言う。レシーバーはそれを聞いてどこにレシーブをすればよいかを考えてレシーブをする。

同じ前衛のレシーブでも、カウントが３－０のときと、０－３のときでは打つボールが違うはずです。逆にレシーバーが声を出してカウントを言ってからレシーブをする方法もあります。日々、試合を意識した練習を取り入れてみてはどうでしょう。

Q11

講習会で先生はよく「大会の朝練習では意図的にあげボールをする」と言われますが、具体的にはどういうことですか？

A11

大会当日の朝練習は選手たちも緊張していますので、最初の1本目は前衛も後衛も気持ちよく打球できて、「今日は調子いい！」と思えるような、手投げの易しいあげボールから始めます。

特に神経を使うのは前衛へのボレーやスマッシュのあげボールです。経験上、朝の1本目をミスしてしまうと、その日の試合はなかなか普段通りにプレーできない場合が多いので、普段その選手の得意なボールをあげて、気持ちよくボレーやスマッシュを打たせ、その後の練習に入れるようにしています。朝練習のときから試合は始まっていると考えています。

近畿の夏に咲きほこった
当麻中ソフトテニス部…奈良明日香大会

当麻町長　菊川健一

『希美の夢　近畿の夏に　咲きほこれ』のテーマのもと、全国中学校ソフトテニス大会が奈良県明日香村で開催された。

当麻中学校女子ソフトテニス部の戦いは、会場を埋め尽くした全国のソフトテニスファンに大きな感動を与えていた。昨年、一昨年と全国制覇した奈良県大宇陀中学校を準決勝で打ち破り、昨年準優勝の和歌山信愛中学校相手に見事な決勝戦であった。

1勝1敗で迎えた第3試合、ゲームカウントは3対3。最終ゲームのポイントは6対6。あと2ポイントで勝利決定、文字通りの最後の1本を争う戦いである。

机上で描いても、これ以上のシナリオは思い浮かばないほどスリリングな試合の展開。コートを囲む大観衆も、どちらも勝たせてあげたい、どっちも負けるな、両チームの死闘に拍手を惜しまない。

試合途中、胸はドキドキ、目頭は熱くなるシーンの連続だったが、勝負が決したとき、私を含め応援するものの目に涙はなかった。それほど感動的であり、敗者も勝者も美しく輝いていた。両チームをたたえる拍手の嵐は、明日香の森にしばらく鳴り止むことはなかった。

20名を超える当麻応援団の声援も、少なからず選手の背中を押していた（もう少し声を抑えてと、主審から注意を受けたことはご愛敬）。

会場を往来する選手の背中には、それぞれの思いがプリントされている。

『栄光に近道なし』『努力は才能を超える』『弱気は最大の敵、強気は最大の友』

閉会式、泉田主将の「それぞれのペアが全力で戦った。悔いはない」のコメントの通り、選手たちの顔はさらに輝いていた。

藤原審判委員長の講評が会場に響き渡る。

「気迫あふれるプレーは見ている人に感動を与えてくれた。惜しくも準優勝だった当麻中学校、優勝チームに勝るとも劣らない実力だった」

翌朝の北海道新聞の記事は、喜びを上乗せさせる。

“部活動で人間教育に力を入れる当麻、閉会式の成績発表で名前を読み上げられると、当麻の選手だけが「はい」と答え、メダルの授与では「ありがとうございました」。礼儀正しさは日本一だった”

さわやかな感動を残し、当麻の夏は終わりを告げようとしている。

町長室の窓（2011年9月　北海道当麻町の町誌「我が郷土」に掲載）

我が子の育ての親

伊東 健

我が子が幼稚園のころの話です。

夫婦揃って中学校のソフトテニス部の顧問をしていたので、週末は常にテニスコートで朝から晩まで、合同練習をしていました。

一人娘の我が子は物心ついたころから一日中、テニスコートの周りで虫取りをしたり、絵を描いたり、ワゴン車で昼寝をしたりして過ごしていました。

ある日のことです。指導に熱中し、ふと気がつくと、いつもそのあたりを走り回っているはずの娘の姿がないのです。慌てていつも練習を見守ってくれている保護者に我が子の所在を確認したところ、

「○○君のお母さんが、○○君の弟さんと一緒に動物園に連れて行きましたよ。先生方があまりに熱心に指導していて声をかけられなかったので、私たちからあとで先生に話すと言っておきました」。そして、「先生方はいつも私たちの子どもの面倒を見てくれているのだから、先生のお子さんは私たち保護者が面倒を見ます。先生は何の心配もしないで、子どもたちにたくさん教えてください」と……。

保護者のみなさんに感謝の気持ちでいっぱいになると同時に、教師としての責任と自覚をあらためて実感しました。

我が子は両親と行くよりもはるかに多い回数、動物園や遊園地やさまざまなイベントに保護者のみなさんに連れて行ってもらいました。

このようにして育てていただいた我が子は、現在、私たちと同じ指導者を目指しています。

岩手県ソフトテニス連盟強化委員長
I.Kクラブ代表

「全国各地の指導者の方々から」

きっかけ

中村 広之

２００９年、全国中学校体育大会ソフトテニスの函館市地区予選での思い出です。

団体決勝戦に出場した1年生は、相手コートにボールを打てればいいレベルだったのですが、2番手で相手大将と戦って簡単に負けてしまい、大泣きしました。子どもにとってはどんなに強い相手であっても「勝ちたい」と思っていることが、そのときようやくわかりました。

「わかった！もっとしっかり教えるから、うまくなろう！次は勝とう！」

それから2年後、実績もスキルもない自分が、子どもたちとぶつかり合いながら練習を積み重ね、団体決勝戦でリベンジ！果たして優勝したのです。

閉会式後の記念撮影で、子どもたちと並んだ自分に主将がそっと優勝旗を手渡してくれました。私に一番叱られていた主将だったので、余計にたまらない気持ちになりました。

しかし、10日後の渡島地区での代表決定戦では、1勝1敗で迎えた3番勝負で負けてしまいました。どちらが勝ってもおかしくない接戦だったのですが、最後はベンチワーク。具体的にアドバイスをできなかった自分のミスでした。子どもたちはしっかりと戦っていたのに……。

子どもたちが上手になって活躍してくれる嬉しさと、満足に教えられずに負けてしまう悔しさと。そんな思いを抱えていたときに安藤先生の講習会に出合いました。体力的にも運動神経も普通の子どもたちが全国の大舞台で戦っている。でもその根底には役割を分担して2人で1本とるテニス。そのためのセオリーと戦術。

私はずいぶん失敗しました。「やる気のない奴は帰れ」「今のボールはそこじゃないよ」「今のポイントはサーブを入れないと」……。今思い返すともっと違った言い方があった。ミスを責めないでよいボールをほめればよかった。

勝てないのは、よいプレーができないのは子どもたちが悪いのではなく指導者が悪い。もっと子どもたちの側に立った指導ですよね、先生。

まさに「人生は出会いの宝探し」です。頑張ります。

函館ソフトテニス連盟
ジュニアスクールチャンス　コーチ

「全国各地の指導者の方々から」

勝つ資格

竹内　伸

県大会を団体2位で通過し、北信越大会まで残りわずか。出場選手の体力を考え、選手は午前、選手以外は午後と、交代制で練習を組みました。

ある日、選手の生徒に電話したところ、祖父から「海に行ってるよ」と衝撃の返事が。せっかく体力を考え交代で練習を計画しているときに海に遊びに行くのか……。「今年の夏も終わった」と絶望していたところに安藤先生からお電話がありました。

そこで部の状況を話したところ、「それはチャンスじゃないか」と驚きのお言葉。

「あなたならいろいろできるのでは？　泣いて話をすることだってできるし」

絶望の淵にあった私の心に一筋の光明が差した感じがしました。

よし、こうなったらダメでもともと。何かやってやろうと思うものの、一つ不安と疑念も……。正直に質問しました。

「安藤先生、この生徒たちに全国に出る資格があると思いますか？」

先生のお答えは明確でした。

「勝つ資格は、選手がもともと持っているものではなく、指導者がつけるもの」

私は、生徒のできていないことを生徒自身のせいにしようとしていたのです。

翌日、私は選手に話だけをして帰しました。翌々日、別人のように声を出して練習をする生徒の姿がありました。その勢いで北信越大会の決勝の3番勝負をファイナル7対5で制し、全国大会初出場を決めることができたのです。

先の生徒たちが海に行った理由も、「団体で勝つ！」との決意表明をするためだったことも、のちに知りました。

今でもときどき、生徒ができないことを生徒自身のせいにしようとする自分を見つけます。ただ、以前よりは安藤先生の教えが生きて、これをいさめることが多くなってきました。本当に心から感謝しています。

新潟県刈羽郡　中学校勤務

理論を大切に

藪　光浩

ある日、選手が「私はなぜ勝てないのですか？」と質問してきました。

その瞬間、安藤先生が「勝ったら選手のおかげ、負けたら指導者のせい」とおっしゃっていたことを思い出し、生徒から自分の指導力を指摘されたようでドキッとしました。

技術的に劣っている選手だからこそ「勝ちたい！」と強く願うのは当然のことです。このような生徒を満足させることが指導者の使命とあらためて感じ、わかりやすく伝える方法や、できる・できないをはっきりとさせ、「できた！」を体感させる方法など、安藤先生の講習会で学んだ指導法をつぎ込みました。

その選手は中学3年生の弁論文に『不器用なる我が人生』と題し、ソフトテニス部で学んだ苦悩や感激を綴り、「不器用なこの私を、東北大会に出場するところまで根気良く成長させていただいた藪先生に感謝です！」と結んでいました。鬼の目（藪の目）にも涙、とはこのことです。

あらためて「教える」ということを考えてみます。

安藤先生は「（子どもたちは）質問することで考える。考えることで身につく。時間がかかるようで、実は考えることを徹底すれば、最短時間で覚える」と言われました。

指導者は懸命に教えるのですが、それが一方通行だと、子どもたちはすぐに忘れてしまう。答えはいつも子どもたちに聞くこと。そして考えさせること。考えるから、身につくのですよね、安藤先生。

あるとき練習試合の相手コーチから「藪先生の指導は常に徹底している」「理論を根拠に動いている」との言葉をいただき、嬉しかったです。

安藤先生の一つひとつの言葉が、自分をいまも育ててくれています。

東北中学校ソフトテニス指導者協議会（ＴＳＣ）宮城支部長
宮城県仙台市　中学校勤務

第5章　年間計画編

年間指導サイクル 1

4月と5月は、新入部員の指導に時間をかけます。この時期に新入部員に力を入れて指導することは、その後の部活動運営にもよい影響を与えます。

毎年勝てるチームを作りたい

北海道中体連で団体戦初優勝を果たして喜んでいた私に、当時の1、2年生が「私たちも来年は、先輩のように勝ちたい!」と言ったことが、それまでの指導サイクルを見直すきっかけになりました。3年生が引退した後に、ゼロから1年生を指導するような方法では、継続して強いチームを作ることはできないと気づいたからです。

それからは、4月から5月までは新入部員中心の練習にし、6月から8月は上級生（レギュラー）を中心とした練習に切り替えました。4月と5月の2カ月間で新入部員には、「72分の1理論」と基礎的な技術を教えます。この時期、新入部員は30分短く練習を切り上げ、最後の30分は、上級生の練習時間とします。

こうすることで、新入部員は「もっと練習したい」という余韻を持ちながら練習を終え、一方、上級生はこの30分間に、より意欲を持って練習に集中できるようになります。このような練習形態をとると、6月以降に上級生中心の練習内容になったとしても、新入部員はその練習内容を理解できるようになっています。

上級生の練習や試合を見ても戦術がわかるので、興味を持って考えながら見ることができます。9月になったら、1年生と2年生が一緒に練習をスタートできるので、毎年積み重なった指導が可能になります。

目標とする上級生から、部活動に向かう姿勢を自然に学びとっています。

我が子を見る目

講習会では「保護者との連携」について多くの質問が出ます。部活をスムーズに運営するためには、保護者の協力が欠かせません。それでは、指導者にとって、どのような保護者がありがたいのでしょうか……。

学校の授業参観日に各教室を訪問すると、どの教室でも、いつの時代も変わらない光景があります。それは、保護者の視線がほとんど動かず、ある一点に集中しているということです。もちろん、我が子に、です。

20年ほど前の学芸会のこと。病気で長期入院していたY子ちゃんが戻ってきました。彼女は足が不自由で、舞台は少しばかり大変だろうと思っていたのですが「先生、学芸会を楽しみにして、病院で頑張ってきたんだよ！」と言われ、彼女の希望どおり、動きの激しいウサギ役を配役しました。

当日、事情を知っているクラスメートや保護者が見守る

楽しいと思える部活動を

選手が「毎日コートに行くのが楽しい！」と思えるようにするためには、選手の立場に立って考えることが重要です。どんな部活動だったら、選手は楽しいと感じるでしょうか？ 私が考えているのは、以下のようなことです。

- **全員が一斉に同じ練習をする。そのためには……**
  - ①4月、5月は新入部員を中心に練習し、3年生が引退して新体制になったらすぐに一斉練習に加われるように。
  - ②ボール拾いも全員で一斉に。指導者が「教える」のではなく、選手自身が「考える」練習を
- **考えるテニスを基本にする。そのためには……**
  - ③選手に質問をして発表をさせる「問答形式」のような練習を
  - ④「72分の1理論」を早い段階でマスターし、他の選手の試合中も考えながら見ることができるように
- **余韻を残して、明日の練習を楽しみに待てるようにする。そのためには……**
  - ⑤毎日必ず新しい練習項目を取り入れる
  - ⑥次の日に練習したいメニューを、前衛・後衛ごとに相談させて取り入れる

明日は何を
練習したい？

ミーティングは毎日必ず行う。次の日に練習したいメニューを聞くなどして、「明日も楽しみ！」という状況を作って解散する。

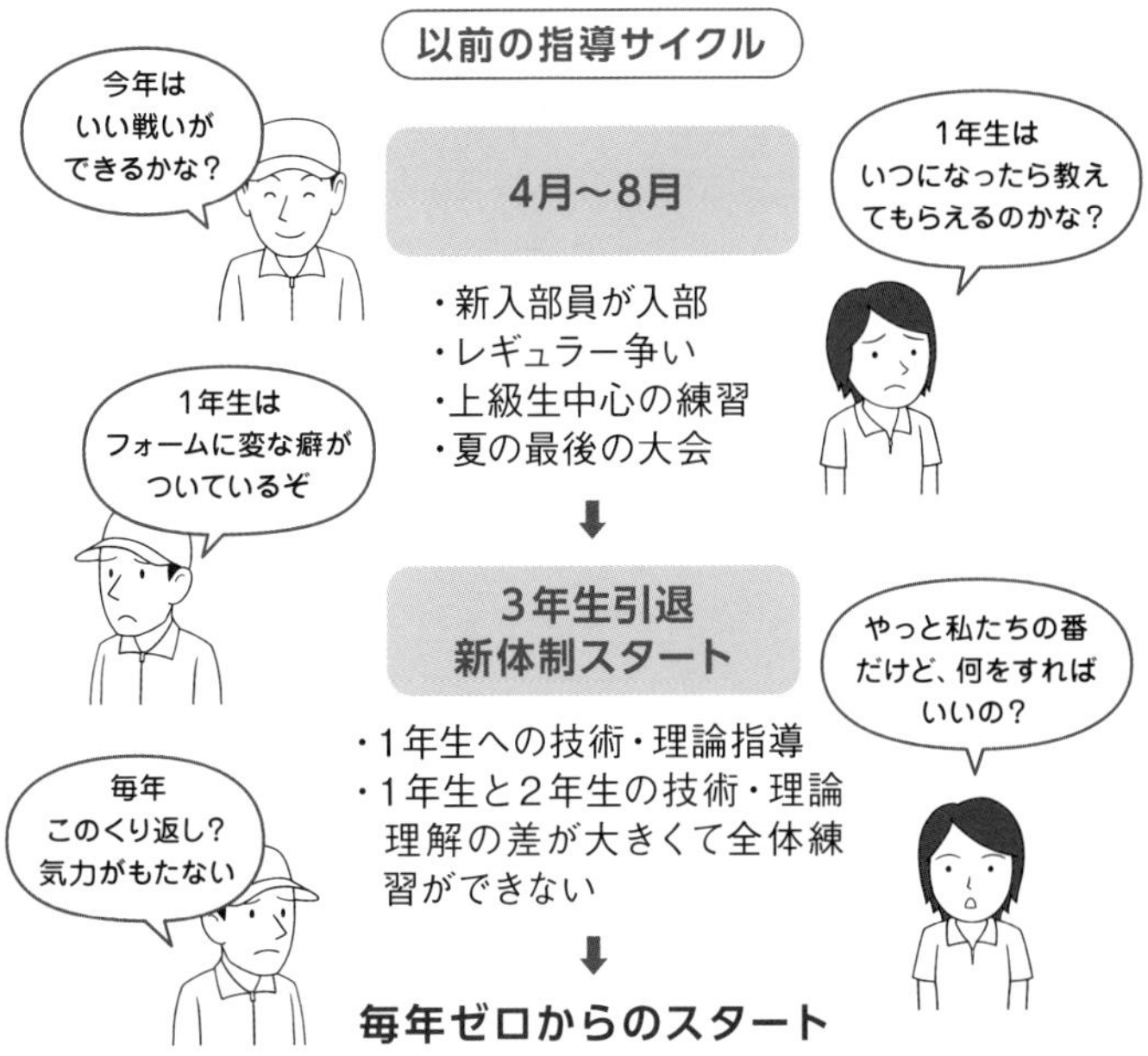
以前の指導サイクル
今年は
いい戦いが
できるかな？
1年生は
いつになったら教え
てもらえるのかな？
4月～8月
・新入部員が入部
・レギュラー争い
・上級生中心の練習
・夏の最後の大会
1年生は
フォームに変な癖が
ついているぞ
3年生引退
新体制スタート
やっと私たちの番
だけど、何をすれば
いいの？
・1年生への技術・理論指導
・1年生と2年生の技術・理論
理解の差が大きくて全体練
習ができない
毎年
このくり返し？
気力がもたない
毎年ゼロからのスタート

反省後の指導サイクル
この時期は
新入部員に力を
入れよう
初日から
練習できて
嬉しい！
4月～5月
・新入部員中心の練習
（30分前に終了）
・最後の30分は上級生
だけで練習
・レギュラー争い
大会に向けて
ラストスパートだ！
先輩の試合、
勉強になるなぁ
6月～8月
・上級生中心の練習
・夏の最後の大会
次の学年にも
いい思いを
させたい！
3年生引退
新体制スタート
わたしたちも
頑張るぞ！
・1年生と2年生で全体練習へ
スムーズなスタート

中、舞台はスタートしました。足の痛みをこらえての演技でしたが、その爽やかな表情が観るものに感動を与え、私も胸が熱くなりました。もちろん、拍手喝采。観るものの気持ちをひとつにしたのは、他の誰でもない、Y子ちゃんでした。

終演後、舞台裏にいた別の子どものお母さんが「Y子ちゃん、ありがとう！」と、彼女の小さな体を強く抱きしめました。

本来であれば、この台詞を言うのは担任である私の役割かもしれませんが、気持ちよく譲りました。他人を我が子のような気持ちで見ることのできる親の姿に接し、何とも言えない喜ばしい気持ちでいっぱいでした。

素晴らしい保護者というのは、このお母さんのように「他人を我が子のように見ることができる親」、そして「我が子を他人の目で見ることができる親」ではないかと私は思っています。

チーム作りの考え方 2

全員が意欲を持って最後までレギュラー争いをすることと、卒業するまでに全員が1枚の賞状をもらえるようにすることを目指します。

選手たち全員に1枚の賞状を

私の場合、中体連以外の大会は、ペアを固定せず、大将の後衛と5将の前衛、6将の後衛と副将の前衛など、この時期にいろんなペアリングをして試合にのぞむようにしてきました。このように毎回変わるペアリングで大会に参加することにより、練習でも試合でも気が抜けない状態で集中することができます。最後までレギュラーに選ばれるかどうかわからないという緊張感も持たせることができます。実力のある選手とペアを組むことで、初心者でも賞状をもらえるチャンスが生まれます。また、保護者にとっても、自分の子どもがどこかのタイミングで主役になれる日がくるので、試合の応援にくるモチベーションになりますし、自分の子ども以外の選手に対しても分けへだてなく応援するファミリーとしての下地が作れます。

チームはジグソーパズル

ジグソーパズルに取り組んだことがあると思います。このジグソーパズル、ワンピースでも不足すると作品として完成しません。私はチーム作りとは、このジグソーパズルを完成させるようなものだと考えています。選手全員が「この人がいなければこの部は成り立たない」という、存在感を発揮できるようなチーム作りを目指します。みんながそれぞれの持ち味を発揮できる、ジグソーパズルのワンピースになれることが目標です。

部員全員がそれぞれの役を演じきったときに初めて「ジグソーパズル」が完成することを、日々の練習の中で理解させる取り組みをすることが指導者には必要だと考えています。

ペアを固定せず、全員が一度は賞状をもらえるように。

選手全員に役割があるチーム作りを。

魔法の言葉

２０１６年度旭川文化賞を受賞された中西清治先生との出会いは、１９９４年のことです。

以前赴任した学校の校長であり、北海道旭川が生んだ作家・三浦綾子さんの小説の挿絵を担当されていた方でもあります。

定年退職された後も20回ほど学校に足を運んでもらい、教師や子どもたちの絵画・版画指導をお願いしました。その成果はめざましく、子どもたちに多大な影響を与えてくださいました。

かつて中西先生に全学年の版画を講評していただいたことがあります。素人の私から見ても「失敗作かな？」と思うような作品でも、中西先生は腕を組みながらじっと見つめ、首を大きく上下させてうなずき、「なるほど！」とつぶやくのです。

思いがけない言葉に私は驚きましたが、当のＹ君も同じようにびっくりしたようでし

最後の試合が終わってからが本当の戦い

全国優勝をするチーム以外は、どこかで敗れ、悔しい思いをすることになります。しかし、その試合が終わってからが本当の勝負です。今までテニスを通じて得たことを、どのようにこれからの人生に生かしていくのか。それを確認するためにも、負けた後の（引退が決まった後の）ミーティングは重要です。3年間の部活動を通じて得たことをひとりずつ発表し合い、最後は「このチームで戦えてよかった！」と思って部活動を終えられれば最高だと思います。

部活動の基本は「団体戦」である

私が、「部活動の基本は団体戦」だと考える理由は、部活動とは技術を教えるだけの場ではなく、選手が大人になったときにも使える力を育てる場でもあると思っているからです。「団体戦を重視したチーム作り」を考えるときに、私は以下のような方法でレギュラーを決めたこともあります。

団体戦に登録する選手8名のうち６名は指導者が選び、１名は部員全員の無記名投票で選びます。最後の１名は部員が選んだポジションと違う選手を指導者が選びます。この選び方をすると部員は「技術力は不足していても、仲間として信頼できる選手」を指名してきます。勝負としては厳しくなったとしても、その選手を起用しての団体戦は素晴らしいものになります。もちろん、部員が全員で選んだ選手は必ずどこかで出場させることが大前提となります。

試合後は、3年間の部活動を通して感じたこと、得たことなどを、今後の学校生活や社会生活にどう役立てていくかを発表しあう。

た。先生はさらに数秒後、今度はもっと力強い声で「なるほど――！」と唸り、「そう、確かにこういう表現もあるよね！」と大いに感心した声で付け加えました。

この間、中西先生はY君を一度も見ることなく、ずっと作品を見つめていました。「自分の作品をこんなに熱心に見てくれる！」とY君はみるみるうちにニコニコ顔に。その表情の変わりっぷりといったら！　こちらが嬉しくなってしまうほどです。

あとで中西先生に聞くと、「なるほど！」という言葉は子どもにとって実に心地よい響きを持った「魔法の言葉」なのだと教えてくれました。一流の指導者というのは、相手の心の動きをよく考え、やる気を引き出す「魔法の言葉」を持っているものなのだと、非常に勉強になりました。

さてY君ですが、なんとその後の校内絵画展で見事佳作に選ばれました。中西先生の「なるほど！」の魔法の力は本当に大きかったのです。

部活動運営 3

日々の部活動運営をしていく上で、保護者の協力はとても大きな力となります。最後に保護者とのかかわり方について考えてみましょう。

選手のために、指導者と保護者の熱き対話を

指導者と保護者の想いに差が生まれないように、各地の講習会で指導者の了解を得て、保護者と指導者の話し合いの場を設定させてもらうことがあります。対話後は、両者とも晴れ晴れとした顔になり「子どもたちの目標を達成させるためにわれわれも協力しよう」という声をあげてくれる保護者がとても多くなります。やはりキーワードは「信頼と対話」のようです。

また、保護者にお願いをするときは、「○○を出してください」と具体的に伝えます。

①「智恵を出してください」➡選手が楽しく部活動ができるようにするためにできるサポートには何があるか・保護者会をどのように運営するのがよいか
②「モノを出してください」➡大会会場への送迎や用具の運搬（テント、ボール、簡易ネットなど）
③「暇を出してください」➡コート整備などの協力体制・学校での練習風景、大会での様子を参観

最後に「智恵も、モノも、暇も難しい場合は、どうか黙ってついてきてください」と付け足します。

新チームになったときはもちろんのこと、保護者会を定期的に行う。指導者も保護者もよい部活動にしたい想いは同じ。お互いに想いを伝えることで、同じ目標に向かうことができる。

保護者に要求をするならば、保護者からの要求も聞く

各地の講習会では「指導者にとってありがたい保護者・困る保護者」の話題がよく出ます。あるとき「みなさんは保護者にいろんな要求や希望をお持ちですが、では保護者はどのような指導者を望んでいると思いますか?」と逆に質問してみました。指導者の方々は、その質問にびっくりし、戸惑った様子でした。

しかし、指導者が選手や保護者にさまざまな要求をする以上は、指導者のほうも選手や保護者の願いを聞き入れる覚悟が必要だと思います。選手を頂点として、指導者と保護者は信頼関係を基盤とした一枚岩にならなければいけません。

保護者へのお願いを一方的にするだけではなく、保護者の希望も真摯に受け止めたい。

応援したくなる選手たちに

2011年8月、奈良県・明日香村のテニスコートで行われた全国中学校ソフトテニス大会で、我が当麻中学校の応援団の多さについて質問を受けました。

この日、応援にかけつけてくれた方々の半数以上は、実は学校関係者でも選手の親でもない、「町の人たち」。いつも頑張っている選手たちを応援したいと、前年度の岡山県に続けて、北海道から遠路はるばる奈良県まで応援に来てくれたのです。

全国準優勝を果たして町に戻ると、役場の屋上から「テニス部おめでとう」と書かれた垂れ幕が下げられ、翌年の3月まで掲げてくれました。町の人たちに応援していただきながら部活動ができることは、私としてもとても嬉しいことです。

選手の強化には、地域のみなさんの強い協力が不可欠です。町の施設（体育館やテニスコート）を使用させてもら

いつかテニスコートに戻ったときに

テニスコートは、テニス部の顔と言えます。コートに立つと、テニス部の目標・目的までがはっきり見えるほどです。

コートは選手にとって「心と技術、体を鍛える最良の場」であり、数十年後に青春の1ページを熱い気持ちで思い出させる場でもあります。

テニスコートに立つと汗と涙の出来事が目の前をかすめ、共通の目標を持って戦った仲間の顔が一人ひとり浮かび、指導者に怒られた声まで聞こえてくる。それがテニスコートです。

テニスコートは戦う場であると同時に、選手にとって自分を素直に出せる、最も居心地のよい場所でありたいものです。

テニスコートが、選手たちにとって
大切な場として記憶されるように……。

部活動で確認すべき要素

部活動運営に必要になる要素を洗い出しましょう。「ない」ことに目を向けるのではなく、現在の与えられた条件で目標達成の最良方法を模索します。

[人的要素]

①	部員数
②	経験者数
③	保護者の協力
④	学校（教職員）の協力体制
⑤	指導陣の数（外部コーチを含む）
⑥	選手同士の人間関係
⑦	地元ソフトテニス連盟との連携
⑧	地元少年団組織の有無

[物的要素]

①	練習コート面数
②	冬期間の練習コートの有無
③	男女の使用コート面数
④	体育館の借用
⑤	学校と練習コートの距離
⑥	各大会参加への許容範囲
⑦	大会への移動手段
⑧	練習時間（朝・放課後・休日）

ったり、遠征には町やテニス連盟から支援をしていただいたり。町の人たちに気持ちよく応援してもらう部であるためには、テニスだけではなく、勉強をおろそかにしないこと。さらに学校行事や地域の活動にもしっかりと参加し、認めてもらえる集団にならなくてはいけません。

そのため、選手たちには「みんなが応援したくなるような、中学生らしい、いい顔で試合をしてこよう」と言い続けてきました。また、外部コーチも地元の方々にお願いするなど、私の転勤後も部活動がよい形で長く存続するように考えてきました。

当麻中学校の全国大会出場で町の応援団が結成されたこと、大会の会場で他県の指導者の方々が我が校の選手たちの笑顔を褒めてくださり、「思わず応援したくなっちゃった」と言ってくださった言葉は忘れられません。

それは私の目指す「部活動の姿」をひとつ実現できたのかもしれないと感じられる、誇らしい経験でした。

Q1

テニス部を担当するのは初めての経験です。まずは何から始めるとよいですか？

A1

いろいろな方法があるのでしょうが、気がつくことを簡単に列記してみます。

①組織をしっかり作り、この部活動で『何を目指すのか』ということをはっきり伝える。②指導者・保護者の役割をはっきりさせる。双方あくまでも子どもが成長するための応援団であることを確認すること。③練習日、練習時間、練習場所などをはっきり明示することや大会等への参加（回数や大会名、経費など）もはっきりさせること。④できるだけ、経費のかからない集団を目指すこと。⑤全員が最後まで頑張れる集団を作るためにも、全員が『楽しく、助けあう』という基本姿勢を最後まで貫くこと。⑥練習内容は、選手の要望を入れながらのメニューを組み入れること。⑦練習が『楽しい！』と選手が思える練習内容、集団作りに徹すること。⑧『百聞は一見にしかず』。一生懸命やっている同じ年齢の学校、少年団を見学させる。指導者が言葉で教えるより、早く身につく。

選手の立場に立つと、指導者に望むことはただひとつだと思います。それは、『自分に、この部に一生懸命かかわってくれるだろうか』ということです。「選手にとっての最高の指導者たれ！」がすべてです。いつも、子どもの側に立つ指導者として頑張ることが大事だと思います。

Q2

冬期間など十分な練習場を確保できません。狭い体育館や廊下などでの効果的な練習法はないでしょうか？

A2

狭い場所を最大限に利用する練習法を考えたいものです。そのことによって、案外ある技術が高いレベルになることもあります。天井が低い場合は、中ロブのレシーブ練習などがよいと思います。天井すれすれに打球できるようになったらノータッチになります。

幅が狭い場合は、廊下の真ん中でシュート打球。壁にぶつからないでまっすぐ打球できたらストレート展開が得意になります。アタック止めなどは廊下でも練習しやすいと思います。ローボレーも練習できます。まっすぐ返球する感覚をここで覚えたいですね。フラット面でのボレー感覚を身につけることもできます。

Q3

練習時間の中心を「ゲーム形式」に据え、新入部員も参加させる大きな理由は何ですか？

A3

選手が自信をつけるのは試合の中で自分の思う通りに打球できたり、ポイントできたりしたときです。さらに試合に勝つと、より自信がつきます。このように考えると、勝つために必要な全部の要素が入っている「ゲーム形式」に多くの時間をあてて、自分の力を試す機会があるのは選手にとっても嬉しいことだと思います。

初心者だとしても、「ゲーム形式」に参加することによって「72分の1理論」の理解を深められますし、先輩のプレーを間近で見ることによって、「自分ならどんな返球をする?」など、自分に置き換えて考える力がつきます。

Q4

「もっと声を出して」と指導しているのですが、なかなかうまくいきません。どうすればいいでしょうか。

A4

「声を出しなさい」と言われても、選手にしてみれば、「どれくらい」「どんなふうに」声を出せばいいかわからないものです。ですから私の場合は、「大きな声を出して」ではなく「一生懸命声を出して！」と指導しています。そして一生懸命声を出して練習している学校に見学に連れて行きます。お手本は小学生なら小学校、中学生なら中学校でないと意味がないので、同じ世代の学校を見学します。

自分たちと同世代の選手たちの取り組みを見ると、自然と選手たちも「あんなふうになりたい」と感じるものです。この方法が、一番効果がありました。

Q5

ソフトテニス部への入部を迷っている新入生に対してできることは何でしょうか?

A5

入部を迷っている新入生にとっての決め手は、先輩のひと言ということが多いようです。先輩の口から、テニスを通して学べることがたくさんあること、困ったときは仲間が助けてくれるというようなことを話してくれることに勝る後押しはないと思います。

指導者にできることがあるとしたら、初日から新入部員を練習に参加させること、ボール拾いやコート整備などは1年生ではなく部員全員でするということを知ってもらうことなどでしょう。

指導者のみなさんへ

安藤英明
（2019年2月　北海道指導者講習会後に）

私にとって今回の講習会は、大変ありがたい会でした。先生方の講習に対する真摯な姿勢が、私にかすかに残っている指導者としての心に火をつけ、お役に立つことが可能なら、そのときがくるまでみなさんのお手伝いをしたいという決心がつきました。しかしながら、私自身、このような形での講習会をどれくらい続けることができるのか不安です。わかっていることは、それほどの残り時間はないだろうということです。

私が今回の講習を短期間のうちに計画し、強行したきっかけは、娘が執筆した書籍『道を継ぐ』のプロローグにあった「もしも明日、人生が終わるとしたら、自分が生きた証はどこに残るのだろうか……」という言葉によるものでした。プロローグに書かれていた『1回限りの人生を、どう生き、どう死に、そして死んだあとにどのように人の心の中で生き続けることができるのか……』という言葉を娘からの忠告と受け止め、講習会で真剣に伝達しようと計画させてもらいました。

ソフトテニスに出合って、多くのいい人に出会えました。まさしく「人生は出会いの宝探し」であったように思います。頑張ることの大切さ、勇気や覚悟の必要性も実感しました。そして、「72分の1理論」により、多くの選手やコーチと一緒に夢の実現を得ることができました。私は、ソフトテニスと出合ったことによって、人生を心から楽しませてもらったと感じています。その根源を他者に伝えるという責務と、願わくばテニス生活を通じて、子どもたちに「生きる力」を得てほしいという想いが、私を指導者たらしめてきたように思います。

私は50歳まで、夢中でいろいろな人生の山を登りました。多分、脇目もふらず、真っ直ぐだったと思います。指導者生活の前半は性格上、他人の批判を受けないように八方美人の部活動経営をしてきました。中盤から、『教育テニス』を前面に出した生き方をしてきました。そのことに異論がある指導者とは、ある意味敵になることも覚悟し、本音を貫いてきました。振り返ると、このときからいつも背中に圧力を感じての40数年間の指導者人生だったように思います。しかし、その事がどんなに幸せな事だったか。指導者生活を終えようとする今、改めて感謝するところです。

人生80年だと考えたとき40年までが登山、今間違いなく下山していることになります。五木寛之さんが『人生で大事なのは、下山をどのようにするか？』だと語る言葉がテレビから流れてきました。ゴールが間近であることはわかっています。あと数年、どんな生き方が必要なのかを探しながらできるだけ静かに下山しようと思っています。

『美しい花が咲く！それは隠れた根のおかげである』

私たち指導者は、ソフトテニスを通じて選手たちが「その後の人生を生きるための力を備えることができたかどうか」を考え続け、『隠れた根』に徹していきましょう。そして、数多くのスポーツ種目の中から、ソフトテニスを選んでくれた選手たちに心から感謝し、いつの日かそれぞれの花として自分らしい満開の花を咲かせてもらうことに汗をかきましょうよ……！

選手主役の部活動経営を最後まで続けて下さい。

先生方は登山の山登り風景を、私は下山風景を、また語り合うことが出来ることを夢に見ています。

最高のツール

坂倉 大

一番印象深い生徒は、赴任3校目の久慈中学校のSさん。それこそ365日、ソフトテニスのことを考えているような生徒でした。

初めて出会ったのは、小学5年生のときで、中学生に交ざって一緒に練習をしていました。彼女の一番の武器は、ソフトテニスが上手なことではありません。どんなところに行っても自慢できる「素敵な笑顔」です。

Sさんは2年連続で安藤先生の講習会に参加しましたが、2回ともその笑顔が安藤先生の目に留まり、「当麻で一緒にやろうよ」と声をかけられていました。一緒に練習をしているひとりとして、本当に嬉しかったです。

中学時代は県大会3回戦進出が最高成績でしたが、進学した東北高校でも持ち前の明るさとガッツでレギュラーの座をつかみとり、全国選抜大会3位入賞などに貢献しました。現在は久慈に戻り、仕事をしながらソフトテニスを楽しんでいるそうです。

振り返れば二十数年前、TSC指導者講習会で安藤先生と出会ったことは、私の人生における大きな出来事でした。

その後、安藤先生が毎日、学級通信を出していたことを知り、恥ずかしながら私も数年前から学級通信を毎日出すようになりました。

通信を書くときは、教師側の願いの押し売りにならないようにし、生徒同士、保護者同士の横の繋がりを作ることを意識しています。

おかげで生徒のよい面を見つけやすくなったり、生徒同士がお互いのことを理解しようとするようになったり、保護者の方々が我が子だけでなくみんなのことを応援してくださるようになったりと、これまで以上に学級経営や部活動経営がしやすくなりました。生徒も私も、ともに成長できる、最高のツールです。

東北中体連ソフトテニス専門委員長
岩手県中体連ソフトテニス専門委員長
岩手県紫波郡　中学校勤務

「全国各地の指導者の方々から」

全力で声援を

篠原 一郎

安藤先生の講習会は、私にとって天からの授かりものでした。先生との出会いに心から感謝しています。安藤先生は指導者として進むべき道を、私に指し示してくださいました。

安藤先生のテニスで最も感動したのは、技術や戦術の指導もさることながら、「教育テニス」だということです。

この先、何年指導を続けられるかわかりませんが、ソフトテニスの指導において私が安藤先生に追いつくことはもちろん、後ろ姿を見ることさえ叶わないと思います。けれども、私が生徒にとって一番の指導者であるべく努力することだけは負けたくないと思います。

全国大会には一度も出られていませんが、努力する生徒、声を出す生徒、ボールを拾う生徒をうまくするために、私はすべての力を注ぎます。そんな生徒の力になれずに指導者を名乗ってはいけないといつも念頭においています。

今年チームで一番声を出すY君、K君のペアは本校の6番手です。しかし、彼らの試合にはチーム全員から全国大会の決勝であるかのような声援が送られます。そんな中、今年度最後の大会で彼らは地区屈指のペアを破りました。

レギュラーでなくともテニスを愛する仲間には全力で声援を送る。そんな彼らは私の分身です。そんな彼らでいる限り、私は全力で彼らを支えつづけます。

この春、テニス部の教え子がまたひとり、教員になりました。これで3人目です。私の教員生活は残りわずかですが、彼らに安藤先生の「教育テニス」を、できるかぎり伝えていきます。

そう、安藤先生のテニスは、永遠に不滅なのです。

札幌市ソフトテニス連盟副会長
北海道札幌市　中学校勤務

未来の自分のために

我那覇　佳乃

２０１７年、私は単身北海道に移住した。１年間の期間限定ではあったが、そこで出会った人・見たもの・聞いたこと・感じたこと・考えたことすべてが宝物となって今の私を支えている。

当麻にいた1年間のうち、数カ月だけテニスの指導のお手伝いをさせていただく機会を得た。

正直なところ、私はそこまでテニスが上手ではないし、安藤先生の教え子に堂々と指導することもできなかった。しかし、指導者としての姿を間近で拝見させてもらう中で、気づいたことがある。それは、安藤先生の子どもたちを見つめる眼差しの温かさだ。

指導のタイミングを見計らいながら、褒めてほしいときに褒めてあげる、見ていてほしいときに見てあげる——その一瞬を見逃さないのが安藤先生のすごさだと思った。これはテニスだけでなく、子育てや学校教育、社会の中にもおき換えられるだろう。

安藤先生の周りにも見習いたい方がたくさんおられた。子どもに接する姿、声のかけ方、その眼差し。「こんな学校に通いたかった」「こんな先生に習いたかった」と自然に思わせる素敵な集団だった。

どんなにしんどくなっても、私の教師としての原点には当麻小学校、指導者の原点には安藤先生がいるから、きっとこの先も乗り越えていける気がする。

「生きていてよかった。頑張りつづけてよかった。未来の自分のために頑張ってよかった」——これは20年以上、テニスを続けてきた私が、心の底から達成感を味わえたときの素直な気持ちだ。安藤先生の教え子であれば、同じような気持ちになった人がたくさんおられるのではないかと思う。

振り返れば、「教師も部活動も、子どもたちの夢を叶えるお手伝い」とも話してくれた。そんな気持ちで子どもたちに向き合える教師に、指導者に、必ずいつか私もなりたい。

沖縄県浦添市　中学校勤務

「全国各地の指導者の方々から」

ソフトテニスを通して出会った宝物

大久保　圭介

安藤先生の講習会を受講し部活動の選手にも少しずつ勝つことを体験させてもらえるようになってきた頃のある3月、校長先生に呼ばれ、告げられた次の勤務校にはテニス部はおろか、テニスコートもないとのこと。大げさではなく、生きがいを失った思いでした。

前任校に後ろ髪を引かれる思いのまま出勤した学校のグランドにはまだ1メートル近くの雪が積もっていました。校長先生や職員の方々にお願いし、女子の1年生のみで部員が集まれば、部活動を開設してよいという許可を得て、迎えた新入生歓迎会。各部が発表をする中、ステージに立ち全校生徒にソフトテニス部への勧誘を行いました。あのときの緊張と、拍手で応えてくれた生徒への感謝は忘れられません。

開設人数を超える入部希望者が集まり、またソフトテニスに携わることができました。その後すぐに、仲間の先生から簡易ネットが学校に送られてきて、このネットと石灰で引いたラインとでテニスコートが完成。隣の中学校から譲り受けたローラーを引いてきたり、他の学校からブラシやポールをもらったりと、周りの方々に支えられ、少しずつテニスができる環境が整いました。

創部5年。現在は男子も入部し、60名を超える大所帯になりました。前任校の教え子もコーチとして助けに来てくれています。つい、部活動があるのが当たり前と思ってしまいそうになるとき、自分への戒めとして入部当時のメンバーとの写真と、その横の、安藤先生が伝えてくださった「人生は出会いの宝探し」という言葉を見なおします。

ソフトテニスを通して、子どもたち、ソフトテニスの仲間、こんなにも多くのよい人に出会うことができ、本当に幸せを感じるとともに、子どもたちにもこの幸せを感じてもらいたいと思い、今日もテニスコートに向かいます。

札幌市中体連専門委員長
北海道札幌市　中学校勤務

第6章　初心者指導編

ラケットを持つ前の手打ち練習 1

新入部員には、入部初日からボールを打ってもらいます。しかしラケットは使いません。最初は手のひらで打球し、ストロークに必要なフォームを身につけます。

1 右膝を地面につけて手のひらでボールを打つ

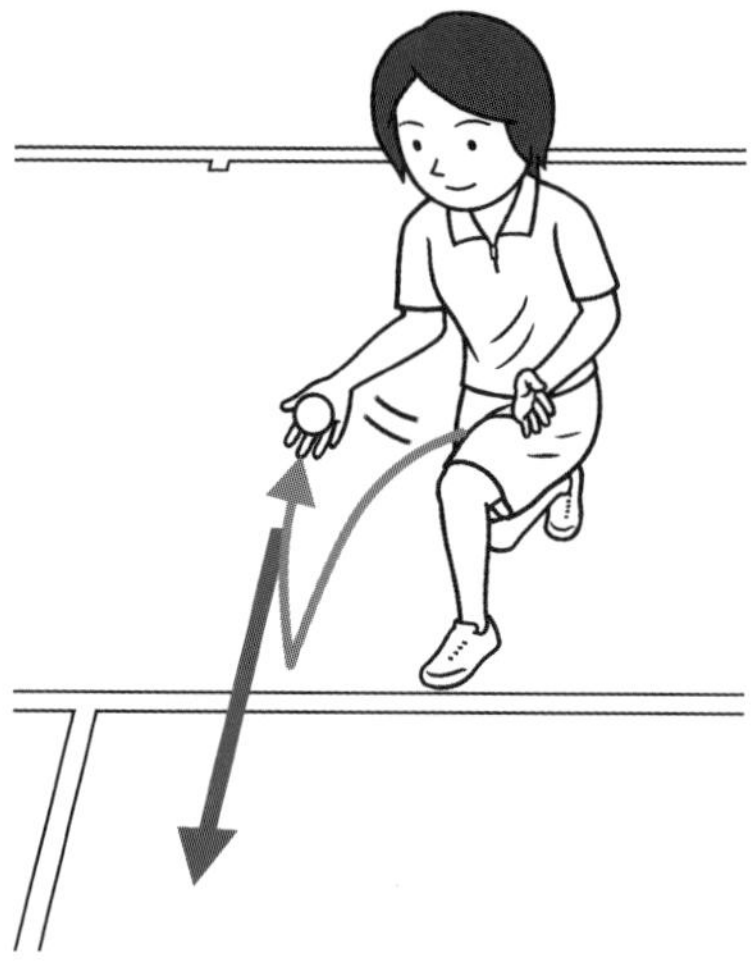

ワンバウンドさせて手のひらでボールを打つ

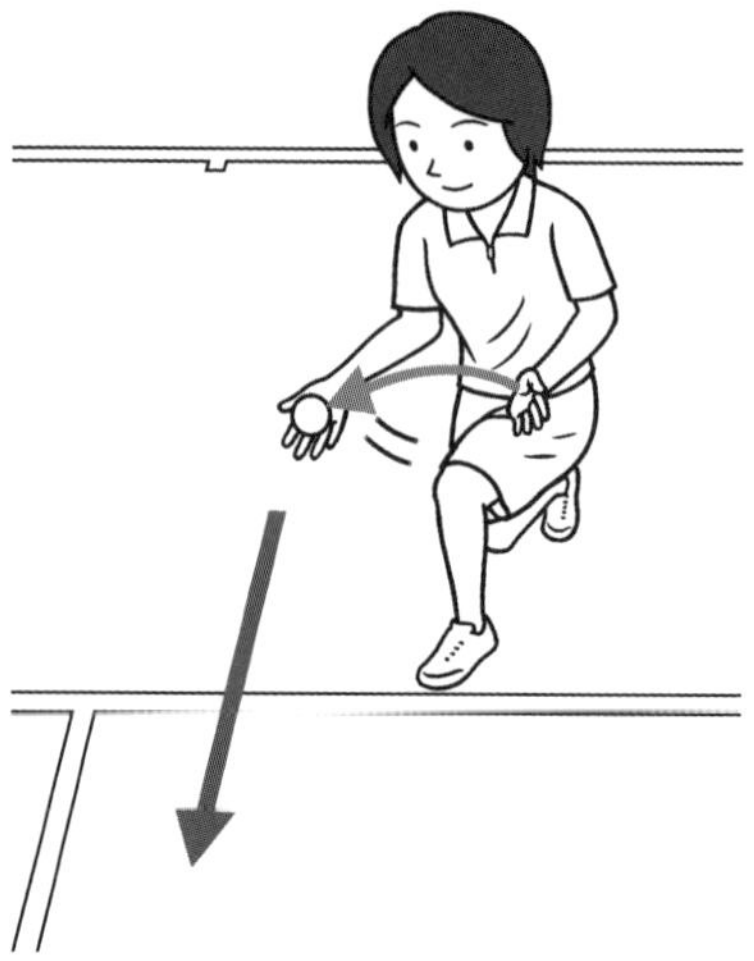

ノーバウンドのまま手のひらでボールを打つ

せざるをえない練習で技術をマスターする

私のジュニア指導の核になっているのは「せざるをえない」練習法です。膝を地面につけたり、手のひらを使ったりして打球することによって、自然と正しいフォームを「せざるをえない」状況になります。

手打ちでストロークに必要な要素を身につける

新入部員には、手打ちでのストローク練習が有効です。コースはストレートを使います。

- 膝を地面につけることで……
  - ①腰が自然と落ち膝の使い方がわかる
  - ②左足の方向を意識できる
- 手打ちをすることで……
  - ③テークバックが速くなり、大きくならない
  - ④フォロースルーを上にするため、腕が大きく振れる
  - ⑤インパクトが強くなる
  - ⑥ボールの下を打球するため、脇がしまり姿勢も低くなる
- ストレートに打つことで……
  - ⑦面がフラットになる
  - ⑧ボールを押し出す感覚が身につく

また、明日！

下校時の小学校の玄関。子どもたちは今日もこぼれるような笑顔で「また、明日ね！」と担任の先生に声をかけ、手を振りながら帰っていきます。それはそばで見ている私にとっても実に響きのいい言葉であり、子どもと先生の体温を感じる幸せなひとときでもあります。

この言葉を初めて聞いたのは、私がテニスの指導者になって間もなくのことでした。以来、「また、明日！」と次の日への期待を胸に抱えてコートを去り、翌日「今日こそは！」と意気込んでコートに走ってくる選手のイメージが、私の指導法のベースとなっています。

その実現のために私は、

①練習内容を固定せずに、コートに来て初めて当日の練習内容がわかる

②毎日、新しい練習種目を必ずひとつ入れる

③授業のように、選手が自ら考え、選手同士で答えを出す

POINT

1. 新入部員のストロークは手打ちからスタートする
2. せざるをえない練習法で、正しいフォームを身につける
3. この時点で打球時の高さと幅を意識する

2 腰を落として手のひらでボールを打つ

ワンバウンドさせて手のひらでボールを打つ

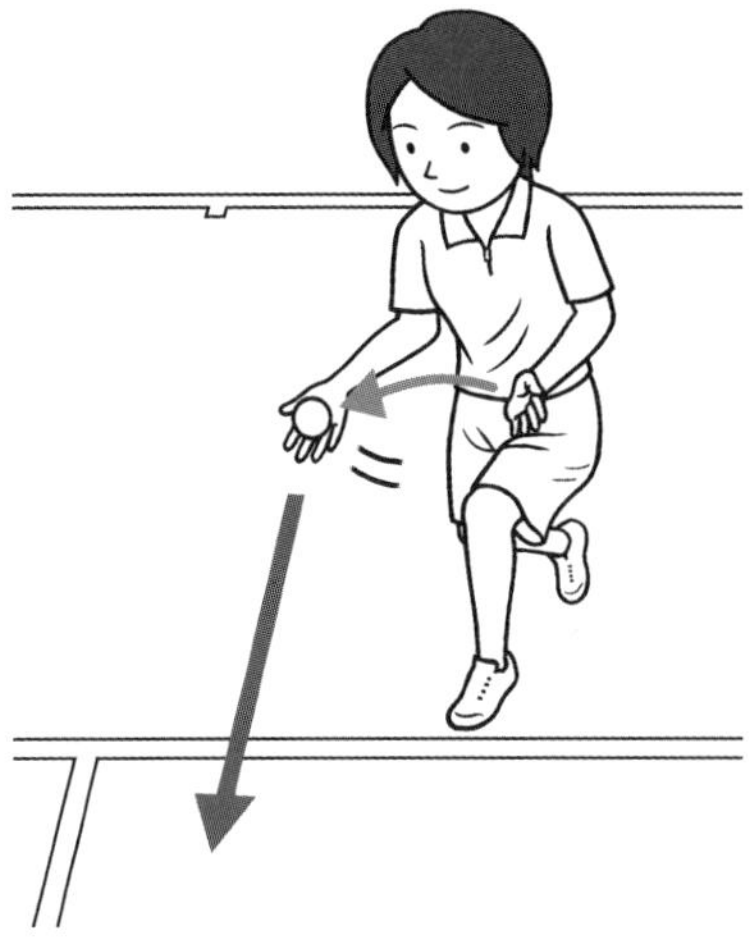

ノーバウンドのまま手のひらでボールを打つ

3 補助者のボールを右膝を地面につけて打つ

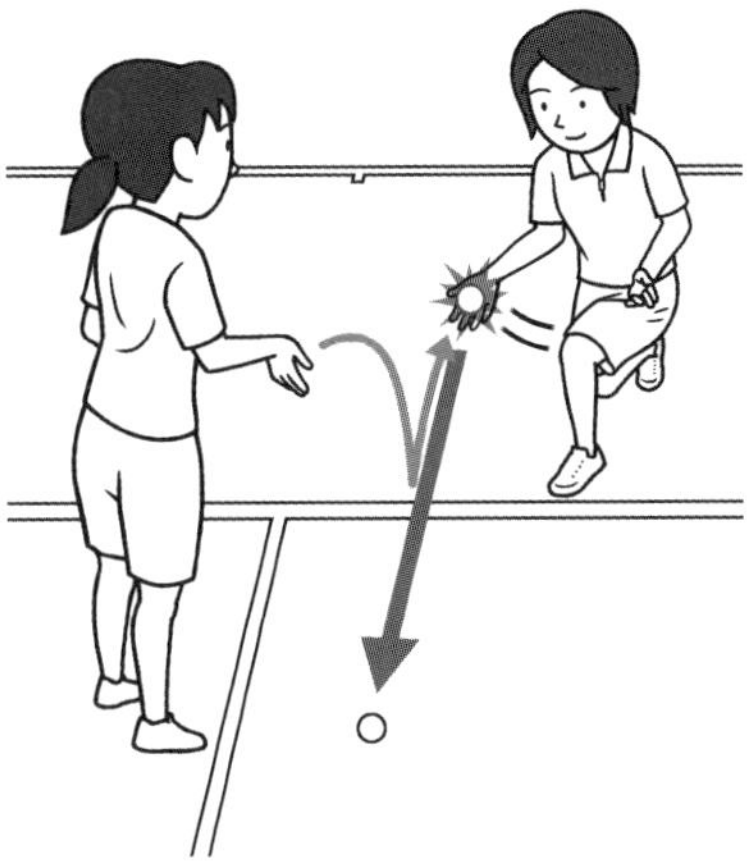

右膝をつけた状態で、補助者が投げたボールをワンバウンドで打つ

右膝をつけた状態で、補助者が投げたボールをノーバウンドで打つ

4 補助者のボールを腰を落として打つ

3と同じように、最初はワンバウンド、次にノーバウンドで打つ

練習にする

④練習時間を短くし、体力・気力を少し残した状態で終了する

⑤明日への意欲を駆り立てる話（ミーティング）の時間を設定する

⑥ときには練習後、コートの外で全員で遊ぶ時間を作る

など、選手が「また、明日！」と思えるような取り組みを試行錯誤してきました。選手にとって、明日への期待を持ち、「続く……」という余韻が残る形でコートを後にすることが、前向きな継続を生むのではないか、と考えたのです。

選手の側に立つ指導とは、選手の気持ちに「答える」から「応える」、という発想の転換が必要でしょう。

みなさんも職場での退社のとき「お疲れさま！」と声をかけられるより、「また、明日！」と言われて帰るほうが、家路への足取りは軽くなるような気がするのですが……。

いかがですか？

手打ちでするゲーム練習 2

新入生が入部した日から、ゲーム感覚で取り組める練習メニューを取り入れます。
楽しく考えながら練習することは、練習への意欲や今後への期待につながります。

練習にゲーム要素を取り込む

初心者の指導では、選手たちが興味を持って楽しく取り組める練習を取り入れることが大事です。スポーツは「できるようになると楽しくなる」という面もありますが、初心者の場合は、「楽しいからできるようになる」側面が強いからです。

ここではゲーム的要素を盛り込んだ練習法を紹介します。初日の手打ち練習でボールが飛ぶようになったらすぐにできるゲームもあります。選手たちが毎日期待を持ってコートに通えるように、ぜひいろんな楽しいゲームを工夫していってください。

1 ストレートにボールを打つゲーム

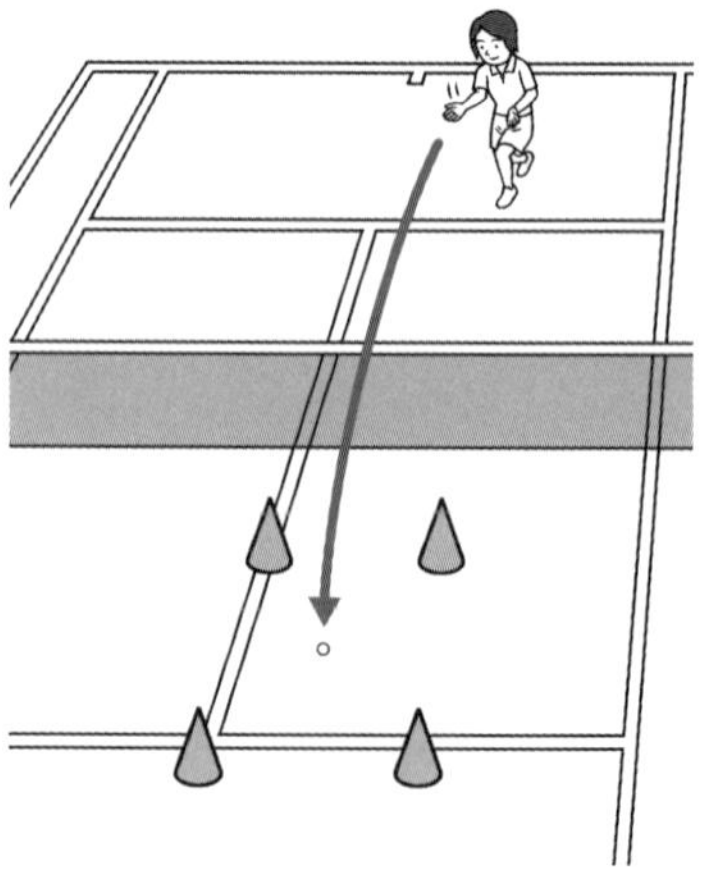

コーンポストなどでストレートのコースを意識させ、10本中何本狙った場所に打てるかを競うゲーム。

2 飛距離を競うゲーム

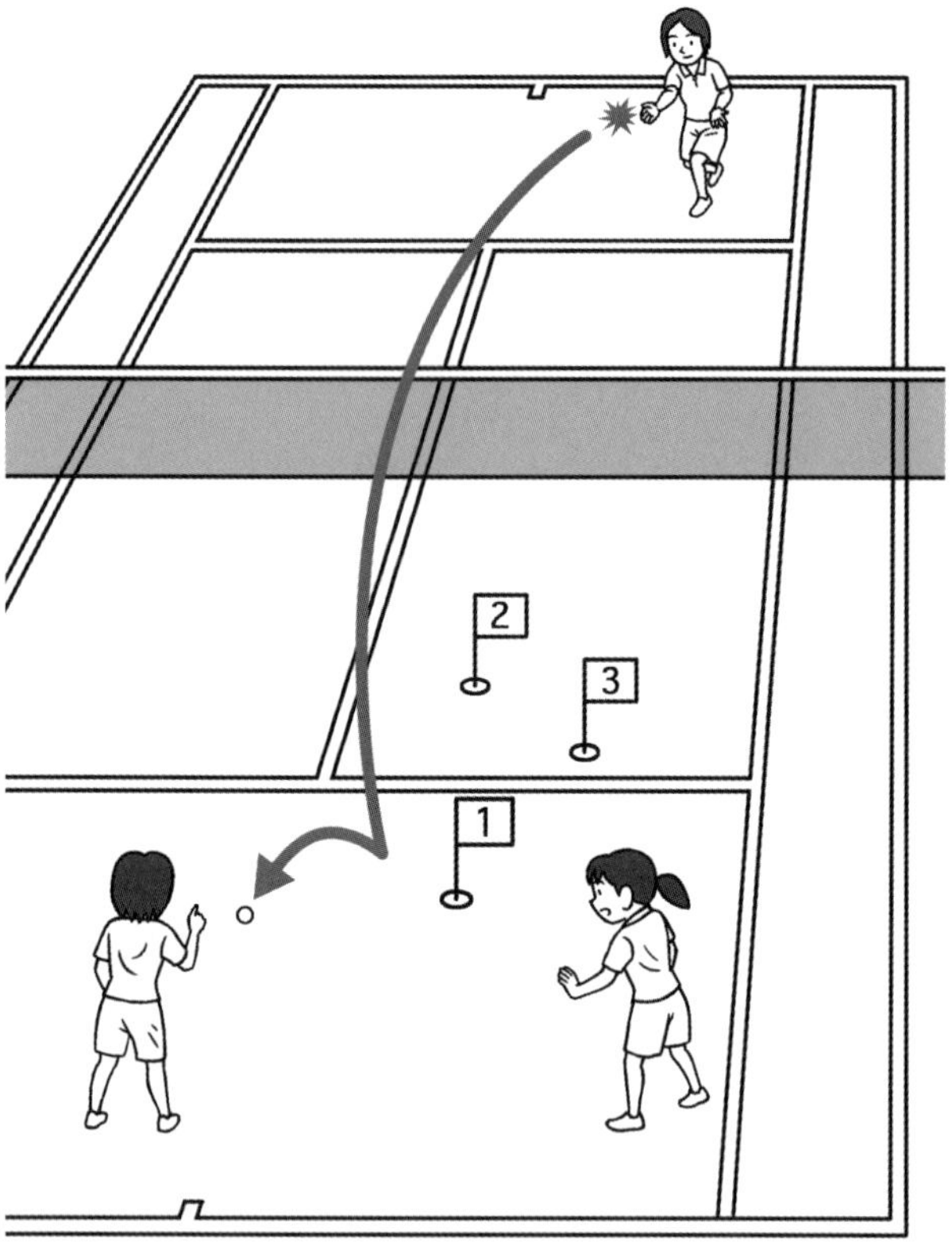

誰が一番遠くまで飛ばすことができるかを競うゲーム。テニスコートを72分の1理論の区分け（P18参照）に沿って、A、B、Cに区切り、Aは10点、Bは5点、Cは3点などの点数制にして合計点を競うのもよい。

指導者の姿

岐阜県・池田町での講習会で、小学4年生のNちゃんの指導をしました。

Nちゃんにはやる気があり、私からの少しのアドバイスも効いたのか、いいボールが飛ぶようになりました。先生はとても喜んで全員を集め、Nちゃんにあげボールをしました。素晴らしいボールを打つNちゃん。1球ごとに仲間から温かい拍手が起こりコートに歓声が響きました。

ところが翌朝、Nちゃんのボールに前日のような勢いがなくなっていました。先生からは厳しい言葉が飛び、私も「どうしたのだろう？」と不思議に思いました。

不調の原因がわかったのはお昼休みのときでした。Nちゃんはお弁当のお箸を持ったまま、ぐっすりと眠っているのです。

思い当たることがひとつ。前日の帰り際、私はNちゃんに「せっかく上手になったから、今夜は忘れないために寝

POINT

1. 楽しいからできるようになる！
2. 選手が自分で考え発見する練習を大切に
3. ゲームへの期待を持つ

4 2人で手打ちゲーム

2人でサービスコートを使って、ストレートでラリーをする。ネットをしたり、サービスコートからボールが出たらアウト。

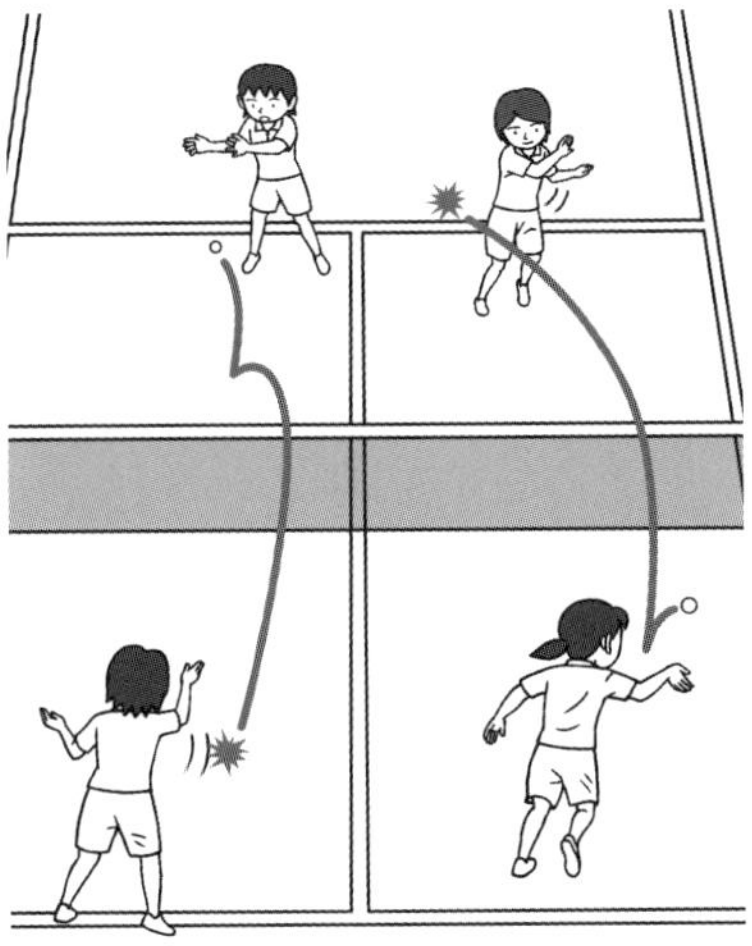

5 4人で手打ちゲーム

慣れてきたら、4人でサービスコートを使って、ラリーをする。ネットをしたり、サービスコートからボールが出たらアウト。

「考えるテニス」は楽しい！

手打ちの練習をすると、最初から上手にこなす選手がいる一方、何球打っても失敗する選手もいます。このような場合、選手自身に失敗の原因を考えてもらいましょう。

例えば「ボールをよく見て打つ」という答えがあれば、その場で意識してボールを打たせてみます。それでも成功しないときは、もっといい方法はあるか考えを促します。「もっと膝を入れる」「テークバックを小さくする」などの新しい意見が出たら、都度それを意識して打たせます（考えざるをえない練習）。

一方的に教えるのではなく、授業のように問答をくり返すことで、「練習＝みんなで答えを発見する時間」ということを意識させます。

3 「考えるテニス」を体験させる

一方的に教えるのではなく、選手自身に考えさせて答えを見つける「授業」のような練習を。

ないほうがいいかもね」と冗談を言ったのです。確認すると、「ほとんど一睡もしなかった」とのこと。軽口を叩いたことに、申し訳ない気持ちになりました。

午後の練習でもやはりボールに勢いが戻らず、首をひねる先生。そこでNちゃんは意を決し、「あのね、安藤先生に『忘れたらもったいないから、寝ないほうがいい』と言われて寝なかったの」と声を詰まらせ必死に訴えたのです。

その瞬間、先生はNちゃんの肩に手を当て、「Nちゃんごめん！　先生、何も知らずにきついことを言って！」と謝りました。コートの真ん中でふたりが抱き合って泣く姿に、みんなも胸を熱くしていました。

選手が上手になることを自分のことのように喜び、間違ったときには子どもに平気で頭を下げることができる、素晴らしい指導者の姿を見せていただき、大変幸せな気持ちになりました。

左手キャッチで打点をマスター　3

手のひらでボールを打つ練習をしたら、次に打点をマスターしましょう。打点は左手でボールをキャッチすることでマスターします。打点には、高さと前後の幅があります。

1　打点の高さは3種類ある

打点の高さには、①トップ②水平③アンダーの3種類がある。ジュニアの場合は、基本的に水平とアンダーのみ使用する。どちらを使うかは、相手の球種（シュートかロブか）とボールの深さによって選択する。

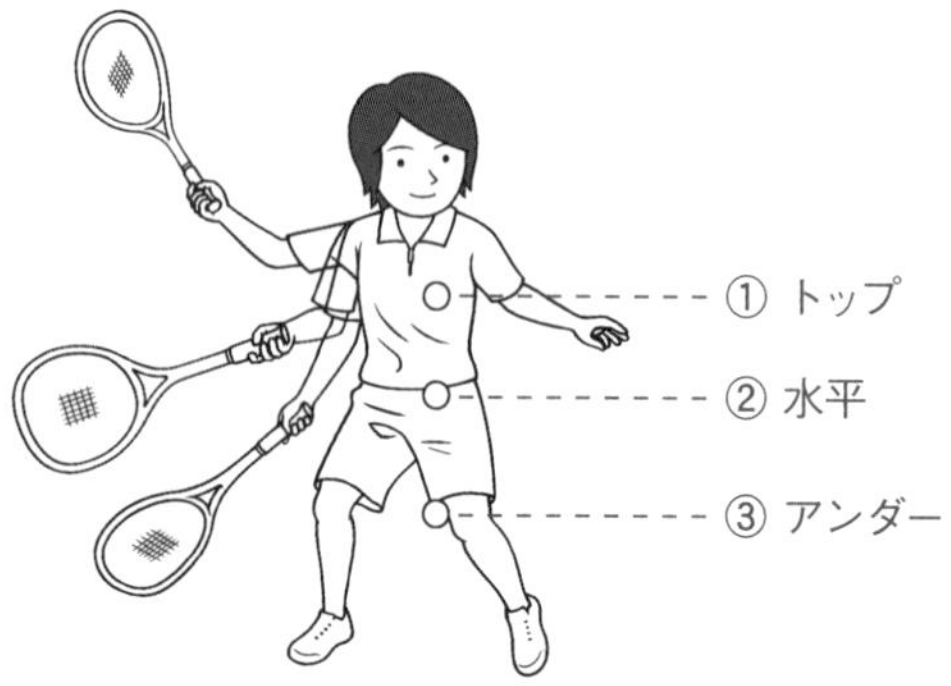

2　打点の幅は3種類ある

打点の幅には、①前②中央③後ろの3種類がある。たとえばクロス展開で後衛前にシュートボールを打つときの打点は①、センター割なら②、サイド抜きや前衛オーバーするときは③になる。この打点で打つとミスをしにくくなる。（詳細はP57・P65参照）

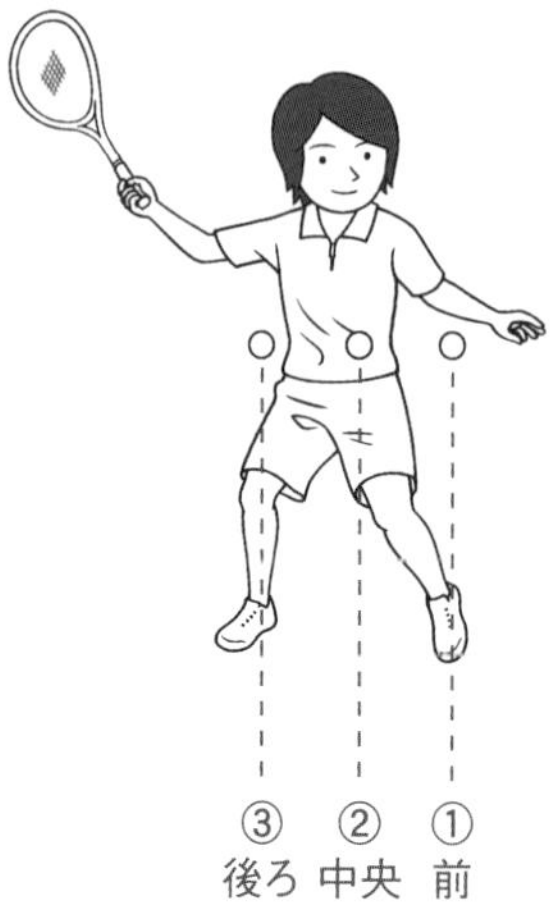

打点の位置をマスターする

ここでは、補助者のボールを左手でキャッチする練習をします。この、左手でキャッチする場所が、のちにラケットでインパクトする場所になります。キャッチしたあとは、その場で手打ちで返球します。これらの練習を通して、自然と打球の位置がマスターできます（せざるをえない練習）。

- 左手でキャッチすることで……
  ①自然と左肩が入るようになる
- 右足を固定しておくことで……
  ②腰の位置が低くなり、左足を踏み込む感覚が身につく
- キャッチしたあとに手打ちすることで……
  ③キャッチした左手の位置がインパクトの位置だとわかる

打点には高さと幅があることを知る

次の段階として、打点の高さと幅を意識させます。ラケットを持ってストロークをするときは、打点の高さと前後の幅を意識して打球しなくてはいけません。私は、そのことを新入部員の手打ち練習の段階で意識づけさせます。補助者は、高低をつけたあげボール、前後の幅をもたせたあげボールをしましょう。

黒い桜でいかがですか？

ある講習の折、初めてお会いした沖縄県名護高校の田場コーチから「本校のテニス部の生徒はどこの部にも負けない、いい顔をしています。一度生徒の顔を見にきてくれませんか？」とのお誘いを受けました。

そういえば妻が「2年前に見た全日本高校選抜大会で、際立って明るく元気のいいチームがあった」と話題にしていたのが名護高校だったことを思い出しました。

「本校は、ブロック大会や全国大会ではOBが全国からかけつけ、お揃いのユニフォームで応援するのです」

田場コーチのそんな言葉に、たまたま同席していた息子が強く感銘を受け、私の返事も待たないうちに「ぜひ、お世話になります！」と即答しました。息子には「お父さん、今どき、こんなにしびれる話に心が動かないようでは、指導者じゃないよ！」と諭されました。

POINT

1. 左手キャッチでインパクトの瞬間を意識する
2. 左手キャッチの位置は、ラケットを持って打球するときの打点につながる

3 右足をベースラインに固定して左手でボールをキャッチ

右足をベースラインに固定して、補助者のあげボールを左手でワンバウンドキャッチする。手は逆手でキャッチする（キャッチした左手の位置が、インパクトの場所に相当する）。キャッチしたあとは、ノーバウンドで手打ち打球する。

4 高さを変えてボールをキャッチする

3と同様に補助者のあげボールを左手でワンバウンドキャッチする。キャッチしたあとは、ノーバウンドで手打ち打球する。補助者は選手がボールをキャッチする高さ（打点の高低）が変わるように意識して、あげボールをする。

5 打点の幅（前後）を変えてボールをキャッチする

3と同様に補助者のあげボールを左手でワンバウンドキャッチする。キャッチしたあとは、ノーバウンドで手打ち打球する。補助者は選手がボールをキャッチする位置（打点の前後）が変わるように意識して、あげボールをする。

そんな経緯を経て、2月の連休を利用し、名護高校にお邪魔しました。真っ黒に日焼けした顔に白い歯の光る、笑顔が素敵な選手ばかりで、練習はあっという間に終わりに近づきました。

帰り際、私が「明日は日本で一番早く桜が咲いている場所に行って、桜を見てから北海道に帰ろうかな」と話したところ、選手のひとりにこう返されました。

「安藤先生！　桜だったら、ここにいっぱいあります！
明日の桜、私たちじゃダメですか？」

この言葉にもまたしびれ、結局次の日もコートに足を運んで、真っ黒な顔の桜たちと練習を重ねました。

テニスが大好きで、明るく楽しく真剣に活動している素敵なチームで、非常に思い出深いです。

次のページで、名護高校の卒業生からもらった年賀状を2通、紹介したいと思います。

（続く）

左手キャッチでフットワークをマスター　4

ボールの落下点にスムーズに入るフットワークはとても重要です。打球するまでの足の運び方も、ラケットを持たせる前にマスターさせます。

1　待球姿勢と踏み出す足を理解する

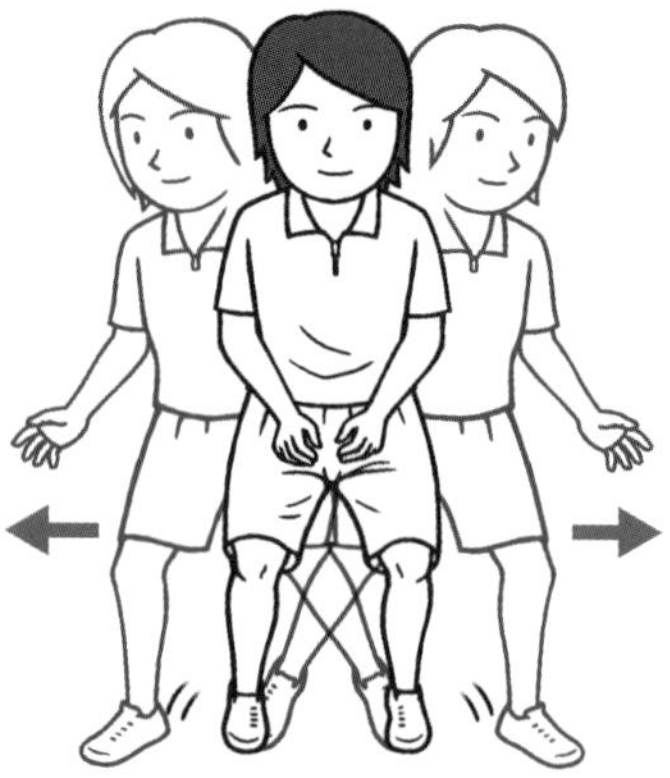

腰を落とした状態で、待球姿勢をとる。フットワークは打球方向の足からスタートするのが原則。ボールが左にきたときは左足、右にきたときは右足から踏み出すように指導する。

2　足を動かしてあげボールを左手キャッチ

待球姿勢から、リズミカルに足を踏み出して、補助者のあげボールを左手でキャッチする。軸足(右足)をかかとから地面につけ、左手キャッチ。キャッチしたあとはノーバウンドで手打ち返球。

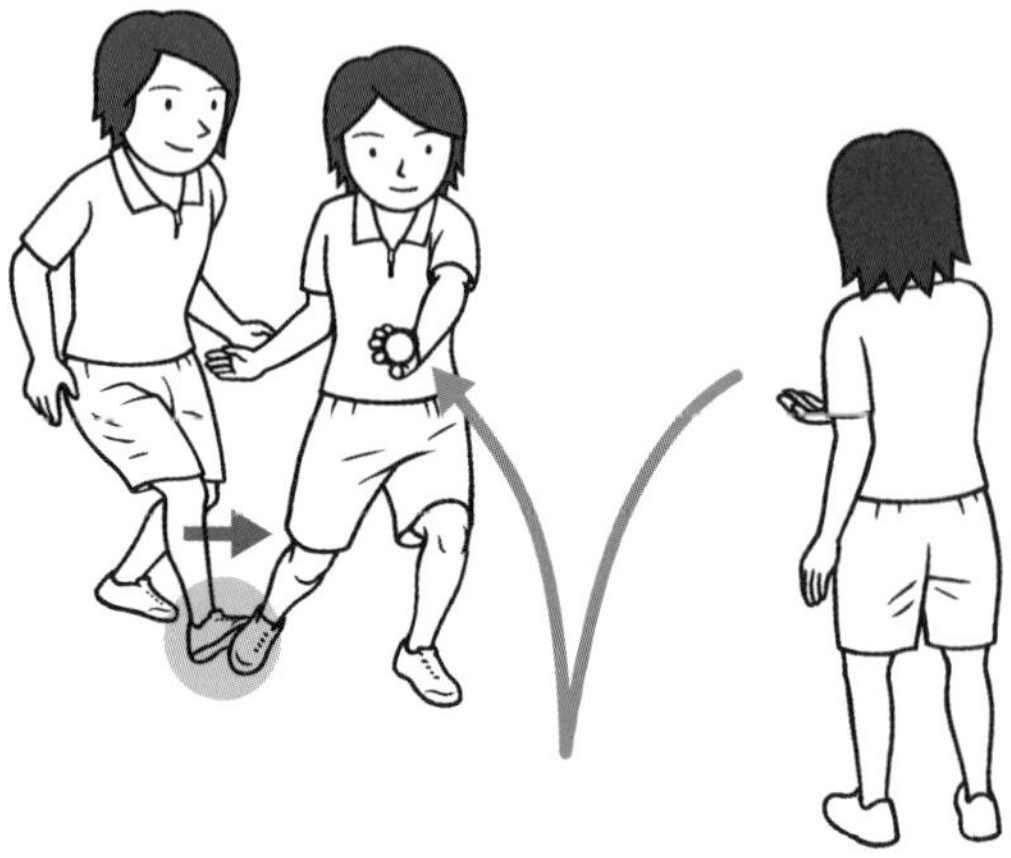

打点までの足の運び方をマスターする

左手キャッチの練習は、どのような打点でも打てるようにすることに加え（前ページ）、ボールの落下点までのフットワークを鍛えることが狙いです。

フットワークは、できるだけ多くの歩数で細かい足運びをするように指導します。正確な打球をするために必要な要素が、この段階で身についているかを確認しながら進めます。

最初は左手キャッチ。慣れてきたら、ボールをキャッチせずに、右手で打球しましょう。

テニスで学んだこと

名護高校の卒業生から。葉書にびっしりと文字が並んでいました。ひとり目は看護の専門学校に進んだ卒業生から。

（看護学校の）1年生とは基礎の段階であり、実践につなげるための土台でもあります。これは、テニスと同じであり、基本ができなければ、いくら戦略があっても実際に発揮することはできません。私はテニスで学んだ「コツコツ頑張り続けることの大切さ」を活かしていこうと、いつも心に決めています。テニスは私にとってかけがえのないものであり、感謝でいっぱいです。安藤先生夫婦と出会えたことや一緒に戦えたことも、私にとって最高の宝物です。

次は、社会人1年目として、滋賀県でゴルフのキャディをしている卒業生からです。

高校生だったあのころが今になってどれだけ幸せだった

POINT

1. 落下点までのフットワークは、できるだけ足運びを細かく
2. 練習の成果はすぐに披露して、選手の意欲を生み出す

ゲームと披露のくり返しを通して フットワークを定着させる

この時期の新入部員の練習で大事なことは、練習で成果が出たら上級生に技術の向上を見てもらう時間を設けることです。

ここではフットワークゲームを取り入れることで練習の成果を披露し、上手な選手のフットワークを参考にしてさらに練習を重ねます。

もっと上達したら、もう一度披露することをくり返すことで、技術向上への意欲を生み出します。

3 多くの歩数を使って あげボールを左手キャッチ

2と同様に、待球姿勢からボールをキャッチ。補助者は多くの歩数を使えるように、あげボールを高くする。補助者は、選手の歩数を声に出して、できるだけ細かく足を運ぶように意識づけさせる。

4 練習成果の披露を通して フットワークを定着させる

打球までの歩数を数え、できるだけ多くの歩数を使うことを競わせる。待球姿勢や落下点に入るのが上手な選手のフォームを紹介し、P137の3のように、選手たちに何がよいのかを考えさせる。

のかをあらためて感じています。本当にテニスが好きだったし、ひとつの夢に向かって皆で頑張り、安藤先生や奥さんにも手伝っていただきました。全国ベスト8。本当にすぐそこまで近づいていたことはわかっています。ダメでしたけど、見えない後輩たちのためにもしっかりと先輩らしくできました。名護高校へ入って、本当によかった。安藤先生や奥さんはいつまでもずっと私たち名護女のファミリーです。

田場コーチのもと、名護高校のテニス部で育まれた力が、その後の人生においても活きていることがわかります。テニス部での経験は、これからも彼女たちの人生を支えてくれる大きな力になることでしょう。

私たち指導者の仕事は、彼女たちのように、数年後、何十年後に「テニスをやっていてよかった！」と言ってくれる選手をひとりでも多く作ることだと感じます。

ラケットの中心でボールをとらえる　5

いよいよ、新入生用に用意した特殊なラケットを持ちます。まず意識することは、ラケットの中心でボールをとらえるようにすることです。

1 中央のガットを抜いたラケットで打つ

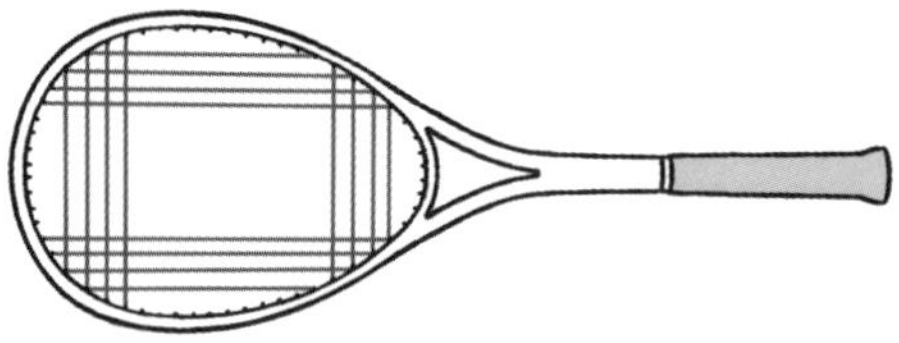

右足をラインに固定して、ラケットのヘッドを地面につけて待球姿勢をとる。１球目は左手キャッチ。２球目はスイングする。穴があいている部分にボールが通ればOK。

ボールをラケットの中心でとらえる練習

特殊なラケットを使うことで、以下のことを身につけさせます（せざるをえない練習）。

- **最初に左手キャッチ、次にラケットを使うことで……**

  ①左手キャッチをした位置が打球位置だとわかるようになる

- **ラケットの先端を地面につけて待球姿勢をとることで……**

  ②右ひじが伸び切ってしまうのを防ぐ

- **右足を固定して打球することで……**

  ③左膝を曲げなければボールが打てない状態になる

- **中央のガットを抜いたラケット、中央に袋をつけたラケットを使うことで……**

  ④ラケットの中心でボールをとらえる感触を得られる

- **中央にガットを張ったラケットを使うことで……**

  ⑤インパクトの瞬間が体感できる

３種類の特殊なラケットを使っての練習を通して、打点を意識し、膝を曲げて打ち、ラケットの中心でボールをとらえることができるようになります。ぜひ、初心者にはこの特殊な３種類のラケットを準備してください。

仏様の指

以前、通夜の席で住職が「仏様の指」という話を紹介してくれたことがありました。

あるとき仏様が道端に立っていらっしゃると、ひとりの若者が荷物をいっぱい積んだ荷車を引いて通りかかりました。そこは大変なぬかるみで、荷車はそのぬかるみにはまって、懸命に引いても車は動きません。仏様はしばらく男の様子を見ていらっしゃいましたが、指先でその車にちょっと触れました。その瞬間、車はすっとぬかるみから抜け、男はまた車を引いていったという話です。

男は、仏様の指の力で車が動いたことを知りません。あくまでも、自分が頑張り、自分の力でぬかるみを抜け出したという自信と喜びを感じています。もし、ぬかるみを抜けたのが、仏様の指の力によるものだとわかったらどうなるでしょうか……。男はその事実を知ったほうがよいのでしょうか？　それとも知らな

POINT

1. せざるをえない練習で、ラケットの中央で打つことを覚える
2. 楽しみながら正しいストロークのフォームを身につける

2 中央に袋をつけたラケットで打つ

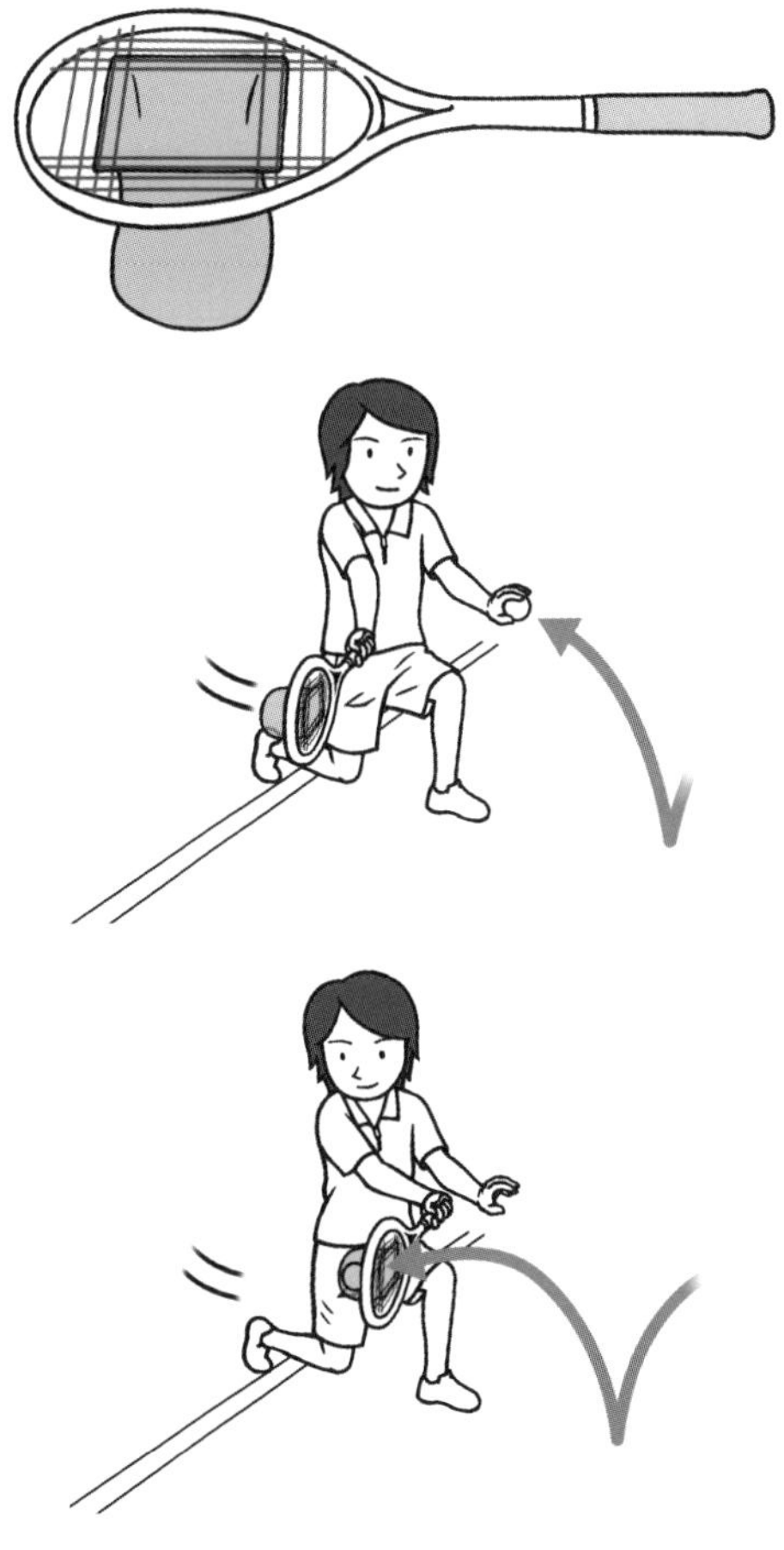

1と同様に、1球目は左手キャッチ。2球目はスイングする。袋でボールがキャッチできればOK。10球打って、何本袋に入ったかを競うゲームも初心者には楽しい。

3 中央だけガットを張ったラケットで打つ

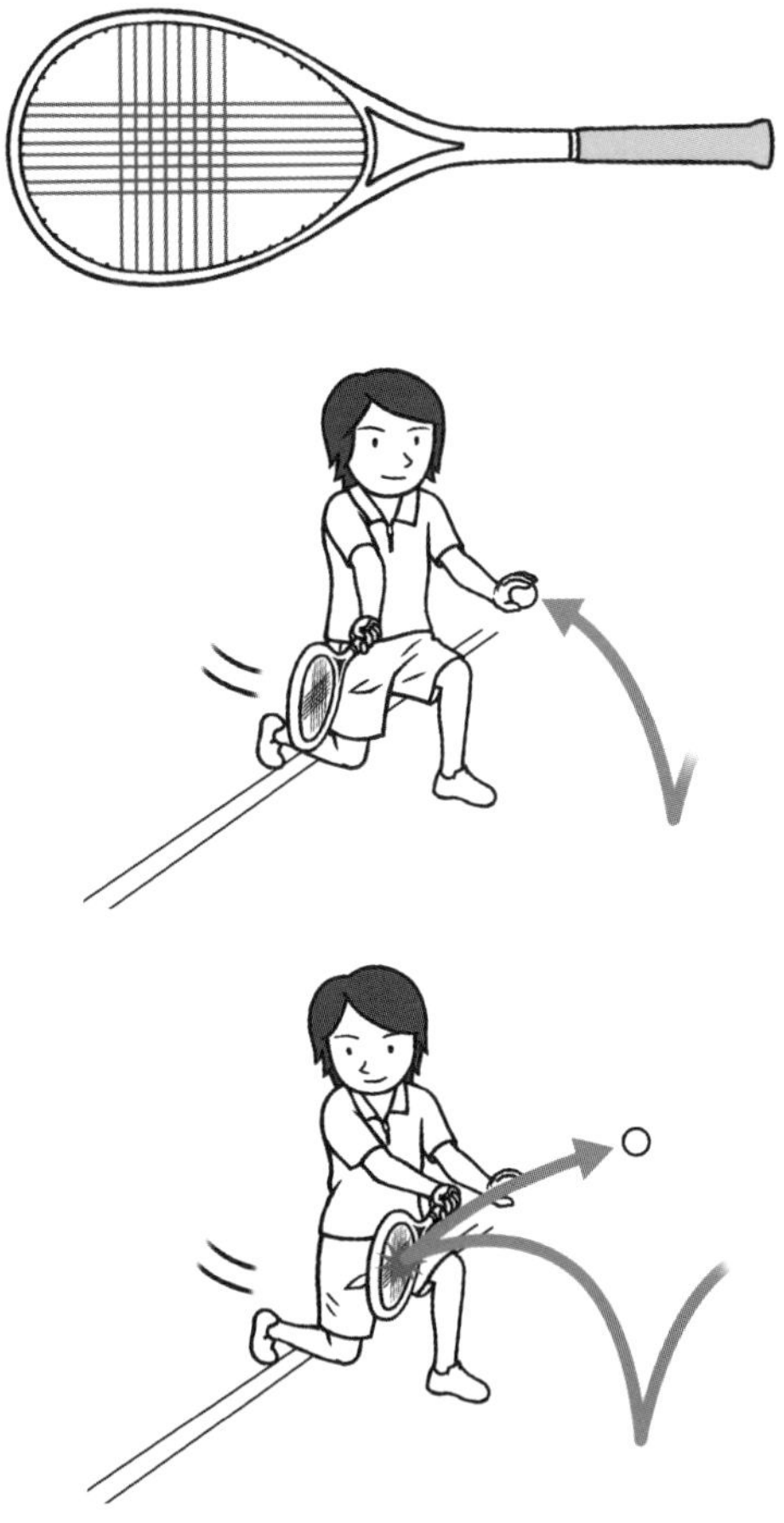

1と同様に1球目は左手キャッチ。2球目はスイングする。中央でボールがとらえられれば、ボールはまっすぐに飛ぶ。

いほうがよいのでしょうか？　いろいろと考えさせられる説話です。

この先も、その男が自分の力で困難を乗り越えなくてはいけないことを考えると、私は、男が自分自身の頑張りで困難を乗り越えたと考えたほうがよいのではないだろうかと思いました。

これは、子どもたちに対する私たちのかかわり方にも通じる部分があります。

子どもたちはこれからどんどん大きくなり、いろいろな困難を経験することでしょう。子どもたちがいつの日かひとりで生きていくことができるような力を育むことが、私たちの一番大事な仕事ではないでしょうか。

真の強さを子どもたちに培うためにも、私たちは仏様の指の役割になり、遠くから子どもの様子をじっと見つめ、今、子どもがどんな状態にいるかを冷静に判断し、子どもたちが自分の力で困難を乗り越えることを応援していきたいものです。

フラットにボールをとらえる 6

せざるをえない練習を通じて、ラケットの面をフラットにし、ボールをまっすぐ飛ばすフォームを身につけましょう。

ボールをフラットにとらえる練習

卓球のラケットで打ったり、テニスボールを脇にはさんで打ったりする練習を通して、インパクトの瞬間にラケットの面が自然とフラットになるようにします（せざるをえない練習）。この練習を通して、以下のことが身につきます。

- **卓球のラケットを使うことで……**
  - ①打球時のフラット面を実感できる
  - ②インパクトの強さと、コンパクトな振りを実感できる
  - ③ラケットを強く「押し出す」感覚が身につく
- **脇にテニスボールをはさんで打つことで……**
  - ④テークバックを大きくできないので、ひじが下になり、スイングがスムーズになる
  - ⑤（ボールを落とさないようにするために）ラケット面をまっすぐ「押し出す」ことができるようになる
  - ⑥（障害物を置いているので）テークバックの引きすぎを防ぐ
  - ⑦（ノーバウンドで打球することで）よりインパクト時に力を集中するようになる
- **目標物を置いて打つことで……**
  - ⑧目標物の間を通す意識を持って、自然とラケットの面がフラットになる
  - ⑨段階を踏んで打球することで、テークバックからフォロースルーまでのラケットの振りがスムーズになる

1 卓球のラケットで打つ

サービスラインに立ち、補助者のあげボールを卓球のラケットで遠くに打球する。遠くに飛ばす意識を持ち、ラケットを押し上げるように打球する。

子どもの成長①

私たち指導者は、その後の成長が楽しみで子どもとかかわっているといっても過言ではありません。

二十数年ぶりにかつての教え子が主催するクラス会に参加したときのことです。

会場の襖を開けると、温かい拍手が私を迎えてくれました。S君がテーブルの上にあるビールをひょいと持ち「先生、まずは一杯！」と注いでくれます。教え子にお酒を注いでもらうというのは、何とも不思議な気持ちになるものです。

今回の幹事役のY君にお礼を言うと、「俺って、手がかかる子どもだったでしょ！今回はその罪滅ぼしなんだ」と照れながら私に耳打ちします。クラス会の幹事役は判で押したかのごとく、Y君のようなタイプの子が買って出てくれます。

お酒が進んだころ、進行役から「先生にみんなの小学校時代の様子を話してもらいま

POINT

1. せざるをえない練習で、ラケット面をフラットにして打つことを覚える
2. ストロークの基礎を身につけ、まっすぐにボールを打てるようにする

2 脇にテニスボールをはさんで打つ

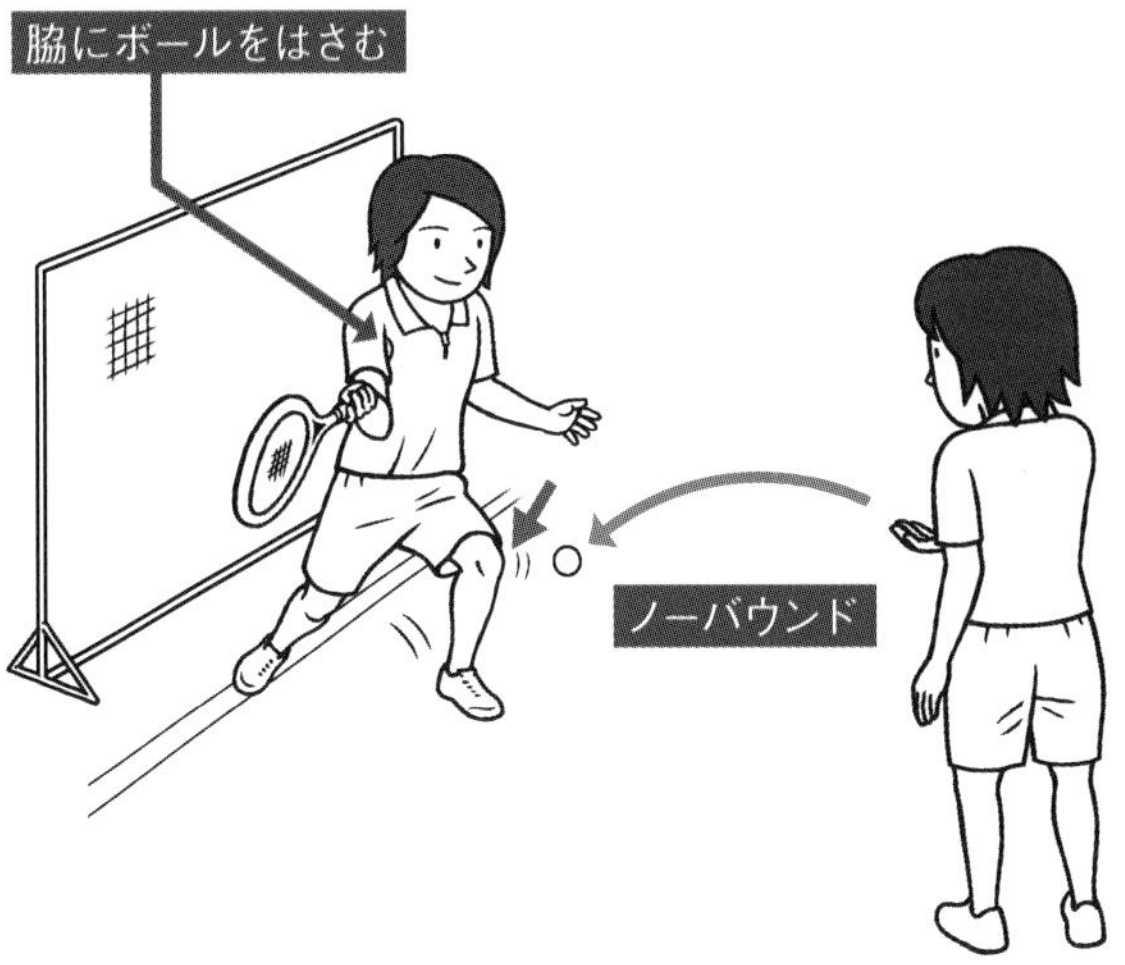

軸足をラインに固定する。脇にボールをはさみ、そのボールを落とさないようにして補助者からのボールをノーバウンドで打球する。後ろには障害物をおく。

3 目標物を設置して打つ

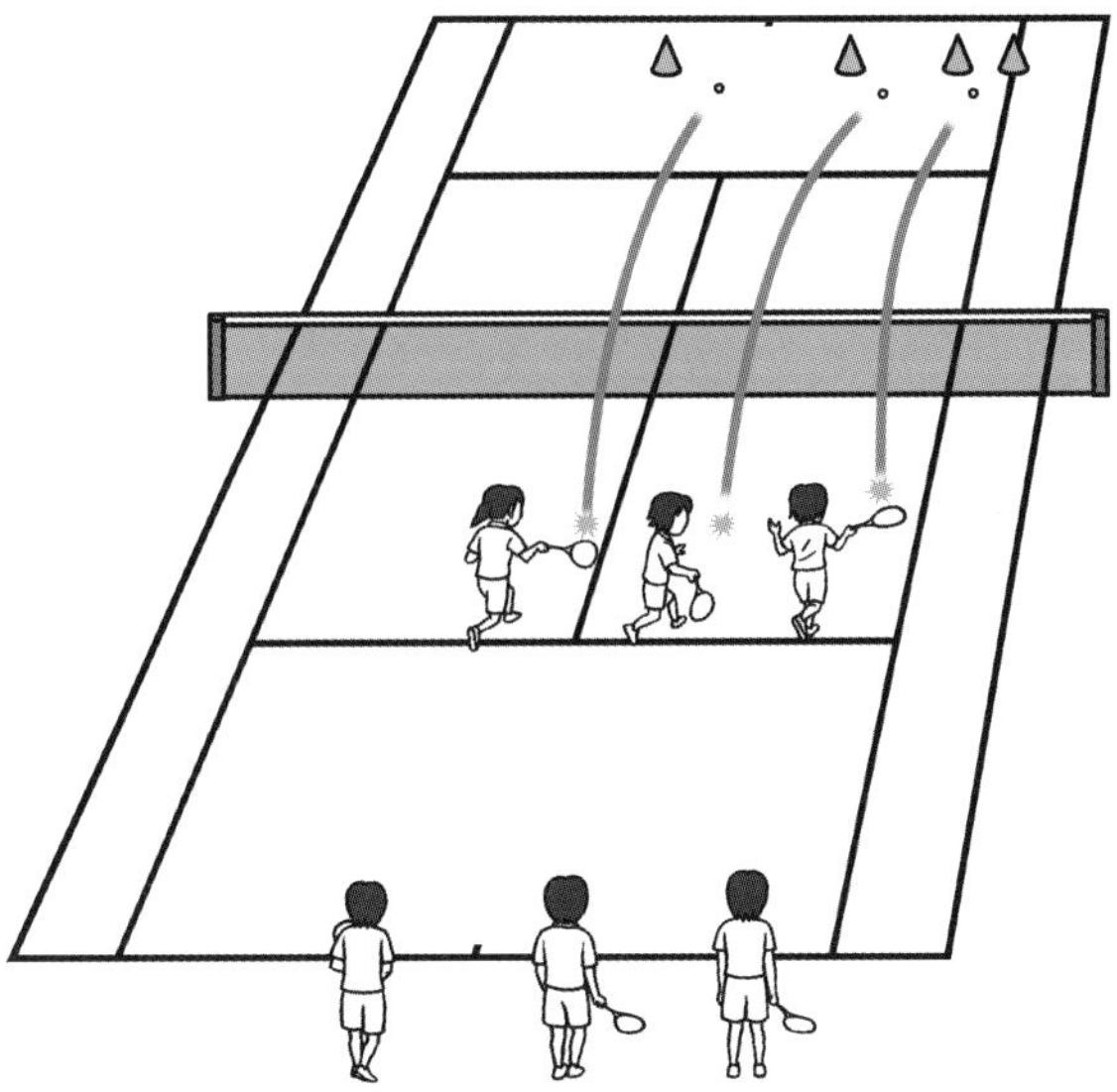

目印になるコーンポストなどを置き、2つの目標物の間を通るように打球する。目標物の間隔は、最初は広く、徐々に狭くしていく。打球する場所は最初はサービスラインから。だんだん下がってベースラインへと段階的に移動する。

す！」と、突然のフリがありました。「先生は全員の名前なんて覚えてないよ！」と揶揄するI君。私は彼らの顔を見渡し、並んでいる順にひとりずつ名前を言い当て、それぞれの思い出を語りました。31人全員について話し終わったとき、「先生ってすごいんだなー」という誰かのつぶやき声が。すかさず「そうか、卒業写真を見て覚えてきたんだ！」と言うI君。疑い深い性格は子どものころのままです。

私も少しばかり意地（？）になり、当時一人ひとりがよく着ていた服装を思い出して披露しました。それでようやく納得したのか、I君が「そうか、俺たちって少しも成長していないということだ！」とがっかりした声を出し、全員が大笑いしたものです。

子どもたちは自分の成長を見てもらいたいと集まったようですが、私にとっては子どものころの顔がそっくりそのまま大きくなったとしか、そのときには思えませんでした。

（続く）

バックハンドの練習　7

バックハンドも、手打ちから練習を進めます。左手の手打ちでバックハンドに必要なフォームを身につけたら、次に両手打ち、最後に片手打ちと練習を進めます。

1 左膝を地面につけ 左手でボールをキャッチする

手投げのボールを、左手でキャッチする。キャッチに慣れてきたら、左手でボールを打つ。ボールを打つときは、次の段階の両手打ちにつながるように、右手も一緒にボールを迎えにいく。

両手打ちで 膝の使い方と腰の回転を覚える

ラケットでボールを打つ前に、左手の手打ちで体の使い方を覚えます。練習の狙いは下記の通りです。

- **左手でボールをキャッチすることで……**
  ①左手でキャッチしたところが打点になる

- **左手の手打ちでボールを打つことで……**
  ②早くテークバックができるようになる。
  上半身のひねりと腰の回転ができる準備が整う
  ③打球方向とスイングの軌道を理解できる

- **両手打ちでボールを打つことで……**
  ④（裏面を使い逆クロスで練習することで）腰の回転がスムーズにできる
  ⑤（両手で打つことで）上半身と下半身の一体感を持たせることができる
  ⑥（両手で打つことで）打点が前にならないために、打球前にひじが前に出なくなる
  ⑦（フィニッシュを首に巻くことで）スイングがコンパクトになる

- **右腕を押さえながら打つことで……**
  ⑧腕の力がない小学生なども遠くへボールを打つことができる

子どもの成長②

クラス会の途中で「先生との約束守ったよ！」と、にこにこしながらMちゃんが近寄ってきました。

「Mちゃんは小さい子にとても優しいから、大きくなったらいい保母さんになりそうだなあ」

そんな私の言葉を大切にして、夢を追いかけ、実現したというのです。彼女の頑張りに喜びの気持ちがこみあげるとともに、あらためて子どもに対する教師のひとことの重みと責任を感じました。

突然、K君が「N君もクラス会に出たかっただろうなあー」と言い、会場がいっぺんに静かになりました。N君は中学生のとき、大好きな海で命を落としたのです。

N君の思い出話がしばらく続いたあと、会場を出た全員の足が自然と海に向かっていました。今日のクラス会の様子を海に向かって報告しているY君の言葉に、みんなが静かにすすり泣き……。

POINT

1. **左手キャッチ→左手手打ち→両手打ち（裏面）→右腕を押さえながら打つことで、バックストロークに必要な要素を身につける**
2. **逆クロスを使用して腰をスムーズに回転させ、膝を使っての打球感覚を身につける**

2 両手打ちでボールを打つ

硬式のラケットの持ち方のように、両手でラケットを持ち裏面でボールを打つ。逆クロスを使って練習するとよい。

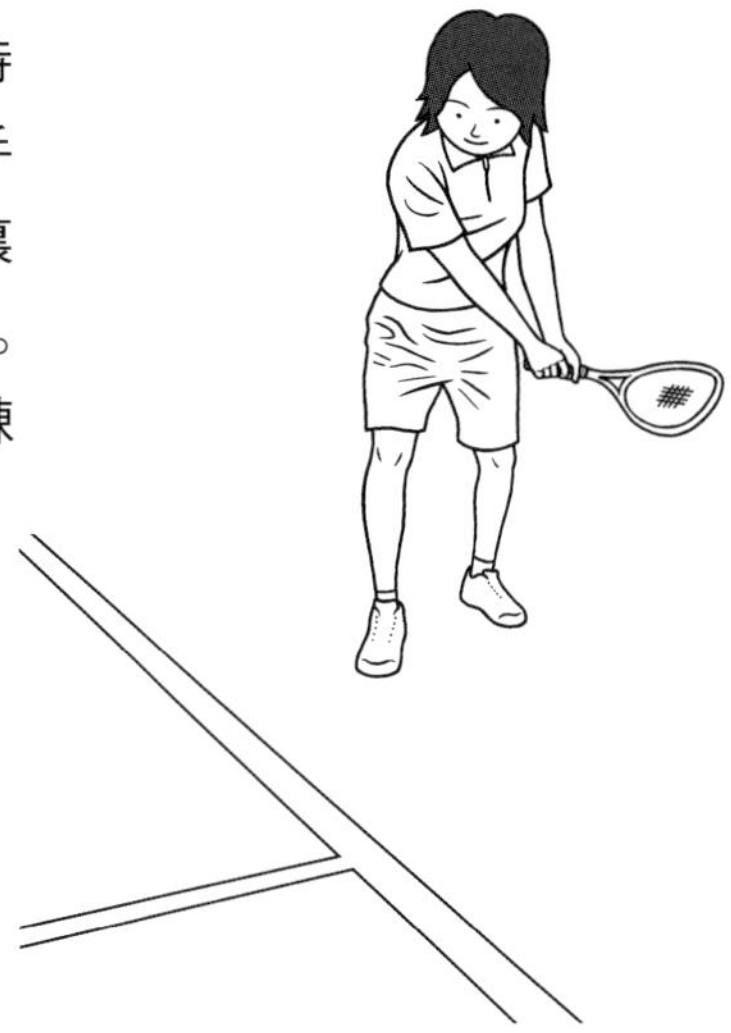

しっかり腰を回転させて、フィニッシュは首に巻く。

3 右腕を押さえながら打つ

左手で右腕を上から押さえながら、通常の面でボールを打つ。フィニッシュのときまで、左手は打球方向に添えて送る。

その重い空気を振り払うかのように、O君がクラスでよく歌った「知床旅情」を歌いはじめました。それがいつの間にやら大合唱！ 仲間のことを忘れずにずっと大切にする子どもたちの姿に、心を打たれました。

　別れ難かった私たちはそのあと二次会へ。楽しい時間が過ぎ、支払いをしようとレジに向かったとき、幹事のY君がそれを止め、みんなから集めた小銭いっぱいの会費を私の手のひらに差し出しました。温もりの残った小銭が、私の心をまた熱くしました。子どもはいつの間にか心も体も「成長」していたのです。

　帰り際、おとなしい子だったM君が「先生って、どれだけ子どもの側に立ってくれるかなんだよなあー……」と、胸にぐさりとくる言葉をひとこと。

　まさに子どもの成長を願う指導者にとって最も大切な姿勢だと強く受け止め、再会を誓って私たちは解散したのでした。

前衛・後衛を決め審判の仕方を覚える 8

テニスの全体像をつかむために、新入部員が入部して7〜10日のうちに前衛と後衛を決め、審判の仕方を覚えましょう。

1 前衛と後衛の判断基準

私は、下記に該当する選手が後衛、該当しない選手が前衛の候補と考えます。もちろん、前衛と後衛のバランスは考慮します。

【性格】　地味で几帳面。芯が強く粘り強い選手。こつこつ努力するタイプ。協調性があり人の話を聞くことができる選手。感情の起伏が少ない選手。
【身体的な特徴】　小柄な選手。
【運動】　バスケットやバドミントンの試合で、つなぐことを大事にする選手。短距離走より長距離走が得意な選手。

前衛と後衛を早く決める理由

①「72分の１理論」を早くから理解できるようにする
②前衛と後衛ではレシーブのテークバックの位置、打球コースによる打点が異なる
③習得技術が違う（前衛はポジション、ボレー、7:3ボレー、スマッシュの技術が必要）
④ラケットの選択が違う

何よりも、前衛と後衛では、試合観戦中の着眼点が異なります。それぞれのポジションの先輩の試合を見ることで、目標となる選手が明確になるとともに、「72分の１理論」の理解も早くなります。

追っかけ

私は全国大会で情報のないチームと対戦するときには、保護者の様子を見てチーム力を判断させてもらっていました。「保護者力」＝「チーム力」と考えるのです。

なぜなら指導者のテニス指導方針が保護者にどれだけ浸透しているかということが、チーム力と密接につながっていると思うからです。

保護者も最初のころは先輩保護者に誘われたり、配車を依頼されて会場に出かけたりするのですが、自校の選手たちの真剣なプレーを目の当たりにして突然熱く燃え出し、その日から我が子を含めた○○中学校の応援団員になるのです。これがいわゆる「追っかけ」です。

以前いただいた講習会参加者からの便りを紹介します。

遠くに住む娘の子ども（5年生）がテニスを始め、私の誕生日にプレゼントとともに「おばあちゃん、試合を見に

POINT

1. 前衛・後衛は、早めに決定する
2. テニスだけではなく、いろんな視点から前衛と後衛の判断をする
3. 審判を早く経験し、テニスの全体像をつかませる
4. 手打ちゲームで試合の楽しさを知る

2 先輩の試合の審判をする

先輩の校内ゲームの審判を積極的にすることから練習を始めます。初めは先輩を頼ることもありますが、徐々に新入部員だけで審判ができるようにしていくことが大切です。

3 新入部員同士で試合をする

審判を覚えたら、新入部員同士でサービスコートを使って手打ち打球で試合をします。早い時期に試合の楽しさ、醍醐味を知ってもらいます。

審判の仕方を覚えて テニスの全体像をつかむ

私の指導法のベースである「72分の1理論」では、技術（サービスやボレー）を習得する前に、テニスの全体像をつかむことを大事にしています。そのためにも、入部したての時期に新入部員に審判を経験させて、テニスの試合の流れを知る練習をします。スコアブックのつけ方もこの時期に習得し、記録がとれるようにします。

審判を経験させる狙いは下記の通りです。

①テニスにおけるゲームの全体像（試合の流れやルール）を知る
②上級生のゲームを観戦し、技術向上の意欲を図る
③上級生とのふれあいの時間を持ち、団体の仲間意識を育てる

きてください」というお誘いの手紙をもらいました。それで夫と全国予選ブロック大会を応援しに行きました。結果は3回戦負けでしたが、娘の子どもが「来年こそは頑張るよ！」と、試合後の涙とは違った明るい顔で伝えてくれました。私自身が子ども漬けの週末の過ごし方に軽く愚痴をこぼしたとき、「いつの日か、『追っかけ』をしていたときが幸せだったと思うときがくると思いますよ」と言ってくれた安藤先生の言葉を懐かしく思い出します。娘とふたり、2代にわたって「追っかけ」をできる幸せに浸っています。

指導者の楽しみのひとつに、いつの日か親子で数十年前の「追っかけ時代」を楽しく振り返る場面を想像できる、というものがあります。しかもそれが2世代にわたってだなんて。そんな素晴らしい保護者集団に出会えたとしたら、本当に指導者冥利に尽きます！

9 セカンドサービスの練習

セカンドサービスはまず、プッシュサービスをマスターします。最初は手打ち、次に中央にガットを張ったラケット、最後に正規のラケットでサービスをします。

1 椅子に乗って手打ち 次にラケットで打つ

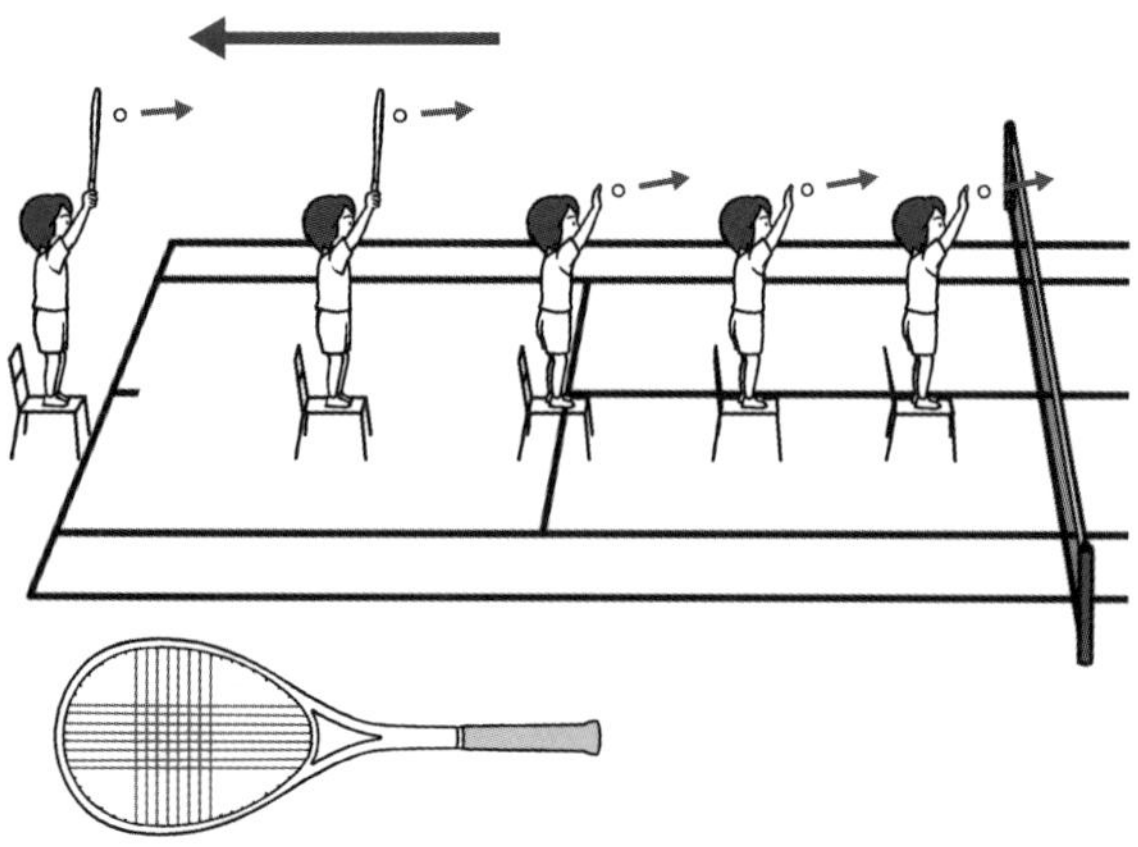

椅子の上に立ち、最初は手のひらで打球しサービスボックスに入れる。その後、中央にガットを張ったラケットを持ち、椅子の上に立って打球する。少しずつ後ろに下がって、ベースラインから打球できるようにする。

手打ちと特殊なラケットでボールを打つ

正しいフォームで打球するために、まずは手打ちや中央にガットを張ったラケットで、正しいフォームにせざるをえない練習をします。練習の狙いは下記の通りです。

- **手のひらや、中央部にガットを張ったラケットで打球することで……**
  ①ラケット面の中心で打球する感覚をつかむことができる

- **椅子の上に立ってサービスすることで……**
  ②高いトスができなくなり、安定したトスをあげられるようになる
  ③上半身、下半身が使えず、自然とインパクトに力を集中できる
  ④体のバランスが崩れるので、ラケットを振り下ろさなくなる

- **ストレートに打球することで……**
  ⑤フラットな面で打てるようになる

「いい表情」

北は青森から南は沖縄まで、多くの指導者が北海道まで訪ねて来られました。私のほうも、ひと月に一度くらいの割合で、全国各地を訪れました。いつのときも、そこで出会う熱心な指導者の姿には共通点があります。それは指導者の顔（表情）がまぶしいほど美しいことです。どうやら、目的を持って生きている生活は、その人を光り輝く表情にするようです。

全国制覇を成し遂げた高校のバレー部の顧問の先生も、「教員・指導者にとって最も大事なことは、高校に入ってきた新入部員を卒業時に全員ピカピカの美人にして送り出すことだよ」とおっしゃっていました。

実績を挙げている学校の練習を見学させてもらうと、必ず多くの選手の「いい顔」に出会います。講習会でもそのチームのエース、キャプテンは、ひと目でわかります。飛び抜けて「いい顔」なのです。

POINT

1. ラケットをフラットにして、いい音のするプッシュサービスをマスターする
2. せざるをえない練習で、自然と正しいサービスのフォームを身につける

2 リズムをつかんで打つ

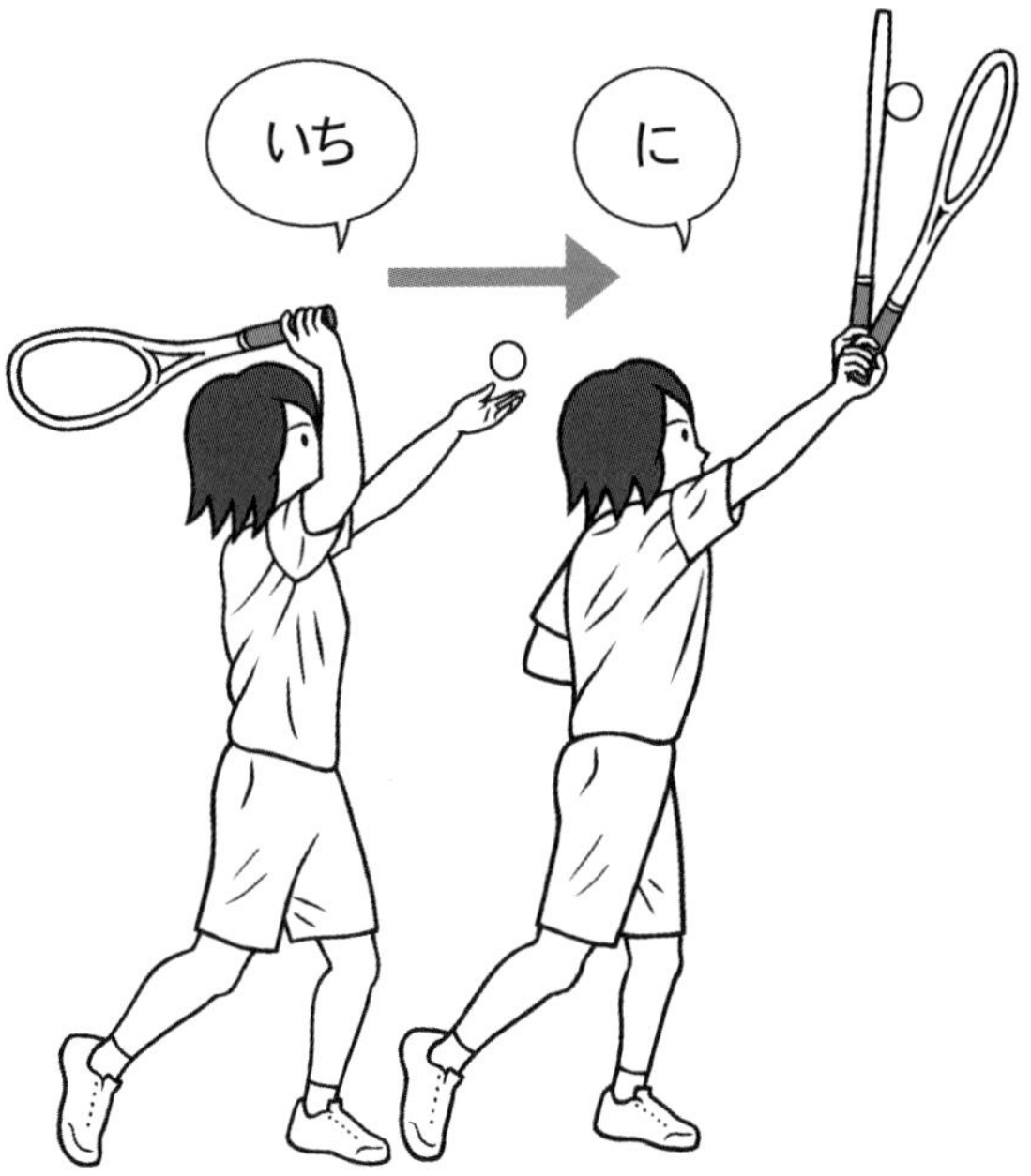

つま先を打球方向に向け、左手、右手の間隔はできるだけ小さくして構え、目線は斜め前方にする（したがって、左手が右手の斜め前方になる）。構えを作るときに、右ひじ、左膝を軽く曲げる以外は、上半身、下半身をあまり使わない。トスは意識して上げるのではなく、左の手のひらからボールがこぼれたときに打球するイメージで行う。

3 段階を踏んでネットから離れて打つ

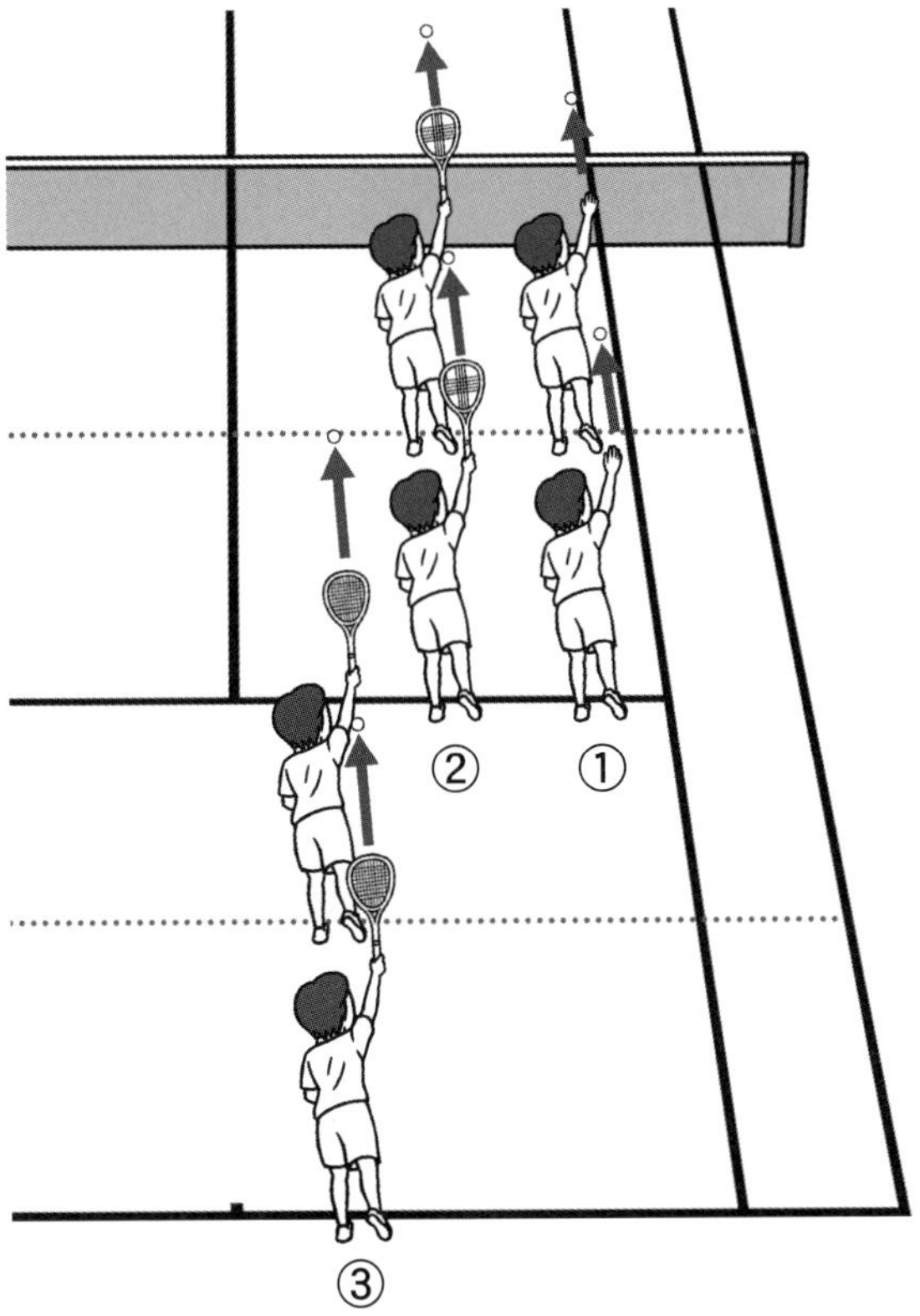

椅子からおり、①手打ち→②中心にガットを張ったラケット→③正規ラケットの順番で、サービスの練習をする。徐々にネットから離れ、最終的にはベースラインからサービスができるようにする。

顔（表情）がその人の「心の鏡」なのだとしたら、いい顔の選手をひとりでも多く育てることが指導者の大切な仕事のひとつと言えるでしょう。当麻中学校が日本一になったとき、町民への報告会でキャプテンがこのように挨拶しました。

「私たちは小学校から中学校までの4年3カ月、いい顔でラケットを振り、いい顔で親の話を聞き、いい顔で友と話し、いい顔で学校・家庭生活を送りました。全国大会が終わったときに先生から『最後までいい顔で頑張ったなあ』と言われました。全員がいい顔で頑張れたことが私たちからお世話になった人たちへの一番の贈り物になりました」

「いい顔」を持っているということは、スポーツをする人の第一条件ではないでしょうか。よく「40歳を過ぎたら自分の顔に責任を持ちなさい」と言われますが、人間の基本になる顔をこのジュニア時代のテニスを通して作れたらと、私は考えているのです。

ファーストサービスの練習 10

ファーストサービスの練習をします。あとでグリップの持ち方を修正するよりは、最初からイースタングリップで練習するのがいいと思います。

1 ステージの上でボールを手打ち

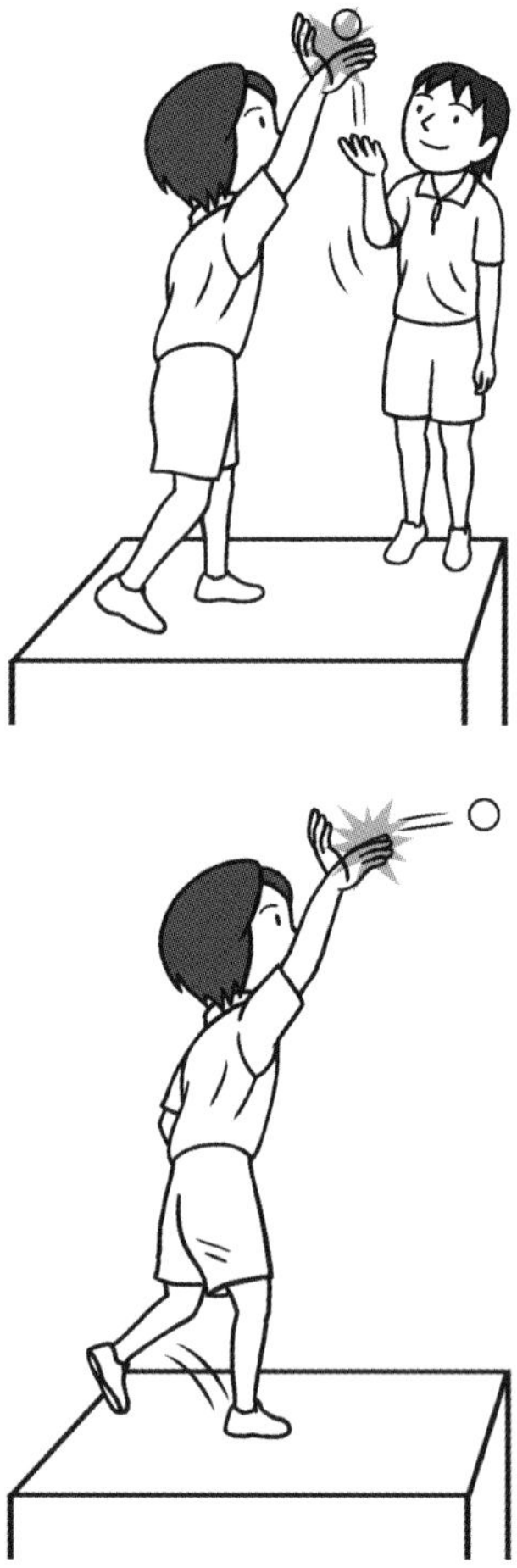

ステージや大きな台の上に立ち、補助者のあげボールを指先でとらえ手首のみを使って打球する。次に、自分でトスを上げ指先で打球し、右足を左足よりも前に踏み込んでフィニッシュする。

イースタングリップで教える理由とフォームの身につけ方

ファーストサービスに要求されるのは①確率②スピード③コースの3つです。①は打球がネットの上を高く通過しても入る打ち方、②はインパクトの瞬間に力が入る打ち方、③は（フォームが完成したら）左足のつま先を向ける方向で打球コースが決まる打ち方で解決します。この3つの要素を満たすには、イースタングリップでのサービスが最適だと考えています。

ここでも、せざるをえない練習で、正しいフォームを身につけます。狙いは下記の通りです。

- **ステージの上から打つことで……**

  ①高く・遠くへ打球するイメージをつかむ

- **指先で打球することで……**

  ②右腕が伸びて、打球に角度がつく

- **上部に穴をあけたバドミントンラケットを使うことで……**

  ③ラケットの上部でボールをとらえることを確認する

  ④インパクト時にラケット面がフラットになる

  ⑤（バドミントンラケットとスポンジボールを使うことで）手首に負担をかけない

- **ストレートに打球することで……**

  ⑥上半身（特に右腕と手首）に力が集中し、前方への体重移動がスムーズになる

美しい言葉とは?

言葉は「行動の影」とか「心の声」と言われます。

また「目は心を映し、言葉は人柄を映す」とも言います。

こう考えると、私たち大人は「美しい言葉」を子どもたちに伝え、教えていく義務がありそうです。

最近の子どもたちの言葉には省略が多く、本人から説明を受けなければ意味がわからないことがずいぶんとあります。大人の私としては、少しばかりのプライドが邪魔し、その意味を聞かないで終わることもしばしばです。

特に会話でのアクセントには少しばかり閉口しています。話の途中で語尾が上がり、聞いている私が一瞬、「答えなければならないのかな?」という不思議な感覚に襲われるのです。

講習会などで中学生に質問しても、「……とかあ」と、返答の語尾が上がり、思わず「聞いているのは私のほうなんだけれど……」と言ってし

POINT

1. 最初からイースタングリップでの指導をする
2. 肩をいためず、正しいフォームを身につける

2 上部に穴をあけたバドミントンラケットでスイングする

上部に穴をあけたバドミントンラケットをイースタングリップで持ち、❶と同じ方法で打球する。ボールはスポンジボールを使う。ボールがガットに触れずに通過したら合格。

3 徐々に後ろに下がってサービスをする

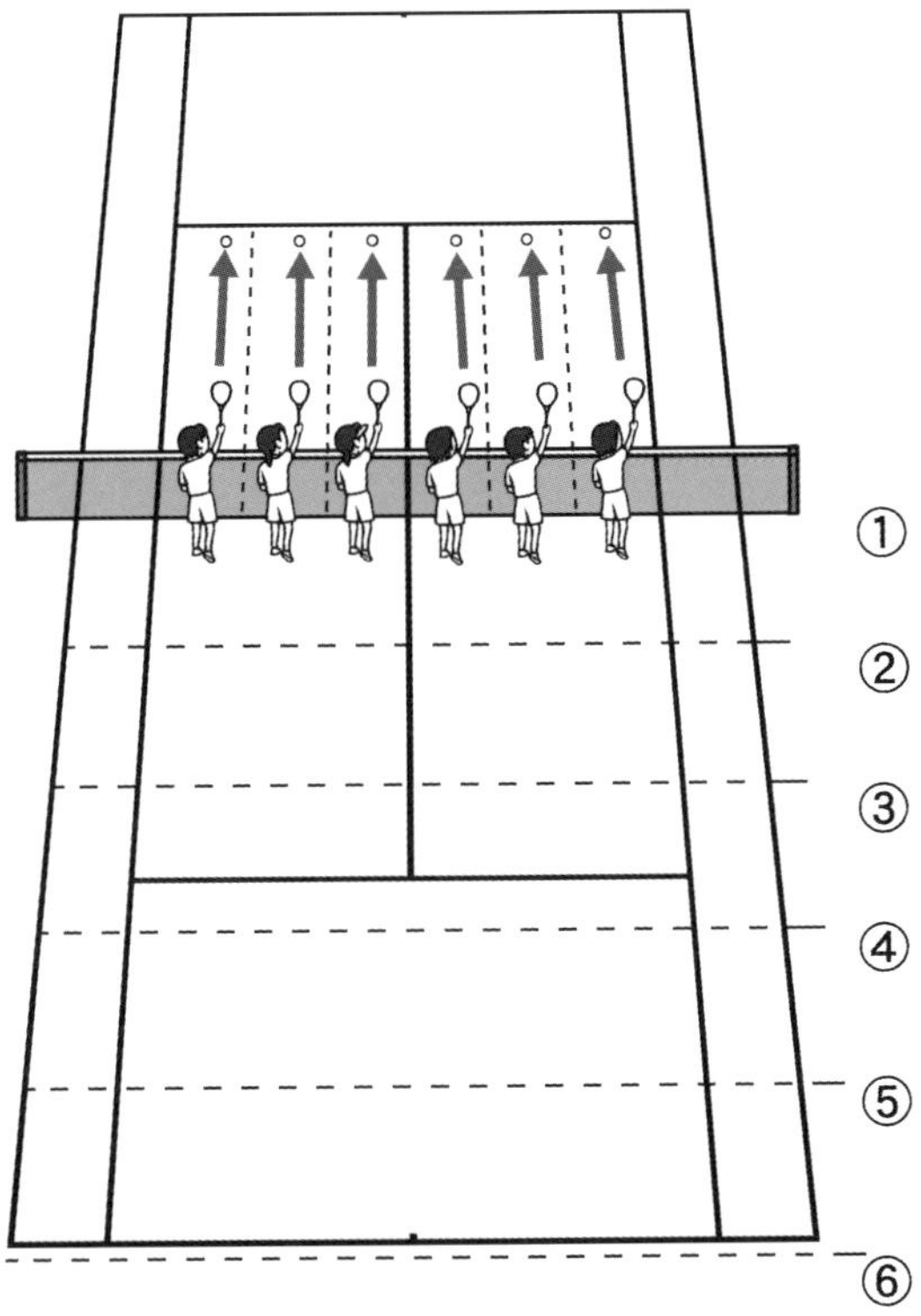

ここで初めて正規ラケットを使ってストレートに打球する。サービスボックスに向かってサービスし、入るようになったら徐々にネットからの位置を遠ざける（②→⑥へ）。⑤の位置で入るようになると、正規の位置からサービスをしてもほとんど入るようになる。

まうことがあります。困ったものです。

それでは、「美しい言葉」とはいったいどんな言葉なのでしょうか?

人それぞれいろんな解釈や思いがあると思いますが、私は「そのひとことが人の心を温かく、豊かに包んでくれるもの」と考えています。

しかも、それは決して難しい言葉などではありません。「ありがとうございます」「はい」「いただきます」「おはようございます」「ごめんなさい」「失礼します」などのシンプルで、誰でも使える、美しく温かい言葉です。

言葉はその人の生育の表現であり、心の反映であることを最近強く感じます。〈声を聴いて心を知る〉という教えをあらためて心に刻み、今一度考えてみたいのですが、いかがでしょうか。

ポジションどり①（死角の理解）　11

前衛は、正しいポジションどりを最初に学びます。ポジション理解ができていないと、ボレーやスマッシュの技術もポイント取得につながりません。

1　正しいポジションをとれば……

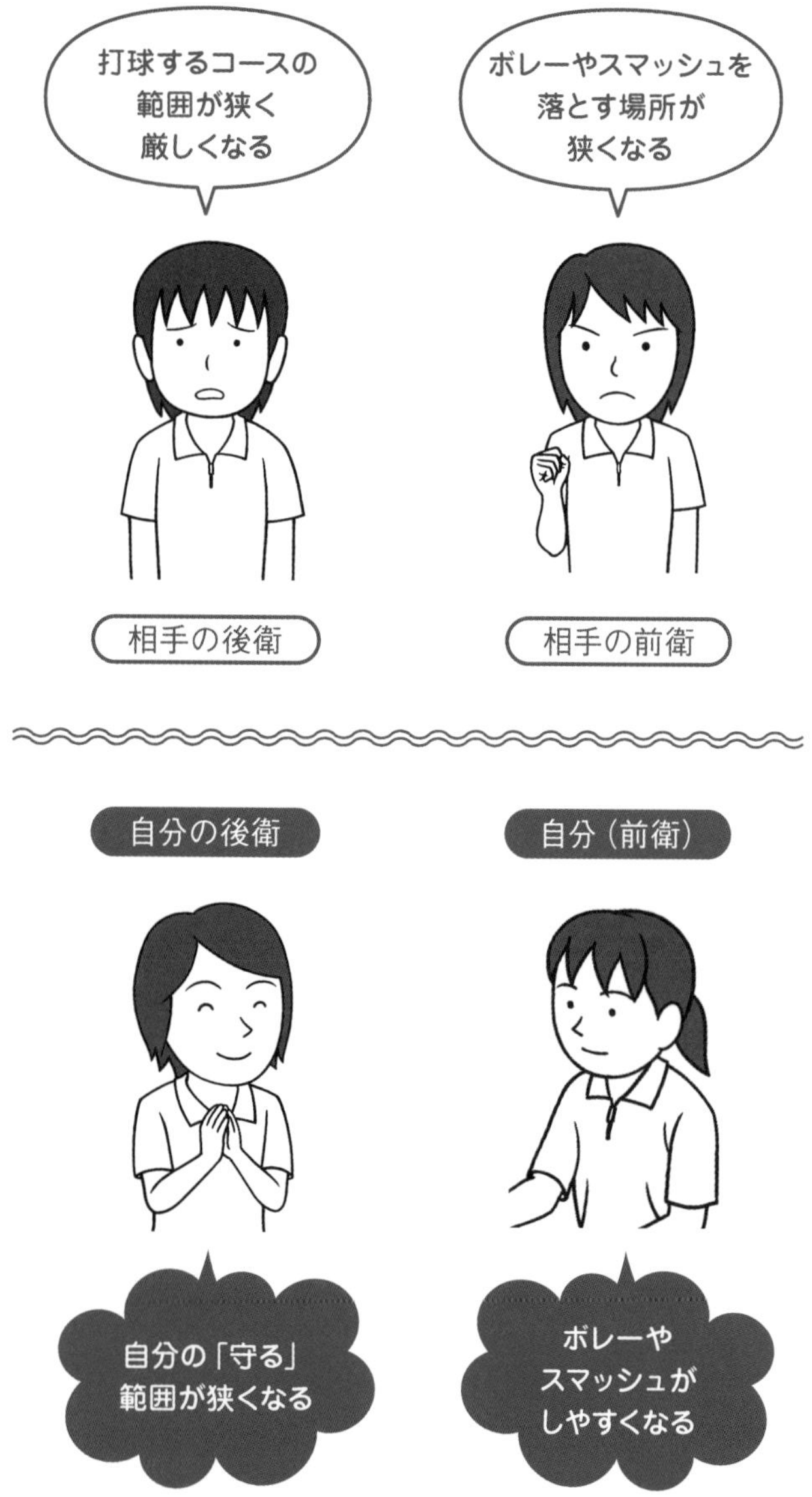
打球するコースの
範囲が狭く
厳しくなる
ボレーやスマッシュを
落とす場所が
狭くなる
相手の後衛
相手の前衛
自分の後衛
自分（前衛）
自分の「守る」
範囲が狭くなる
ボレーや
スマッシュが
しやすくなる

正しいポジションをとるために、「死角」を理解する

前衛の技術習得は「ポジションどり」から始まります。ジュニア選手によくあるのが、サイド抜きを恐れ、自分の後衛と反対側を守りすぎるケースです。

その場合、上級生にシュートボールを打たせ、どの角度までならシュートボールでコートに入れることができるか、実際に確認してみましょう。

死角にミスなくボールを打てるのは、ジュニアの場合は10本中１本か２本です。「このコースにはボールがこない」とわかれば、納得し、正しいポジションをとれるようになります。

正しいポジションは、死角から死角までの中間点

シュートボールが入るギリギリの位置がわかれば、その中間地点が正しいポジションです。そこにポジションをとれば、「攻める」ときも「守る」ときも３歩でボールに触ることができます。これが正しいポジションです。

同じ目線で

教師に成り立てのころのことです。

授業中になかなか全員の目線が自分のほうに来ないので「人の話をよく聞くんだよ」と言いました。それでも目線が来ないので「人の話は眼で聞くんだよ」と続けたところ、椅子に座っていた小柄な子が首を上にあげて私の顔を見ようとするのですが、辛そうなのです。

「それなら……」としゃがんで子どもと同じ目線にすると、にっこり笑ってくれました。私は翌日からしゃがんで授業をすることにしました。

そのとき気づいたのは、

①発問をするときは膝をつけ、子どもと同じ目線にしたところ、全員が自然と私の話を聞くために顔を向けてくれる。

②子どもからの意見も同じ姿勢で聞いてあげると、子どもは表情をつけながら嬉々として自分の考えを話してくれる。

③教師が立つのは、板書するときとグループで子どもたち

POINT

1. 前衛の練習は「ポジション理解」から始まる

2. 両サイドの死角の中間地点が正しいポジション

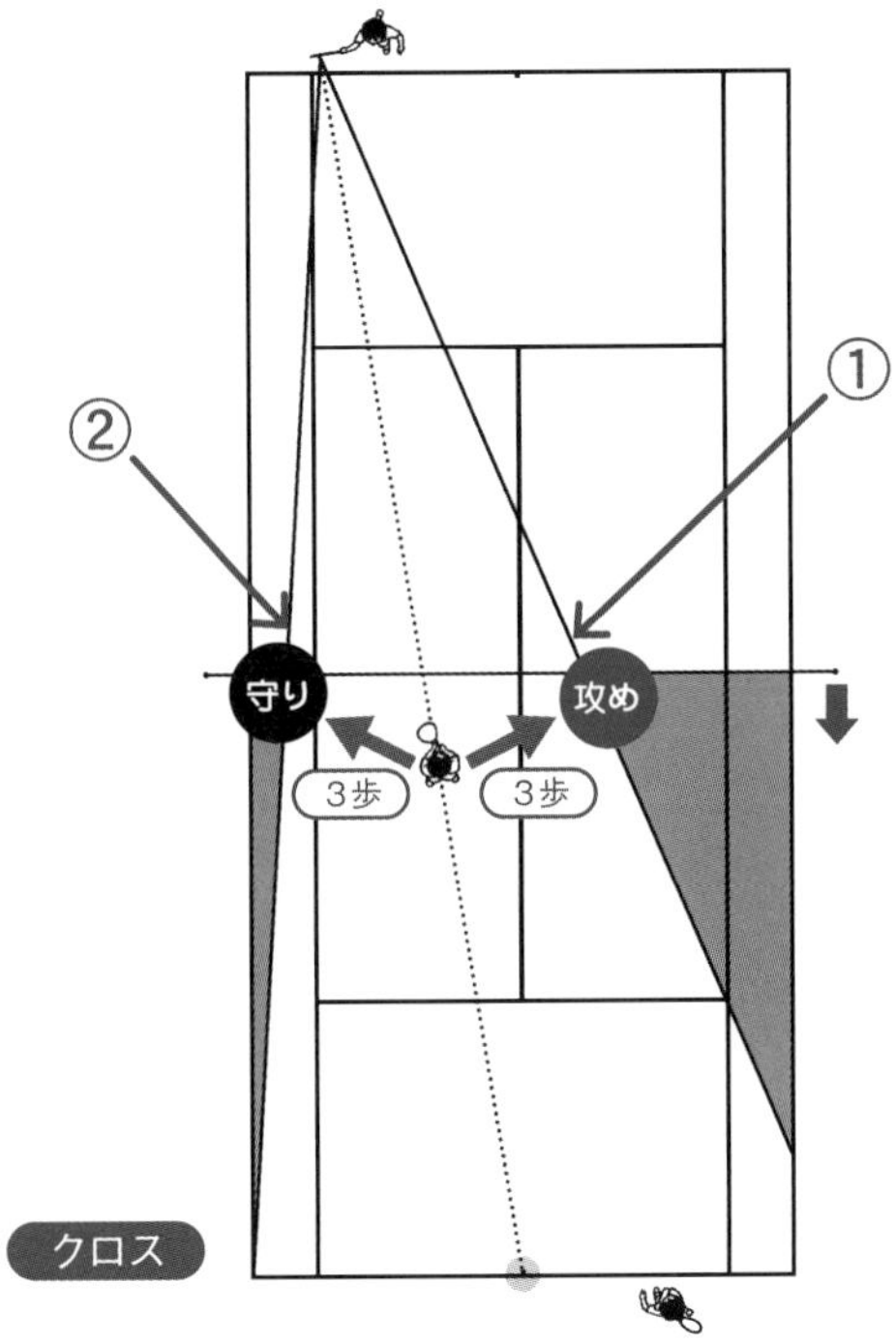

2 死角（ボールを打てない場所）を理解する

上級生に死角（黒い部分）を狙ってシュートで10球打球してもらい、何本入るかを記録する。シュートで入るギリギリの位置は、①と②になる。前衛のポジションはちょうど①と②の真ん中になる。

ポジションは、相手後衛の打球位置と自分のコートのセンターマークを結んだ場所になる。
死角は相手後衛の位置により一球一球変わるので、正しいポジションどりの練習が大事になる。

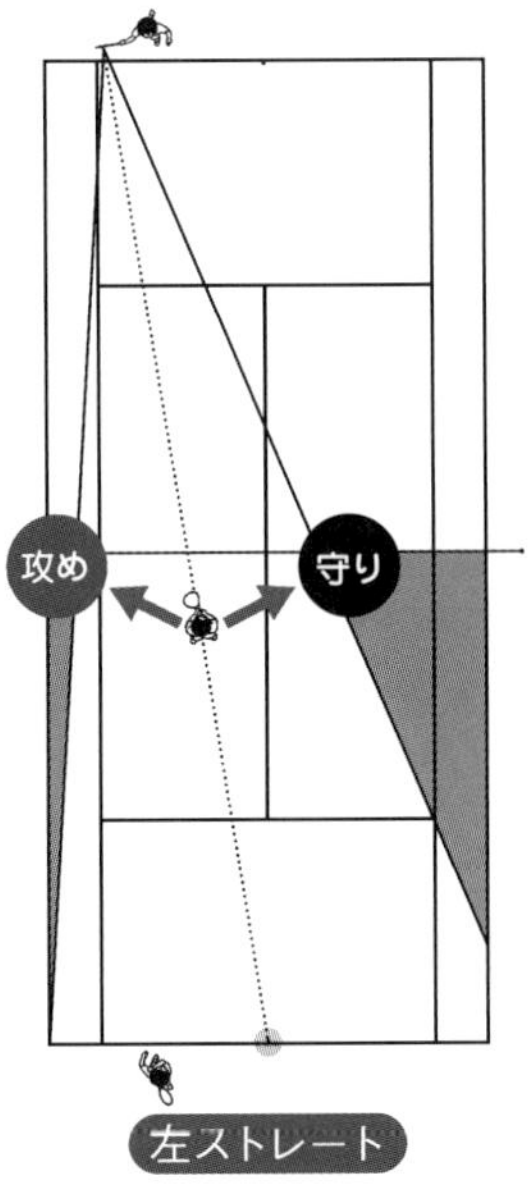

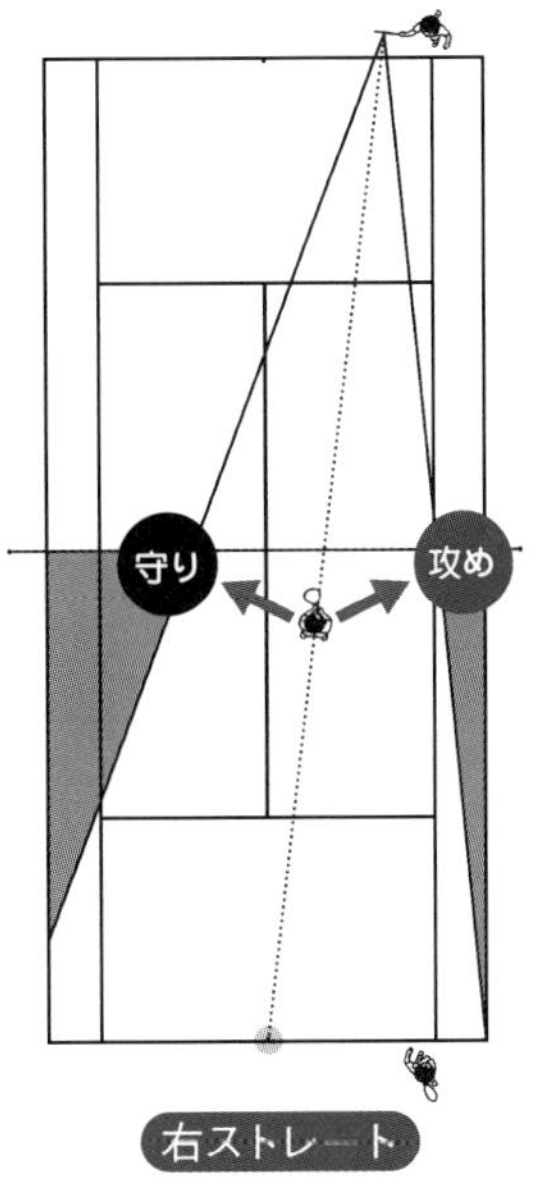

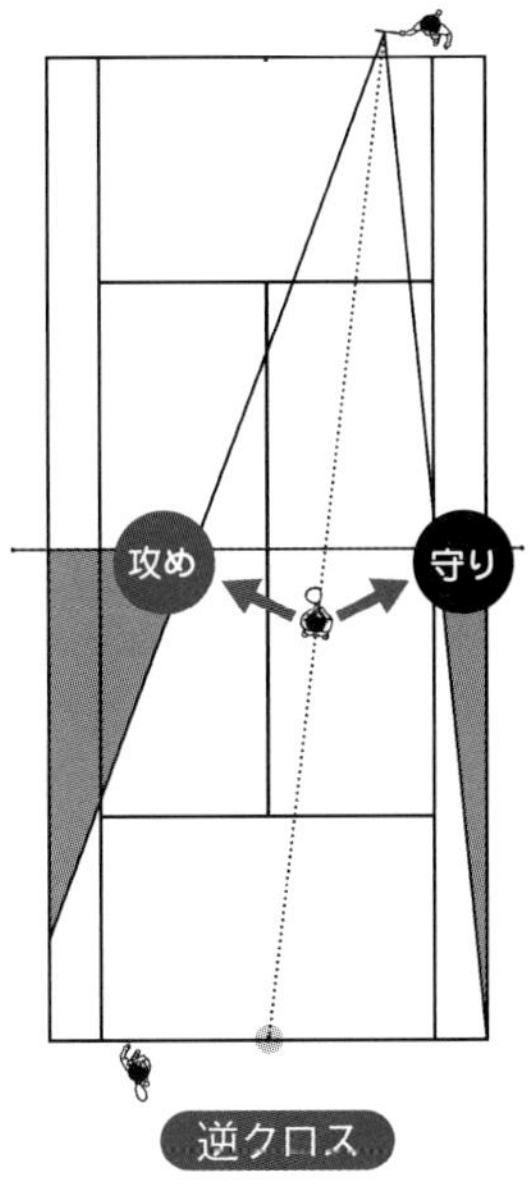

が話し合いをしているときだけと決めたところ、授業にメリハリができて、私も楽しい。の3つでした。

以来、テニスの試合中のコーチングも、選手をベンチに座らせ自分（指導者）は膝を折って選手と同じ目線で指示を伝えることにしています。

もうひとつ大事なのが、④子どもからの問いかけや、疑問に「あとで！」は禁句ということです。

一緒に遊んでいるときは子どもの話を聞いてあげられるのですが、教室で仕事をしているときなどは、「先生、あのね……」という話しかけに、つい「あとから聞くからね」と言ってしまう。しかし、体験から言うと、あとで聞いたことはほとんどありません。

子どもにとって話したいときが聞いてほしいときであり、報告したいときなのです。仕事の手を休めるのは大変ですが、手をおいて、子どもの顔を見ながら聞くのが、絶対条件です。

ポジションどり②（正しいポジションに立つ） 12

正しいポジションをとる練習を始めます。最初は1球ずつ、慣れてきたら乱打をしながら、ラリーの中でポジションがとれるようにします。

正しいポジションは、ラケット面とセンターマークを結んだ線上

前衛の正しいポジションは、相手の後衛のラケット面と、自分のコートのセンターマークを結んだ直線上です。センターマークの上に審判役が立ち、相手後衛の動きに合わせて、正しいポジションをとれているかどうかをチェックしましょう。

1 審判をつけてポジションどり

前衛は相手後衛が動いた位置のラケット面とセンターマークを結んだ線上にポジションする。前衛は正しいポジションに移動できたかどうかを確認するために、後ろを振り返って審判の指示をあおぐ。審判は、手をあげて「右」、「左」の指示をする。

親が育つ

子どもを育てるためには、親自身が育つことが大事です。親が育つ努力をしないで、子どもだけ立派に育ってほしいと願うのは、無理な注文ではないでしょうか。

最近は家庭での教育指導力の低下が問われています。子どもの問題行動の多くは、親が親らしくできないことへの、子どもの心の苦悩の表出とも考えられるようになってきています。

小学校高学年の児童や中学生は、物事の善悪や正邪についてはかなり敏感に感じとっています。

そんな中で、当然叱られると覚悟していることに対しても、叱られなかった体験を持つ子が多くなってきています。子どもは「この件に関しては叱られて当然。きちんと叱られたい」という欲求を持っているのに、親は叱ることをしない「話のわかる親」を演じてしまっているのです。

また、子どもたちは欲求不

POINT

1. 相手の動きに合わせて正しいポジションをとれるようにする

2. 正しいポジションは、相手後衛が動いた方向に、動いた歩数の半分の位置

乱打の中でポジションをとる

相手後衛の動きに合わせて正しいポジションをとれるようになったら、次は乱打で相手後衛の動きに合わせて正しいポジションをとる練習をしましょう。

2 乱打をしてポジションどり

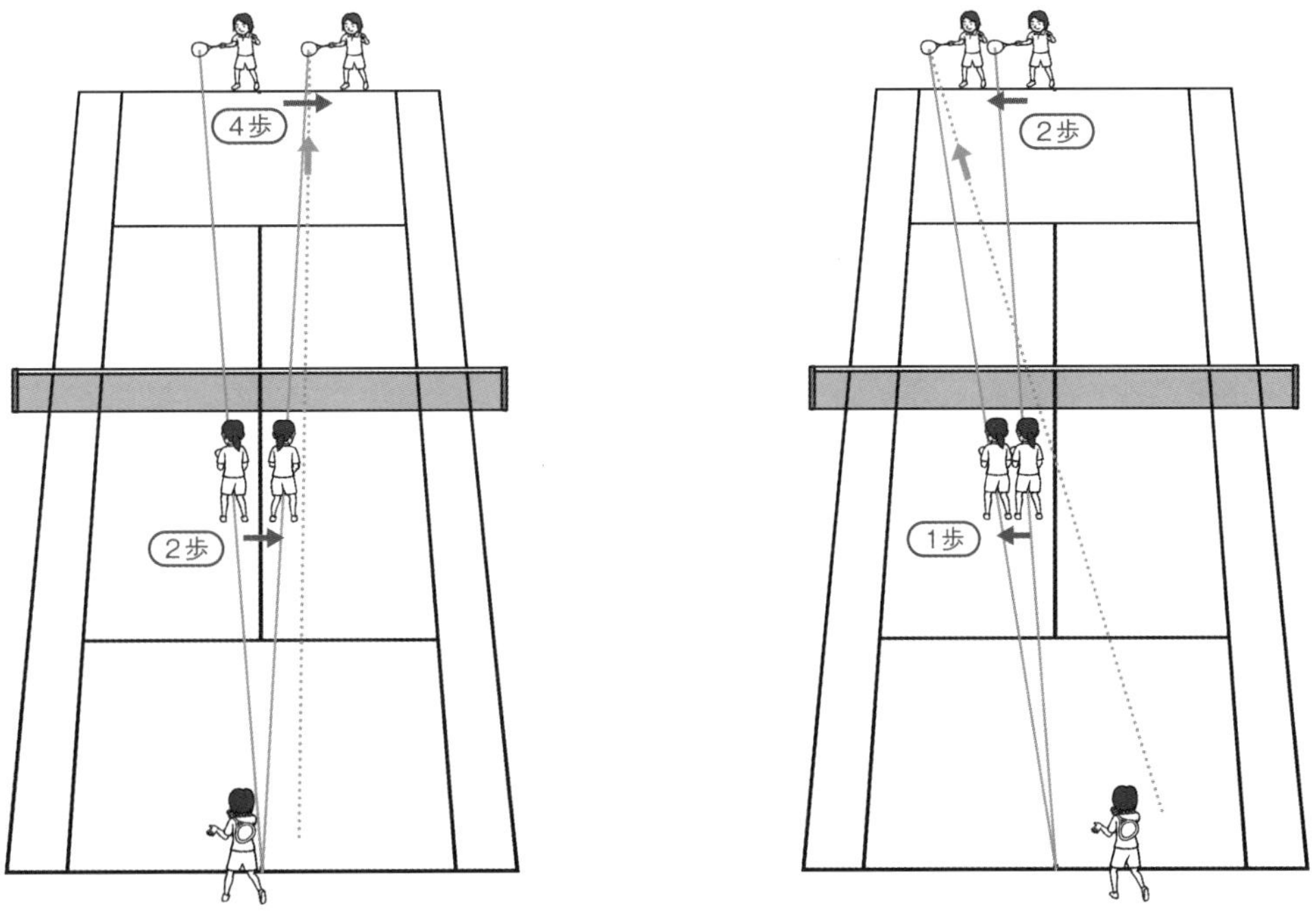

コート内に上級生の後衛が２人入り、ロブを使って乱打をする(ロブのほうがポジションをとりやすいため)。前衛は、相手後衛の動きに合わせて、正しいポジションをとる練習をする。相手後衛が２歩動いたら、前衛は1歩動く。相手後衛が4歩動いたら、前衛は２歩動く。

満に耐える力も低くなってきていますが、親の側も我慢することが少なくなってきています。

親は三度の食事を二度にしてでも、子どもの欲しがる高価なものを買い与えます。そして自分は親として「かなり頑張った、よくやった」と自己満足してしまう。

しかし、本当の親としての役割は、「勇気と愛情を持って子どもに家計を理解させ、待たせるべきものは我慢させる」ことにあるのではないでしょうか。

それを理解させるための子どもに対する働きかけに力を注ぐことより、食事を減らすという楽な方法をとり、その結果として、子どもの言いなりになってしまっているように見えるのです。

これはひとつの例に過ぎませんが、子どもの姿勢を問う前に親の姿勢が問われなければならないと私は思うのです。

ポジションどり③（静⇒動⇒静⇒動）　13

正しいポジションをとったら、次に静止することを意識します。正しいポジションで止まると、ボレーやスマッシュへの動きがスムーズになり、ミスも減少します。

静⇒動⇒静⇒動の動きをマスターしよう

選手たちに、スマッシュor 7：3ボレーを使うシーンを考えさせます。自分の後衛がどんなボールを打ったときにスマッシュor 7：3ボレーを使う打球があがりやすいかデータをとり、「72分の1理論」の裏番組表（P22・P94参照）を作らせます。

この2つの技術を使えるシーンがわかると、前衛はその使用シーンをイメージしながら技術練習できますし、後衛はスマッシュor 7：3ボレーにつながりやすいボールを打つ練習をするようになります。

1 静と動をくり返す

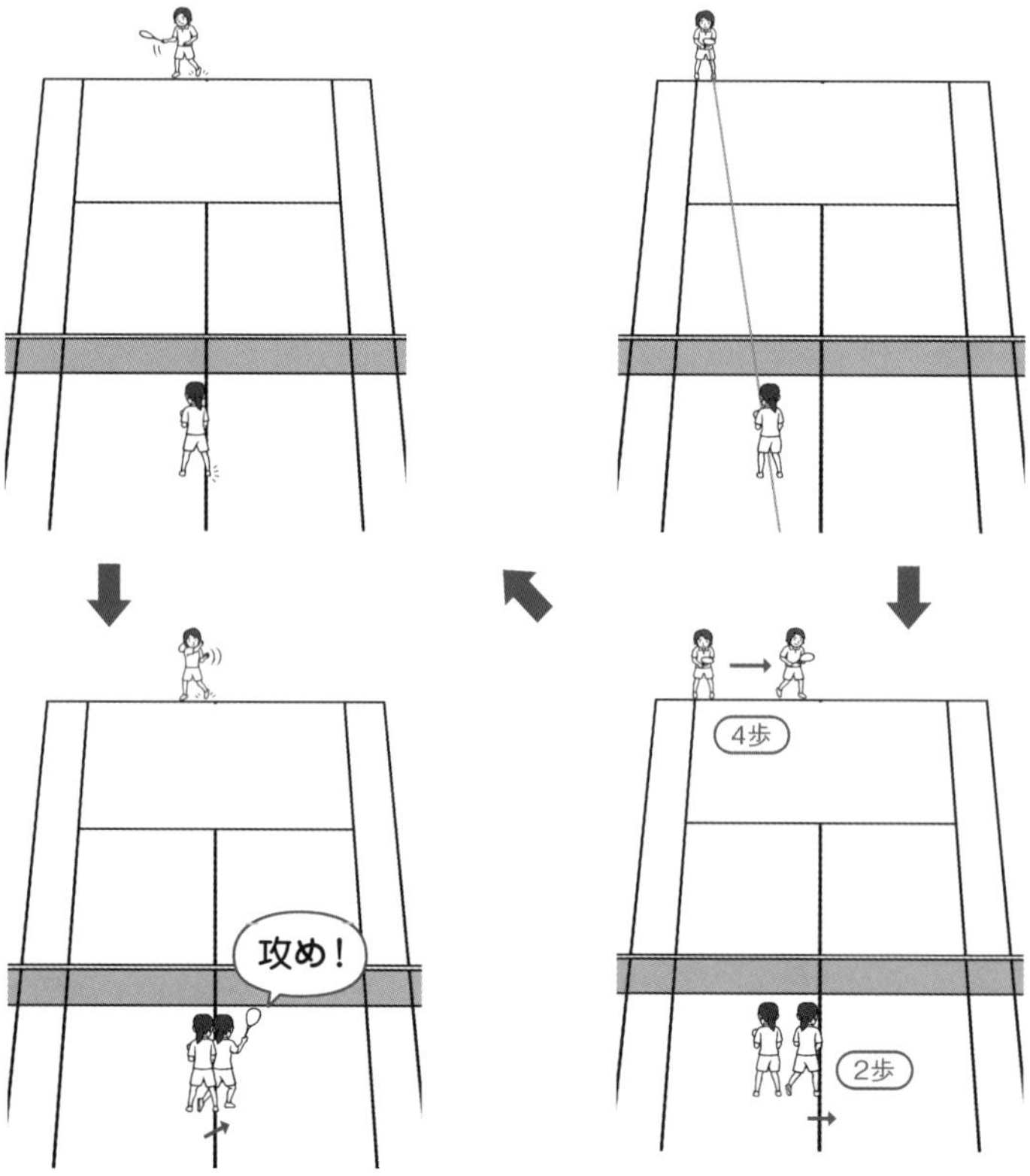

【静】①
前衛は正しいポジションで相手後衛と正対する【静】

【動】②
相手後衛が動いたら（4歩）、前衛も動く（2歩）【動】

【静】③
後衛のラケットがテークバックして止まったら前衛も止まる【静】

【動】④
後衛がラケットを振り始めたら、前衛は左右のどちらかに動く【動】
前衛は動くときに「攻め！」か「守り！」と発声して動く

いい生活より豊かな人生を

（講習会に参加された指導者に宛てた手紙）

いただいた感想文を読みながら、少しばかりお役に立てたようで嬉しい限りです。私のほうは偶然にも日本一にかかわれたのが若いときだったので、講習会が10回を超えたときから指導にかかわる方針を変えました。

この素晴らしいソフトテニスを多くの方に知ってもらおうと生意気なことを考え、全国指導にまわり始めました。一番の狙いは、選手と真摯に向かい合い、真面目に取り組んでいる指導者の先生方のお手伝いをしたいということでした。

幸い、多くの学校の指導者の方々がその夢を一緒に実現させてくださいました。「先生が褒めてくれたので、選手が大幅に伸びた」など、たくさんの身に余る言葉をいただき、私の全国まわりは続いています。

POINT

1. 相手後衛の動きに合わせて静と動の動きをくり返す
2. 「攻め」と「守り」を意識して、正しいポジションから動く

最後の動きは「攻め」か「守り」か

右ページの４つめの【動】④の動きは、「攻め」の動きなのか、「守り」の動きなのかの意識をしっかり持ちましょう。「72分の１理論」の基本に戻り、自分の後衛が打ったボールが「攻め」ボールであったら、「攻め」の方向（自分の後衛がいるほう）に動き、自分の後衛が打ったボールが「守り」のボールだったら、「守り」の方向（自分の後衛がいないほう）に動きます。これを、クロス、逆クロス、右ストレート、左ストレート展開の４コースで確認します。

2 「攻め」と「守り」を意識する

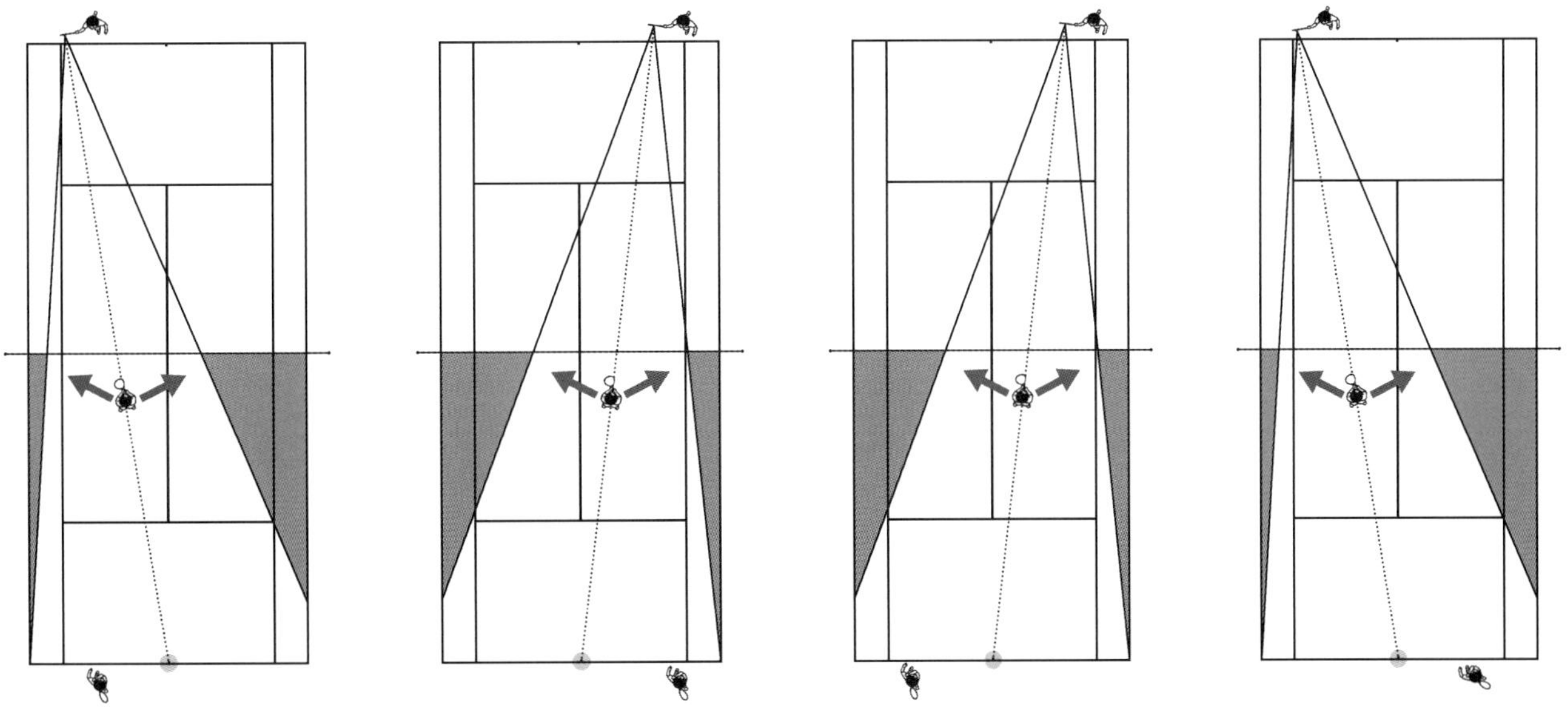

左ストレート

前衛は、「攻め」であれば左に動き、「守り」であれば右に動く

右ストレート

前衛は、「攻め」であれば右に動き、「守り」であれば左に動く

逆クロス

前衛は、「攻め」であれば左に動き、「守り」であれば右に動く

クロス

前衛は、「攻め」であれば右に動き、「守り」であれば左に動く

実は、私が講習をしたから、選手が変わったのではないのです。講習会をひとつのきっかけとして、指導者が意識改革をし、その後の選手との練習に今まで以上の情熱を傾けたからなのです。きっと、指導者自身が新たな刺激を求めていたときに、私の講習会がぶつかっただけなのです。でも、「自分が役に立っている」と体感できることは幸せです。

特に今は「人の役に立つ人生を送りたい」と心から思っています。その中で「いい生活より豊かな人生を」と感じることができれば最高です。

今、体に病気を持っていることが私には幸いしているようです。講習会も「今できることを大切に」という気持ちでかかわらせてもらっています。「努力すれば必ずいいことがある」ということを私たちも信じたいですよね……。

ポジションからの動き　14

正しいポジションから、ボレーにいく位置、スマッシュにいく位置への移動をマスターしましょう。

1　ポジションから1歩動く

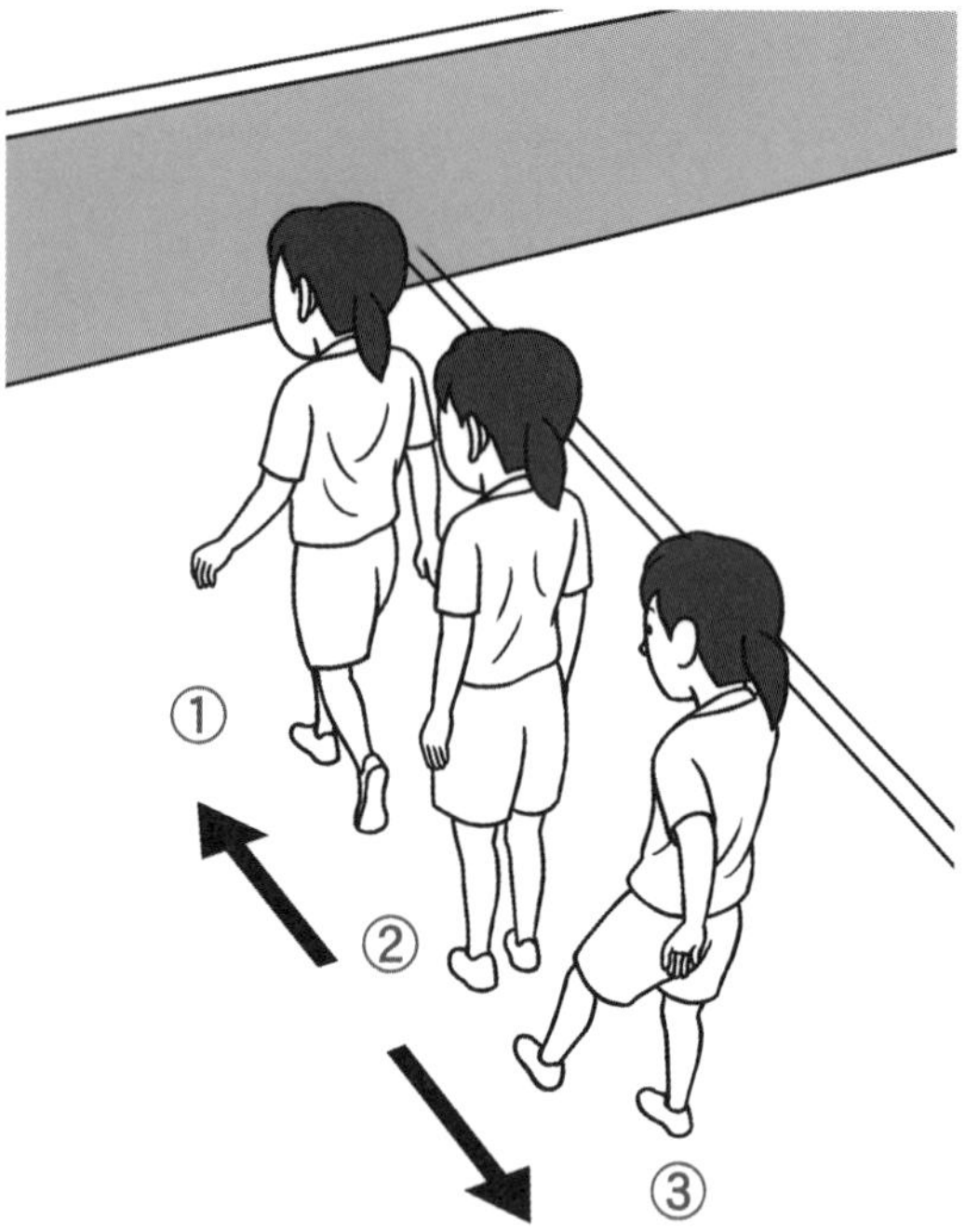

① ボレーを予測した移動位置
② 正しいポジション
（相手の前衛を見る位置）
③ スマッシュを予測した移動位置

正しいポジション②に立ち、補助者が「ボレー」と言ったら1歩前に出て①のボレースタート位置で止まる。「スマッシュ」と言ったら、1歩後ろに下がって③スマッシュスタート位置で止まる。

ポジションからの移動の基本

P156で覚えた正しいポジションに立ったら（②)、ボレーかスマッシュかを予測して動きます。ここでは、補助者の言葉でボレーであれば1歩前（①)、スマッシュであれば1歩後ろ（③）に下がります。

ボレーを予測して（①）に移動したあとは、フォアボレーか（①')、バックボレーに（①'') 動きます。実際の試合では、「72分の1理論」の裏番組（P22参照）で、自分の後衛の打球によって相手後衛の返球を予測して動きます。

スマッシュを予測して③に移動したあとは、相手返球が自分の立っている位置よりも後ろにあがったらスマッシュ（③')、前にあがったら7:3ボレー（払うボレー③'') をします。

カムバック・サーモン

休日に卒業生がコートを訪ねてきます。立派に成人した彼らは、決まったように「中学時代、もう少し一生懸命やっておけばよかった」という言葉を発します。そして、「できるなら、もう一度最初からやり直したい！」と言います。

指導者の目から見ると、「あれ以上の努力をするのは難しかったのでは」と思うほどに頑張った選手たちです。しかし、大人になり、汗して熱く燃えることが少なくなった日常生活を送る彼らにとって、目標を持って努力する後輩の練習風景はまぶしく輝いたものに映るのでしょう。

その後、お酒を酌み交わしつつ当時の思い出を聞く時間は、指導者にとって人生至福のひとときでもあります。

彼らの話の中で、最も多く語られるのは、指導者による「ひとこと」についてです。「あのとき、先生に褒められたことが忘れられない」「あのときの言葉が、今の自分を

POINT

1. 「ボレー」の声でポジションから1歩前に出て斜めに動く
2. 「スマッシュ」の声でポジションから1歩後ろに下がり、「スマッシュ」「7：3ボレー」の声でそれぞれの位置に動く

2 ボレーに出る

①′フォアボレーに出る位置
①″バックボレーに出る位置

②から1歩前に出て①に立ち、補助者が「フォアボレー」と言ったら斜め前の①′の位置に移動して素振り、補助者が「バックボレー」と言ったら斜め前の①″の位置に移動して素振り。

3 スマッシュ or 7:3ボレー

③′スマッシュを打つ位置
③″7:3ボレーを打つ位置

②から1歩下がって③に立ち、補助者が「スマッシュ」と言ったら後ろに下がって③′の位置に移動して素振り、補助者が「7:3ボレー」と言ったら前につめて③″の位置で素振り。

支えている」……。

　個人にかけたひとこと、集団に熱っぽく訴えたひとことは、彼らにとっては想像以上に重みがある。だからこそ指導者は選手にたくさんの言葉をかけてあげたいと、あらためて思うのです。できることなら未来に届く言葉を……。

　かつて年末年始に三重高校、高田商業高校、中津工業高校など数多くの学校の練習を見学させていただきましたが、コートには必ずOBが現役選手を激励している姿がありました。彼らにとっては母校が「心のふるさと」になっているのでしょう。

　部活指導が、かつての選手たちにとってもう一度戻ってみたいと思えるような「本物のふるさと」であったかどうかは、十数年後、間違いなく選手自身が評価してくれるようです。

　指導者としては、あの鮭（サーモン）のように、ふるさとに戻ってくる日を心待ちにして、指導したいものです。

ボレーの面づくりと足運び　15

どのようなシーンでボレー技術を使用するのかを理解し、ボレーの足運びをマスターしましょう。「攻め」と「守り」で軸足を変えるのがポイントです。

1　フォアボレーは人さし指で

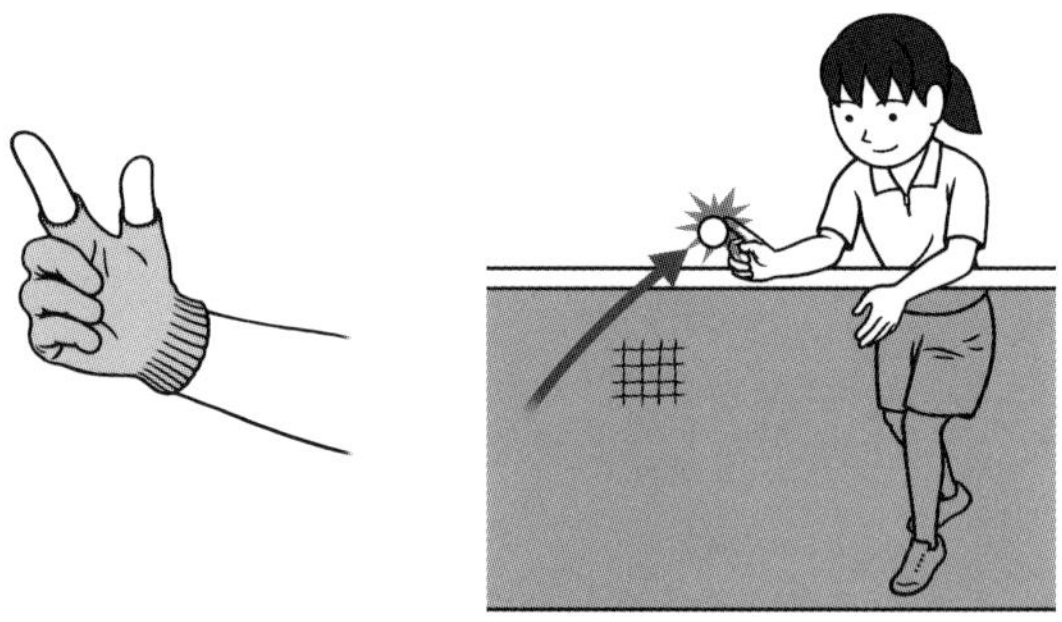

左の手のひらをネットの前に出し、補助者の手投げボールに右人さし指を使ってボレーする。指先を切った手袋を使うと、より、指先での打球感を実感しやすい。

2　バックボレーは親指で

左の手のひらをネットの前に出し、補助者の手投げボールに右親指を使ってボレーする。打球する角度を意識しながら手打ちする。

手打ち練習で正しいフォームを身につける

ボレーが上手にできない選手には、いくつかの理由が考えられます。ミスする理由をボレーの技術練習の導入段階で取り除きましょう。手打ち練習をする狙いは下記の通りです。

- 指先で打つことで……
  ①手首を動かさずやわらかいタッチができるようになる
- 左手をネットの前に出しておくことで……
  ②自然と左肩が入り、ボレーに角度がつきやすくなる
  ③相手打球の角度が厳しくなる前にボレーできる

また、前衛の多くの選手は、顔にボールが向かってくるバックボレーに苦手意識を持っています。

軸足を右足にして指導すると、「やりやすいし、ボールが恐ろしくない」とほとんどの選手が言います。右足を軸足にしたほうが、ラケットは遠くまで出ると考えています。同じように、フォアボレーも、「守り」の場合は軸足を左足にします。

チーム作りの秘訣

「どのようなチーム作りを考えていますか？」と聞かれることがあります。

難しい質問であるだけに即答はできないのですが、どうしてもひとつと問われれば、「負けることを想定してのチーム作り」と答えます。

選手の人間性、集団としての力、技術のすべてを備えた素晴らしいチームでのぞんだ大会でも、負けるときはあるものです。そのようなとき、これまでの選手の頑張りに応えられなかった申し訳なさで胸が潰れるような思いになるのも、指導者の宿命です。

同時に「自分のチーム作りが本当によかったのか」がわかるのもこんなときです。最後の試合に負け、すべてが終わったときに、引退する選手やその保護者の「チーム作り」に対する正直な声が聞けるからです。

言ってみれば、負けたときにこそ「このチームで、この仲間や先生と一緒に最後まで

POINT

1. ポジションや動きを理解した上でボレーの練習に入る
2. 軸足を決めたボレーで、「攻め」と「守り」を意識する
3. 守りのフォアボレーとバックボレーは、ネットに正対させて恐怖心を取り除く

3 「攻め」のフォアボレー

軸足は右足で、左足を踏み出す

4 「守り」のフォアボレー

軸足は左足で、右足を踏み出す

5 「攻め」のバックボレー

軸足は左足で、右足を踏み出す

6 「守り」のバックボレー

軸足は右足で、左足を踏み出す

戦うことができて、本当に幸せだった」という選手や保護者の言葉を聞けることが、私のチーム作りの目指すところです。

　したがって、指導者は負けることを常に覚悟した指導が必要だと考えています。負けてもなおかつ、「テニスをやって本当によかった」と言いながらラケットをおけるチーム作りを目指したい。自校のコートが「心のふるさと」であるならば、仲間と汗して苦楽をともにした部活体験は「心の支え」になってほしいのです。

「指導者の最大の仕事は、夢を持って入部してきた選手全員に3年間の中で1枚の賞状を与えること」と教えてくださったのは、恩師である今は亡き佐藤四二男先生でした。指導者は負けることを覚悟してのチーム作りをしながら、一方で「努力してきたことが報われた」と、個々の選手が感じられる瞬間をも作ってあげたいものです。

スマッシュと7：3ボレーの練習　16

ジュニアの場合、スマッシュは、タイミングがとりやすく、インパクトに集中しやすいジャンピングスマッシュをマスターしましょう。

1　ジャンピングスマッシュのフォロースルー

ラケットは持たずに左腕を伸ばし、右腕を曲げながら左足を水平に高くあげる姿勢をとる。その姿勢から、右足で跳んで左足で落ちる。そのときに、右手のひらで、高くあがっている右足のつま先に触れる。最初は補助者があげたボールを手のひらで打球。慣れてきたら、ラケットを持って打球する。

2　跳ぶタイミング

「いち」「に」「さん」と声を出しながら、「に」のタイミングでリズミカルに跳んで、「さん」のタイミングでラケットを振る。体が落ちてくるときに面を残してスイングすることが重要。

なぜジャンピングスマッシュか

ジャンピングスマッシュの習得は難しくありません。

ジャンピングスマッシュの利点は、

①タイミングがとりやすい
②打球コースの範囲を広くとらえられる
③打球落下点にすばやく移動できる
④打球するまでの不安が少ない
⑤インパクトに集中できる
⑥相手の返球の種類（高さ・深さ）が違っても対応しやすい

……などです。

ジャンピングスマッシュは、普通のスマッシュよりも深いボールに触ることができます。

ジャンピングスマッシュはフォロースルーに特徴

スマッシュとジャンピングスマッシュの大きく違うところは、フォロースルーです。ジャンピングスマッシュは、フォロースルーが左脇にくるのではなく、面を残したまま両足の間にくることが大切です。ただし、手打ちで練習する段階では、右手を右足つま先に触れるようにおろします。

私を成長させてくれた人

今、私がテニスの指導に情熱を持ってかかわれているのは、木口利充さんとの出会いがあったからです。「2人で1本」という考え方も元は木口さんの口から出た「私のテニスは前衛を活かすテニスです」という言葉からスタートしたものでした。

1981年2月。世界チャンピオンになった年に北海道の講習会に来てくれた木口選手は、小学生10人以上を相手にして、1時間以上も休みなく乱打を続けてくれました。

何よりも驚いたのは四方八方に飛んでいく小学生の打球に、しっかりと足を運び、腰を落として1本ずつ「ナイスボール」「ハーイ」と大きな声を出して返球していることです。世界チャンピオンが小学生相手に大きな声を出して真剣に乱打をしているということにまずびっくりしました。

さらに驚いたのは、木口選

POINT

1. ジュニアでもマスターしやすいジャンピングスマッシュを使用する
2. 予測後は、後ろにボールがきたらスマッシュ、前にボールがきたら7:3ボレー
3. 相手が打球する前に静止し、ボールがあがってから体勢に入る

4 7:3ボレーorスマッシュを待つポジション

正しいポジションに立ったあと、スマッシュか7:3ボレーになると予測したら、1歩後ろに下がる。

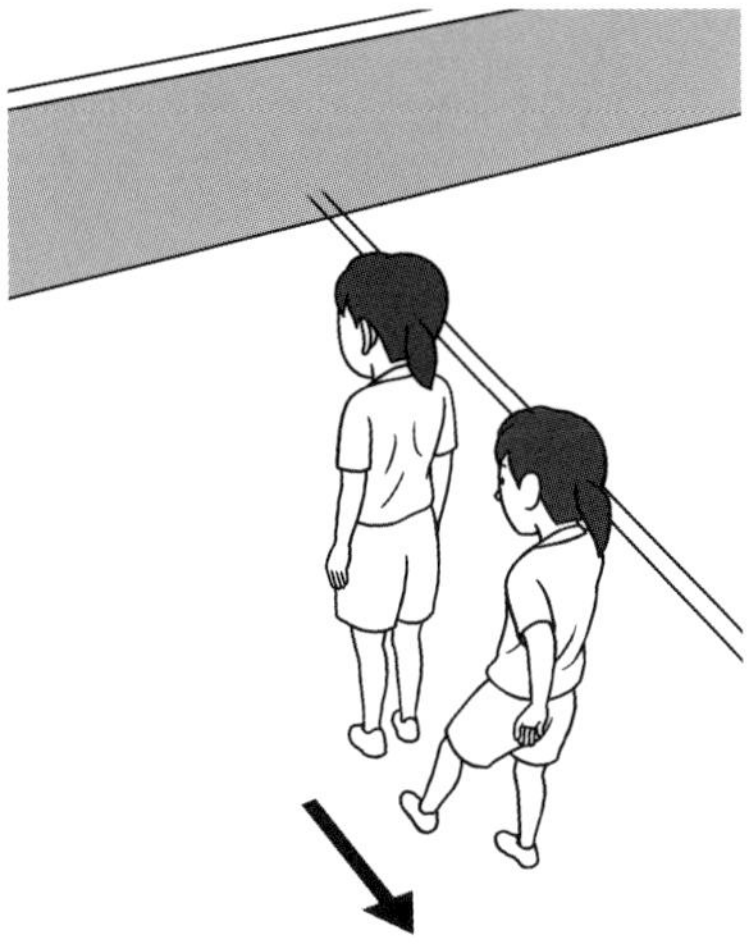

5 7:3ボレーかスマッシュの判断

4のポジションの位置よりも、後ろにボールがあがってきたらスマッシュ。前にボールがあがってきたら7:3ボレー。

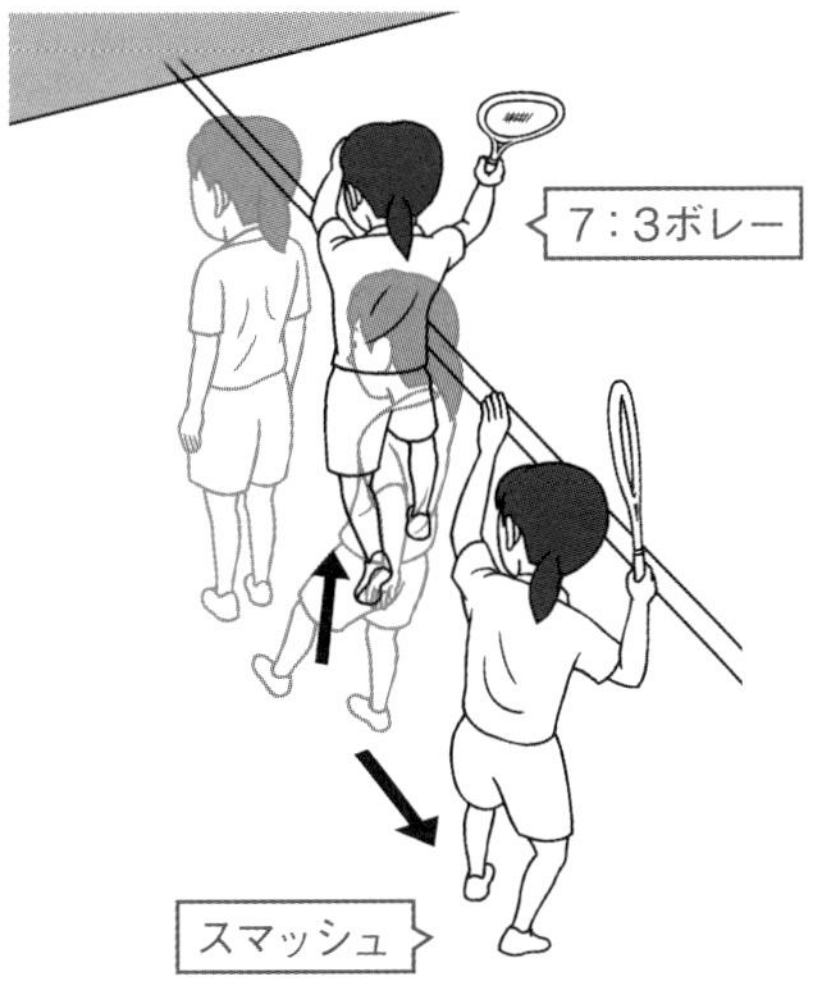

スマッシュと7:3ボレー、どちらを使う?

7：3ボレーとは、ボレー要素が７割、スマッシュ要素が３割の技術です。自分の立っている場所よりも後ろにボールがあがってきたらジャンピングスマッシュ、前にボールがあがってきたら7：3ボレーをします。

3 7:3ボレーのフォーム

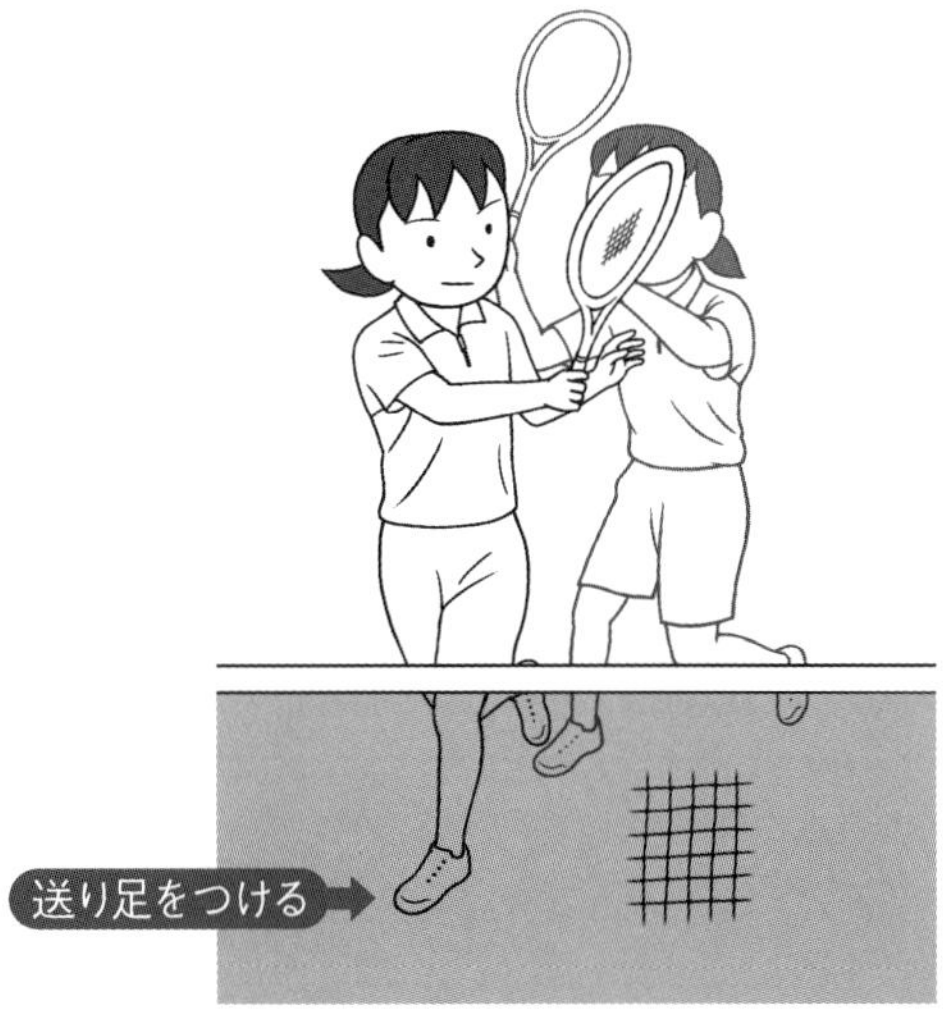

ラケット面を残し、送り足をつけることが大事。

①ボレー後、送り足をつけて前に進む
②ラケットを大きく引かないで、鋭くスイングする
③ボレー後のフォロースルーはラケット面がネット白帯より上に残るようにする

手が「いろんなところに飛ぶ小学生のボールをしっかり返球することは、私自身の練習にもなります」と、こともなげに言った言葉でした。

真のチャンピオン選手の行動というのはこういうものなのかと胸が震えました。

講習会が終わり、旭川駅まで送ったとき、別れ際に木口選手は「お世話になりました」と、道路に頭がつくのではないかと思うくらい深々と丁重なあいさつをされました。

コートの中でも外でも変わらない、木口選手の真摯な態度にすっかり虜になってしまい、それから何度も講習に来ていただき、自校の選手たちに一流の選手たる姿勢を見せていただきました。

私にとって木口さんはソフトテニスを通して出会えた一番の宝です。

ローボレーの練習　17

ローボレーは守りの技術です。ネットをせずに、相手のコートに返球することを最優先します。

1　手のひらでボールをキャッチ

フォアのローボレーは左足を軸足にして、右手でボールをキャッチする。バックのローボレーは右足を軸足にして、左手でボールをキャッチする。構えているときに「いらっしゃい！」と言って待球する。

ローボレーミスの原因　恐怖とタイミングミス

　ローボレーをミスするときの原因を考えてみました。

①相手打球のスピードに負ける（恐怖）
②動きを見ながら打球するので、タイミングがとれない

　これらを解決するために、軸足を逆にし、体全体を正面にして上半身がぶれないように（ボールに向かっていくのではなく、相手の打球面にラケットを合わせる感じで）指導します（イラスト1）。

③右腕と右ひじが伸びた状態で打球してしまう
④上半身が前傾しすぎる
⑤打球時、目線が上下に動いたり、足も動いてしまう
⑥ラケットを振り回してしまう

　これらを解決するために、背のついた椅子に座り、手のひらでキャッチ→ラケットで打球します（イラスト2）。

⑦打球をとらえる場所が体より後ろになる
⑧打球時、ラケット面が下を向き、手首でラケットを操作する

　これらを解決するために、壁の前や（イラスト3）、テーブルを使って（イラスト4）練習します。

たかがテニス、されど……

　ソフトテニス部を選んでくれた新入部員たちが、部活動でどのような「力」を得るのか？

　そのことを考えるのは、指導者にとってとても大切なことだと感じます。

　選手たちは３年間、その学校で一生懸命にラケットを振ります。部活動の中で、喜びも、悲しみも、悔しさも体験します。

　素晴らしい仲間たちとも出会えることでしょう。ひょっとしたら、いい成績も残せるかもしれません。

　それらの経験から得た「力」は、数十年後、彼女たちにとってどんな「力」となり、自分を支えてくれるものになっていくでしょうか？

　もし、テニスを選び、努力を重ねてきたことが、その後の人生で自分自身を頑張らせてくれる原動力になるのだとしたら、３００グラム程度のテニスラケットの重みは、何十キロにもなっていることで

POINT

1. ローボレーは使用頻度の高い「守り」の技術

2. 相手コートに返すことを優先し、ミスをしにくいフォームを身につける

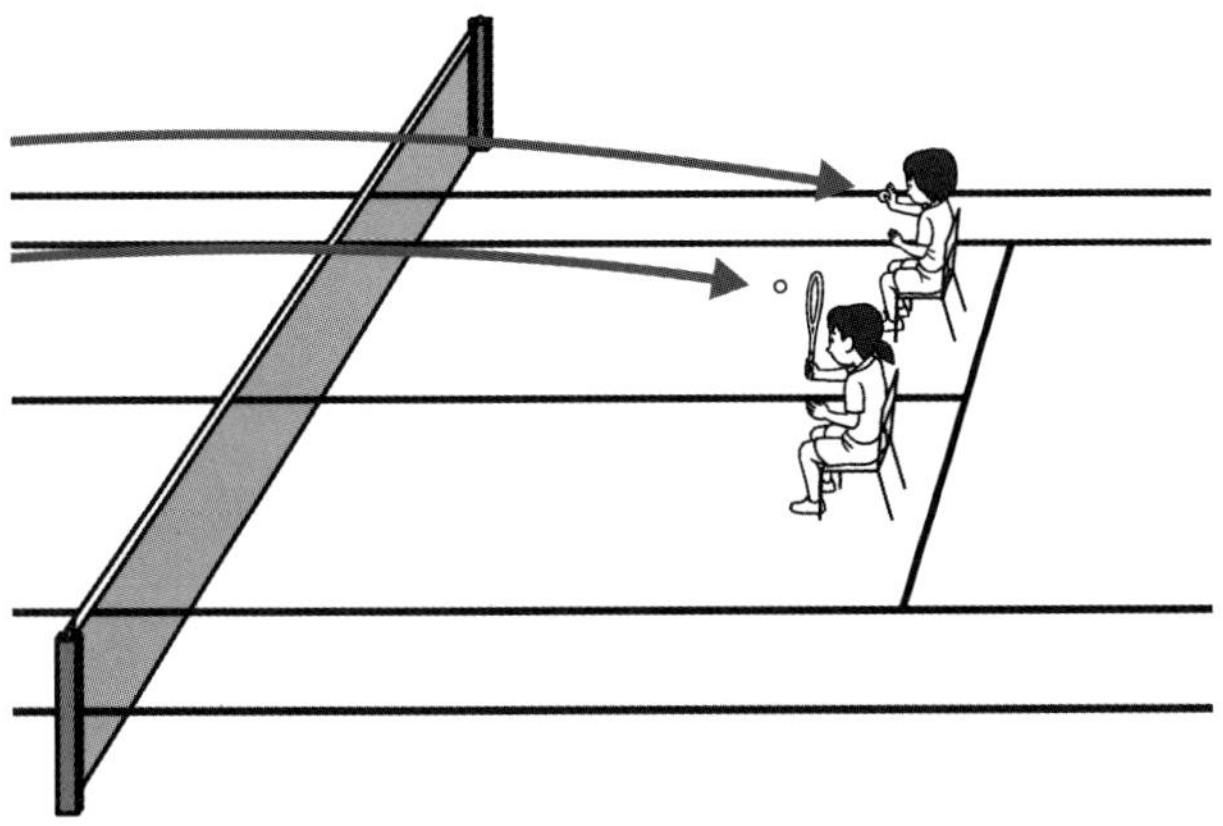

2 椅子に座ってボレー

椅子に座って最初は手のひらでボールをキャッチ。その後ラケットで打球する。

3 壁の前でボレー

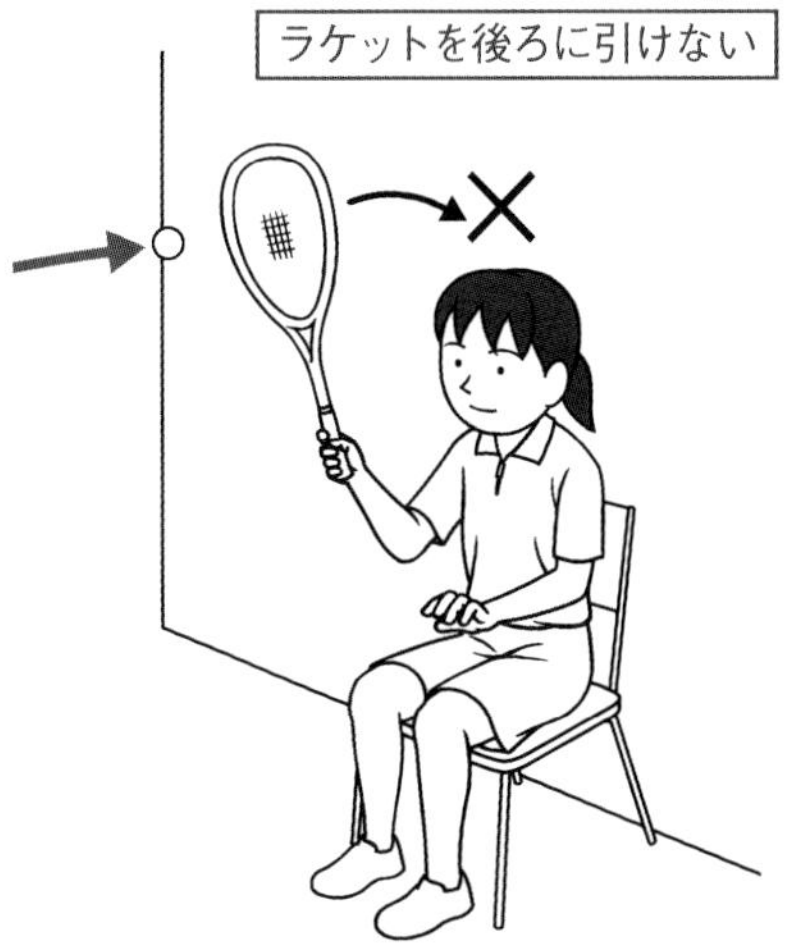

背もたれのある椅子を壁の前にぴったりつけて、椅子に座ってボレーする。

4 机を置いてボレー

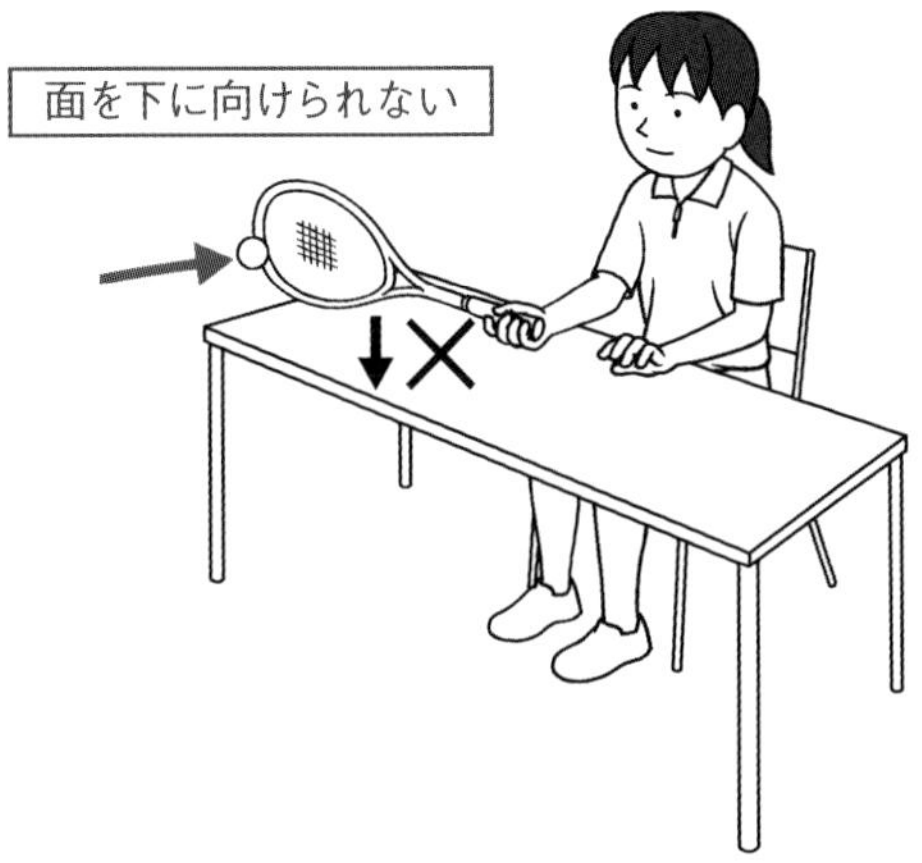

背もたれのある椅子の前にテーブルを置いて、ボレーをする。

しょう。

そう考えると指導者は、数年間の部活での出来事がその選手にとってかけがえのないものになるように、日々、誠意を持って部活を運営しなくてはいけないと思います。

テニスの指導をしていると、どうしてもすぐに結果が欲しくなるものです。

しかし、選手にとって「本当の結果」は、そんなに簡単には出ないものです。「本当の結果」、すなわち「その選手にその後の人生を生きるための力が備わったかどうか」は、何年も先になってみないとわからないものですから。

「あのときテニス部で頑張ったからこそ、今の私がある――」

そう気づくのが、20年後の選手も、30年後の選手もいます。

そのとき、その選手にとってのソフトテニスは「たかがテニス」から、「されどテニス」に変わります。

その瞬間まで、見届けたいものですね。

Q1

初心者にあげボールをするときに、指導者が気をつけなければならないことを教えてください。

A1

あげボールがくるコースがあらかじめわかっていて、補助者がボールをあげる前に動いている選手をよく見かけます。実戦では、相手後衛がボールを打つまでどこにボールがくるかはわからないはずです。実戦とかけはなれた練習をしても意味がありません。どこにボールが飛んでくるかわからないような状態にしてあげボールをするのがいいでしょう。

また、初心者には正しいフォームで打球できるように、手投げのときから一人ひとりのフォームを見て、くせを矯正できるところ（正しいフォームでないと打てない場所）にあげボールをするとよいでしょう。

Q2

中学1年生の初期段階での前衛の技術について「これだけは絶対に教えるべきこと」というのは何でしょうか?

A2

まず、できるだけ早く前衛を決めることが何より大事です。初心者の前衛の指導の順番は、ストロークが最初ですが、毎日必ず練習するのは「ポジションどり」です。並行してボレーなどの技術を教えますが、使用する場面を理解させるのに多くの時間を使います。

ボレーは必ず自分の体の前でボールをさばくことを強く意識させます。そして、最終的に、ゲーム形式で前衛の基本を教えていくのが一番技術習得が速いです。フォームのくせがつきやすい4月、5月は指導者が多くの時間を初心者の練習に使いたいです。

Q3

新入部員の初心者と経験者の差が激しいときはどうしますか?

A3

経験者であっても、初心者と同じように手投げの練習からスタートします。経験者にとっても自分の技術の基礎を見直すきっかけになりますし、何より、全員で一緒にスタートするということが集団としての大切な仲間意識につながります。

手のひらを使ってボールを打つ練習や、中央に穴があいたラケットで打つ練習などは、経験者にとっても新鮮で面白く感じられるようですよ。

Q4

選手が上達しない原因のひとつに、選手が指導者の話をよく聞いていないことがあります。そのため、練習で同じことをくり返し言うことになります。話を聞かせるよい方法はないでしょうか。

A4

「話を聞かざるをえない」ゲームはどうでしょう?　例えば、「ファーストサービスをするときに大事なことは?」という質問に対して、①Aさん「トスをあげる位置に目線」。②Bさん「トスをあげる位置に目線→両膝のタメ」。③Cさん「トスをあげる位置に目線→両膝のタメ→左足の向き」というように、前の人の意見をくり返しながら自分の意見を加えていきます。思った以上に長く続けられ、指導者がポイントを教え込むよりはるかに効果があります。

Q5

サウスポーの選手のストロークはどう教えればいいでしょうか?

A5

例えば同じクロスでストロークをする場合、右利きの選手と左利きの選手の一番の違いは、打点の幅です。右利きの選手は打点が前で引っ張る(首に巻く)スイングになりますが、左利きの選手は打点が中央から後ろで、フォロースルーは前に押し出す感じになります。

P57の打点・フォロースルーの表で、クロスの打点とフォロースルーは、左利きの選手にとっては、逆クロスの表のものと同様になります。逆クロスの場合はクロス、右ストレートは左ストレート、左ストレートは右ストレートの部分を参照してください。

Q6

前衛のリターン力を上げる効果的な練習方法はないでしょうか?

A6

相手選手のレシーブは必ずと言ってよいほど前衛に返ってきますから、リターン力は絶対必要です。特に、クロス側と逆クロス側のリターン練習は、レシーブと同じくらいする必要があると思っています。

リターンは、選手や指導者が「生きたレシーブ」をして、くり返しリターン練習するしか力はつかないと思うので(あらかじめどこにボールがくるかがわかっているあげボールでは力がつかない)、練習時間の確保を考えます。リターンコースはクロスなら前衛オーバー、逆クロスならセンター割りと前衛オーバーが有効です。

Q7

ボールを打つときに、どうしても力が入りすぎるようです。テークバックでリラックスさせる方法はありますか？

A7

いくつか矯正法がありますが、テークバックに力が入っているときは、左手の手のひらに力が入っていることがほとんどです。左手を上に向けぶらぶらさせて（お化け打法）構えさせてみてください。

また、しばらくラケットヘッドを地面につけた状態から（すでにテークバックし終わった状態で、ラケットを地面につける）あげボールを打つようにすると、余計な力が入らなくなります（P68も参考にしてください）。

Q8

新入部員には、最初から厳しく規律を教えますか？

A8

新入部員にはとにかく楽しくテニスをしてほしいと思いますので、最初から厳しい指導はしません。1週間ぐらいたって部活動に慣れたころに、先輩たちから部にとって大切なこと（例えば、ボールを打つときのかけ声やコートに入るときのあいさつなど）を伝えさせます。実際には、先輩たちがしっかりかけ声を出したりあいさつをしたりしていれば、自然と新入部員もそれを真似するようになっています。

Q9

新入部員のラケット選び。気をつけることは何ですか？

A9

ラケットは消耗品ではないので、最初からその選手に合ったものを使用させ、買い替えをしないですむようにしたいものです。

一般的に、後衛は、先が重く、グリップが細いタイプを選びます。前衛は先が軽く、グリップが太めのものを選びます。選手の手の大きさは一人ひとり違いますので、実際にラケットを持たせて、しっくりフィットするものを指導者がアドバイスしたり、専門店を紹介してあげたりするのがいいでしょう。

Q10

部員が多くて、新入部員に十分な練習場所がとれません。何かいい方法はありますか?

A10

新入部員には、入部してすぐにボールを打つ練習をさせたいものです（ボール拾いだけをさせるのではなく）。上級生しかできない練習のときは、補助ネットなどを使い、新入部員はコートの端で練習をさせます。新入部員の練習は、ストレートコースへの打球が多いので、コートの両端で補助ネットを使った練習でも十分対応できます。

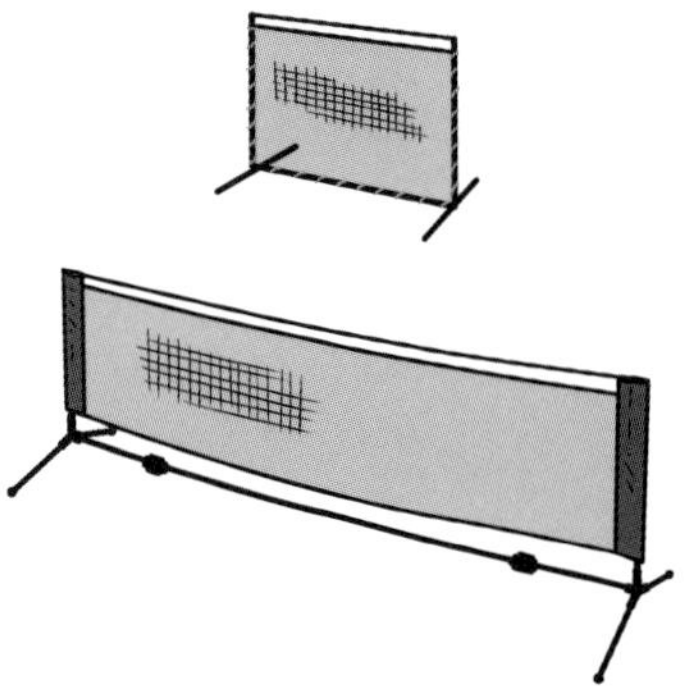

Q11

初心者は左手キャッチで打点を身につけるとありましたが、どの打点でもキャッチするのか、ある程度足は固定するのか。詳しく教えてください。

A11

左手キャッチは打点を教えるための方法です。初心者の場合はまず、右足を固定して、正しい打点でキャッチできるようにあげボールをして、打点を理解できるようにしましょう。その後、あげボールの位置が動いても、足を動かして、同じ打点でキャッチできるようにします。正しい打点はP57を参照してください。

Q12

前衛の「攻め」と「守り」はどの時点で決めればよいのでしょうか?　「相手後衛が打球するときに決める」でよいですか?

A12

「相手後衛が打球するときに、攻めか守りを決める」状態だと、ボレーに出るには間に合わないと思います。

「72分の1理論」では、相手後衛のボールが自分のコートに落ちた瞬間に、後衛も前衛も「攻め」か「守り」か決めます（P17参照）。この場合、後衛と前衛の意志が一致している必要があります。だからこそ、「72分の1理論」で、このコースにボールが落ちたら「攻め」、このコースにボールが落ちたら「守り」と、後衛と前衛が同じ判断ができる必要があります。

みなさまへのお礼の言葉

安藤信子（著者・妻）より

2019年春のことです。安藤は、男子中学生のチームを指導するご縁をいただき、まだ雪の深い道を札幌まで週末ごとに車を走らせていました。久しぶりの男子選手の指導はとても楽しかったようです。回を重ねるごとに選手との信頼関係も深まり、選手が力をつけていく様子を喜び、往復の車中は選手の話で珍しく饒舌になる。いつもの年とはまた違った充実感のあふれるシーズンを送っていました。

シーズンも終わりを迎えた9月。念のためにと受診した札幌のがんセンターで思いもかけず、スキルス性の胃がんとの診断を受けました。

家族で病状の説明を受けたとき、安藤は医師の話をうなずきながら静かに聞いていました。が、その帰り道、「もし、残された時間が限られているのであれば、最後にソフトテニスの指導本を作りたい」と話しはじめました。

過去に初心者用の冊子を作ったことはありましたが、さらに内容を深めて、選手たちに少しでもテニスの楽しさや素晴らしさを分かってもらえるような本を作りたい。初めてソフトテニス部を担当してどんな指導をすればよいのか悩んでいる、まだ出会ったことがない指導者の方々を応援する本を作りたいということでした。私たち家族もその希望を叶えるべく全面的にサポートすることを約束しました。

安藤の強い希望で病気のことはどなたにも伏せていましたが、「ソフトテニスマガジン」で安藤の連載を担当して下さっていた当時の編集長、松下三枝子さんだけには事情を説明し、緊急に書籍の企画をすすめていただく運びとなりました。

10月から、がんセンターのある札幌と住居を構える当麻を行き来する闘病と執筆の日々がスタートしました。

年末は、2人の子どもたち家族と共に過ごしました。予定されていた抗がん剤治療が血液検査の結果延期されたため、副作用に悩まされることもなく過ごすことができました。

かつて安藤のテニスの指導を受けた娘と息子とは、飛行機の出発時間ぎりぎりまで書籍に載せる項目やコラムの相談をしておりました。ラケットを持ち出してフォームの確認をしたり、イラスト用の写真を撮ったりと、時間を惜しんで過ごし、自分の運転で空港まで送っていきました。

容態が急変したのはその空港から帰宅した直後でした。

緊急入院の結果、残念ながら完治の道は閉ざされましたが、最後までこの書籍のために力を振り絞る姿を見せてくれました。この書籍を発行することが安藤の悲願でもありましたので、安藤の旅立ちの後も、多くの皆様のご支援をいただきながらこうしてこの本を出版することができましたことを心から感謝申し上げます。

長らく完成を待ってくださいましたベースボール・マガジン社出版部の江國晴子様、ソフトテニスマガジンの福田達編集長、またご縁を繋いでくださった松下三枝子元編集長には、心から感謝しております。

また、初心者編の冊子から続いてイラストをお引き受けくださった田谷純様、デザイナーのnaoさん、今回素敵な表紙を制作くださった加藤京子さんにも、お礼を申し上げます。

安藤は「生まれ変わってもまた教員になりたい」と口癖のように言っていました。そう言い切れる人生を安藤に歩ませて下さった多くのみなさまとのご縁に改めて心から感謝いたします。

最後に、安藤がこの書籍の「おわりに」に掲載してほしいと残していた文章を載せさせていただきます。

おわりに

北海道教育大学を卒業後、北海道最東端の根室管内羅臼小学校勤務を命ぜられ教職生活がスタートしました。

２学期のある日、健康診断で異常が見つかり、病院から呼び出されました。医師がつらそうな顔で１枚の胸部レントゲン写真を私に見せてくれました。そこには私のような素人でもすぐわかる10円玉ほどの大きな影が２つ写っていました。動脈瘤と肺がんの疑いでした。「手術をしなければ命はあと少しかも……」という重い言葉でした。子どもと心のキャッチボールが出来るところまできていただけに、手術のための札幌行きはかなりつらいものでした。手術のために用意された８０００ｃｃの輸血量にも驚きましたが、連日、会ったこともない親族が続々と見舞いに訪れることが、私に大手術の予感を感じさせました。

手術の前日、枕元に大きな小包が届きました。中を開けると子どもたちが家で一生懸命折っただろうと思われる千羽鶴と、学級代表からの『先生が手術を受ける11月13日、僕たちは先生と同じ痛みを感じて一日を過ごします。どうか早くよくなって戻ってきてください。みんな待っているんです！』という手紙が入っていました。子どもたちとは６カ月の付き合いだったけれど、もう決して他人ではなくなっているのだ……ということを強く感じました。

文字からぼんやり浮かぶ39名の子どもたちの姿が見えたとき、看護士さんに「この手紙をベッドの下に入れて手術を受けさせて下さい！」と強くお願いしていました。手術日の朝、看護士さんが子どもたちの手紙をこっそり担架の下に忍ばせてくれました。温かい手紙を背中に感じたその瞬間、楽しかった出来事がまぶたに映り、心が落ち着いたのです。

気合いを入れて手術室に向かいました。家族も覚悟をしての手術は13時間かかって無事終了。翌年の２月25日、夢にまで見た退院許可。はやる気持ちを抑え、子どもたちが待つ羅臼へ向かいました。

羅臼は駅のない町のため、根室標津から１時間半ほどバスに揺られて行きます。私は明日会うであろう子どもたち一人ひとりの顔を思い浮かべながら、心弾む乗客になっていました。

ところが、私がいつも降りるバス停のひとつ前にバスが停まったとき、思いもかけず多くの乗客が乗ってきました。それはなんと、クラスの子どもたち39名でした。バスは一瞬にして満席になりました。子どもたちは私を見つけるや「先生、Sさんがスキー大会で優勝したんだよ」「A君はいつも先生がたに叱られているんだよ」と5カ月の空白を必死に埋めようと、次から次へと留守にしていたクラスでの様子を伝えてくれます。バスは39名の笑い声でとても賑やかです。

ところが、いつも降りるバス停に着いたとき、隣りにいたI君が「先生、大変だ！ 僕バス代を持っていない！」と泣きそうな声を出しました。その言葉を聞いた子どもたちが一斉に「僕も！」「私も！」と言い出したのです。「だって、早く会いたかったから……」と涙ぐむI君の言葉を聞きながら、どうしようもなく胸が熱くなりました。

そう、子どもたちがバス代を持っているはずがないのです。バス停で待っていたはずなのに、少しでも早く会いたいという思いがひとつ前のバス停まで走らせたのでしょう。39名の子どもたちが雪の歩道を長靴で一列になって走る場面を思い浮かべたとき、大粒の涙が頬を伝わっていました。子どもたちが困っているのを見て、後部席にいた町民のTさんから「運転手さん、この子どもたちのバス代、タダにしてあげてよ」との声がかかり「今日はいいよ！」と運転手さんも粋なはからいをしてくれました。「Tさん、運転手さんありがとう！」と嬉しそうにお礼を言いながらバスを降りた子どもたちの澄んだ声と笑顔を今でも忘れることができません。バス停では、子どもたちの父母が「先生、お帰りなさい！」と私を待っていてくれました。

次の日、二度と立つことができないのではと覚悟していた教壇で、5年生の社会科の授業を進めていました。黒板に世界地図を描いているとき、後部座席のHさんから「先生！」と声がかかったのです。振り向くと「先生、今日は痛かったら話だけでいいんだよ！ ねぇー、みんな！」とHさんは仲間に同意を求めていました。その瞬間、39名全員が「そう！」と言って私を見つめるのです。優しく促してくれる目に正対できず、また黒板に黙々と先程の続きである地図を描き始めました。どうしようもなく胸が締めつけられ、目からは熱いものが流れ、止まらずに頬を伝わっていきました。結局、終了のチャイムが鳴るまで一度も子どもに顔を合わせることができず、チャイムが鳴るやあいさつもせず、洗面所に向かい、冷たい水を思いっきり顔にぶつけ、大きく息をしました。

確かに黒板にチョークで字を書くという作業は私にとって実につらいことだったのです。今一度、子どもたちと勉強できる、遊べる代償として、右肺３分の１、肋骨６本を失ってきました。きっと、後ろから見ていた子どもたちがその痛みを感じたのでしょう……。そのことが「先生、痛かったら話だけでいいんだよ」という言葉になったのだと思うのです。11歳の子どもが24歳の人間を心から思いやってくれる誠意ある言葉に、命ある限り、教師としての道を全力で歩こう。そして中学から大学まで汗したソフトテニスで、子どもたちに助けてもらった恩返しをさせてもらおうと決めました。

月末に貯金通帳を持って釧路へ行き、ラケット50本を用意し、雪どけを待ってクラス全員でグランドに石灰でラインを引き、一緒にテニスをすることにしました。その子どもたちが３年後、中体連北海道団体優勝の夢を実現してくれました。優勝した瞬間、子どもたちから最初にもらった言葉が「先生、ありがとう！」でした。手術を終え、数カ月ぶりに会った私が、子どもたちに最初に伝えた言葉も「みんな、ありがとう！」でした。そっくり同じ言葉が３年間の初めと終わりで交わされたことになります。

　たったひとつではありますが、子どもたちからもらった誠意を自分なりの誠意で返せたことを感じ、ホッとしました。

私の背中には今なお、大きな傷が残っています。でもこの傷に感謝しているのです。なぜなら、この背中にメスが入らなかったとしたら、こんなに素晴らしい体験ができるテニス指導者の道を歩むことはなかったと思うからです……。怠け心が出るたびに背中の傷をそっと鏡に映し、私自身の「頑張れるバックボーン」を確認するのです。今まで、ともに時間を過ごしてきてくれた多くの子どもたち、選手たちに。素晴らしい時間をありがとうございました。

２０１９年12月　安藤英明

著者プロフィール

安藤英明（あんどう・ひであき）

1948年3月8日　北海道旭川市生まれ
北海道教育大学旭川校卒業後、北海道の羅臼・当麻・和寒・比布・愛別・旭川の小学校で教員として勤務。

赴任先の各地の小中学校・旭川市の高校のソフトテニス部のコーチとして団体、個人合わせて4回の全国優勝、6回の準優勝と、北海道小学校選抜の監督として12回の全国優勝を経験。

小社発行の「ソフトテニスマガジン」では2001年から2008年の7年間にわたり「安藤英明先生の考えるテニス教室」を連載。全国各地で指導者や選手の講習会を重ねる。

著書に『勉強したがる子が育つ「安藤学級」の教え方』（講談社）、10万部を突破した『小学校6年生までに必要な作文力が1冊でしっかり身につく本』（かんき出版）などがある。

安藤英明先生《あんどうひであきせんせい》の
「考《かんが》えるソフトテニス」

2023年4月20日　第1版第1刷発行

著　者／安藤英明《あんどうひであき》

装丁／加藤京子（sidekick）
中ページデザイン／nao（PSYCHO-CHANDY）
イラスト／田谷 純
構成／佐藤友美　安藤信子
執筆協力／堀香織　市川みさき
協力／鮫島里香　八木ななみ　吉田梓　深谷美香　小橋佐和子

発行人／池田哲雄
発行所／株式会社ベースボール・マガジン社
〒103-8482
東京都中央区日本橋浜町2-61-9　TIE浜町ビル
電話03-5643-3930（販売部）
　　03-5643-3885（出版部）
振替口座 00180-6-46620
https://www.bbm-japan.com/

印刷・製本／広研印刷株式会社

Printed in Japan
ISBN978-4-583-11586-3　C2075